Dr. Becca Levy

Du bist so alt, wie du dich denkst

mosaik

DR. BECCA LEVY

DU BIST SO ALT, WIE DU DICH DENKST

Warum positive Glaubenssätze beeinflussen, wie lange und gut wir leben

Aus dem Englischen
von Susanne Kuhlmann-Krieg

mosaik

Die englische Originalausgabe erschien 2022 unter dem Titel »Breaking the Age Code« bei William Morrow, New York.

FSC www.fsc.org
MIX
Papier | Fördert gute Waldnutzung
FSC® C014496

Penguin Random House Verlagsgruppe FSC® N001967

1. Auflage
Deutsche Erstausgabe Mai 2023

Umschlag: Sabine Kwauka
Redaktion: Martha Wilhelm
Satz: Uhl + Massopust, Aalen
Druck und Bindung: GGP Media GmbH, Pößneck
Printed in Germany
GS · IH
ISBN 978-3-442-39411-1

www.mosaik-verlag.de

Meinen Eltern und Helden:
Charles und Elinor

Inhalt

EINLEITUNG

Ideenaustausch zwischen Japan und den USA

Während meines Promotionsstudiums hatte ich das Glück, ein Stipendium der National Science Foundation für ein Forschungssemester in Japan gewährt zu bekommen. Ich hatte mir zum Ziel gesetzt zu untersuchen, wie Menschen in Japan alterten und ob man dort anders über das Altern dachte als bei uns. Ich wusste, dass Japaner die weltweit höchste Lebenserwartung hatten.[1] Auch wenn viele Forscher dies einer gesunden Ernährung oder einer besonderen genetischen Veranlagung zuschrieben, fragte ich mich, ob es womöglich auch eine psychologische Dimension gab, die den Menschen dort einen Vorsprung verschaffte.

Bevor ich für sechs Monate nach Japan zog, besuchte ich meine Großmutter Horty in Florida. Kaum hatte ich das Flugzeug verlassen, warf sie mir einen prüfenden Blick zu und stellte fest: »Du brauchst Vitamine.« Sie war nicht davon abzubringen, dass die Uni und das trübe Bostoner Wetter mich heruntergewirtschaftet hatten, also machten wir uns auf zum nächsten Laden, um ihre Version von Vitaminen zu besorgen – so viele Orangen und Grapefruits, wie wir zu zweit tragen konnten.

Horty war passionierte Golferin und als ehemalige New-Yorkerin extrem gut zu Fuß, daher war es keine geringe Leistung, mit ihr Schritt zu halten, während sie zielstrebig durch den Laden marschierte – bis sie plötzlich am Boden lag. Ich rannte zu ihr, half ihr auf und entdeckte zu meinem großen Schrecken eine blutende Schnittwunde an ihrem Bein.

»Tut nicht weh«, beteuerte sie mit zusammengebissenen Zähnen. Sie rang sich sogar, selbstbeherrscht wie immer, ein Lächeln ab und alberte herum: »Du solltest mal den anderen sehen.«

Der »andere« lag zu unseren Füßen: eine Holzkiste mit verstärkten Ecken aus scharfkantigem, schartigem Metall. Von einer der Ecken troff Blut. Wir ließen unsere Einkaufskörbe stehen, und ich half meiner Großmutter, den verstreuten Inhalt ihrer Handtasche einzusammeln.

Auf dem Weg nach draußen sprach sie den Ladenbesitzer hinter seinem Tresen an, der, als er sie stürzen hörte, kurz aufgeschaut, sich dann aber sofort wieder in die Lektüre seines Klatschblatts vertieft hatte.

»Sie sollten keine Kisten mitten im Laden stehen lassen«, erklärte ihm meine Großmutter sehr viel höflicher, als er es verdient hatte. »Ich hätte mich verletzen können.« Von ihrer Wade tropfte Blut.

Der Ladenbesitzer schaute sie von oben bis unten an, dann die Kiste mitten im Gang. »Nun, vielleicht sollten Sie hier nicht herumlaufen«, gab er eisig zurück. »Es ist nicht mein Fehler, wenn alte Leute ständig hinfallen. Also hören Sie auf, mir die Schuld dafür zu geben.«

Horty fiel beinahe die Kinnlade auf den Boden. Was mich betraf, so hätte ich ihm zu gern seine Zeitung vom Tresen gefegt, warf ihm aber lediglich einen finsteren Blick zu und brachte meine Großmutter zum Auto. Ungeachtet aller Proteste fuhr ich sie schnurstracks zum Arzt. Ihr Bein sei so weit in Ordnung, befand der – der Schnitt sehe dramatisch aus, sei aber nur oberflächlich. Er fügte noch hinzu, dass sie wirklich überaus fit wirke.

Ich dachte, damit wäre die Sache erledigt, aber an diesem Nachmittag war etwas Einschneidendes passiert. Am selben Abend bat sie mich, ihren Avocado-Baum zu wässern, etwas, das sie normalerweise liebend gern selbst machte. Am nächsten Tag erklärte sie mir, sie traue sich nicht zu fahren, und bat mich, sie zum Friseur zu bringen. Sie schien die Worte des Ladenbesitzers verinnerlicht zu haben und zweifelte in bisher nie gekannter Art und Weise an ihren Fähigkeiten als älterer Mensch.

Als ich schließlich nach Japan ging, hatte Horty diese depressive Phase zum Glück wieder überwunden. Am Morgen vor meinem Abflug bestand sie auf einem langen gemeinsamen Spaziergang in flottem Tempo, damit ich meine Beine vor dem langen Flug noch mal ordentlich bewegte. Als wir zurückkamen, drückte sie mir eine handgeschriebene Liste mit Restaurantempfehlungen in die Hand, verfasst auf einer Japanreise mit meinem Großvater zwei Jahrzehnte zuvor.

Während ich ihr zum Abschied winkte und gen Tokio aufbrach, wollte mir eine Frage nicht aus dem Kopf: Wenn ein paar negative Bemerkungen eine so starke und draufgängerische Person wie Horty aus dem Tritt brachten, was machten negative Altersstereotype dann mit uns als Gesellschaft? Was für einen Einfluss haben sie eigentlich auf die Art und Weise, wie wir altern? Und welches Potenzial könnten wir entwickeln, wenn wir etwas daran änderten, wie wir über das Altern denken und sprechen?

Alternde Rockstars in Tokio

Während ich mich in meinem neuen Leben in Tokio einrichtete, war ich in Gedanken oft bei Großmutter Horty, dachte daran, wie sie in der kühler werdenden Abenddämmerung ihren Avocado-Baum wässerte, und fragte mich, wie sie sich wohl an einem Ort fühlen würde, an dem im Fernsehen ständig hundertjährige Sushi-Chefs gefeiert und ältere Verwandte beim Essen zuerst bedacht wurden.

Ich war noch in Japan, als der gesetzliche Feiertag *Keiro No Hi* begangen wurde. Auf meinem Weg durch den Shinjuku-Park sah ich an diesem Tag jede Menge Sportler mit Hanteln und Gewichten, manche mit bloßem Oberkörper, andere in hautengen Sporthosen, alle über siebzig oder achtzig. Sie spazierten herum, hoben Gewichte und stellten ihre gut trainierten Körper zur Schau. Im ganzen Land waren die Menschen per Hochgeschwindigkeitszug, Schiff oder Auto unterwegs, reisten kreuz und quer durch das Inselreich, um ihre älteren Angehörigen zu Hause zu besuchen. An diesem Tag tischten die Restaurants Senioren umsonst auf, für diejenigen, die nicht mehr so mobil waren, bereiteten Schulkinder Bento-Boxen mit frischem Sushi und köstlich frittierten Tempura zu und brachten sie ihnen nach Hause.

Keiro No Hi bedeutet »Tag zu Ehren der Alten«, aber ganz offensichtlich ehrten die Japaner ihre Senioren ohnehin an jedem Tag des Jahres. In den Musikschulen fanden sich jede Menge Senioren, die zum Beispiel mit fünfundsiebzig zum ersten Mal im Leben eine Slide-Gitarre ausprobieren. Die Zeitungskioske waren voller bunter Mangas – beliebter Comicromane für Leser aller Altersklassen –, in denen Liebesgeschichten über alte Menschen erzählt wurden. Die Japaner betrachteten das hohe Alter als etwas Freudvolles, als einen Teil des Lebens und nicht als etwas, das man fürchten oder mit dem man hadern müsste.

In den Vereinigten Staaten herrschte eine völlig andere Kultur. Das spiegelte sich nicht nur in der Begegnung meiner Großmutter mit jenem altersfeindlichen Ladenbesitzer, man spürte es überall: Die Plakatwände für »Anti-Aging-Produkte«, die Fernsehwerbung zu später Stunde, in der sich Schönheitschirurgen über Falten ergehen, als handle es sich um feindliche Armeen, die infantilisierende Ansprache, die alte Menschen in Restaurants und Kinos ertragen müssen. Wo ich auch hinsah, in Fernsehshows, Märchen und online, wurde Alter gleichgesetzt mit Vergesslichkeit, Schwäche und Verfall.

In Japan wurde mir klar, dass das kulturelle Umfeld, in dem wir leben, Einfluss darauf hat, wie wir altern. Betrachten wir zum Beispiel die Menopause. Ich sah in Japan, dass dort im Regelfall kein großes Ding daraus gemacht und die Menopause als natürlicher Teil des Älterwerdens betrachtet wird, der in einer wertvollen Lebensphase mündet. Im Gegensatz zum westlichen Stereotyp von weiblicher Reizbarkeit und nachlassender Sexualität, das die Menopause als elende Heimsuchung im besten Alter stigmatisiert. Und die Folge dieser in Japan ausbleibenden Dämonisierung eines so natürlichen Aspekts des Alterns? Ältere Japanerinnen leiden weit seltener unter Hitzewallungen und anderen Symptomen der Wechseljahre als Frauen gleichen Alters in Kanada und den Vereinigten Staaten.[2] Und ältere Japaner, die laut dem Anthropologen, der diese Studie durchgeführt hat, kulturbedingt »in ihrem Land wie Rockstars behandelt« werden, verfügten nachweislich über einen höheren Testosteronspiegel als ihre europäischen Zeitgenossen.[3] Letzteres lässt vermuten, dass Ihre Libido unterschiedlich altert, je nachdem wie Ihre Kultur das Altern wahrnimmt und behandelt.

Ich begann mich zu fragen, in welchem Maße die Kultur die individuelle Einstellung zum Altern – die eigenen Ansichten über ältere Menschen und das Älterwerden – beeinflusst. Und ich wollte wissen, was für Auswirkungen diese individuellen Auffassungen auf den Prozess des Alterns haben. Ob die Einstellung der Japaner zum Älterwerden wohl dabei helfen könnte zu erklären, warum sie die höchste Lebenserwartung der Welt haben?

Ich hatte in Sozialpsychologie zu promovieren begonnen – der Wissenschaft, die danach fragt, wie Denken, Verhalten und Gesundheit des Einzelnen durch die Gesellschaft, in der er lebt, durch die Gruppen, denen er angehört und mit denen er sich austauscht, geprägt werden. Ich wollte mich auf die Erfahrungen von alten Menschen konzentrieren, die in den meisten unserer psychologischen Studien nicht vorkommen. Die trickreiche Aufgabe, die vor mir lag, bestand darin herauszufinden, wie sich die Auswirkungen von etwas so schwer Fassbarem wie Kultur auf etwas so fest Umrissenes wie unsere Biologie würden messen lassen.

Die Auswirkungen von Altersbildern auf die Gesundheit im Alter

Nach Boston zurückgekehrt, machte ich mich daran, den Einfluss kultureller Altersstereotype auf Leben und Gesundheit älterer Menschen zu untersuchen. In allen Studien, die ich durchführte, zeigte sich, dass ältere Menschen mit positiveren Vorstellungen vom Altern körperlich und kognitiv besser dastanden als Menschen mit negativeren Auffassungen. Sie erholten sich besser von schwereren Erkrankungen, hatten ein besseres Gedächtnis, gingen flotter und lebten tatsächlich länger.[4]

Ich konnte überdies zeigen, dass viele der kognitiven und körperlichen Unzulänglichkeiten, die wir gemeinhin mit dem Älterwerden verknüpfen – Dinge wie Schwerhörigkeit und Herz-Kreislauf-Erkrankungen –, auch Ergebnis von Altersbildern sind, die wir aus unserem sozialen Umfeld übernommen und verinnerlicht haben. Ich stellte fest, dass Altersbilder bei Menschen, die die gefürchtete genetische Alzheimer-Variante *APOEε4* in sich tragen, sogar einen gewissen Schutzwall gegen die Manifestation einer Demenz bilden können.

In diesem Buch geht es darum, wie wir über das Altern denken und wie dieses Denken unsere Gesundheit im Großen wie im Kleinen beeinflusst. Es ist für jeden, der hofft, in Würde altern zu können. Auf den folgenden Seiten will ich außerdem die Anatomie negativer Stereotype im Zusammenhang mit dem Altern untersuchen – wie sie in uns Fuß fassen, wie sie wirken und wie sie sich verändern lassen. Obschon sich diese Stereotype über Hunderte von Jahren in unseren Kulturen entwickelt und im Leben des Einzelnen verfestigt haben, sind sie im Prinzip ziemlich wackelig: Man kann sie demontieren, verändern und neu definieren.

In meinem Labor an der Yale University ist es uns gelungen, Gedächtnisleistung, Gangbild, Gleichgewichtssinn, Reaktionsgeschwindigkeit und sogar den Lebenswillen unserer Probanden allein dadurch zu steigern, dass wir bei ihnen für zehn Minuten positive Altersstereotype aktiviert haben. Mit diesem Buch möchte ich Ihnen zeigen, wie Priming – die Aktivierung von Altersstereotypen unterhalb der Bewusstseinsschwelle – funktioniert, was dies über unser unbewusstes Repertoire an Stereotypen aussagt und wie wir unsere Vorstellungen vom Altern ins Positive verkehren können.

Mit der richtigen Haltung und den passenden Instrumenten können wir unsere Vorstellungen über das Altern verändern. Aber um diese Vorstellungen an der Wurzel zu packen, muss sich das herrschende alterskritische kulturelle Klima verändern. Damit wir verstehen, wie wir dahin gekommen sind, wo wir im Moment stehen, und was möglich ist, werden wir uns mit kulturellen Alternativen auf der ganzen Welt und im Laufe unserer Geschichte befassen. Wir wollen uns mit Lebensberichten über erfolgreiches Altern beschäftigen und das Zuhause, die Erinnerungen und Perspektiven von Sportlern, Dichtern und Aktivisten, von Schauspielern, Künstlern und Musikern betrachten. Wir wollen uns anschauen, was nötig wäre, um unsere Kultur zu verändern und zu lernen, dass eine bessere Integration älterer Menschen in unser Gemeinwesen zu besserer Gesundheit und mehr Wohlstand führen kann.

Wir befinden uns an einem demografischen Scheideweg. Zum ersten Mal in der Menschheitsgeschichte gibt es gegenwärtig mehr Menschen über vierundsechzig als Kinder unter fünf Jahren.[5] Manche Politiker, Ökonomen und Journalisten ringen die Hände angesichts des »Silber-Tsunamis«, wie sie es nennen, aber sie sind auf dem Holzweg. Die Tatsache, dass so viele Menschen ein hohes Alter erreichen, und dies bei besserer Gesundheit als früher, ist einer der größten gesellschaftlichen Fortschritte überhaupt. Und sie bietet eine hervorragende Gelegenheit, darüber nachzudenken, was Altsein eigentlich bedeutet.

Als meine Großmutter Horty starb – viele Jahre nach unserer Begegnung mit dem seniorenfeindlichen Ladenbesitzer –, kam unsere Familie zusammen, um ein Leben zu feiern, das zu gleichen Teilen ganz normal und sehr bemerkenswert verlaufen war. Sie hatte fast das gesamte 20. Jahrhundert erlebt, war Zeugin seiner Fortschritte und seiner Gräuel gewesen.

Sie hatte ihr Leben nach Kräften genossen, nachdem sie meinen Vater großgezogen hatte, und auch später nach der Pflege meines Großvaters, der allmählich unter der schweren Last seiner Alzheimererkrankung dahingesiecht war. In ihren Achtzigern und Neunzigern reiste sie, spielte Golf und machte ausgedehnte Spaziergänge mit ihren Freunden. Sie veranstaltete aufwendige Kostümpartys und schrieb uns Briefe, die ihr unvergessliches Selbst spiegelten – lebensbejahend und witzig.

Wenn ich einen Brief von ihr erhielt, war es immer, als säße sie neben mir. In den letzten zehn Jahren ihres Lebens schalteten sie und mein Vater häufig denselben Sensationsprozess im Fernsehen ein und tauschten sich am Telefon darüber aus. Obwohl mein Vater im kühlen Neuengland und Großmutter Horty im sonnigen, feuchtwarmen Florida lebte, war es, als säßen sie zusammen im Wohnzimmer und tratschten darüber, welcher Anwalt sich besonders beim Richter einzuschleimen versuchte und wessen Schlips am albernsten aussah.

Großmutter Horty ließ einen nie vergessen, dass es sie gab. Ihr Fehlen tönte daher umso lauter, als wir nach ihrem Tod den Nachlass durchgingen, um ihren Habseligkeiten ein neues Zuhause zu geben. Vor allem ihr Keller zeugte von dem prallen Leben, das sie geführt hatte. Bevor sie meinen Großvater Ed pflegen musste, waren Horty und er viele Jahrzehnte an die entlegensten Orte gereist und hatten von überall Souvenirs mitgebracht. Ich empfand ihren Keller als eine Höhle voller Wunder. Da gab es alte Flakons mit französischen Parfüms, wundervoll fließende Seidenschals aus Italien und Indonesien sowie kostbar geschnitzte Döschen aus Marokko. Und mittendrin einen kleinen Paravent im japanischen Stil, die Paneele mit Reispapier bespannt und mit einem Kirschbaum in voller Blüte verziert. An dem Wandschirm hing ein Post-it-Zettel mit meinem Namen darauf. Mir fiel wieder ein, dass ich ihr einmal gestanden hatte, dass ich, wenn ich anfangen wollte zu schreiben, immer eine Weile brauchte, um mich zu sammeln. Da hatte sie mir erzählt, Sigmund Freud habe einen Paravent verwendet, um sich von der Welt abzuschirmen und seine Gedanken zu bündeln. Es berührte mich sehr, dass sie mir diesen Wandschirm vermacht hatte, und meine Gedanken wanderten zurück zu meinem ersten Aufenthalt in Japan und der Geschichte mit ihrem Sturz.

Kurz nach dem Tod meiner Großmutter machte ich eine überraschende Entdeckung. Als ich die Ergebnisse meiner Studie zu Leben und Zukunftsperspektive der Bewohner der kleinen Stadt Oxford in Ohio in Augenschein nahm, stellte ich fest, dass der wichtigste bestimmende Einzelfaktor für die Langlebigkeit der Menschen dort – wichtiger als Geschlechtszugehörigkeit, Einkommen, sozialer Hintergrund, Einsamkeit oder Gesundheitszustand – die Art von Vorstellungen war, die die Leute mit dem hohen Alter verbanden, und ihre Einstellung zum Altsein.[6] Altersbilder, so zeigte sich, können uns fast acht Jahre an Lebenszeit kosten oder schenken. Mit anderen Worten: Diese Vorstellungen sind nicht nur in unseren Köpfen. Die Bilder vor unserem inneren Auge sind wohl oder übel Ergebnis unseres kulturellen Inputs: Die Sendungen, die wir im Fernsehen anschauen, die Bücher, die wir lesen, oder die Scherze, über die wir lachen, werden zu Drehbüchern, die wir umsetzen.

Als ich zum ersten Mal über diesen Befund zur Langlebigkeit stolperte, musste ich an Horty denken und daran, wie glücklich sich unsere Familie schätzen konnte, sie so lange gehabt zu haben – sie starb mit 92 Jahren. Ich dachte daran, was für ein Glück es für sie gewesen war, dass sie so ans Altern herangegangen war, wie sie es getan hatte. Ich dachte an das Geschenk der zusätzlichen

Jahre und daran, welchem Umstand es vielleicht zu verdanken sein könnte. Hatten wir womöglich sieben oder acht Jahre mehr mit Horty verbringen können, weil sie das Leben in ihren späten Jahren so dermaßen bejaht hatte? Wenn es einen Schlüssel für das bessere Altern gibt – ein System oder eine Methode –, dann sind Altersbilder ein Teil davon.

Unser Leben ist das Produkt so vieler verschiedener Faktoren, die sich unserer Kontrolle entziehen: wo wir geboren werden und von wem, wie unsere Gene beschaffen sind und welche Zu- und Unfälle uns zustoßen. Mich interessiert, welche von den Faktoren, die wir kontrollieren können, dazu angetan sind, unsere Gesundheit und unsere Erfahrungen im Alter zu verbessern. Einer dieser Faktoren ist die Art und Weise, wie wir über das Altern und den Lebenszyklus denken, welche Vorstellungen wir damit verbinden. Genau darum geht es in diesem Buch: wie wir als Einzelne und als Gesellschaft verändern können, wie wir über unser Altern und das unserer Mitmenschen denken, um von dieser Veränderung zu profitieren.

1

Die Bilder in unseren Köpfen

Jeden Herbst bitte ich meine Studenten an der Yale University zu Beginn meines Kurses über Altern und Gesundheit an einen alten Menschen zu denken und die ersten fünf Wörter oder Floskeln zu notieren, die ihnen zu der oder dem Betreffenden einfallen. Es kann eine Person aus dem wirklichen Leben sein oder jemand, den sie sich ausgedacht haben. »Denken Sie nicht zu lange nach«, sage ich immer, »es gibt keine richtigen oder falschen Antworten. Schreiben Sie einfach die Assoziationen auf, die Ihnen in den Kopf kommen.«

Probieren Sie es an dieser Stelle auch einmal. Denken Sie an die ersten fünf Wörter, die Ihnen beim Gedanken an einen alten Menschen in den Sinn kommen. Schreiben Sie sie auf.

Wenn Sie damit fertig sind, schauen Sie sich die Liste an. Wie viele davon sind positiv, wie viele negativ?

Wenn Sie so veranlagt sind wie die meisten Menschen, stehen die Chancen gut, dass Ihre Liste mindestens einige negative Einträge enthält. Nehmen Sie die Antwort von Ron, einem neunundsiebzigjährigen Geigenbauer aus der Nähe von Boston: »Senil, langsam, schlecht gelaunt, dickköpfig.« Und nun dagegen die Antwort einer zweiundachtzigjährigen Frau namens Biyu aus China, die befragt wurde, als sie bei ihrem früheren Arbeitgeber, einer Bleistiftfabrik, ihren Rentenscheck abholte: »Weise, liebt die Peking-Oper, liest ihren Enkeln vor, läuft viel, freundlich.«

Diese beiden so gegensätzlichen Ansichten spiegeln das ungeheure Spektrum an Altersbildern, die in den verschiedenen Kulturen vorherrschen – Bilder, die Einfluss darauf haben, wie wir uns unseren älteren Angehörigen gegenüber verhalten, unsere Lebensräume gestalten, die Gesundheitsfürsorge organisieren und unser Gemeinwesen gestalten. In letzter Konsequenz bestimmen diese Bilder, wie alte Menschen sich selbst sehen, und auch, wie gut sie hören, sich erinnern und wie lange sie leben.

Den meisten Menschen ist nicht klar, dass sie eine vorgefasste Meinung über das Altwerden hegen, dennoch tut es jeder, wo auch immer er zu Hause ist. Unglücklicherweise sind die meisten der vorherrschenden kulturellen Altersbilder heutzutage negativ.[1] Indem wir diese Überzeugungen untersuchen, ihren Ursprüngen nachgehen und herausfinden, wie sie wirken, schaffen wir uns die Basis, nicht nur das Narrativ des Altwerdens zu verändern, sondern selbst die Art und Weise, wie wir altern.

Was sind Altersbilder?

Altersbilder sind mentale Gefüge, die abbilden, was wir von älteren Menschen aufgrund ihres Alters erwarten. Diese mentalen Zuschreibungen, zu denen oft Bilder in unseren Köpfen gehören, werden aktiviert, wenn wir Angehörige der fraglichen Altersgruppe wahrnehmen.

Wenn ich übrigens von »älteren Menschen« spreche, meine ich in der Regel jemanden, der mindestens in seinen Fünfzigern ist, aber es gibt hier wirklich kein festes Altersfenster. Wie »alt« wir uns fühlen, hängt nicht so sehr von der tatsächlichen Anzahl an Jahren ab, die wir auf dem Buckel haben, sondern vielmehr von kulturellen Auslösern, wie dem Anspruch auf »Seniorenermäßigungen« oder dem Zwang, in Rente zu gehen. Es gibt tatsächlich keinen einzigen biologischen Marker, der anzeigt, wann jemand alt geworden ist, das heißt, Alter ist ein fließendes gesellschaftliches Konstrukt. Das ist einer der Gründe dafür, dass Altersbilder samt den mit ihnen verknüpften Erwartungen so machtvoll sind: Sie definieren, *wie* wir unsere späten Jahre erleben.

Erwartungen sind in vielerlei Situationen höchst nützlich. Wenn wir auf eine geschlossene Tür zulaufen, können wir aufgrund früherer Erfahrungen davon ausgehen, dass sie entweder verschlossen oder aber unverschlossen ist. Wir müssen im Allgemeinen nicht damit rechnen, dass sie aus den Angeln fällt oder in Flammen aufgeht, wenn wir den Türgriff herunterdrücken. Wir können unserem Gehirn dankbar sein für diese Fähigkeit, Situationen blitzschnell, oft automatisch, visuell zu verarbeiten, sodass wir nicht ständig neu lernen müssen, wie eine Tür funktioniert. Wir können uns vielmehr auf das stützen, was uns bereits vertraut ist. Ziemlich genauso kommen wir tagtäglich durch diese Welt: Wir verallgemeinern und verlassen uns dann auf unsere Erwartungen.

Altersbilder sind natürlich Erwartungen im Zusammenhang mit Menschen und nicht mit Türen, aber sie funktionieren ganz ähnlich. Wie die meisten Stereotype oder mentalen Abkürzungen sind sie das Ergebnis natürlicher innerer Prozesse, die bereits bei Babys zu greifen beginnen und dazu beitragen, die überwältigende Masse an Reizen in der Welt zu sortieren und zu vereinfachen. Aber sie sind eben auch Produkte äußerer Quellen in unserer Umgebung wie Schulen, Filmen und sozialen Medien und der Voreingenommenheit in puncto Alter, die dort herrscht.

Strukturelle und implizite Altersfeindlichkeit zusammendenken

Stereotypisierungen laufen häufig unbewusst ab. Unsere Gehirne treffen ihre Entscheidungen bis zu zehn Sekunden, bevor wir uns dessen bewusst werden.[2] Der Neurowissenschaftler und Nobelpreisträger Eric Kandel hat festgestellt, dass unser Verstand zu ungefähr 80 Prozent unbewusst arbeitet.[3] Das alles ist gut und schön beim Griff zur Türklinke, aber wenn es um das Entstehen von Eindrücken oder um Entscheidungen in Bezug auf andere Menschen geht, sieht die Sache anders aus.

Stereotype sind Werkzeuge, derer wir uns bedienen – häufig ohne, dass es uns bewusst wird –, um unsere Mitmenschen rasch einzuschätzen. Einen Großteil der Zeit aber gründen sich diese Bilder nicht auf Beobachtungen oder gelebte Erfahrung, sondern werden unkritisch von unserem äußeren Umfeld übernommen.

Die meisten von uns denken gern von sich, sie seien imstande, andere Menschen einigermaßen fair zu beurteilen. In Wahrheit aber sind wir soziale Wesen, die unbewusste soziale Überzeugungen mit sich herumschleppen, die oft so tief in unserem Geist verwurzelt sind, dass wir normalerweise nicht merken, dass sie uns fest im Griff haben. Das kann bis zu einem Phänomen gehen, das man als »implizite Stereotype« oder »implizite Vorurteile« bezeichnet und das uns dazu bringt, bestimmte Gruppen von Menschen ohne adäquate Informationen zu mögen oder abzulehnen. Implizite Vorurteile sind schwer in den Griff zu bekommen und überhaupt erst zu akzeptieren, weil sie so häufig gegen das verstoßen, was wir im Kern eigentlich glauben wollen. Hinzu kommt, dass implizite Vorurteile sehr häufig Ausdruck von systemischer/institutioneller und struktureller Voreingenommenheit sind.

Von institutioneller Voreingenommenheit spricht man, wenn Politik und Praktiken gesellschaftlicher Akteure bestimmte Gruppen von Menschen benachteiligen, zum Beispiel wenn in Unternehmen bestimmte Gruppen von Arbeitern diskriminiert werden oder in Krankenhäusern gewisse Patiententypen aus dem Raster fallen. Vielfach ist strukturelle Voreingenommenheit mit impliziten Vorurteilen verquickt. Denn in Institutionen greift Diskriminierung vielfach, ohne dass Manager oder Ärzte sich ihrer bewusst sind, weshalb man sie als implizit betrachten kann. Gleichzeitig ist sie oftmals strukturell, da sie die Macht derjenigen stärkt, die die Autorität innehaben, und den jeweils Marginalisierten Macht vorenthält.

Um diese beiden Arten von Vorurteilen zu untersuchen, baten Wissenschaftler Kollegen – Leute, die sich in der Regel für objektiv und unparteiisch halten –, die Lebensläufe von männlichen und weiblichen Bewerbern auf eine Stelle zu bewerten. In nahezu allen Fällen fiel die Wahl auf Männer, denen überdies ein deutlich höheres Gehalt angeboten wurde als ihren weiblichen Mitbewerberinnen, obwohl die Lebensläufe mit Ausnahme typisch weiblicher beziehungsweise typisch männlicher Vornamen in jeder Hinsicht identisch waren.[4] Ganz ähnlich verhält es sich mit kulturell bedingter rassistischer Voreingenommenheit: Studien zeigen, dass Bewerber, die typisch »weiße« Chiffren in ihre Lebensläufe integrierten, signifikant mehr Einladungen zu Bewerbungsgesprächen bekamen als solche ohne diese Schlüsselkennungen.[5]

Dieselbe strukturelle und implizite Voreingenommenheit manifestiert sich gegenüber älteren Job-Bewerbern als Diskriminierung qua Alter, im englischen Sprachgebrauch spricht man in diesem Falle auch von Ageismus. Einer Studie zufolge neigen Arbeitgeber bei anderweitig deckungsgleichen Lebensläufen dazu, die Stelle an den jüngeren Bewerber zu vergeben.[6] Dieses Muster bei der Stellenvergabe zeigt sich immer wieder, obwohl Untersuchungen zuhauf demonstrieren, dass ältere Arbeitnehmer in der Regel verlässlicher und sachkundiger sind als jüngere.[7] Ganz ähnlich neigen Ärzte, denen man identische Krankenberichte von Patienten mit gleichen Symptomen und gleicher Genesungsprognose vorlegt, dazu, bei älteren Patienten sehr viel seltener eine Behandlung zu empfehlen als bei jüngeren.[8]

Die Grenze zwischen struktureller und impliziter Voreingenommenheit ist schmal und ziemlich durchlässig. Kulturell bedingte Vorurteile infiltrieren unsere Überzeugungen und werden oft aktiviert, ohne dass wir es merken. Infolgedessen haben zahlreiche Studien ergeben, dass wir alle, egal, welche Einstellungen wir bewusst vertreten, unbewusste Voreingenommenheit hegen.

Gedankenlos laufen

Als jemand, der sich von Berufs wegen mit der Untersuchung von Stereotypen befasst, hielt ich mich für diesbezüglich wenig anfällig, aber natürlich gibt es einen Unterschied zwischen dem, was man zu wissen glaubt, und dem, was man tatsächlich weiß. Es gibt da diese Augenblicke im Leben, die die unangenehme Kluft zwischen beidem sichtbar werden lassen.

Im vergangenen Jahr beschloss ich, an einem 5-Kilometer-Lauf zugunsten eines Wohltätigkeitsprojekts teilzunehmen, den eine Freundin von mir maßgeblich mitorganisiert hatte. Es war ein kühler Sonntagmorgen im Herbst, und mein Bett fühlte sich besonders warm und gemütlich an, sodass ich einmal zu oft die Schlummertaste drückte und reichlich spät am Veranstaltungsort eintraf. Mir blieb kaum Zeit, mir die Startnummer umzubinden und meine Laufschuhe zu schnüren, schon fiel der Startschuss. Ich war vielleicht zweihundert Meter gelaufen und passierte gerade ein paar hochgewachsene Ulmen, als ich einen fiesen Knall hörte und mir gleich darauf ein stechender Schmerz in die Kniekehle schoss. Ich strauchelte kurz und stöhnte. Vor meinem geistigen Auge erschien auf der Stelle ein Bild – eine Szene aus dem Science-Fiction-Film *Lucy*, in dem Scarlett Johansson eine Frau spielt, deren Körperteile sich komplett auflösen, nachdem man ihr eine gefährliche Droge in den Unterleib implantiert hat. So wie es mir im Augenblick vorkam, zerfiel mein Körper, mein einst so treuer und verlässlicher Freund, jäh auf genau dieselbe Weise, nur dass in diesem Falle das Alter und nicht irgendeine Zukunftsdroge schuld war.

Ich humpelte über die Startlinie, schenkte sogar der Freundin, die mich zur Teilnahme ermuntert hatte, noch mit zusammengebissenen Zähnen ein Lächeln. Zu Hause angekommen, humpelte ich ins Haus, mit dem Umstand hadernd, dass sich mein eigentlich erst mittelalter Körper viel zu früh den Verheerungen des Alters ergab. Nun stand ich, so meine Gedanken, vor dem traurigen und vorzeitigen Ende meiner Tage als Läuferin.

Dann untersuchte mein Mann – von Beruf Arzt – mein Bein und erklärte mir, dass ich mir einen Muskelfaserriss zugezogen hatte.

In dem Augenblick schneite meine Tochter herein. Sie hatte an dem Morgen an ihrem PC gesessen und gesehen, wie ich aus dem Haus geeilt war.

»Du warst spät dran, oder?«, fragte sie.

Ich nickte.

»Hast du dich nicht aufgewärmt?«

Ich schüttelte den Kopf. Wer hat schon Zeit, sich aufzuwärmen, wenn er zu spät aufkreuzt?

Sie lächelte und sagte: »Na, da hast du's.«

Alle in unserer Familie laufen gern. Wir alle wissen, dass das Aufwärmen Muskeln aktiviert, sie dehnt und streckt und so verhindert, dass sie überdehnt werden und reißen. Meine andere Tochter hatte sich gerade einen Monat zuvor einen Beinmuskel gezerrt, als sie zum Laufen losgeflitzt war, ohne sich zu dehnen.

Da haben Sie's.

Statt erleichtert zu sein, dass mein Körper doch nicht plötzlich in Einzelteile zerfiel, kam ich ins Grübeln. Ich hatte meine Verletzung instinktiv etwas anderem zugeschrieben als fehlenden Aufwärmübungen. Vielmehr hatte ich meinem Alter die Schuld gegeben: Mein Kopf hatte Bezüge geschaffen, die mein Bewusstsein nicht gelten lässt – dass unser Körper automatisch verfällt, wenn wir alt werden. Und ich befasse mich seit meinen Graduiertentagen mit dem Altern. Ich sollte besser als jeder andere wissen, dass das nicht der Fall ist. Was also war da passiert? Die negativen Stereotype, die ich seit meiner Kindheit aus meinem kulturellen Umfeld aufgesogen hatte, hatten sich in einer plötzlichen Angst vor altersbedingtem Verfall manifestiert und mich veranlasst, die Ursache meiner Knieschmerzen falsch einzuschätzen.

Das ist einer der destruktivsten Aspekte von negativen Altersstereotypen: Sie beeinflussen nicht nur unser Denken und Handeln gegenüber anderen Menschen, sie beeinflussen auch, wie wir über uns selbst denken, und diese Gedanken können – so wir ihnen nicht entgegenwirken – Einfluss darauf haben, wie wir fühlen und handeln.

Als ich mit der Sozialpsychologie begann, beschränkten sich die damals vorhandenen Studien über Altersstereotype auf die Frage, inwiefern sie Sichtweise und Verhalten von Kindern und jungen Erwachsenen gegenüber älteren Menschen beeinflussten. Die Forschung fragte nicht danach, wie Altersstereotype die Älteren selbst beeinflussten. Aber nachdem ich beobachtet hatte, wie meine Großmutter sich das negative Altersbild des altenfeindlichen Ladenbesitzers angeeignet und in ihrer Reaktion gespiegelt hatte, wuchs in mir die Überzeugung, dass ich verstehen musste, wie unsere Auffassungen von älteren Menschen die Art und Weise beeinflussen, wie wir selbst altern. Erst dann könnte ich solche Begegnungen weniger wahrscheinlich machen und Möglichkeiten finden, die Macht von Altersbildern gewinnbringend zu nutzen.

Wie die kulturellen Überzeugungen aus unserem Umfeld zu unseren eigenen werden

Um besser zu verstehen, wie kulturell bedingte Altersstereotype sich in unserem Denken einnisten, habe ich einen theoretischen Rahmen namens Stereotype Embodiment Theory (SET) entworfen, mit dem sich zeigen lässt, dass negative Altersbilder schädliche Auswirkungen auf die Gesundheit haben, diese aber häufig fälschlicherweise als unausweichliche Folgen des Alterns interpretiert werden. Umgekehrt bewirken positive Altersbilder genau das Gegenteil: Sie beeinflussen die Gesundheit positiv.[9] Meine wissenschaftliche Arbeit, auf die sich dieses theoretische Doppelkonstrukt stützt, wurde von anderen Wissenschaftlern aus fünf Kontinenten in über vierhundert Studien bestätigt.[10]

Der SET zufolge wirken in Bezug auf den Einfluss von Altersstereotypen auf die Gesundheit vier ineinandergreifende Mechanismen. Diese

1. werden von Kindheit an das ganze Leben hindurch aus unserem sozialen Umfeld verinnerlicht,
2. funktionieren unbewusst,
3. werden wirkmächtiger, je mehr Bezug zum eigenen Leben sie gewinnen, und
4. beeinflussen die Gesundheit über psychische, biologische und verhaltensphysiologische Prozesse.

Im Folgenden möchte ich darlegen, wie sich Altersbilder im Laufe unseres Lebens vermittels dieser Mechanismen in uns manifestieren und unserem lebenslangen Umgang mit dem Altern einen ganz bestimmten Stempel aufdrücken.

SET-Mechanismus 1: Verinnerlichung im Laufe des Lebens

Wir nehmen häufig an, Kinder würden von kritischen Einstellungen Erwachsener nicht negativ beeinflusst, aber Kinder haben bereits im Alter von drei Jahren die Stereotype ihrer Kultur, darunter auch Altersstereotype, hinreichend verinnerlicht, um ihnen selbst Ausdruck verleihen zu können.[11] Eine Studie an amerikanischen und kanadischen Vorschulkindern kam zu dem Ergebnis, dass viele Kinder bereits in diesem Alter alte Menschen als langsam und verwirrt betrachteten.[12] Es hat sich gezeigt, dass die Neigung zur Kategorisierung sogar noch früher beginnt. Schon Kinder im Alter von vier Monaten unterscheiden und sortieren Gesichter nach Alterskriterien.[13]

Auch wenn wir alle möglichen Arten von negativen Stereotypen unseres kulturellen und sozialen Umfelds aufnehmen, so sind wir doch für negative Altersbilder besonders empfänglich. Es gibt vier Gründe dafür, dass viele diese Vorstellungen in sich aufsaugen wie ein Schwamm das Wasser. Erstens: allein die blanke Übermacht. Laut der Weltgesundheitsorganisation WHO handelt es sich bei Altersdiskriminierung/Ageismus um das meistverbreitete und gesellschaftlich meistakzeptierte Vorurteil unserer Zeit.[14] Zweitens begegnen wir Altersstereotypen anders als im Falle von rassistischen und sexuellen Ressentiments Jahrzehnte, bevor sie unsere eigene Altersgruppe betreffen, weshalb wir sie selten infrage stellen und kaum versuchen, dagegen anzugehen. Drittens sondert die Gesellschaft ältere Menschen in Bezug auf Dinge wie Wohnen, Leben, Arbeiten und gesellschaftliche Kontakte häufig ab. Kinder, die registrieren, wie ältere Menschen aus der Gesellschaft verdrängt werden, schlussfolgern daraus unbewusst, dass diese soziale Abspaltung Gründe haben muss, von Natur aus gegebene Unterschiede zwischen verschiedenen Altersgruppen, und halten sie nicht für das, was sie in Wirklichkeit zumeist ist: die Marginalisierung Älterer durch diejenigen, die das Sagen haben.[15] Viertens werden diese Stereotype im Laufe unseres Lebens durch ein Bombardement an Botschaften in Bezug auf das Altsein aus Werbung und Medien sehr häufig verstärkt.

SET-Mechanismus 2: Unbewusstes Wirken

Wie der Psychoanalytiker C. G. Jung es ausdrückte, wird, solange es uns nicht gelingt, das Unbewusste bewusst zu machen, Ersteres unser Leben bestimmen, und wir werden es Schicksal nennen. Dass Altersstereotype eine solche Macht über unsere Gesundheit haben, liegt darin begründet, dass sie häufig jenseits unseres Bewusstseins wirksam sind.

Eine effiziente Möglichkeit, der Frage auf den Grund zu gehen, wie die zahlreichen alterskritischen Sprachbilder, von denen unsere Kultur durchdrungen ist, ihren Einfluss auf uns ausüben, schien mir die Aktivierung von Altersstereotypen unterhalb der Bewusstseinsschwelle. In unserer Versuchsanordnung sitzen die Probanden vor Computerbildschirmen, auf denen Wörter mit einer solchen Geschwindigkeit vorbeihuschen, dass sie entweder gar nicht oder nur verschwommen erfasst werden. So erreichen wir eine Wahrnehmung, die den Betreffenden nicht bewusst wird. Diese vorbeihuschenden Wörter entsprechen entweder positiven Stereotypen wie »weise« oder negativen wie »senil«. Im Anschluss haben die Teilnehmer eine Reihe von einfachen Aufgaben zu erfüllen, zum Beispiel einen Flur entlangzugehen. Mit diesen Mitteln konnten wir zeigen, dass Altersstereotype unterbewusst alles Mögliche beeinflussen – ob es sich nun um unser Gehtempo handelt oder darum, wie sauber oder unordentlich unsere Handschrift ausfällt.[16]

SET-Mechanismus 3: Selbstbezüglichkeit von Altersstereotypen

Die schlimmsten Auswirkungen negativer Altersbilder betreffen uns erst, wenn wir selbst älter werden, weil sie erst dann Bedeutung für uns erlangen. Wenn Sie mit fünfundzwanzig Ihre Autoschlüssel verlegen, machen Sie sich vermutlich nicht allzu viele Gedanken darüber. Passiert Ihnen dasselbe mit fünfundsiebzig, befürchten Sie vermutlich, allmählich senil zu werden, weil Sie den größten Teil Ihres Lebens Stereotype von langsam vergreisenden über Sechzigjährigen verinnerlicht haben – auch wenn diese Stereotype nicht der Realität entsprechen, wie wir im nächsten Kapitel sehen werden.

Stellen Sie sich einen Augenblick lang vor, Sie seien eine ältere Person, die als Kind ständig mitanhören musste, wie ihre Eltern über die eigenen Eltern klagten, sie seien geistesabwesend und nicht bei der Sache, und das läge an ihrem fortgeschrittenen Alter. Bis Sie die zwanzig erreichen, hat sich diese Überzeugung mit großer Wahrscheinlichkeit durch ähnlich gelagerte Botschaften in Werbung, Film und Literatur in Ihnen verfestigt. Bis Sie die Lebensmitte erreichen, haben Sie längst angefangen, Fälle von Vergesslichkeit bei anderen mental als Ausdruck des Älterwerdens zu verbuchen. Und wenn Sie schließlich selbst alt werden, werden Sie jedes Mal, wenn Sie sich an etwas nicht mehr erinnern, dies Ihrem Alter zuschreiben. Sobald Sie das tun, bekräftigen Sie aktiv das auf alte Menschen gemünzte Stereotyp, mit dem Sie aufgewachsen sind, jetzt aber richtet es sich gegen Sie selbst. Das wiederum kann zu einem Stressniveau führen, das Ihre Gedächtnisleistung beeinträchtigt.[17] Wenn destruktive Altersstereotype ein ganzes Leben lang die innersten Sphären Ihres Geistes beherrscht haben, ist zu erwarten, dass sie irgendwann ihren Tribut fordern (so man nicht mit der einen oder anderen der später im Buch erwähnten Strategien dagegenhält).

SET-Mechanismus 4: Drei Wege, über die Altersbilder in uns Fuß fassen

Es gibt drei Ebenen, auf denen Altersbilder Einfluss auf unsere Gesundheit nehmen: die psychologische, die verhaltensphysiologische und die biologische. Ein Beispiel für die *psychologische* Schiene ist die geringe Selbstachtung, die sich bei älteren Menschen mit negativen Altersbildern einstellt.[18] In einem Brief, den ich neulich von einer älteren Engländerin erhielt, hieß es gleich zu Anfang: »Offen gestanden schäme ich mich, alt zu sein. Warum? Weil die Gesellschaft mir signalisiert, dass es ein Grund zum Schämen ist.«

Die *Verhaltens*-Ebene ist betroffen, wenn ältere Menschen aus negativen Altersbildern eine fatalistische Haltung ableiten, weil sie gesundheitlichen Verfall in späteren Jahren für unabwendbar halten. Oftmals geben sie dann gesunde Verhaltensweisen auf, die ihnen aus einer so düsteren Perspektive betrachtet sinnlos erscheinen. Mein Team hat nachweisen können, dass ältere Menschen mit negativen Altersbildern die ihnen verschriebenen Medikamente seltener einnehmen und weniger Sport treiben.[19] Das aber kann sich zu einer sich selbst erfüllenden Prophezeiung auswachsen: Eine negative Einstellung zum Altern kann zu ungesundem Verhalten führen, das die Gesundheit beeinträchtigt, was wiederum die ursprüngliche negative Einstellung bestärkt.

Die dritte Ebene ist die unserer *Biologie*. Wir haben festgestellt, dass negative Altersbilder biologische Stressmarker erhöhen können, unter anderem das Hormon Cortisol und ein Eiweiß in unserem Blut namens C-reaktives Protein (CRP).[20] Häufigere und höhere Ausschläge bei der Konzentration von Stressmarkern können ein früheres Lebensende bedeuten.[21]

Und da haben Sie es auch schon, das Unglücksdreigestirn: Negative Altersbilder unserer Kultur wirken sich auf unsere Gesundheit aus, verkürzen manches Leben und beeinträchtigen unser Wohlbefinden. Ich weiß, dass das übel klingt, und das ist es auch. Doch diese physischen Manifestationen sind nicht unausweichlich. Negativen Altersbildern lässt sich widerstehen, man kann sie umkehren und damit auf Psyche, Verhalten und Biologie positiv einwirken.

Vom Adressierenden zum Adressaten
Die Toxizität von Altersbildern

Es mag schwer zu akzeptieren sein, dass Altersstereotype derart tiefgreifende Auswirkungen auf unser Handeln und Fühlen haben sollen, aber nicht nur Altersbilder, auch andere Arten von Stereotypen in Bezug auf unser Selbst haben das Potenzial, uns zu beeinflussen. Zum Beispiel gibt es Studien, die gezeigt haben, dass Schwarze Testpersonen dazu neigen, schlechter abzuschneiden als weiße, wenn man sie vor dem Test bittet, bei den Fragen zur Person auf dem Fragebogen die ethnische Zugehörigkeit zu vermerken.[22] Ließ man die demografischen Fragen weg, gab es bei den Testergebnissen keinerlei signifikante Unterschiede. Das Stereotyp, das die ethnische Zugehörigkeit mit bestimmten intellektuellen Fähigkeiten verknüpft, ist dermaßen fest verwurzelt, dass es schon genügt, die Betreffenden zu bitten, ihre ethnische Zugehörigkeit zu vermerken, damit es sich bewahrheitet.

Eine weitere Studie ergab, dass weibliche Versuchsteilnehmerinnen es nach dem Anschauen von Fernsehwerbung, die geschlechtsspezifische Stereotype bediente, in den anschließenden Aufgaben für das Experiment vermieden, eine führende Rolle einzunehmen, auch wenn es in der Werbung selbst gar nicht um Führungsrollen ging.[23] In einem Spot wurde eine junge Frau gezeigt, die dermaßen begeistert über ein neues Kosmetikprodukt ist, dass sie vor Freude auf ihrem Bett auf und ab hüpft. Die Aktivierung eines einzigen Stereotyps in Bezug auf eine Gruppe – in diesem Fall die Zuschreibung, Frauen seien auf ihre äußere Erscheinung fokussiert – vermag die Schleusentore zu einer Flut von weiteren Stereotypen und Assoziationen öffnen, zu denen auch jenes gehört, dass Frauen keine guten Führungspersönlichkeiten abgeben.

Ein anderes beliebtes Sujet der Werbung sind Altersstereotype, die anders als rassistische Zuschreibungen oder Genderstereotype funktionieren, da sie erst später im Leben ihre Wirkung auf uns entfalten. Kompliziert wird dieser Umstand dadurch, dass Menschen vor dem Erreichen eines höheren Lebensalters lediglich Adressierende sind, die alte Menschen vermittels bestimmter Stereotype darstellen, und nicht die Adressaten dieser Botschaften, sodass sie von sich aus keinerlei Notwendigkeit empfinden, diese Stereotype infrage zu stellen oder ihnen etwas entgegenzusetzen. Wenn sie dann selbst alt werden, identifizieren sich die Älteren daher häufig noch lange weiterhin mit den Jüngeren statt mit ihrer neuen Altersgruppe.[24]

Es ist wichtig festzuhalten, dass negative oder positive Vorstellungen vom Altern nicht gleichzusetzen sind mit pessimistischem oder optimistischem Denken. Man mag versucht sein zu glauben, positive Altersbilder seien lediglich eine Facette von positivem Denken, negative eine von negativem. In meinen Arbeiten habe ich jedoch festgestellt, dass Altersbilder in ihren Auswirkungen weit über allgemeine emotionale Zustände wie Glücklichsein oder Melancholie hinausgehen und greifbare Folgen zeitigen, unter anderem beeinflussen, wie gut wir uns an Informationen erinnern oder in welchem Tempo wir einen Gang ums Karree machen.[25] Ungeachtet dessen, ob Sie in emotionaler Hinsicht nun jemand sind, für den das Glas immer halb voll ist, oder jemand, der es immer als halb leer sieht: Altersbilder können Ihrer Gesundheit schaden oder sie fördern.

Ein zweitausend Jahre alter Mann mit positiven Altersbildern

Der größte Teil der Forschung über den Einfluss von Stereotypen und Bildern in Bezug auf bestimmte Gruppen, unabhängig davon, ob diese sich auf ethnische Zugehörigkeit, Geschlecht oder Alter gründen, konzentriert sich auf negative Zuschreibungen. Mich hingegen hat schon immer das Potenzial positiver Zuschreibungen interessiert.

Denken Sie an Filmemacher wie Carl Reiner, Schöpfer der *Dick Van Dyke Show* und Regisseur des populären Steve-Martin-Films *Reichtum ist keine Schande*, oder Mel Brooks, der *Frankenstein Junior* und *The Producers* geschrieben und gedreht hat. Reiner starb mit achtundneunzig, sein lebenslanger Freund Mel Brooks ist heute fünfundneunzig. Beide zehrten beim Älterwerden von ihren positiven Altersbildern, beide übertrafen die durchschnittliche männliche Lebenserwartung um mindestens fünfzehn Jahre. Sie waren noch mit über neunzig extrem produktiv, Reiner schrieb fünf Bücher, Brooks schreibt, dreht und produziert immer noch. Beide betrachteten sich als glückliche Menschen. Ihre Freundschaft vertiefte sich mit den Jahren mehr und mehr. Bis zu Reiners Tod aßen die beiden Abend für Abend zusammen bei Reiner zu Hause, schauten *Jeopardy!* und anschließend einen amüsanten Film, manchmal auch einen aus eigener Feder.[26]

Mit fünfundneunzig trat Reiner in einer Dokumentation des Senders HBO über das Leben als über Neunzigjähriger auf, Titel: *Wenn du nicht bei den Todesanzeigen stehst, dann lass dir dein Frühstück schmecken.* Die Leute, die darin in Interviews zu Wort kamen (unter anderem Mel Brooks), waren lustig, voller Selbstironie und glücklich. Sie beschrieben ihr Leben als produktiv und sinnerfüllt und beklagten die herablassende Haltung, die ihnen aufgrund ihres Alters seitens der Gesellschaft entgegengebracht wird. Norman Lear, der etliche der denkwürdigsten Sitcoms der 1970er Jahre geschaffen hat (unter anderem *All in the Family*, *Maude* und *Die Jeffersons*), sagt in der Dokumentation zu Reiner: »Weil ich dreiundneunzig bin, soll ich mich auf eine ganz bestimmte Weise verhalten. Die Tatsache, dass ich an meine Zehen komme, sollte die Leute nicht so ungemein verwundern.« Inzwischen ist er neunundneunzig und hat gerade eine neue Sitcom mit rein lateinamerikanischer Besetzung herausgebracht.

Mel Brooks und Carl Reiner hatten ihre positive Einstellung zum Altwerden schon Jahrzehnte zuvor ausgelebt. Als ich heranwuchs, ließen meine Eltern gern alte Aufnahmen von ihrer Lieblings-Comedyserie laufen: *The 2000-Year-Old-Man*, in der Reiner den Interviewer gab, während Brooks einen Zweitausendjährigen mimte und die Antworten auf Fragen seines Gegenübers mit waschechtem jiddischem Akzent improvisierte. Seinen Witz bezog das Ganze aus den eminent gut getimten und geistreichen Borschtsch-Belt-Bonmots dieses sehr alten Mannes.

Obwohl Reiner und Brooks die Persiflage mit Anfang dreißig aus Jux geschrieben hatten, um Freunde auf Partys zu unterhalten, spricht aus ihren Plots eine zutiefst positive Haltung zum Alter. Viele der amüsanten Einlassungen des Alten haben mit den Altersfertigkeiten und -erfahrungen zu tun, die er braucht, um in einer chaotischen Welt zu überleben. Hinzu kommt, dass er in der Rolle über ein hervorragendes Gedächtnis verfügt, er rezitiert zum Beispiel den Text des, wie er behauptet, ersten Liedes, das je gesungen wurde, ein uralter aramäischer Gesang, der rein zufällig genauso klingt wie der populäre Jazz-Titel »Sweet Georgia Brown«. Das Ganze bildet einen erfrischenden Kontrast zum Großteil des gegenwärtig gepflegten »Altershumors« zahlloser Comedy- und Fernsehsendungen, in denen sich über Geist und Körper alter Leute vorwiegend lustig gemacht wird.[27]

Altersbilder verändern

Die gute Nachricht lautet, dass wir nicht mit einem fertigen Satz an Altersbildern zur Welt kommen, die in Stein gemeißelt und unverrückbar sind, sobald sie sich in uns festgesetzt haben. Vornehmlich können wir das daran sehen, wie radikal unterschiedlich sich das Bild alternder Menschen von einer Kultur zur anderen darstellt. In China, so habe ich festgestellt, fällt den Menschen, wenn ich sie bitte, die Wörter oder Floskeln zu nennen, die ihnen zur Beschreibung alter Menschen als Erstes in den Sinn kommen, in den meisten Fällen zuerst »Weisheit« ein, während in den Vereinigten Staaten das erste Bild, das den Leuten in den Sinn kommt, »Gedächtnisverlust« ist.

Wir wissen auch, dass Altersbilder formbar sind, denn sie haben sich im Laufe der Geschichte immer wieder verändert, und mir und meinem Team ist es gelungen, sie im Rahmen unserer Studien vom Negativen zum Positiven zu verändern.[28] Weiter hinten im Buch werden wir uns mit diesen kulturellen Unterschieden ebenso befassen wie mit historischen und experimentellen Veränderungen von Ansichten, Erwartungen und Vorstellungen in Bezug auf das Alter. Auf der Grundlage dieser Muster werden wir darüber hinaus eine Strategie zur Umgestaltung dieser Überzeugungen vorlegen.

Der lange Arm von Altersbildern

Altersbilder beeinflussen so ziemlich alle Aspekte unseres Lebens, darunter auch den Zugang zu medizinischer Versorgung und unsere Chancen auf dem Arbeitsmarkt. Ältere Patienten, die sich mit Depressionen in psychologische oder psychiatrische Behandlung begeben, werden seltener angemessen behandelt, wenn sie denn überhaupt Gehör finden, weil unter Experten dieser Fachrichtung weithin die Meinung vorherrscht, Depressionen seien normaler Bestandteil des Altwerdens.[29] Hier geht es nicht nur um weitgehend folgenlose Mutmaßungen in Bezug auf die psychische Gesundheit, sondern hier werden ältere Patienten schlichtweg als einer Behandlung nicht würdig abgetan.

Die Altersforscherin Louise Aronson hat mir von einer ärztlichen Zusammenkunft an einem großen amerikanischen Krankenhaus erzählt, bei der die Ärzte den Fall eines älteren Patienten besprachen, der von einem nahe gelegenen Altenheim zu ihnen verlegt worden war. Mitten in der Besprechung stand einer der Ärzte – Chefarzt einer Abteilung – auf und erklärte, er habe die Lösung für diesen komplizierten Fall.

»Ich hab's. Wir müssen es einfach nur hinbekommen, dass alle Altenheime mindestens hundertfünfzig Kilometer von unseren Kliniken entfernt sind.«

Alle lachten. Die unausgesprochene Unterstellung dahinter: Alte Menschen seien eine Verschwendung von Zeit, Geld und Pflegeressourcen. Aronson fügt an: »Wenn das jemand über Frauen, Menschen anderer Hautfarbe oder LGBTQ-Patienten gesagt hätte, hätte es einen Aufschrei gegeben. In diesem Falle gab es keinen. Es ist zum Heulen.«[30]

Auch auf dem Arbeitsmarkt sind negative Altersbilder an der Tagesordnung, nur ein Drittel aller Amerikaner ist mit achtundsechzig noch beschäftigt[31], und zwar in erster Linie deshalb, weil man davon ausgeht, ältere Arbeitnehmer seien ineffizient und müssten aussortiert werden. Bei Facebook beträgt das Medianalter achtundzwanzig Jahre, bei Google dreißig und bei Apple einunddreißig.[32]

Haben wirklich nur junge Menschen die erforderlichen Fähigkeiten, mit Computern zu arbeiten, oder strotzt die Branche vor negativen Altersbildern? Wir sollten JK Scheinberg fragen, jenen legendären Apple-Ingenieur, der einst das ultrageheime Marklar-Projekt des Unternehmens leitete, das eine Intel-Version des Apple-Betriebssystems zum Laufen bekommen sollte und dem MacBook letztlich den durchschlagenden Erfolg bescherte, mit dem es heute dasteht. Nach einundzwanzig Jahren bei Apple entschloss sich JK, noch in den Fünfzigern in den Ruhestand zu gehen, wurde jedoch alsbald von Langeweile und Ruhelosigkeit geplagt. In dem Glauben, er kenne eine gute Möglichkeit, sich nützlich zu machen, bewarb er sich um einen Teilzeitjob bei der Genius Bar seines örtlichen Apple Stores. Mehrere Leute, mit denen er Bewerbungsgespräche geführt hatte, teilten ihm mit, sie würden sich melden. Er hörte nie wieder von ihnen. JK schätzt, dass dies daran lag, dass er mit ein paar Jahrzehnten Vorsprung der älteste unter den Bewerbern war.[33]

Von all den verschiedenen Arten impliziter Voreingenommenheit werden negative Altersbilder wohl am wenigsten hinterfragt. Sie vertreiben ältere Menschen aus geselligen Wohnvierteln, Arztpraxen und dem Arbeitsleben – und der einzige Grund dafür ist ihr Alter.

Altern ist ein biologischer Prozess, dennoch ist es dabei mit einer strikten biologischen Definition – unabhängig von unseren Überzeugungen und unserem Handeln rund um das Altwerden – nicht getan. Viel zu oft realisieren wir nicht, dass unsere Altersbilder Produkt kultureller Voreingenommenheit sind und nicht auf wissenschaftlichen Tatsachen beruhen. Wir vergessen, dass nur 25 Prozent unserer Gesundheit genetisch bedingt sind.[34]

Mit anderen Worten: Drei Viertel unserer Gesundheit werden von äußeren Faktoren bestimmt, von denen wir viele kontrollieren können. Und wie meine Forschungen belegen, ist einer dieser kontrollierbaren Faktoren die Beschaffenheit unserer Altersbilder.

Im ersten Teil des Buches werde ich wissenschaftliche Befunde über unsere Altersbilder vorstellen und mit Beispielen aus dem Leben verschiedener Persönlichkeiten – Künstler, Filmstars und Sportler – anschaulich zu machen versuchen, auf welche Weise diese Altersbilder unsere Gesundheit und Biologie, unser Gedächtnis und unser allgemeines Wohlbefinden beeinflussen. Weiter hinten im Buch präsentiere ich Ihnen erprobte Strategien, die Ihnen helfen werden, sich die beträchtliche Macht von Altersbildern zunutze zu machen und strukturbedingter Altersdiskriminierung auf eine Weise zu begegnen, die Ihnen, Ihren Lieben und der Welt, in der wir leben, zum Guten gereichen wird.

2

Anatomie eines Aussetzers

Manchmal hat unser Gedächtnis einen Kurzschluss. Wir vergessen den Namen des Helden aus dem Film, den wir gerade gesehen haben, oder betreten ein Zimmer, um irgendwas zu holen, und haben prompt vergessen, was es war. Es ist ein ärgerlicher Zustand, und es passiert jedem. Sehr oft schlagen wir uns in solchen Momenten vor die Stirn und jammern: »Jetzt werde ich alt.« Aber warum, wo es doch jedem passieren kann?

Im Englischen gibt es dafür den Begriff des »senior moment«, erstmals 1997 im *Rochester Democrat & Chronicle* offiziell gebraucht, ein Autor zitierte darin einen älteren Banker im Urlaub, der mitten in einem Tennismatch seinen Punktestand vergessen hatte.[1] Seither hat der Ausdruck nicht nur in amerikanische Wörterbücher Einzug gehalten, sondern auch in die anderer Länder.[2] Wenn ich im Ausland Vorträge halte, frage ich manchmal, wer den Begriff kennt, und meist hebt so ziemlich jeder der Anwesenden auf der Stelle die Hand.

In Wirklichkeit sind diese »Momente« nichts sonderlich Senioren- oder Altersspezifisches. Kurze Gedächtnisaussetzer gibt es seit Ewigkeiten. Vor fast 150 Jahren beschrieb William James, der »Vater der amerikanischen Psychologie«, das Phänomen als Leerstelle im Geist, »die von größter Aktivität ist. Der Begriff geistert als eine Art Phantom darin herum, drängt uns in eine bestimmte Richtung, lässt uns zeitweise kribbelnde Nähe spüren und dann doch ohne den ersehnten Begriff zurück.«[3] Ganz offensichtlich sind ältere Menschen nicht die Einzigen, die hin und wieder mit momentaner Vergesslichkeit geschlagen sind, was den harmlosen, ja fast schon niedlichen Begriff »senior moment« zu einem wahren Mikrokosmos der tückischen Mechanismen und Auswirkungen von Altersfeindlichkeit macht: Er umgibt einen komplexen und dehnbaren Begriff (Gedächtnis) mit pseudowissenschaftlicher Legitimation und sät existenzielle Ängste durch eine abwertende Zuschreibung, die auf jede und jeden oberhalb eines bestimmten Alters Anwendung findet.

Die Wahrheit zum Thema Gedächtnis und Erinnerung lautet, dass die Gehirnfunktionen alternder Menschen eine enorme Bandbreite abdecken. Mehr und mehr Studien zeigen, dass Neuroplastizität – die Fähigkeit des Gehirns, flexibel zu bleiben und immer neue neuronale Verknüpfungen zu bilden, die man lange Zeit für ein ausschließliches Merkmal junger Gehirne gehalten hat – auch im Alter noch vorhanden ist. Das legt die Vermutung nahe, dass das allzu bereitwillig akzeptierte Stereotyp, demzufolge die Gehirnleistung mit zunehmendem Alter unweigerlich nachlässt, falsch ist.[4]

Wie wir im Folgenden sehen werden, verbessern sich manche Arten von Gedächtnis mit den Jahren, unter anderem das semantische Gedächtnis – das Erinnern von allgemeinen Kenntnissen, zum Beispiel welche Farben ein Apfel haben kann –, manche bleiben gleich, unter anderem das prozedurale Gedächtnis – das Erinnern an Routineabläufe wie das Radfahren –, wieder andere lassen nach, dazu gehört das episodische Gedächtnis, das Erinnern an ein bestimmtes Erlebnis, das zu einer bestimmten Zeit an einem bestimmten Ort stattgefunden hat – beispielsweise ein Blitz am Himmel über Ihrem Haus beim Gewitter letzte Nacht.[5] Diese letzte Art von Gedächtnis, von der man annimmt, dass sie bei allen älteren Menschen nachlässt, lässt sich durch bestimmte Maßnahmen häufig verbessern.[6] Na ja, fragen Sie jetzt vielleicht, wenn doch *manche* Arten von Gedächtnis *in manchen Fällen* bei *manchen* Menschen nachlassen, hat es dann mit dem Begriff »senior moment« nicht doch seine Richtigkeit? Tatsache ist, dass Gedächtnisaussetzer in jedem Alter auftreten können und unser Gehirn im fortgeschrittenen Alter neue Verknüpfungen herstellt, die solche gelegentlichen Verluste kompensieren.

Kurz: Das, was bestimmte Arten von Gedächtnis nachlassen lässt, ist nicht das Altern selbst, sondern vielmehr die Art, wie wir über das Altern denken und ans Altern herangehen – das, was unsere Kultur uns über das Wie des Alterns lehrt, und das, was wir davon übernehmen.

Gedächtnisleistungen chinesischer und gehörloser Senioren

Zu Beginn meines Berufslebens habe ich mich gefragt, ob Kultur und Altersbilder für die Gedächtnismuster im späteren Leben eine Rolle spielen, und wenn ja, welche. Das Nachlassen der Gedächtnisleistung gehört zu den meistverbreiteten Stereotypen, die man in Nordamerika und Europa mit hohem Alter verbindet.[7] In einer der ersten Studien, die ich nach meiner Rückkehr aus Japan durchgeführt habe, habe ich untersucht, ob Stereotype wie dieses die Gedächtnisleistung zu beeinträchtigen vermögen.[8] Ich hatte mich für drei Kulturen mit ganz unterschiedlichen Altersbildern entschieden: gehörlose Amerikaner[9], hörende Amerikaner und Personen vom chinesischen Festland.

Warum ausgerechnet diese drei? Auf die chinesische Kultur fiel meine Wahl wegen deren zweitausendjähriger Tradition konfuzianischer Werte, unter anderem des Respekts vor den Eltern und der Achtung vor alten Menschen insgesamt, die Leben und Umgang auch im heutigen China noch entscheidend prägen. Mehrgenerationenhaushalte, oftmals mit einer älteren Person an der Spitze, sind dort eher die Regel denn die Ausnahme, und ältere Menschen erwähnen ihr Alter oftmals mit großem Stolz.[10]

Die Gehörlosenkultur begann ich im Studium zu bewundern, Auslöser waren die positiven Altersbilder, die ich in einem Buch der Anthropologin Gaylene Becker geschildert fand.[11] In der Gehörlosen-Community ist hohes Alter oftmals eine ausgesprochen gesellige, lebhafte und unabhängige Lebensphase. Zum größten Teil ist das darauf zurückzuführen, dass diese Community von Natur aus in besonderer Weise generationenübergreifend funktioniert. Über 90 Prozent der Gehörlosen sind Kinder hörender Eltern. Wenn junge Gehörlose dann auf ältere Gehörlose treffen, bewundern sie diese in vielen Fällen und entwickeln über die gemeinsame Identität eine starke Bindung an diese Rollenvorbilder.[12] Die Folge ist, dass in der Gehörlosen-Community positive Altersstereotype vorherrschen, Ältere sich häufig in ihrer Haut sehr wohl fühlen und enge Beziehungen zu ihren Altersgenossen pflegen. Becker erläutert: »Im Rahmen meiner Feldstudien beobachtete ich ein immer gleiches Interaktionsmuster unter alternden Gehörlosen. In Gehörlosengruppen waren sie gesprächig, kontaktfreudig, vertrauensvoll und entspannt.«[13]

Um mehr über die Gehörlosenkultur zu erfahren, schrieb ich mich in einem örtlichen Bürgerzentrum für einen Kurs in Gebärdensprache ein. Der Lehrer war ein älterer Gehörloser, dessen Gebärden wie die Choreografie zu einem wunderschönen Tanz aussahen. Einmal nahm ich nach dem Unterricht allen Mut zusammen und fragte ihn, ob ich mit ihm über seine Sicht auf das Älterwerden sprechen könne. Am Ende unseres Gesprächs willigte er ein, mir zu helfen, Freiwillige aus dem generationenübergreifend organisierten Boston Deaf Club als Versuchsteilnehmer zu rekrutieren.

Außerdem lud ich alte und junge Hörende aus einem Bostoner Seniorenzentrum und einer Jugendorganisation ein, sowie alte und junge chinesische Probanden aus einer Pekinger Bleistiftfabrik, in der die Angestellten vorwiegend jünger waren, deren Ruheständler jedoch allmonatlich ihren Rentenscheck abholen kamen.

Dadurch, dass ich Teilnehmer aus diesen drei so verschiedenen

Kulturen betrachtete, konnte ich für alles, was ich an signifikanten Mustern bezüglich der Gedächtnisleistung fand, alternative Erklärungen wie die Sprache ausschließen. Hätte ich nur hörende und gehörlose Teilnehmer aus Amerika verglichen, hätte es sein können, dass die Gehörlosen über die vielen Jahre des Gebärdens einen Gedächtnisvorteil entwickelt hatten. Hätte ich chinesische und amerikanische Hörende verglichen, hätte es sein können, dass die Chinesen aufgrund ihrer Sprache, die anstatt auf einem Alphabet auf Piktogrammen fußt, über ein besseres Erinnerungsvermögen verfügten. Doch dadurch, dass wir gehörlose Amerikaner und Chinesen in unsere Versuche einbezogen, konnten wir uns auf den einen Faktor konzentrieren, der diesen beiden Kulturen in großem Umfang zu eigen ist: positive Altersbilder.

Ich hatte die Studie so angelegt, dass sie jene Art von Gedächtnis abfragte, von der Kognitionswissenschaftler häufig behaupten, dass sie mit zunehmendem Alter nachlässt:[14] das episodische Gedächtnis. Letzteres bemühen Sie, wenn Sie sich an eine Person oder einen Gegenstand in einem räumlich-visuellen Kontext erinnern: ein Jagdverbotsschild mit einem Einschussloch zum Beispiel, das Ihnen in einem Nationalpark ins Auge gefallen ist.

Um die Einstellung meiner Probanden zum Altern zu erfassen, bat ich sie, dieselbe Übung zur Beschaffenheit des eigenen Altersbilds zu machen, die Sie vielleicht im letzten Kapitel selbst ausprobiert haben. Sie erinnern sich: Es ging darum, die ersten fünf Begriffe oder Formulierungen zu nennen, die einem spontan in den Sinn kommen, wenn man an einen älteren Menschen denkt. Anschließend absolvierten die Teilnehmer ein Altersmythen-Quiz[15] aus fünfundzwanzig richtigen und falschen Aussagen über das Altern – Beispiel: »Depressionen finden sich bei älteren Menschen häufiger als bei jüngeren«, und »Alte Menschen brauchen länger, um Neues zu lernen, als jüngere.« Aus den Antworten konnte ich die Voreingenommenheit der Teilnehmer in Bezug auf das Altwerden abschätzen. (Beide Aussagen sind übrigens falsch.)

Es gab ein paar kulturelle Hürden zu überwinden: So war mir beispielsweise nach der Übersetzung ins Englische bei einigen der Antworten auf die Altersbild-Übung unklar, ob diese nun positiv oder negativ zu werten waren, weil etliche der Verweise kulturspezifisch waren. Dazu zählten »In der Lage, Massen zu organisieren« und »Gibt der Gesellschaft Restwärme zurück«. Zum Glück konnte meine Assistentin, die in China aufgewachsen war, die Antworten im Positiv/Negativ-Spektrum einordnen (die beiden letztgenannten Antworten sind, wie sich herausstellte, durchaus positiv).

Auch wenn wir kein neues Psychopharmakon testeten, so hatten unsere Ergebnisse doch durchaus das Zeug, Bewusstsein zu verändern. Von den älteren Teilnehmern formulierten die Hörenden aus Amerika die negativsten Altersbilder und schnitten bei allen vier Gedächtnisaufgaben am schlechtesten ab. Die chinesischen Senioren, die Gruppe mit den positivsten Altersbildern also, schnitten durch die Bank am besten ab. Mich verblüffte, dass unter den chinesischen Probanden die älteren Teilnehmer genauso gut dastanden wie ihre jüngeren Kollegen. Mit anderen Worten: Wenn Sie in China alt werden, können Sie damit rechnen, dass Ihr Gedächtnis im Prinzip genauso gut funktioniert wie das Ihrer Enkel. Die amerikanischen Gehörlosen unter den Versuchsteilnehmern, deren Altersbilder deutlich positiver waren als die ihrer hörenden Landsleute, schnitten sehr viel besser ab als Letztere. Im Unterschied zu den älteren Teilnehmern zeigten die jungen Versuchspersonen quer durch alle kulturellen Gruppen ähnlich gute Leistungen, was plausibel ist in Anbetracht dessen, dass Altersbilder bei ihnen noch keine Selbstrelevanz besaßen, sie mithin noch nicht beeinflussten.[16]

Einer der Gründe dafür, dass wir eine so starke Verknüpfung von kulturellen Vorstellungen und der Gedächtnisleistung älterer Personen gesehen haben, ist sicher darin zu sehen, dass die älteren Teilnehmer der chinesischen Gruppe und der Gehörlosengruppe zu einer Zeit aufgewachsen sind, in der sie kaum Zugang zu amerikanischen Mainstream-Medien und den negativen Altersbildern hatten, die dort vorherrschen: die amerikanischen Gehörlosen, weil es noch keine Untertitel im Fernsehen gab, die Chinesen aufgrund ihrer geografischen und politischen Isolation von Amerika, und beide Kulturen, weil zu der Zeit, als sie heranwuchsen, die sozialen Medien, die negative Altersbilder über sämtliche Grenzen verbreiten, noch nicht erfunden waren. Trotzdem gingen in allen drei Gruppen, auch bei den hörenden Amerikanern, positivere Altersbilder mit besseren Gedächtnisleistungen einher.

Für mich war unsere Studie Beleg dafür, dass kulturelle Überzeugungen zum Altern machtvoll genug sind, um die Gedächtnisleistung im späteren Leben zu untergraben.

Eine Erinnerungskathedrale errichten

Um die Rolle von Altersbildern für die Aufrechterhaltung unseres Erinnerungsvermögens besser verstehen zu lernen, traf ich mich mit John Basinger, vierundachtzig, einem pensionierten Theaterschauspieler, der etwa eine halbe Stunde von mir entfernt in der Universitätsstadt Middleton, Connecticut, wohnt. Seine Frau Jeanine hatte sechzig Jahre an der Weslayan University Filmwissenschaften gelehrt. Sie hat das Gebiet mehr oder weniger erfunden und gilt heute auf dem Campus genauso als Ikone wie in Hollywood. Doch auch wenn Johns Arbeit und Erbe ein bisschen anders gestrickt sind, so gereichen seine Heldentaten Middleton nicht minder zur Ehre.

1992, kurz vor seinem sechzigsten Geburtstag, fasste John den Entschluss, Miltons großes lyrisches Epos *Das verlorene Paradies* über die Versuchung Adams und Evas durch Satan und ihre anschließende Vertreibung aus dem Paradies auswendig zu lernen. Er fing ganz langsam an, immer sieben Zeilen auf einmal, die er beim Sport auf dem Campus rezitierte. Er glaubte nicht daran, dass er das gesamte Werk würde im Kopf behalten können. Aber wenn John sich etwas vornimmt, bringt er es normalerweise auch zu Ende. Acht Jahre später, kurz vor dem Ende seines siebten Lebensjahrzehnts und unmittelbar vor Anbruch des neuen Jahrtausends, hatte er das gewaltige sechzigtausend Wörter umfassende Gedicht im Kopf, das von seiner Länge her ungefähr dem Umfang eines Romans wie *Herr der Fliegen* entspricht! Schließlich rezitierte er das Ganze bei einer außergewöhnlichen Vorstellung über drei Tage in voller Länge.

Heute, zwanzig Jahre später, erinnert er sich noch immer an den Text, sagt er. Am Morgen unseres Treffens rezitierte er als eine Art mentale Aufwärmübung eines der zwölf Bücher des Werks von Anfang bis Ende. Aber John ist keinesfalls jemand, der sich auf einem Erfolg ausruht. In den vergangenen Jahren studierte er große Partien aus *King Lear* ein, Shakespeares Drama über einen alternden König, und machte daraus eine Einmann-Show. Vor nicht allzu langer Zeit lernte er Lord Tennysons Kriegsgedicht *The Charge of the Light Brigade* auswendig, kombinierte es mit Rockmusik und führt das Ganze zusammen mit einer jungen Band auf.

Bei unseren Gesprächen besteht John darauf, dass sein Gedächtnis nichts Überdurchschnittliches sei. Seine Frau und seine Tochter hätten ein von Natur aus gutes Gedächtnis, während er ohne To-do-Liste aufgeschmissen sei und gern mal Dinge vergäße – zum Beispiel wo sein Terminkalender gerade ist. Und in klinischer Hinsicht hat John absolut recht: Sein Erinnerungsvermögen ist nicht überdurchschnittlich. Sein Gedächtnis für Alltagsabläufe sei komplett normal, versichert John Seamon, Psychologe an der Wesleyan University, der auf Johns Glanzleistung aufmerksam geworden ist und eine ganze Testbatterie zusammengestellt hat, um herauszufinden, wie er das fertiggebracht hat. Seamon kommt zu dem Schluss: »Außerordentliche Gedächtnistalente werden gemacht und nicht geboren.«[17]

John ist der lebende Beweis dafür, dass ein völlig durchschnittliches Gedächtnis eine bemerkenswerte Sache ist, wenn dazu die Bereitschaft kommt, es zu trainieren, wie man einen Muskel trainiert, und wenn die richtige Sorte an Altersbildern vorhanden ist. Ein Bild, das ihm häufig in den Sinn komme, erzählte er, sei das von Pablo Casals, dem großen spanischen Cellisten, der noch mit weit über neunzig aufgetreten ist. Gegen Ende seines Lebens hatte Casals Probleme mit dem Laufen und tat sich schwer, irgendwohin zu kommen, aber sobald er einmal saß und zu spielen begann, wurde er wieder genauso geschmeidig und anmutig, wie er als junger Mann gewesen war.

Ich war neugierig darauf, wie John ein Gedicht vom Umfang eines Romans hatte auswendig lernen können, und fragte nach der Technik, derer er sich dabei bedient hatte. Es zeigte sich, dass er seine Strategie beim Auswendiglernen mehr oder wenig zufällig entwickelt hatte. Es sei während seiner jungen, prägenden Jahre gewesen, berichtete er, seinerzeit hatte er an einem Theater mit Gehörlosen gearbeitet.

Ich horchte auf bei seinen Worten. »Aber Sie sind nicht gehörlos, oder?«, fragte ich und überlegte, ob ich womöglich einen entscheidenden Aspekt seiner Persönlichkeit und eine aufregende Verbindung zur Gehörlosenkultur und ihren positiven Altersbildern übersehen hatte.

John lächelte und schüttelte den Kopf, begann aber seine Worte mit Gebärden zu untermalen, während er mir seine Geschichte erzählte. Als junger Mann wollte er, koste es, was es wolle, unbedingt ans Theater, und der erste Job, der sich dabei in den 1960ern für ihn auftat, war der des Tongestalters am National Theatre for the Deaf (NTD) in Waterford, Connecticut. Gegründet worden war das NTD von David Hays, einem erfolgreichen Bühnenbildner, der mit Film- und Ballettgrößen wie Elia Kazan und Georges Balanchine gearbeitet hatte. Die Neugründung sollte Vorreiter einer neuartigen Form von Aufführungspraxis sein, bei der Gehörlose und Hörende zusammen auftraten, ihre Texte zeitgleich mimisch darstellten, sprachen und gebärdeten, sodass alle Sinne angesprochen wurden, eine radikal neue Form von Theater für Gehörlose und Hörende gleichermaßen. Es war ungemein aufregend. Drei Jahrzehnte tourte John mit der Truppe und entwickelte sich schließlich vom Sounddesigner zum Schauspieler sowie zum Schauspiel- und Gebärdenlehrer.

Als er mir von seinen Anfängen erzählte, blieb John bei der Gebärdensprache, um zu illustrieren, wie die Aufführungen am NTD abliefen, und deutlich zu machen, was er dabei über den Prozess des Auswendiglernens herausgefunden hatte. Bei seiner Arbeit im Gehörlosentheater stellte John fest, dass er seine Texte leichter behielt, wenn er sie mit Gesten untermalte, um den gesprochenen Text auch visuell erfahrbar zu machen. Als er Jahrzehnte später mit dem Lernen von *Paradise Lost* begann, besann er sich wieder auf die Idee, Texten durch »natürliche Gesten« eine physische Dimension zu verleihen. Das, so erklärte er, erlaube es ihm, »sich den emotionalen und physischen Raum des Gedichts unmittelbar zu eigen zu machen«.

Johns Zeit beim NTD und die Nähe zur Gehörlosenkultur hatten klar ihre Spuren bei ihm hinterlassen. Sie erinnern sich vermutlich aus meinen Studien mit Gehörlosen daran, dass jüngere Angehörige dieser kulturellen Szene ältere sehr häufig als Rollenvorbilder und Mentoren sehen.[18] John wurde durch die Begegnung mit dieser Kultur in seiner positiven Alterswahrnehmung bestärkt und lernte darüber hinaus noch eine Menge mehr. Am Anfang hatte er nichts über Gebärdensprache gewusst, ein paar Jahre später *lehrte* er sie selbst. Er verließ die Compagnie schließlich, um mehr Zeit mit seiner Familie verbringen zu können, statt Monate am Stück durchs Land zu tingeln. Aber seine Erfahrungen am NTD sind ihm ein Leben lang präsent geblieben. Seinen entscheidenden Fingerzeig, so scheint heute durchzuklingen, verdankt er den Gehörlosen, deren Kultur zumindest eine Zeit lang zu seiner eigenen wurde und von der er Jahrzehnte später noch zehrt, um seine bemerkenswerten Gedächtnisleistungen vollbringen zu können.

Wenn John aus seinem Leben berichtet, zitiert er unablässig aus Filmen, Büchern und Gedichten, von denen ich viele nie gesehen oder gelesen hatte, wie ich peinlich berührt feststellen musste. Ich habe es jedoch später nachgeholt. Darunter waren einige, die positive Bilder vom Altwerden zeichneten. Ein Roman, den er, wie er sagte, als junger Mann besonders geliebt habe, war *Der Weg allen Fleisches* von Samuel Butler, einem viktorianischen Schriftsteller, der in seinen Werken das heuchlerische Wertesystem seiner Ära anprangerte. Er erwähnte seine beiden Lieblingsfiguren – Aletha, die liebende Tante, und Overton, den Erzähler des Romans –, zwei Personen fortgeschrittenen Alters, die, wie er fand, sehr schön den mythologischen Archetypus der weisen, entscheidende Orientierungshilfe bietenden Alten verkörperten.

Johns Leben ist ein Musterbeispiel dafür, dass das Erinnerungsvermögen nicht die fixe neurologische Ressource ist, für die wir es häufig halten. Es ist nicht etwas, das man hat oder nicht hat – wenn man einmal von einem neurologischen Verfall wie der Alzheimer-Krankheit absieht, aber sogar in diesem Fall ist der Gedächtnisverlust, wie wir sehen werden, keineswegs immer eine ausgemachte Sache. Das Gedächtnis ist formbar und lässt sich optimieren. Tatsächlich hat John ausgerechnet jene Art von Gedächtnis genutzt, von der ein Großteil der kognitiven Literatur sagt, dass sie in späteren Jahren zum Nachlassen verdammt ist: das episodische Gedächtnis.

Ein besseres Gedächtnis dank experimentell veränderter Altersbilder

Im Anschluss an unsere kulturübergreifende Untersuchung mit chinesischen und gehörlosen Teilnehmern vermutete ich, dass kulturelle Vorgaben eine wichtige Rolle für die psychische Gesundheit spielen, wusste aber, dass ich Altersbilder in einer kontrollierteren Anordnung würde untersuchen müssen, um zu belegen, wie machtvoll sie tatsächlich sind. Also suchte ich nach einer Möglichkeit, experimentell nachzuvollziehen, was sich meiner Ansicht nach in diesen drei Kulturen abspielte.

Nach einem Vorversuch, bei dem ich verschiedene Techniken zur Aktivierung von Altersstereotypen bei älteren Menschen ausprobierte, beschloss ich, es mit dem Priming impliziter Gedächtnisinhalte zu versuchen – einer Technik, die man bereits erfolgreich zur Untersuchung von Rassismus verwendet hatte: Durch unterschwellige Reize oder Botschaften hatte man auf diese Weise bei weißen Studenten schlummernde Stereotype von Schwarzen Menschen aktivieren können.[19] Ich wollte etwas anderes probieren und herausfinden, ob ich auf diese Weise auch Autostereotype oder Stereotype von der eigenen Gruppe aktivieren konnte. Und ich wollte dies bei älteren Menschen versuchen, obwohl ein Neurowissenschaftler an unserem Institut warnte, das sei womöglich zum Scheitern verdammt, da ältere Menschen Informationen langsamer verarbeiteten. So war ich ungeheuer froh, als sich zeigte, dass die Technik funktionierte, obwohl einer der Teilnehmer, ein Zweiundneunzigjähriger, zum allerersten Mal in seinem Leben einen Computer bediente.

Dass unterschwelliges Priming so gut wirkt, liegt darin begründet, dass es die psychologischen Strategien umgeht, mit deren Hilfe wir unsere positiven und negativen Bilder vor anderen Einflüssen schützen. Wir sehen das zum Beispiel am sogenannten »Bestätigungsfehler«, der Hinweisen, die das bestätigen, was wir bereits für wahr halten, eine stärkere Gewichtung verleiht, und Belege, die möglicherweise gegen unsere Überzeugung sprechen, unterbewertet.

Mein Team und ich stellten eine Gruppe aus älteren Personen zusammen und luden sie in unser Labor am Psychologischen Institut der Universität Harvard ein. Wir setzten sie vor einen Computerbildschirm und baten sie, den Blick fest auf einen Punkt in dessen Mitte gerichtet zu halten, während knapp darüber oder darunter Wörter aufblitzten, rasch genug, dass die Wahrnehmung den Betreffenden nicht »bewusst« wurde, aber doch so langsam, dass der Reiz registriert wurde. Was die Probanden als kurz aufflackernde verschwommene Flecken wahrnahmen, waren in Wirklichkeit Wörter, die mit positiven oder negativen Stereotypen in Bezug auf fortgeschrittenes Alter assoziiert waren, Dinge wie »weise«, »munter« und »gebildet« oder, im Gegenzug, »Alzheimer«, »senil« und »verwirrt«.

Vor und nach diesen Priming-Sitzungen hatten die Teilnehmer dieselben Gedächtnisaufgaben zu lösen, die wir auch in der Studie mit den drei unterschiedlichen Kulturen verwendet hatten: zum Beispiel sich das Punktemuster auf einem Raster einzuprägen und dann auf einem neuen Raster mit einem Stapel runder gelber Plättchen nachzulegen. Ich wollte herausfinden, ob Priming-Techniken sich eigneten, etwas an der Einstellung unserer Teilnehmer zum Altern zu drehen, und ob diese Veränderung die Arten von Gedächtnis, von denen wir glauben, dass sie im fortgeschrittenen Alter nachlassen, verbessern oder verschlechtern könnte.

Das Ergebnis? Teilnehmer, denen wir nur zehn Minuten unterschwellig positive Altersstereotype präsentiert hatten, zeigten eine verbesserte Gedächtnisleistung. Ein zehn Minuten langes Priming mit negativen Stereotypen resultierte in einer vergleichbaren Verschlechterung. Wir fanden dieses Muster bei allen Teilnehmern, bei Männern ebenso wie bei Frauen, bei Leuten in den Sechzigern genauso wie bei Leuten über neunzig, bei Highschool-Abbrechern wie bei Uniabsolventen, bei Leuten, die auf dem Land wohnten, wie bei Stadtbewohnern, bei Leuten, die zum ersten Mal vor einem PC saßen, genauso wie bei erfahrenen Programmierern.[20] Seither sind unsere Befunde zum Thema Altersbilder und Gedächtnisleistung von vielen anderen Wissenschaftlern aus aller Welt reproduziert worden, unter anderem im fernen Korea[21], elftausend Kilometer von unserem Labor in Amerika entfernt. Studien aus fünf Kontinenten belegen die universelle Gültigkeit unserer Ergebnisse.[22]

Denken Sie einmal über die Tragweite all dessen nach: Auch wenn Altern ein biologischer Prozess ist, so ist es doch gleichzeitig auch ein zutiefst sozialer und psychologischer. Unsere Sicht auf das Alter und seinen Einfluss auf das Erinnerungsvermögen vermag tatsächlich die Gesundheit und Leistung unseres Gehirns zu beeinflussen. Und diese Sicht lässt sich zum Positiven wie zum Negativen verändern.

Das ist der Grund dafür, dass jemand wie John Basinger, dessen Gedächtnis in jeder anderen Hinsicht als »normal« zu betrachten ist, imstande war, es so zu trainieren, dass es ein Gedicht vom Umfang eines Romans behielt. Ich fragte John, was ihn in all den Jahren, die er dem Einverleiben von etwas so Großem und Ungeheuerlichem in sein Gedächtnis gewidmet hatte, motiviert habe. Er sagte, es sei das römische Ideal von einem gesunden Geist in einem gesunden Körper gewesen, und die Überzeugung, dass das fortgeschrittene Alter eine Lebensphase sei, in der die verschiedenen Schichten aus Wissen und Übung großen Ertrag bringen könnten. Das Gedicht *Das verlorene Paradies* sei für ihn nun so etwas wie »eine Kathedrale, die ich in meinem Kopf herumtrage«. Er sagte, er fühle sich oft ein bisschen wie Pablo Casals, der noch mit weit über neunzig Bachs wunderbare Cello-Suiten aufführte. Auch für John hört die Musik nie auf, und die Kathedrale erhebt sich in den wunderbaren Weiten seines Gehirns.

Zurück in die Zukunft: Das Gedächtnis im Laufe des Lebens

Ganz eindeutig spielt die Kultur beim Thema Gedächtnis eine wichtige Rolle. Unsere Studie aber hatte an nur einem Tag stattgefunden. Mich interessierte, ob die Qualität von Altersbildern das Erinnerungsvermögen über das ganze Leben hinweg beeinflusst. Um mir das genauer anschauen zu können, brauchte ich eine Möglichkeit, die Altersbilder meiner Versuchspersonen aus vergangenen Jahrzehnten zu rekonstruieren und dann deren Gedächtnisleistung im Laufe der Zeit zu erfassen. Eines Morgens besprach ich diese knifflige Angelegenheit mit meiner Familie, und meine Tochter schlug vor, ich solle doch einfach die Zeitmaschine aus ihrem Lieblingsfilm *Zurück in die Zukunft* nehmen, in die Vergangenheit reisen, etwas über die Qualität der damaligen Altersbilder herausfinden und mir dann bei meiner Rückkehr die Gedächtnisleistung der Probanden nach vierzig Jahren anschauen.

Mein Freund Robert Butler wartete mit einer ganz ähnlichen, aber etwas praktikableren Lösung auf. Als Gründer des National Institute on Aging war er daran beteiligt gewesen, die Baltimore Longitudinal Study of Aging (kurz BLSA) vom Stapel zu lassen, die am längsten laufende Längsschnittstudie zum Thema Altern, begonnen im Jahr 1958 und fortgeführt bis heute. Die Teilnehmer an der BLSA absolvieren alle zwei Jahre eine ganze Reihe Tests und beantworten etliche Fragenkataloge, die der Forschung helfen, so ziemlich jeden Aspekt des Alterns auszuleuchten, der sich denken lässt. Bei einer dieser Aufgaben wurden den Testpersonen zum Beispiel nacheinander zehn Karten mit geometrischen Abbildungen vorgelegt, die sie jeweils zehn Sekunden betrachten konnten. Im Anschluss an die letzte Karte sollten sie die verschiedenen Formen aus dem Gedächtnis zeichnen. Robert glaubte sich zu erinnern, dass die ersten Wissenschaftler der Studie auch einen

Fragebogen zum Thema Sicht auf das Alter dabeigehabt hätten, aber seiner Ansicht nach hatte den nie jemand ausgewertet.

Um herauszufinden, ob er recht hatte, rief ich Dr. Luigi Ferrucci, den Leiter des National Institute on Aging, an (der meine Forschungen später durch wertvolle Beiträge unterstützte), skizzierte ihm mein Vorhaben, nach einer Verknüpfung von Altersbildern und Erinnerungsvermögen im Laufe des Lebens zu suchen, und fragte ihn, wie ich herausfinden könnte, ob die BLSA-Probanden einen Fragenkatalog zum Thema Altersbilder hatten ausfüllen müssen. Er antwortete, es sei möglich, dass einige der ersten Forscher eine solche Testrubrik abgefragt hätten, aber sicher war er sich nicht, denn er glaubte nicht, dass irgendwer eine Studie veröffentlicht hatte, die sich darauf berief. Er schickte mir ein Handbuch von der Dicke des Telefonbuchs einer großen Stadt, in dem ich so etwas würde nachlesen können. Mit großer Freude stolperte ich bereits in der ersten Umfrage über eine Testeinheit zu Altersbildern. Sie trug keinen Namen, aber nach ein bisschen Sucherei stellte ich fest, dass die Skala mit »Attitude Towards Older Persons« (deutsch: Haltung gegenüber älteren Menschen) betitelt war.

Nun konnte ich genau wie die Filmfigur, die Michael J. Fox in *Zurück in die Zukunft* spielt, in der Zeit zurückreisen und untersuchen, wie die Teilnehmer der BLSA-Studie ihre Gedanken über das Altern zu Beginn der Studie formuliert hatten – Jahrzehnte bevor sie selbst alt wurden, viele waren damals junge Erwachsene. Inzwischen hatten alle ihren sechzigsten Geburtstag hinter sich. Ich glich ihre Altersbilder vom Beginn der Studie mit ihrem Abschneiden in Gedächtnistests im Laufe der nächsten achtunddreißig Jahre ab und stellte fest, dass Leute, die von Anfang an eine positive Sicht auf das Altern gehabt hatten, im fortgeschrittenen Alter um bis zu dreißig Prozent besser bei Gedächtnistests abschnitten als ihre Altersgenossen mit negativen Altersbildern. Der günstige Einfluss von positiven Altersbildern auf das Gedächtnis war sogar größer als der Einfluss anderer Faktoren wie Alter, körperliche Gesundheit und Dauer der schulischen Ausbildung.[23]

Nachdem ich nun Altern und Gedächtnis bei drei verschiedenen Kulturen und Altersbilder im Wandel der Zeit untersucht hatte, hatte ich Belege dafür, dass das Altern nicht der einzige Faktor ist, der auf das Erinnerungsvermögen wirkt, sondern dass Altersbilder unsere Erinnerungen in erstaunlichem Maße beeinflussen.

Das Geschenk des Alters: Wer ein Röntgenbild auswerten sollte

Dem Neurowissenschaftler Daniel Levitin zufolge *verbessern* sich manche Arten von Gedächtnis sogar mit dem Alter. Menschen über sechzig werden zum Beispiel besser im Erkennen von Mustern. Wie er es ausdrückt: »Wenn Sie geröntgt werden müssen, suchen Sie sich zur Auswertung der Aufnahme lieber einen siebzigjährigen Radiologen als einen dreißigjährigen.«[24]

Während wir älter werden, bildet unser Gehirn immer weiter neue Verknüpfungen aus. Angela Gutchess, Neurowissenschaftlerin an der Brandeis University, konnte zeigen, dass das alternde Gehirn beim Zugriff auf seine verschiedenen Areale wenig spezialisiert vorgeht und dass das von Vorteil sein kann. Ihre eleganten Kernspinresonanzuntersuchungen ergaben, dass junge Erwachsene zum Auswendiglernen und Speichern von Gedichten auf den linken frontalen Cortex zugreifen. Ältere Erwachsene bedienen sich nicht nur dieser Region, sondern auch des rechten frontalen Cortex, der üblicherweise zum Speichern und Verarbeiten von räumlichen Informationen wie Karten und Plänen zuständig ist. Beide Gehirnregionen zu beanspruchen, zeugt von Anpassungsfähigkeit und Flexibilität.[25]

Erinnern Sie sich, dass John Basinger die unglaubliche Meisterleistung seines Gedächtnisses, die Personen jeden Alters extrem stolz machen würde, zum Teil mit Gesten untermalt hatte, die dem Text eine räumliche Dimension verliehen – und daran, dass er Altern als Lebensphase von kumuliertem Wissen und gesammelten Erfahrungen betrachtete. Altersbilder existieren nicht im Nichts, sie nehmen die Gefilde unseres Geistes, die Kontrollräume für unseren Körper, in Beschlag. Sie sind fester Bestandteil dessen, wie wir Altern erleben. Sie haben Einfluss darauf, wie wir als Kultur und als Einzelpersonen das Alter gestalten, strukturieren und erfahren. Deshalb sind sie von solcher Tragweite und Wichtigkeit, sie verändern nicht nur, wie wir uns erinnern, sondern auch, wie wir uns verhalten und ob wir unser Wissen anderen weitergeben oder nicht.

Tradierte Erinnerungen: Pilze sammeln in den Redwoods

Patrick Hamilton lebt in den üppigen, kühlen Wäldern Nordkaliforniens und hat dort die letzten dreißig Jahre Pilze gesammelt, gekocht, verkauft, studiert und Leute in Pilzkunde unterrichtet. Der nie um ein Lächeln verlegene Dreiundsiebzigjährige mit seinem grauen Schopf und seiner ruhigen Stimme ist zur führenden Autorität auf dem Gebiet des Pilzesammelns avanciert. Sein Name taucht in zahllosen Pilzführern und auf Internetseiten über das Sammeln von heimischen Pilzen auf, und auf der Rückseite einer Ausgabe des legendären Pilzratgebers *All That the Rain Promises and More* gibt es ein Foto von ihm, auf dem er stolz mit zwei Steinpilzen von der Größe einer Kegelkugel zu sehen ist.[26]

Ich hatte mir Patrick jedoch nicht deshalb ausgesucht, weil ich von ihm wissen wollte, wo genau ich in Connecticut nach Pfifferlingen suchen muss, sondern um etwas über die Geheimnisse alter Pilzsammler zu erfahren. Patrick kennt tausend Pilzarten. Das ist insofern besonders beeindruckend, als viele Pilze sich in ihren Merkmalen unablässig verändern. Die meisten von ihnen wachsen extrem rasch und verändern dabei Form und Farbe.

Außerdem hatte ich persönliche Gründe, mehr über das Pilzesammeln erfahren zu wollen. Ich bin in Vancouver aufgewachsen, und wir wohnten nur ein paar Häuser entfernt von einer älteren Chinesin, die bei ihrem Sohn und dessen Familie lebte. Im Frühling schnappten sich jedes Wochenende alle im Haus einen Korb und zogen in die Wälder. Wenn ich am Nachmittag bei ihrer Rückkehr draußen war, lud mich die überglückliche Familie oft zu sich ein, um mir die Berge märchenhaft bunter Pilze zu zeigen, die die Matriarchin gefunden hatte. Grandma Leung schien ein magisches Gespür dafür zu haben, wo es Pilze gab, und ihr Sohn samt Familie bewunderte sie dafür grenzenlos.

Auch Patricks enormes Gedächtnis für Pilze ist positiven Altersbildern zu verdanken. Wie John, der Schauspieler, ist er ein gutes Beispiel dafür, dass diese Einstellung das episodische Gedächtnis stärken kann. Es handelt sich dabei um eine Form von detaillierter Erinnerung an Gegenstände und Ereignisse, von der viele Wissenschaftler fälschlicherweise annehmen, dass sie mit zunehmendem Alter automatisch nachlässt. Patrick sagt: »Je älter ich werde, desto klüger werde ich.«

Bereits als Kind entwickelte Patrick eine große Liebe zum Draußensein, die er bei seinen Großeltern in deren duftendem Orangenhain nahe Los Angeles ausleben konnte, den sie sich nach ihrer Einwanderung aus Irland zugelegt hatten. Mit dreiundvierzig »verfiel er den Pilzen«, er hatte damals ein Haus am Russian River erstanden, der in Mendocino County entspringt, Sonoma durchquert und, von Mammutbäumen gesäumt, in den Pazifik mündet. Damals kannte Patrick genau zwei essbare Pilzarten – Korallenpilze und Pfifferlinge. Seine Frau und er marschierten mit Messern und Körben bewaffnet in den Wald und kamen mit Abendessen zurück. Seither hat er an den verschiedensten Orten in Nordkalifornien gelebt – von Point Reyes an der Küste bis zu den feuchtwarmen Mammuthainen der Sierra Nevada – und hat als Koch, Lehrer und Lieferant für Edelrestaurants in San Francisco gearbeitet sowie als Pilzexperte und Kolumnist für die örtliche Zeitung.

Als ich ihn fragte, welche Vorstellungen und Bilder er mit dem Altern verbinde, schickte er seiner Antwort die Bemerkung voraus, er stelle sich alte Menschen nicht in der Stadt vor, sondern eher draußen in der Natur. Dazu nannte er zwei Bilder: eine gut aussehende Frau über siebzig mit langen grauen Haaren, die sich auf einer langen Wanderung vergnügt. Dazu ein älterer Mann auf einem Mountainbike, der fröhlich einen schmalen Waldpfad hinunterholpert.

Patricks eigenes Leben entspricht diesen Bildern von älteren Menschen, die die Natur lieben und genießen. Mit seinen dreiundsiebzig Jahren ist er älter als die meisten Leute, die seine Kurse draußen im Wald besuchen. Gleichzeitig ist er auch rüstiger als die meisten. Kürzlich geriet er zusammen mit seinem Sammlerfreund, einem neunundsiebzigjährigen Pilzliebhaber, in einen ordentlichen Schneesturm. Sie mussten siebenundzwanzig Kilometer durch die Sierra marschieren, weit und breit kein Mobilfunknetz. Anhalten sei keine Option gewesen, erzählte er mir, dann hätten sie erfrieren können. Sie schafften es wohlbehalten nach Hause, und obwohl ihnen bei dem Ganzen mehr als einmal die Haare zu Berge gestanden haben dürften, ließ Patrick die Episode klingen, als wäre dies ein Abenteuer gewesen, das er mit Vergnügen wiederholen würde, bekäme er die Gelegenheit dazu.

Pilzesammeln verstärkt positive Altersbilder erheblich, denn die Älteren haben in der Regel mehr von diesem Spezialwissen angehäuft und werden bei dieser generationenübergreifenden Leidenschaft von jüngeren Sammlern häufig dafür verehrt. Außerdem ist es eine Tätigkeit, bei der Wissen – und das Weitergeben und Bewahren davon – eine Frage von Leben und Tod sein kann, denn eine Menge Pilze sind giftig.

»Mein Alter hilft mir tatsächlich beim Sammeln«, erklärte Patrick.

Seine Fähigkeit, Tausende unterschiedlicher Arten auseinanderhalten zu können, gründet sich gleichermaßen auf seine vielen Jahre als Sammler in Wüsten und Wäldern wie darauf, dass er viel Zeit mit der ausführlichen Lektüre von wissenschaftlichen Texten verbracht hat. »Verschiedene Pilze auseinanderhalten zu können, ist nicht nur eine Frage des Einprägens von einem Bild samt Namen und Essbarkeit oder Giftigkeit, denn ein und derselbe Pilz sieht in unterschiedlichen Phasen seines Lebens und unter verschiedenen klimatischen Bedingungen völlig anders aus. Es geht dabei auch darum, die mannigfaltigen Wechselwirkungen und Abhängigkeiten vom größeren Umfeld zu verstehen und mitzulernen. Ich achte auf den Boden, die Bäume, die anderen Pflanzen, die Geologie, das große Ganze.« Er scheint diese Herangehensweise auch auf Menschen zu übertragen und auf die Art und Weise, wie er sein Leben lebt: Nichts existiert unabhängig von allem anderen. Alle Kreisläufe hängen mit anderen Kreisläufen zusammen. Was lebt, hört nie auf zu wachsen.

Patricks Schüler sind in der Regel Paare oder Eltern mit Kindern. Manchmal begleiten ihn Großeltern auf seinen Streifzügen. Es ist etwas Besonderes, wenn die ganze Familie zusammenkommt: »Im Wald sind alle gleich, und man denkt nicht über das Alter des Einzelnen nach.« Oft sucht er nach einem großen hohlen Mammutbaumstumpf, in den die ganze Familie zum Fotoshooting hineinpasst.

Vor Kurzem, erzählt er, war er mit einer russischen Familie beim Pilzesammeln, und er bemerkte plötzlich, dass die Großmutter wie wild hellrote Täublinge zu sammeln begonnen und auch schon ihren Enkel dazu abkommandiert hatte. Patrick rannte hinüber und erklärte ihr, dass es sich hier um *Russula emetica* handle, nicht umsonst Speitäubling genannt. Sie lachte und erklärte ihm, dass man ihn durch Einlegen essbar machen könne (aber das ist für wenig Erfahrene nicht zu empfehlen). Russland, so zeigte sich, verfügt über ganz ähnliche Pilze wie die nordkalifornischen Wälder, und die Russen sind furchtlose Köche. Am Ende der Unterhaltung sah der Enkel seine Großmutter strahlend an. Patrick gab ihr seinen Segen, und die beiden machten sich wieder über den Waldboden her.

Traumpfade der Vorfahren für physisches und kulturelles Weiterbestehen

Patricks Rolle als Hüter des Wissens erinnerte mich an die Schriften der Anthropologin Margret Mead über die Rolle der Ältesten bei indigenen Kulturen weltweit.[27] Sie erkannte, dass die Alten aufgrund ihres immensen Schatzes an kulturellem Wissen, den sie mit jüngeren Generationen teilten, oftmals unentbehrlich waren. Diese Rolle als Erinnerungsbewahrer wiederum stärkte ihre soziale Position: »Ihre scharfen Augen, kräftigen Gliedmaßen und ihre unermüdliche Arbeitsfreude versinnbildlichen physisches wie kulturelles Überleben. Eine solche Kultur bedurfte der Alten zu ihrem Fortbestand nicht nur, weil sie die Gruppe bei Hungersnöten an die selten aufgesuchten Zufluchtsorte zu führen hatten, sondern auch, weil sie als vollendetes Modell dessen dienten, was das Leben war.«[28]

Als Beispiel erwähnt Mead die indigenen Völker Australiens, die über Jahrtausende eine extrem karge Landschaft besiedelten. Diese Völker haben allein aufgrund ihres tradierten Wissens, das sie in die Ökologie ihres Lebensraumes einbettet, bis heute überlebt. Die Alten bewahren unentbehrliches Wissen und geben es vermittels sogenannter Traumpfade in allen Details weiter – Instrumente der Überlieferung von Kultur und Informationen, zu denen auch ein Liedschatz gehört, der die weltweit älteste, durchgehend mündlich überlieferte Historie einer menschlichen Population darstellt.[29] Diese Gesänge fungieren einerseits als kulturelle und spirituelle »Texte« und andererseits als mündlich überlieferte Enzyklopädien voller Informationen über die vielen tausend Tier- und Pflanzenarten Australiens sowie detaillierter Karten von vielen Hundert Quadratkilometern Land.[30]

Mead schreibt: »Unstreitig beruht die Kontinuität aller Kulturen auf der physischen Präsenz mindestens dreier Generationen.«[31] Diese Aussage gilt für die indigenen Alten, die ihre Gesänge und ihr Wissen an ihre Kinder und Kindeskinder weitergeben, auf dass diese Nahrung und Zuflucht finden, ebenso wie für Patrick, der mit Pilzsammlern aller Altersgruppen sein gastronomisches und nicht selten lebensrettendes Wissen über essbare und giftige Pilze teilt. Solche Fälle von Älteren, die aufgrund des Wissens, das sie jüngeren Generationen weitergeben, wertgeschätzt werden, verkörpern die wirklichen »senior moments«, und hier steht »senior« für ein funktionierendes Gedächtnis.

3

Alt und schnell

In einem hügeligen grünen Winkel im Nordwesten der Vereinigten Staaten lebt eine frohgemute Nonne, die im Spokane Valley zu so etwas wie einer lokalen Berühmtheit avanciert ist. Das liegt daran, dass Schwester Madonna seit 1982 mehr als 350 Triathlons absolviert hat, was ihr den Spitznamen »Die eiserne Nonne« einbrachte. Als sie das erste Mal an einem Lauf teilnahm, war sie fast fünfzig Jahre alt, und sie lief in einem Paar Schuhe, das sie sich von einem Freund geliehen hatte. Inzwischen ist sie einundneunzig und hat soeben einen weiteren Triathlon hinter sich gebracht. Ihr Training ist so unkompliziert wie unkonventionell. Keine schicken Fitnessstudios, kein Coach – Schwester Madonna joggt oder radelt stattdessen zum Supermarkt, schwimmt im örtlichen Pool des YMCA und erledigt im Winter alles auf Schneeschuhen. Und trotz all ihrer physischen Stärke wirkt sie recht unauffällig, schlank, mit strahlend blauen Augen und einer Kurzhaarfrisur, die sie sich selbst schneidet.

Wir unterhielten uns über das Alter, und ich fragte auch sie, was die ersten fünf Wörter oder Bilder seien, die ihr einfielen, wenn sie an einen »alten Menschen« denke. Sie gab zur Antwort: »Weisheit und Anstand«, dachte noch ein bisschen nach. »Laufen«, sagte sie, »und Chancen.« Als ich sie darauf hinwies, dass das nur vier seien, lachte sie und fügte hinzu: »Guter Wein.«

Sie schreibt es ihrer Großmutter zu, dass sie hohes Alter mit Chancen und Weisheit gleichsetzt. Damals in Saint Louis, als sie noch ein junges Mädchen war und über die Unermesslichkeit des

Lebens grübelte und darüber, was sie wohl machen solle, wenn sie groß sei, sagte ihre Großmutter zu ihr: »Die Vergangenheit ist aus und vorbei, die Zukunft hört auf, Zukunft zu sein, sobald sie erreicht ist, daher ist der gegenwärtige Augenblick das Einzige, für das du verantwortlich bist.« Achtzig Jahre später denkt sie genauso über das Altern: »Es ist sinnlos, sich vor dem Altern zu fürchten, denn Sie wissen nie, was vor Ihnen liegt, weil Sie diese Erfahrung ja noch nie gemacht haben.«

Ihr Vater war ein preisgekrönter Ruderer, der noch mit über siebzig ruderte und Handball spielte. Sie erinnert sich, dass sie immer stolz auf ihn war, weil er in einem damals als ziemlich fortgeschritten geltenden Alter noch so sportlich daherkam. Als sie selbst in den Siebzigern war, nahm sie an der Ironman World Championship auf Hawaii teil. Sie war schon mit dem Rad quer über die Insel gefahren, fast vier Kilometer im offenen Meer geschwommen und absolvierte gerade den Marathonteil, als ihr ihr Vater einfiel. Es war Vollmond, die Straße schimmerte silbrig in seinem Licht, und sie erinnert sich, wie stark sie plötzlich seine Gegenwart fühlte – so als liefe er neben ihr.

Erkenntnisse zur funktionalen Gesundheit

Bei meiner Begegnung mit Schwester Madonna staunte ich darüber, wie mühelos sie das Stereotyp von Schwäche und Verfall im Alter widerlegte, das man so häufig als natürlichen Lauf der Dinge erachtet. Und ich fragte mich natürlich, ob auch körperliche Leistungen durch positive Altersbilder verbessert werden. Um zu klären, ob Altersbilder die funktionale Gesundheit – Dinge wie Gangbild, Gleichgewicht, Ausdauer und Tempo – beeinflussen können, entwarf ich eine Studie. Ich untersuchte eine vorliegende Umfrage, die bei ihren Teilnehmern – alle fünfzig und älter – Altersbilder ermittelt hatte, indem sie deren Zustimmung zu Aussagen wie

»Wenn Sie älter werden, sind Sie zu nichts mehr nutze« erfragte. Den Antworten wurden Punkte zugeordnet mit je nach Aussage positiven oder negativen Werten. Über die nächsten zwanzig Jahre wurden die Teilnehmer im Zweijahrestakt auf ihre funktionale Gesundheit hin untersucht.

Ich stellte fest, dass Teilnehmer mit positiven Altersbildern im Laufe der zurückliegenden achtzehn Jahre eine weit bessere funktionale Gesundheit aufwiesen als Gleichaltrige mit negativen Altersbildern.[1] Es war das erste Mal, dass jemand gezeigt hatte, dass Altersbilder – nicht nur das »Altern« – in engem Zusammenhang zur körperlichen Leistungsfähigkeit im späteren Leben standen.

Aber ich war mir noch immer nicht sicher, in welchem Verhältnis Ursache und Wirkung standen, es hätte ja auch umgekehrt sein können, dass eine bessere funktionale Grundgesundheit zu positiven Altersbildern führte. Ich sprach mit einem guten Freund, dem Statistiker Marty Slade, darüber. Marty war Luftfahrtingenieur gewesen, bevor er die Statistik zu seinem Beruf gemacht hatte. Mit derselben Logik und Genialität, mit der er früher Flugzeugmotoren getestet hatte, geht er heute an seine statistischen Analysen heran. Wir überprüften zuerst, ob eine umgekehrte Verknüpfung bestand. Das heißt, ob sich aus der funktionalen Gesundheit der Teilnehmer zu Beginn der Studie die Qualität der entsprechenden Altersbilder würde vorhersagen lassen. Dem war nicht so. Dann führten wir dieselbe Analyse bei sämtlichen Teilnehmern mit gleichen Werten bezüglich ihrer funktionalen Gesundheit zu Beginn der Studie durch und stellten fest, dass die Altersbilder eine Prognose über die funktionale Gesundheit zuließen und nicht umgekehrt. Vor Kurzem haben Studien in anderen Ländern, darunter eine aus Australien, dasselbe ergeben.[2]

Körperliche Fitness mit Schneeballeffekt

Um abzusichern, ob wirklich Altersbilder hinter der besseren physischen Konstitution steckten, lud mein Team ältere Probanden in unser Labor ein. Wir teilten sie nach dem Zufallsprinzip in eine Gruppe mit positiven und eine mit negativen Altersbildern auf und präsentierten ihnen wie in früheren Experimenten unterschwellige Reize in Gestalt positiver und negativer Bilder und Begriffe zum Thema Altern. Teilnehmer, deren zehnminütiges Priming aus positiven Bildern bestanden hatte, zeigten spontan eine erhöhte Gehgeschwindigkeit und hielten besser das Gleichgewicht. Um Letzteres zu bestimmen, wurde vermittels kleiner Drucksensoren in den Schuhsohlen der Teilnehmer gemessen, wie lange sie pro Schritt den Fuß in der Luft hielten. Diejenigen, die wir unterschwellig mit positiven Altersbildern konfrontiert hatten, liefen besser.[3]

Da ich ja zum Ziel hatte, positive Altersbilder einzusetzen, um die Gesundheit älterer Menschen innerhalb ihres sozialen Umfelds zu verbessern, bestand der nächste logische Schritt nun darin, zu versuchen, dieselben Verbesserungen auch außerhalb des Labors zu erreichen, namentlich in verschiedenen Seniorenresidenzen. Hinzu kam, dass wir zwar im Labor gesehen hatten, dass der Gang der Probanden sich unmittelbar nach dem Priming verändert hatte, aber auch, dass der Effekt nach ungefähr einer Stunde nachzulassen begann. In einer Nachfolgestudie probierte ich es mit wöchentlichen Priming-Sitzungen über einen ganzen Monat und hoffte, dass dies zu länger anhaltenden Verbesserungen führen würde.[4] Diese neue Studie kam näher an das Wirken von Altersstereotypen in der Realität heran, wo wir ja auch über längere Zeiträume immer wieder mit Stereotypen konfrontiert werden.

Zu den Teilnehmern gehörte eine achtundachtzigjährige Frau namens Barbara. Sie hatte im Gemeinschaftsraum des gemeindeeigenen Seniorenheims einen Flyer für die Studie liegen sehen. Die

Versuchsbedingungen sahen das Ausfüllen einer Reihe von Fragebögen, ein paar Computerspiele und ein paar Gymnastikübungen vor. Nun ja, dachte sie sich, warum nicht? Es war etwas Neues zum Ausprobieren.

Im Laufe des Monats mit den wöchentlichen Sitzungen wurde Barbara von einer der beiden Krankenschwestern in unserer Forschungsgruppe untersucht, musste am Computer ein paar einfache Aufgaben zur Reaktionsgeschwindigkeit lösen und dann Übungen durchführen wie fünfmal nacheinander vom Stuhl aufstehen, einmal quer durchs Zimmer gehen und zurück oder zehn Sekunden mit hintereinander gestellten Füßen ausharren.

Anfänglich hatte Barbara leichte Probleme. Beim mehrmaligen Aufstehen hatte sie das Gefühl, sie würde ins Straucheln kommen, und griff mehrfach nach der Hand der Pflegerin neben sich. Und wie auf einem Drahtseil mit hintereinander gestellten Füßen zu balancieren ist nicht ganz so simpel, wie es klingt.

In der dritten Woche passierte allerdings etwas Interessantes. Barbara wurde sicherer beim Aufstehen und erklärte, beim Balancieren mit hintereinander gestellten Füßen fühle sie sich nun nicht mehr wie der Schiefe Turm von Pisa.

Es gab noch andere Veränderungen, nicht übermäßig auffällig, aber bemerkbar. Sie berichtete, sie habe das Gefühl, es falle ihr leichter, morgens aus dem Bett zu steigen und die Stufen zur Bücherei hinaufzugehen, wo sie sich immer DVDs auslieh. Und es waren nicht nur diese kleinen Fortschritte – Barbara fühlte sich insgesamt besser, unternehmungslustiger.

Zu ihrer eigenen Überraschung brachte sie es fertig, eine Cousine anzurufen, mit der sie seit Jahren nicht gesprochen hatte. Sie meldete sich spontan, um das Unterhaltungsprogramm für den bunten Abend zu organisieren, den ihr Wohnheim veranstalten wollte. Sie trat einer Theatergruppe bei, die kleine Stücke schrieb und an einem Theater in der Nähe aufführte.

Wenn Sie sich nun fragen, ob der Umstand, dass sich Barbaras Gleichgewichtssinn und ihr Gemütszustand verbessert hatten, etwas mit unserem Experiment zur Stärkung eines positiven Altersbilds zu tun haben könnte, so liegen Sie völlig richtig. Wir hatten ihr unterschwellig Wörter wie »agil« und »fit« präsentiert. Dadurch haben wir tief in ihrem Bewusstsein schlummernde positive Assoziationen zum Altsein aktiviert und in die vorderste Reihe ihres Glaubenssystems gerückt, das so lange von aus der Gesellschaft übernommenen negativen Altersbildern dominiert worden war. Diese Aktivierung veränderte Barbaras Selbstwahrnehmung als älterer Mensch ins Positive und damit auch ihre physischen Fähigkeiten. Natürlich wuchsen Barbara nicht über Nacht Flügel, aber der physische Fortschritt nach einem Monat Priming war vergleichbar mit dem, den jemand im gleichen Alter nach sechs Monaten mit vier Trainingseinheiten pro Woche zu verzeichnen hat.[5] Und sie war beileibe keine Ausnahme: Die gesamte Gruppe älterer Patienten, denen man beim Priming positive Altersbilder präsentiert hatte, zeigte nach einem Monat ein signifikant beschleunigtes Gangbild gegenüber der Kontrollgruppe, der man statt Wörtern nur zufällige Anordnungen von Buchstaben gezeigt hatte.

Überraschenderweise konnte mein Team einen Schneeballeffekt feststellen. Das heißt, so wie ein Schneeball beim Hinabrollen von einem Hügel immer größer wird, nahmen auch die förderlichen Einflüsse positiver Altersbilder auf die körperliche Konstitution unserer Teilnehmer im Laufe der zweimonatigen Studie immer weiter zu.[6] Es ergab sich ein sich selbst verstärkender positiver Kreislauf; positives Priming stärkte bei den Teilnehmern eine positive Haltung gegenüber älteren Menschen, was auch eine positive Einstellung zum eigenen Altern zur Folge hatte. Dadurch wurde die eigene physische Konstitution gestärkt, was wiederum die positiven Altersbilder der Probanden stärkte, und das führte zu einer weiteren Verbesserung der physischen Konstitution. (Siehe Abbildung 1 unten.)

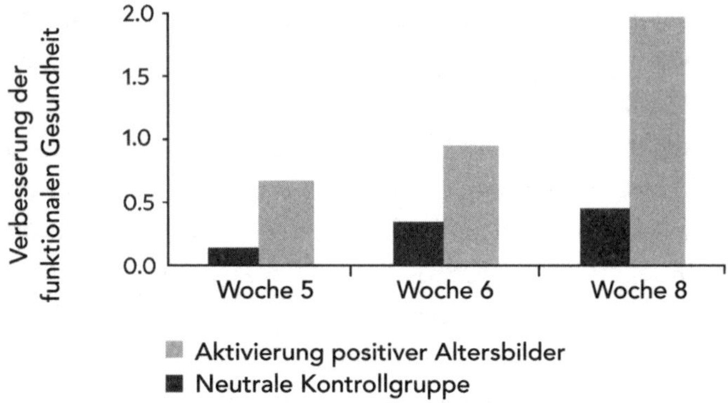

Abbildung 1: Die Aktivierung positiver Altersbilder über mehrere Wochen verbessert die körperliche Leistungsfähigkeit älterer Menschen. Diejenigen Teilnehmer, denen man positive Altersbilder präsentiert hatte, zeigten im Vergleich zu denen der neutralen Kontrollgruppe eine signifikant verbesserte körperliche Konstitution. Dieser förderliche Einfluss positiver Altersbilder nahm im Verlauf der zwei Studienmonate zu.

Aus einer Gruppe an die Spitze schwimmen

Altersbilder gibt es in allen Abstufungen und Schattierungen, aber die meisten Menschen in den Vereinigten Staaten bekommen vorwiegend negative vorgesetzt und pflegen selbst ebenfalls solche.[7] Andere wie Schwester Madonna scheinen vor allem auf positive Bilder zurückzugreifen. Aber positive Altersbilder zu haben bedeutet nicht, ständig Außergewöhnliches zu leisten und allmonatlich einen Triathlon absolvieren zu müssen. Manchmal helfen sie einem einfach nur, mal was Neues auszuprobieren.

Da wäre zum Beispiel Wilhelmina Delco, eine Politikerin aus Texas, die vor zehn Jahren, damals war sie achtzig, zum ersten Mal Schwimmunterricht genommen hat und aktuell sehr oft die älteste Schwimmerin im Pool ist. Die Leute im Viertel kennen sie als »die alte Dame, die im YMCA-Pool schwimmen geht«, lacht sie, aber sie hat in ihrem Leben weit mehr vollbracht. Drei Tage nach der

Ermordung von Martin Luther King Jr. war sie die erste Schwarze Frau, die in Austin ein öffentliches Amt bekleiden durfte, und trat dem Unabhängigen Schulbezirksvorstand bei. Seither hat sie als Mitglied des Repräsentantenhauses vier Jahrzehnte Pionierarbeit in der Legislative des Staates Texas geleistet.

Wilhelmina hatte mit dem Schwimmen begonnen, weil es ihrer Arthritis guttat und die zehn Runden »vorwärts und rückwärts«, die sie absolviert, ihr ein gutes Gefühl gaben. Am meisten freut sie sich, wenn andere Siebzig- oder Achtzigjährige vom Sprungbrett springen. »Ich bin stolz darauf, in meinem Alter nicht irgendeine schräge Ausnahme zu sein«, erklärt sie. Auch betrachtet sie sich ungeachtet dessen, dass sie bei den vielen zivilgesellschaftlichen Organisationen, denen sie angehörte, stets die einzige Schwarze Frau oder Seniorin oder beides war, nicht als Ausnahmeerscheinung. »Es ist mir wichtig, keine außergewöhnliche Person zu sein.« Sie sieht sich als jemand, der aus einer Gruppe heraus Führung übernimmt, und nicht als jemand, der anderen voraus sein will. Statt Solidarität zu predigen, lebt sie sie durch ihr Beispiel vor.

Andere anzuspornen, indem man ihnen zeigt, dass sie das, was man selbst fertigbringt, auch können – diese Fähigkeit verdankt sie unter anderem ihren Erfahrungen mit rassistischen Vorurteilen. Den größten Teil ihres Lebens hat sie sich an vielen der Orte, an denen sie gelebt oder gearbeitet hat, nicht willkommen gefühlt. Und auch wenn die ständige Auseinandersetzung mit Vorurteilen an allen möglichen Fronten – als Schwarze, als Frau, als Seniorin – ein exponentielles Mehr an Druck und Belastung bedeutet, so kann sie doch auch Gelegenheit bieten, Bewältigungsstrategien zu entwickeln.

Wilhelminas Fähigkeit, mit Rassismus umzugehen, hat ihr auch geholfen, mit Seniorenfeindlichkeit fertigzuwerden. Ihre Mutter, die die letzten zwanzig Jahre ihres Lebens bei Wilhelminas Familie gelebt hatte, brachte ihr eine Menge über das Bestehen in einer rassistischen Umgebung bei. Wenn etwas getan werden musste, so sagte ihre Mutter immer: »Dann tu du es. Die Rassisten sollen verdammt sein. Du musst es wenigstens versuchen.«

Wilhelmina lernte von ihrer Mutter auch viel über das Altwerden – und von ihrer Schwiegermutter, die in ihren letzten Jahren ebenfalls bei den Delcos gewohnt hatte. Zwei Großmütter im Haus wohnen zu haben war Wilhelmina und ihren Kindern ein steter Quell der Unterstützung und Liebe (»Und des Gekabbels«, fügt sie lachend hinzu) und hat ganz sicher geprägt, wie sie über das Altern denkt. In allen möglichen Bereichen hatten die beiden Rat für sie und ihre Kinder parat – angefangen vom Kochen und dem korrekten Führen eines Scheckhefts bis hin zum Umgang mit Herausforderungen und dem Kraftschöpfen aus familiären und sozialen Verbindungen. Nun, da Wilhelmina selbst in dem Alter der beiden Matriarchinnen ihrer Familie ist, erklärt sie mit Bestimmtheit, sie werde niemals in Bezug auf ihr Alter lügen. »Ich bin viel zu froh, dass ich es bis hierher geschafft habe.«

Späte Goldmedaillen im Schwimmen

Nach den Gesprächen mit Wilhelmina lernte ich eine weitere Frau kennen, die die Annehmlichkeiten des Schwimmens erst spät im Leben für sich entdeckt hat. Einmal im Wasser, hat sie dieses praktisch nie mehr verlassen. Fast jedes Jahr stellt die neunundneunzigjährige Maurine Kornfeld einen neuen Weltrekord im Schwimmen auf.

Angefangen hat sie damit, als sie neunzig wurde, seither hat sie siebenundzwanzig solcher Rekorde aufgestellt.[8] Als sie sechzig war und noch als Sozialarbeiterin in Los Angeles arbeitete, wurde der YMCA-Pool, den sie den Sommer über zum Abkühlen nutzte, geschlossen – also ging sie zum nächstgelegenen Schwimmbad. Dort war das Schwimmen nur am Samstagmorgen möglich, weil die

Leistungsschwimmer einer Nationalmannschaft die anderen Vormittage blockierten. Als sie den Trainer anrief, um sich bei ihm zu beschweren, weil er das Becken für sich allein beanspruchte, stellte er ihr Fragen, die sie nicht verstand, zum Beispiel: »Was hast du für eine Schlagzahl?« »Ich hatte keine Ahnung, was er von mir wollte«, lachte sie, »aber er bot mir an, dass ich am Samstagmorgen vorbeikommen könne, damit er mich mal anschaute. Also ging ich am Samstag hin, und er forderte mich auf, ein paar Bahnen Freistil zu schwimmen. Also ging ich ins Wasser und zog mit hoch erhobenem Haupt meine Bahnen, wie es für mich normal war. Er brüllte mich an, ich solle meinen Kopf gefälligst unter Wasser halten, was mir damals ausgesprochen ordinär vorkam. Er war Sergeant bei den Marines gewesen und hörte nicht auf zu brüllen. Danach schwamm ich auf dem Rücken, und was er da sah, gefiel ihm offenbar. Und schon war ich die Älteste unter seinen Rekruten und hatte mich soeben in Parris Island verpflichtet.« Sie grinste, als sie auf die berüchtigte Militärbasis anspielte, in der das US Marine Corps seine Rekruten trainiert.

Kurz darauf begann Maurine bei ersten Wettbewerben anzutreten, und bald gewann sie jeden davon. Aber der eigentliche Spaß, sagte Maurine, sei das Schwimmen, nicht der Wettkampf. »Mir gefallen die Leute, das Vergnügen. Schwimmen macht glücklich, es dreht an den Endorphinen. Es ist ein so schöner, sinnlicher Sport. Es spielt wirklich keine Rolle, ob man einen Wettkampf schwimmt. Sobald man im Wasser ist, fühlt man sich unsterblich. Nichts kann einem etwas anhaben. Man fühlt sich einfach gut.«

Und Maurine ist jemand, der dafür sorgt, dass sich auch andere – mich eingeschlossen – gut fühlen. Sie strahlt Neugierde aus, Lebensfreude, Lebendigkeit. Im Gespräch spielt sie den Ball ständig zu ihrem Gegenüber zurück, interessiert sich mehr für das Leben der anderen als dafür, sich lang und breit über ihr eigenes auszulassen. Nach unserem ersten Treffen begann sie auf der Stelle, mir allwöchentlich Mails zu schicken, in denen sie mich über ihr

Leben auf dem Laufenden hielt, mir hilfreiche Tipps gab, mit welchen Leuten es sich vielleicht lohnen würde zu reden, und kleine Videos schickte (wie die neuesten Internetclips mit süßen Welpen), die ich einfach weiterleiten musste, um auch andere zum Lachen zu bringen.

Unser Gespräch fand während der Covid-19-Pandemie statt, und in ganz Kalifornien galten strenge Schutzregeln. Doch für Maurine war das Schlimmste daran nicht, dass sie plötzlich ans Land gefesselt war oder auf ihre tägliche Routine verzichten musste, die normalerweise vorsah, dass sie um 5 Uhr morgens aufstand und quer durch die Stadt zum Rose Pool fuhr. Nein, am schlimmsten fand sie, dass sie ihre Freunde nicht treffen durfte. Das Alter ist für sie ein bereicherndes und extrem geselliges Kapitel ihres Lebens. Sie habe mehr um die Ohren als zur Zeit ihrer Berufstätigkeit als eine der ersten niedergelassenen Sozialarbeiterinnen Kaliforniens, erzählte sie mir. Sie gibt Führungen in verschiedenen Museen und historischen Sehenswürdigkeiten in Los Angeles und trifft regelmäßig ihre Freundinnen und Freunde. Während wir miteinander sprachen, kam eine davon vorbei, um sich einen Ausstellungskatalog für eine Kunstausstellung bei ihr auszuleihen.

Maurine liest mit großer Begeisterung, meist auf ihrer Veranda vor dem Haus. Wie sie es ausdrückt: »Ich kam mit einem Bibliotheksausweis im Mund zur Welt – wo wir wohnten, gab es keine goldenen Löffel.« Ja, wir mussten unsere Unterhaltung ein bisschen früher beenden, damit sie noch rasch das neueste Buch von Eric Larson zu Ende lesen konnte, weil sie die nächste Diskussionsrunde ihres Literaturkreises zu leiten hatte. Um in Form zu bleiben, solange sie nicht schwimmen durfte, wanderte Maurine im nahe gelegenen Branson Canyon, stieg täglich elfmal hintereinander die Stufen zu ihrer Veranda auf und ab und stärkte ihre Armmuskeln durch das Stemmen von Dosen mit eingemachten Tomaten.

Nach unserem ersten Treffen schickte sie mir per Mail eine Zeile aus einem Gedicht von Robert Browning, das ihr in ihren späten Jahren nie aus dem Kopf ging: »Grow old along with me!/The best is yet to be.« (»Werd alt mit mir zusammen!/Das Beste wird noch kommen.«)

Die Startlinie verschieben

Was lernen wir von diesen beiden so unterschiedlichen Schwimmerinnen aus zwei weit voneinander entfernten Ecken der Vereinigten Staaten? Beide zeigen uns, dass es nie zu spät ist, mit Sport zu beginnen, dass ein alternder Körper außerordentlich gut auf Training reagiert und dass positive Altersbilder sich direkt und indirekt auf vielerlei Weise auswirken, unter anderem, indem sie zu einer verbesserten funktionalen Gesundheit führen.

Womöglich liefern Altersbilder eine bessere Vorhersage für Ihre funktionale Gesundheit im späteren Leben als die Frage, ob Sie in Ihrer Jugend Sport getrieben haben. Die dreißigjährige Britin Jessica Piasecki, Wissenschaftlerin an der University of Nottingham, war eine der Verantwortlichen bei einer Studie jüngeren Datums, die zu dem Schluss kam, dass Leute, die erst mit über fünfzig mit dem Laufen begonnen haben, genauso fit und gesund sein können wie ältere Läufer, die seit Jahrzehnten Wettkämpfe laufen.[9] Leute, die dreißig Jahre später mit dem Laufen angefangen haben als lebenslang aktive Sportler, laufen ähnliche Zeiten und sind diesen auch in puncto Körperfett und Muskelmasse sehr ähnlich.

Jessicas Studie hatte nicht direkt nach dem Einfluss von Altersbildern gefragt, weil ihre Arbeitsgruppe sich mehr für physiologische Prognosefaktoren interessierte, aber die Ergebnisse haben ihre eigene Einstellung zum Altern verändert und auch ihre Laufpraxis. Jessica ist Ausdauersportlerin und ebenso bescheiden wie talentiert. Nach unserer Unterhaltung erfuhr ich, dass sie, seit sie begonnen hat, Studien an älteren Sportlern durchzuführen, zur aktuell schnellsten britischen Läuferin und zur drittschnellsten Läuferin der britischen Marathongeschichte insgesamt avanciert ist. Ihre Hochachtung vor Menschen, die im fortgeschrittenen Alter Sport treiben, ist seit dem Beginn ihrer Forschungen stetig gewachsen. Wenn sie mit Wettkampfläufern spricht, scheint diese eine Sicht auf das Altwerden zu einen, zu der es auch gehört, sich selbst zu fordern. Und die Arbeit mit ihnen, so berichtet sie, verleihe ihr bei ihrem eigenen Sport einen zusätzlichen Motivationsschub.

Auch wenn ich sicher nicht die schnellste Schwimmerin oder Läuferin bin (wenn ich an einem Wettkampf teilnehme, besteht mein einziges Ziel darin, bis zum Schluss durchzuhalten), kann ich es nachempfinden, dass ältere Sportler einen motivieren. Einer meiner Lieblingsaspekte an meiner Arbeit als Gerontologin, die sich von Berufs wegen mit dem Altern befasst, ist der Umstand, dass ich sehr häufig mit anregenden älteren Menschen zusammenkomme. Als ich neulich morgens mit mir selbst rang, ob ich die Schlummertaste drücken und mir noch für ein Weilchen die Bettdecke über die Ohren ziehen oder mir meine Laufschuhe schnappen und vor der Arbeit rasch um die Maisfelder bei meinem Haus laufen solle, hörte ich im Geiste plötzlich die entschlossenen Stimmen von Wilhelmina, Barbara und Maurine – also wälzte ich mich aus dem Bett und ging meine Laufschuhe holen.

Vom Autounfall zum Kampf gegen strukturelle Altersdiskriminierung

Positive Altersbilder steigern nicht nur die Chance auf mehr funktionale Gesundheit im fortgeschrittenen Alter, sie helfen älteren Menschen auch, sich rascher von Krankheiten und Verletzungen zu erholen. Es ist keine Frage, dass zum Leben auch gehört, hin und wieder krank zu werden oder sich zu verletzen. Man kann sich aber fragen, warum Menschen mit der gleichen Verletzung ganz unterschiedliche Genesungsmuster aufweisen.

So wie die irrige Annahme weit verbreitet ist, dass die funktionale Gesundheit mit fortschreitendem Alter unweigerlich abnimmt, so hält sich auch hartnäckig die Auffassung, dass ältere Menschen sich von Verletzungen und Krankheiten weniger gut erholen als junge. In einer wichtigen Untersuchung, die mit dieser Ansicht aufgeräumt hat, konnte der Geriater Tom Gill zeigen, dass die Ursache dieser Fehleinschätzung mit methodischen Mängeln zu tun hat: Bei den meisten Studien zu älteren Menschen und ihren physischen Einschränkungen wurden die Probanden einmal im Jahr oder alle paar Jahre kontaktiert, sodass kurze Krankheitsepisoden und eine anschließende Genesung – ein verstauchter Fuß zum Beispiel, der sich binnen vier Wochen gibt – unter Umständen nicht erfasst wurden. Mit den langen Umfrageintervallen von einem Jahr oder mehr registrierten die Wissenschaftler eine allmähliche Verschlechterung des Gesundheitszustands ohne nennenswerte Episoden der Besserung. Aber als Gill anfing, seine Probanden in kürzeren Zeitabständen, das heißt jeden Monat zu untersuchen, stellte er fest, dass 81 Prozent von ihnen binnen eines Jahres nach einem Unfall- oder Krankheitsereignis genasen und dass 57 Prozent der Genesenen mindestens sechs Monate später noch immer selbstständig lebten. Mit anderen Worten: Die meisten älteren Menschen, die nach einem schweren Sturz oder einer anderen Verletzung nicht mehr allein essen oder baden konnten, erlangten diese Fähigkeiten schließlich zurück.[10]

Wir wissen dank Gill und seinen Mitarbeitern, dass die meisten älteren Menschen, die einen Unfall oder eine akute Verletzung erleiden, sich vollständig erholen. Was aber befeuert die Genesung?

Ich fragte mich natürlich, ob auch das mit der Einstellung der betreffenden Personen zum Älterwerden zu tun haben könnte. Als Gill eine Studie an über siebzigjährigen Einwohnern von New Haven plante, fragte ich ihn, ob ich mich mit meinen Analysen zu

Alterssstereotypen an ihn und seine Probanden dranhängen könne. Sein Team ließ also die 598 Teilnehmer der Studie die ersten fünf Begriffe nennen, die ihnen im Zusammenhang mit einem älteren Menschen einfielen, danach kontaktierten wir die Probanden über die nächsten zehn Jahre einmal im Monat, um festzustellen, ob es zu Krankheiten und Verletzungen gekommen war und ob sie sich davon ganz oder teilweise wieder erholt hatten.

Die Studie ergab, dass bei denjenigen, die mit positiven Altersbildern an den Start gegangen waren, über die nächsten zehn Jahre die Wahrscheinlichkeit einer vollständigen Genesung nach Verletzungen signifikant erhöht war. Dieses Muster schlug bei Weitem den Einfluss von Alter, Geschlecht, ethnischer Zugehörigkeit, Bildungsstand, chronischer Erkrankung, depressiven Symptomen und körperlicher Gebrechlichkeit auf den Genesungsprozess. Auch wenn ich erwartet hatte, dass positive Altersbilder die Genesung befördern könnten, so war ich doch über die Größenordnung des Effekts überrascht: Bei unseren Teilnehmern mit positiven Altersbildern lag die Wahrscheinlichkeit einer vollständigen Genesung um 44 Prozent höher als bei denjenigen, die mit negativen Altersbildern durchs Leben gingen.[11]

Wie der Anblick eines Schiffsmasts im Sturm können positive Altersbilder älteren Menschen, die durch gesundheitliche Einschränkungen und die anschließende Genesungsphase gehen, Sicherheit und Halt geben. Ein Beispiel wäre der Oscar-Preisträger Morgan Freeman. Er war eines Abends auf dem Mississippi-Highway unterwegs, als er plötzlich die Kontrolle über seinen Nissan Maxima verlor. Der Wagen überschlug sich mehrmals und verwandelte sich binnen Sekunden in einen Haufen verbogenes Blech. Unglücklicherweise wurden die Airbags nicht ausgelöst. Man musste Freeman aus dem Wrack herausschneiden und flog ihn mit zahlreichen Knochenbrüchen ins nächste Krankenhaus. Seine Familie und seine Freunde hofften und beteten für seine Genesung, gingen aber davon aus, dass der Einundsiebzigjährige, sollte er das Ganze überleben, mit dauerhaften Lähmungen zu rechnen haben würde.[12]

Aber Morgan Freeman überlebte nicht nur, er blühte förmlich auf. Seit seiner Genesung trat er in siebenunddreißig Fernsehsendungen und Filmen auf. Besonders stolz ist er auf seine Auftritte in Actionfilmen wie *R.E.D.* und *Abgang mit Stil*, in denen die Helden unwiderstehliche alternde Supertypen sind. Im letztgenannten Film spielen Alan Arkin, Michael Caine und er drei Ruheständler, denen die Firma, bei der alle drei gearbeitet haben, die Pension streicht, worauf die Herren einer Bank, die betrügerische Handelsgeschäfte mit älteren Klienten eingeht, eine Lehre in Sachen Seniorenfeindlichkeit erteilen und sie kurzerhand ausrauben. (Zu legalen Methoden der Bekämpfung von Alters- und Seniorenfeindlichkeit komme ich weiter hinten im Buch).

Heute ist Freeman vierundachtzig, genießt sein Alter, befasst sich mit Spiritualität (kürzlich hat er eine Dokumentation über Religionen der Welt produziert und darin als Sprecher fungiert) und tut das, was er am liebsten tut: Filme machen. »Ich kann es mir leisten aufzuhören«, sagt er, »inzwischen arbeite ich nur noch aus Spaß.«[13]

In einem Interview, das acht Jahre nach seinem Verkehrsunfall stattfand, wurde er gefragt: »Haben Sie als Hollywood-Legende und Hauptdarsteller das Gefühl, dass Ihre Arbeit Altersstereotype insgesamt infrage stellt?« Und Freeman gab zur Antwort: »Das hoffe ich doch. Das hoffe ich wirklich.«[14]

Morgan Freeman, ein Mann, der hohes Alter mit Neugier und Vitalität verbindet und in fortgeschrittenen Jahren ein hohes Maß an körperlicher Resilienz bewiesen hat, ist ein Paradebeispiel für das, was wir mit unserer Studie in New Haven herausgefunden haben. Aber Sie müssen kein Filmstar, kein Triathlet und keine Weltrekord-Schwimmerin sein, um auf gesunde Weise zu altern. Ob Sie mit sechzig beschließen, mit dem Laufen anzufangen, mit siebzig zum ersten Mal ins Schwimmbecken springen oder in welchem Alter auch immer mit dem Wandern anfangen, es kommt weniger darauf an, was Sie tun und wann, als darauf, dass Sie positive Altersbilder entwickeln und darauf vertrauen, dass Ihr Körper angemessen reagiert.

4

Resistente Gehirne: Gene sind kein Schicksal

An einem Herbsttag bestellte ein Biologieprofessor am College meines Großvaters diesen in sein Büro und wollte von ihm wissen, wie er es fertiggebracht habe, bei der Abschlussprüfung so gut abzuschneiden.

»Levy«, sagte er und hielt die Prüfungsbögen meines Großvaters in die Höhe, als handle es sich um ein besonders belastendes Stück Beweismaterial, »das ist fehlerfrei. Niemand schafft die Abschlussprüfung ohne Fehler.« Der Kurs des Professors, in dem die neuesten Fortschritte der biologischen Forschung gelehrt wurden, galt als ungemein anspruchsvoll. Nun hörte der Professor wie versteinert zu, als mein Großvater anfing, Satz für Satz aus den einschlägigen Lehrbuchabschnitten zu zitieren. Als er geendet hatte, lächelte der Professor erleichtert. Nun verstand er, wie sein Student die volle Punktezahl erreicht hatte. Sein ganzes weiteres Leben hindurch beeindruckte Ed Levy jeden, der wollte – und natürlich seine Enkelkinder –, mit seinem fotografischen Gedächtnis.

Mein Großvater, Kind litauischer Einwanderer, hatte im Leben eine Menge Glück gehabt. Er war der Erste aus seiner Familie, der aufs College gehen durfte. Anschließend studierte er Jura. Als ich klein war, las er mir gern Romane aus seinen Kindertagen von Horatio Alger vor, in denen es immer um Jungen ging, die in großer Armut aufwuchsen, aber durch »Glück und harte Arbeit« die gesellschaftliche Leiter hinaufklettern konnten. Er wusste, dass auch er vom Glück begünstigt war, und strebte daher eine Laufbahn an, mit der er anderen Menschen Freude machen konnte. Er begann als Verleger von lustigen bunten Comicheftchen voller Gruselmonster und Superhelden, die die Kinder jener Tage begeisterten. Gegen Ende seines Lebens verließ ihn das Glück allerdings. Eines Tages saß ich mit ihm beim Mittagessen in einem Restaurant, und statt mir wie üblich die gesamte Speisekarte aus dem Gedächtnis rückwärts vorzubeten, warnte er mich eindringlich vor den winzig kleinen grünen Leuten unter unserem Tisch, die sich direkt vor meinen Füßen angestrengt stöhnend mit Gewichtheben die Zeit vertrieben wie Figuren aus einem seiner Comics.

Etwa um die Zeit begann er sein fantastisches Gedächtnis zu verlieren, und bald darauf wurde bei Opa Ed Alzheimer diagnostiziert. Mich als Enkelin entsetzte das langsame Fortschreiten dieser Krankheit, die seinen Geist unerbittlich die immer neue, veränderliche Gegenwart ausblenden ließ und in der Vergangenheit einfror.

Erst als ich Psychologin wurde und anfing, mich mit dem Thema näher zu befassen, fing ich an, das alternde Gehirn aus einer distanzierteren, aber auch hoffnungsvolleren Perspektive zu betrachten. Bei den meisten von uns weist das Gehirn mit zunehmendem Alter gewisse vorteilhafte Züge auf, und diese können durch kulturelle Faktoren aus unserem Umfeld gemindert oder verstärkt werden.

Biomarker des Gehirns und ein Dorf ohne Vergreisung

Im Jahr 1901 wurde eine fünfzigjährige Frau namens Auguste Deter von einem Arzt namens Alois Alzheimer als Patientin übernommen. Frau Deter hatte einen ausgeprägten Verfolgungswahn entwickelt und begonnen, in ihrem Zuhause Gegenstände zu verstecken. Ihr Erinnerungsvermögen schien ihr mehr und mehr abhandenzukommen. Ihr am Boden zerstörter, ratloser Ehemann hatte sie in eine Anstalt gegeben, wo sie auf Dr. Alzheimer traf. Diesen faszinierte ihre tragische Verwandlung. Wenn man ihr einfache Aufgaben auftrug, beispielsweise ihren Namen zu schreiben, war Frau Deter nicht in der Lage dazu. »Ich habe mich sozusagen verloren«, wiederholte sie ein ums andere Mal gegenüber jedem, der ihr zuhörte, manchmal auch, wenn es keiner tat.[1]

Nach ihrem Tod fünf Jahre später führte Dr. Alzheimer eine Obduktion durch und stellte fest, dass ihr Gehirn dramatisch geschrumpft war. Er färbte dünne Schnitte von Hirngewebe mithilfe von Silbersalzen und stieß dabei auf seltsame Veränderungen: Zwischen den Zellen beobachtete er Ablagerungen einer seinerzeit noch unbekannten Substanz. Heute nennt man diese Ablagerungen Amyloid-Plaques – Ansammlungen von Proteinfragmenten. Im Zellinneren hingegen hatten sich aufgeknäuelte Proteinfasern angesammelt: Man bezeichnet sie heute als Tau-Fibrillen oder Neurofibrillenbündel.[2] Alzheimer war der Entdecker der letztlich nach ihm benannten Krankheit und verbrachte seine restlichen Lebensjahre damit, Arbeiten zu diesem Thema zu veröffentlichen, die jedoch zu seiner Enttäuschung von der medizinischen Welt im Großen und Ganzen ignoriert wurden.

Die nächsten fünfundsiebzig Jahre hindurch wurde zur Alzheimer-Krankheit wenig substanzielle Forschung geleistet, was zum Teil der falschen ärztlichen Annahme jener Zeit zuzuschreiben ist, dass diese bedingt sei durch eine im Alter unausweichlich auftretende Verhärtung von Arterien (»Arterienverkalkung«), und zum anderen dem allgemeinen Ausschluss älterer Patienten vom inzwischen boomenden Feld der Hirnforschung.[3] Aber die Krankheit ist eine tickende Zeitbombe. Gegenwärtig sind etwa sechs Millionen Amerikaner daran erkrankt, das entspricht grob zehn Prozent der US-amerikanischen Bevölkerung über fünfundsechzig.

Alzheimer betrifft allerdings nicht alle Kulturen in gleichem Maße. In den Vereinigten Staaten tritt diese Form von Demenz beispielsweise fünfmal häufiger auf als in Indien.[4] Auch wenn die Wissenschaftler, die dies gezeigt haben, mutmaßten, dass dieser Unterschied zwischen den Kulturen mit der Ernährung zu tun haben könnte, wollte mir scheinen, dass auch die Beschaffenheit von Altersbildern bei dieser großen Diskrepanz eine Rolle spielen könnte. In Indien werden ältere Menschen mit großer Hochachtung behandelt und, angefangen bei Geldfragen bis hin zu Familienangelegenheiten, regelmäßig bei allem um Rat gebeten.[5] Es herrscht dort eine völlig andere Kultur in puncto Altersbilder als in den Vereinigten Staaten, wo ältere Menschen sehr häufig wenig geachtet werden.

Ein ehemaliger Klassenkamerad von mir, Lawrence Cohen, der heute das Anthropologieprogramm der University of California in Berkeley leitet, erzählt gern von einem Weltkongress in Zagreb, den er einst besucht hatte und bei dem ein Anthropologe aus Indien einen Vortrag über die Langlebigkeit älterer Menschen bei einem Stamm im indischen Nordosten hielt.[6] Als er mit seinem Vortrag fertig war, fragte ihn ein amerikanischer Gerontologe nach der Verbreitung von Demenz unter diesen alten Menschen. Der Sprecher aber schien die Frage nicht zu verstehen. Ein anderer amerikanischer Gerontologe schaltete sich ein, um zu helfen, schien es sich doch um ein Übersetzungsproblem zu handeln: »Senile Demenz?«, schlug er vor. »Alzheimer?« Aber dem Sprecher sagten diese Begriffe nichts. »Was wir meinen«, versuchte es ein weiterer Amerikaner unter den Zuhörern, »ist Senilität.« Endlich nickte der Inder, um zu zeigen, dass er die Frage verstanden hätte. Die Zuhörer lehnten sich zurück, die Sprachlücke war geschlossen.

»Es gibt bei diesem Stamm keine Senilität«, erklärte der Anthropologe. Für ihn lag das auf der Hand. Er hatte soeben eine isolierte Gesellschaft beschrieben, in der die traditionelle indische Mehrgenerationenfamilie noch intakt war. In einer solchen Gesellschaft, frei von jeglicher Altersfeindlichkeit, wurden alte Menschen gut versorgt, waren geachtet und in das soziale Gefüge der Gemeinschaft voll integriert. Warum, so fragte er, sollten sie senil werden?

Um den Einfluss von Altersbildern auf die Demenzanfälligkeit unseres Gehirns zu untersuchen, nahm ich mir die Baltimore Longitudinal Study of Aging erneut vor, bei der es auch einen Teil gab, der bei einer Gruppe Freiwilliger jährliche Kernspinuntersuchungen des Gehirns beinhaltete. Die Angehörigen einer zweiten Gruppe hatten eingewilligt, ihr Gehirn nach dem Tod der Wissenschaft zur Verfügung zu stellen und es nach ihrem Ableben sezieren zu lassen. Sämtliche Probanden aus diesen beiden Gruppen hatten ihre Altersbilder zu einem sehr frühen Zeitpunkt der Studie zu Protokoll gegeben, als sie gesund und jenseits jeder Form von Demenz waren, Jahrzehnte bevor sie ihr Gehirn scannen oder sezieren hatten lassen. Meine Arbeitsgruppe stellte fest, dass bei Menschen mit negativen Altersbildern eine deutlich höhere Wahrscheinlichkeit dafür bestand, die typischen Plaques und Fibrillenknäuel zu entwickeln, als bei solchen mit positiven Altersbildern.[7] Bei diesen schrumpfte der Hippocampus, der Teil des Gehirns, der maßgeblich für das Erinnerungsvermögen ist, sogar dreimal so schnell wie bei der anderen Gruppe.

Da hatten wir den Beweis: Negative Altersbilder – ein individuell, aber auch kulturell geprägter Faktor – vermögen die Wahrscheinlichkeit für das Auftreten von Alzheimer-Biomarkern zu erhöhen.

Risikogenen mit kulturellen Mitteln gegensteuern

Die Alzheimer-Krankheit, eine neurodegenerative Erkrankung, die peu à peu Gehirnzellen tötet, hat eine genetische Grundlage. Das heißt, Menschen, die mit einer bestimmten Variante des Gens *APOE*, namentlich *APOEε4* geboren wurden, haben ein höheres Risiko, an Alzheimer zu erkranken, als andere. Im Zusammenhang mit unserer Gesundheit spielen Gene eine wichtige Rolle. Vielleicht haben Sie schon hin und wieder Leute die Ansicht vertreten hören, dass unsere Gene unser Schicksal sind. Alles an uns wird durch unsere Gene bestimmt, besagt diese Lehrmeinung. In der Schule erfahren die Kinder von Gregor Mendel, jenem Augustinermönch des 19. Jahrhunderts, der durch Kreuzungsversuche an Erbsenpflanzen die Gesetze der genetischen Vererbung entdeckte. Es seien bestimmte, von einer Generation auf die nächste übertragbare »Elemente«, die die Merkmale einer Pflanze – ihre Wuchshöhe und ihre Blütenfarbe zum Beispiel – vorgeben. Gemeint war damit das, was wir heute als Gene bezeichnen. Lange Zeit dachten wir, das gelte auch für alles, was uns Menschen ausmacht, und allein unsere Gene definierten unsere Intelligenz, Anziehungskraft, Persönlichkeit und Gesundheit.

Doch auch wenn viele von Mendels Beobachtungen an Erbsen und Habichtskräutern zur Grundlage der modernen Genetik geworden sind, so ist doch mittlerweile offenbar geworden, dass die Ausprägung von Genen auch durch Umweltfaktoren beeinflusst wird. Das Gebiet, das sich mit diesen Fragen befasst, die Epigenetik, hat in den letzten paar Jahrzehnten große Fortschritte verzeichnet. Im Falle Gregor Mendels hätte er seine Experimente zum Beispiel um eine epigenetische Dimension erweitern können, indem er der einen Hälfte seiner Pflanzen etwas vorgesungen und geschaut hätte, ob diese dann höher gewachsen wären als andere, die in völliger Stille gediehen. (Soweit ich weiß, hat er auf ein solches musikalisches Experiment verzichtet.)

Eine interessante epigenetische Untersuchung zeigt beispielsweise, dass junge Mäuse, die von ihren Müttern liebevoll umsorgt wurden, als Erwachsene eine erhöhte Stressresistenz aufweisen und dass die Ursache hierfür epigenetische Veränderungen an bestimmten Genen sind, die durch das Verhalten der Mütter hervorgerufen werden.[8] Es gibt viele verschiedene Faktoren, die die Genexpression beeinflussen können. Mehr und mehr kommt die

Wissenschaft zu der Überzeugung, dass bestimmte Kultur- und Umweltfaktoren Einfluss auf unsere Gesundheit haben. Betrachten wir zum Beispiel das Asthmarisiko von Kindern lateinamerikanischer Herkunft in den USA: Ein Teil davon ist klar genetisch bedingt, aber es gibt Umweltfaktoren wie zum Beispiel eine erhöhte Luftverschmutzung, von der bestimmte Minoritäten besonders stark betroffen sind und die die Ausprägung der entsprechenden Veranlagung verstärken können.[9]

Ganz ähnlich haben wir festgestellt, dass neben anderen Umweltfaktoren auch Altersbilder Einfluss darauf haben können, wie mit einer Krankheit assoziierte Gene zum Tragen kommen.

So wie wir mit blauen, braunen, grünen oder grauen Augen zur Welt kommen, tragen wir auch unterschiedliche Varianten des Gens *APOE* in uns, die für verschiedene Arten des Proteins ApoE stehen: E1, E2, E3 oder E4. Die meisten von uns kommen mit der Variante E3 zur Welt, die unsere Alzheimeranfälligkeit nicht beeinflusst, zehn Prozent von uns haben das Glück, mit der E2-Variante geboren zu sein, die mit einem verminderten Alzheimerrisiko einhergeht und Langlebigkeit verheißt. Die E4-Variante ist es, die bei der Alzheimerentstehung eine unglückselige Rolle spielt. Ungefähr 15 Prozent der Bevölkerung werden mit dieser Variante geboren. Das Spannende ist, dass lediglich *die Hälfte* davon letztlich an Alzheimer erkrankt. Warum ist das so?

Um eine Antwort darauf zu bekommen, verfolgte ich eine landesweite Stichprobe von 5000 älteren Probanden über einen Zeitraum von vier Jahren und stieß auf einen Effekt, der weit größer war, als ich erwartet hätte: Unter den Probanden mit der Risikovariante *APOEε4* erkrankten diejenigen mit einem positiven Altersbild mit einer um 47 Prozent geringeren Wahrscheinlichkeit an Demenz als jene mit negativen Altersbildern. Ja, wie Sie aus Abbildung 2 (Seite 86) unschwer erkennen können, war bei ihnen die Wahrscheinlichkeit für die Entwicklung einer Demenz nicht wesentlich erhöht gegenüber Personen mit positiven Altersbildern, die die Risikovariante *nicht* in sich tragen. Mit anderen Worten: Die Biologie macht sie zur Zielgruppe für Demenzerkrankungen, aber die Hälfte von ihnen erkrankt nie – zu verdanken ist dies unter anderem einem Schutzschild aus positiven Altersbildern.[10]

Diese Studie war die erste, bei der untersucht wurde, ob ein soziopolitischer Faktor (in diesem Falle Altersbilder) das Demenzrisiko bei *APOEε4* Trägern und älteren Menschen im Allgemeinen zu verringern imstande sein könnte. Wir stellten fest, dass der günstige Einfluss von positiven Altersbildern auf die Verringerung des Demenzrisikos sehr viel größer war als der anderer Faktoren, die man im Zusammenhang mit der Erhöhung des Demenzrisikos normalerweise im Auge hat – als da wären: Alter, Geschlecht, Depression und bestehende kognitive Defizite.

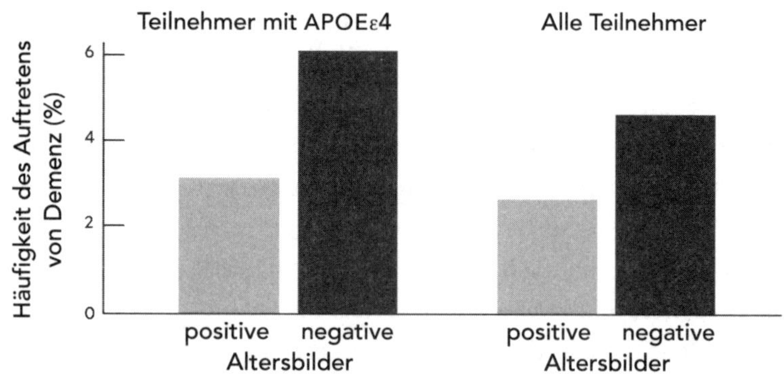

Abbildung 2: Positive Altersbilder verringern das Risiko für die Ausprägung einer Demenz: Positive Altersbilder verringern das Demenzrisiko bei allen Studienteilnehmern, auch bei Personen mit der Risikovariante APOEε4.

Mit positiven Altersbildern und jamaikanischen Gewürzen gegen Alzheimersymptome

Obwohl ungeheuer viele Menschen, die an Alzheimer erkranken, genau die gleichen Symptome entwickeln, die meinen Großvater am Lebensende seines Erinnerungsvermögens und seiner Persönlichkeit beraubten, bleiben bei anderen Menschen mit den gleichen typischen Amyloid-Plaques im Gehirn die kognitiven Fähigkeiten relativ intakt. Das Gehirn dieser Patienten weist die charakteristischen Alzheimer-Biomarker auf, dennoch zeigen sie wenige bis gar keine klinischen Anzeichen der Erkrankung.

Um besser zu verstehen, wie es dazu kommen kann, habe ich mit Leuten gesprochen, die an einer gegenwärtig an sechzig Orten in den Vereinigten Staaten, Kanada und Australien laufenden großen Studie an Menschen mit einer symptomlos verlaufenden Alzheimererkrankung beteiligt sind (Titel der Studie: Anti-Amyloid Treatment in Asymptomatic Alzheimer's Disease, A4). Gefördert wird das Unterfangen vom National Institute on Aging.[11] Sein Ziel ist es, Mittel und Wege zu finden, das Auftreten von Alzheimersymptomen zu verhindern. Zu diesem Zweck haben die Wissenschaftler Probanden rekrutiert, die alle neurologischen Merkmale einer Alzheimererkrankung, zum Beispiel ein erhöhtes Aufkommen an Amyloid-Plaques, aufweisen, in ihren kognitiven Fähigkeiten jedoch nicht eingeschränkt sind und bei denen keine Demenz feststellbar ist.

Die erste Teilnehmerin, die ich traf, war Amy, eine pensionierte zweiundachtzigjährige Buchhalterin aus Jamaika, die heute in Chicago lebt. Sie geriet in die Studie, nachdem ihre Schwester sich darum bemüht hatte, aber nicht genommen worden war, da man beim Einstiegsscreening bei ihr bereits Demenzsymptome festgestellt hatte. Amy bot sich als Ersatz an, und obwohl auch bei ihr die typischen Plaques im Gehirn vorhanden sind, weist sie keine Symptome auf.

Sechs Jahre voller MRTs, Fragebögen und Gedächtnisspielen sowie eine ungemütliche Spinalpunktion später ist sie dankbar, ihren Verstand noch immer fest im Griff zu haben. Sie führt ein ruhiges, zufriedenes Leben: Kirche, häufige Telefonate mit ihrer Tochter, jede Menge jamaikanisches Selbstgekochtes. Aufgewachsen ist sie in den grünen Hügeln um Montego Bay ohne Elektrizität und fließendes Wasser. Ihr Vater war Schulleiter und Diakon einer Kirchengemeinde, ein alter Mann in einer Gemeinschaft, die aufmerksam und respektvoll mit ihm umging. Sie erinnert sich daran, dass er, wenn er bei Problemen innerhalb der Gemeinde hinzugerufen wurde – zum Beispiel, weil immer weniger Kinder ihren Highschool-Abschluss machten –, sehr oft mit den anderen älteren Dorfbewohnern zusammenarbeitete, um kreative Lösungen zu finden.

Nach fast einem ganzen Leben in den Vereinigten Staaten ist Amy, die vor allem mit anderen Einwanderern aus der Karibik zusammenkommt, noch immer regelmäßig bestürzt über die Art und Weise, wie alte Menschen in den Vereinigten Staaten behandelt werden. Sie hat das vergangene Jahrzehnt hindurch als Freiwillige für eine Organisation gearbeitet, die Kindern aus den ärmeren Vierteln von Chicago beim Lesenlernen hilft, und ist oftmals entsetzt, wie rüde und herablassend einige dieser Kinder mit den älteren Freiwilligen dort reden. Und statt die Kinder zurechtzuweisen, lachen die Lehrer über deren Kommentare.

Diese Art des Umgangs mit Älteren ist das krasse Gegenteil von dem, was Amy aus Jamaika gewohnt ist. In vielen karibischen Kulturen steht der Respekt vor Älteren ganz oben auf der Werteskala, und wer für alte Menschen sorgt, genießt Achtung und Respekt. Da sie kognitiv besser dran und mobiler ist als ihre ältere Schwester, sorgt Amy für sie. Als Kinder, erzählt sie, hätten sich die beiden nicht übermäßig nahegestanden, heute aber seien sie die besten

Freundinnen und einander mit einer Innigkeit verbunden, die sie vorher nicht gekannt hätten. Die Familie füllt den Raum, den die Pensionierung in Amys Leben eröffnet hat. Sie trifft ihre Schwester und ihre älteste Tochter so oft sie kann.

Was also macht Amy trotz erhöhter Alzheimer-Biomarker resistent gegen die Ausprägung klinischer Demenzsymptome? Es gibt guten Grund zu der Annahme, dass Altersbilder hierbei eine Rolle spielen. Und da es noch keine Heilung für die Krankheit gibt, ist es auf jeden Fall auch ratsam, Stress herunterzufahren.[12] Stress fördert Entzündungsreaktionen im Gehirn, und chronische Entzündungen spielen bei vielen Krankheiten eine Rolle[13] und ebnen den Weg für die Entstehung neurologischer Erkrankungen. Die Krankheit selbst stört dann die an der Stressreaktion beteiligten neuralen und endokrinen Prozesse und beschleunigt dadurch ihr eigenes Fortschreiten. Es ist ein Teufelskreis, dem sich am besten mit einem gesunden Stressmanagement entgegenwirken lässt, weshalb Ärzte nach Stressursachen fahnden und Möglichkeiten suchen, diese durch Bewegung und gesunde Ernährung zu mildern.

Ein weiterer stressreduzierender Faktor, den wir im Auge haben sollten, sind Altersbilder. Als Postdoc an der Harvard Medical School stellte ich bei einer experimentellen Studie an älteren Einwohnern von Boston fest, dass negative Altersstereotype Stress vergrößerten, während positive Altersbilder eine Art Schutzpolster dagegen bildeten.[14]

Aufgrund ihrer schützenden Eigenschaften im Zusammenhang mit Stress helfen positive Altersbilder sogar Menschen mit der Risikovariante *APOEε4*, sich des Schicksals zu erwehren, das die Biologie ihnen allem Anschein nach auferlegt hat. Vermutlich ist es das, was bei Amy passiert ist, deren Gehirn die Pathologie einer Alzheimererkrankung aufweist, ohne dass sie selbst in kognitiver Hinsicht Einbußen zeigt. Unter anderem dank ihrer positiven Altersbilder ist sie besser imstande, mit Stress umzugehen, und fordert sich ständig, um körperlich und geistig fit zu bleiben, macht lange Spaziergänge, puzzelt und löst Kreuzworträtsel. Beim Scrabble ist sie so pfiffig, dass jeder, der ein paarmal mit ihr gespielt hat, davon absieht, das zu einer regelmäßigen Gewohnheit zu machen. Ihre Schwester versucht oft, Wörter in jamaikanischer Mundart unterzubringen, aber Amy ist da pingelig: Was nicht im Scrabble-Wörterbuch vorkommt, ist gegen die Regeln.

Eine gesunde Lebensweise zu pflegen muss nicht kompliziert oder teuer sein. In Amys Fall sind die einfachen Genüsse die gesündesten. Vor der Covid-19-Pandemie war sie, wann immer sie konnte, in ihrer Kirchengemeinde aktiv, sorgte für den Blumenschmuck oder machte die Buchhaltung. Als wir miteinander sprachen, war jedermann pandemiebedingt in seinen eigenen vier Wänden gefangen, daher vertrieb sie sich die Zeit mit Kochen und brachte ihrer Schwester Essen. An jenem Nachmittag standen Mehlklößchen und gegrillter Fisch in jamaikanischer Chilimarinade auf dem Speisezettel.

Amys Alltag ist geprägt von positiven Altersbildern. Beispielsweise findet sie, dass alte Menschen durchaus etwas zu sagen haben. Amy wurde infolgedessen mit zunehmendem Alter sehr viel freimütiger in dem, was sie sagt. Früher war sie immer eher reserviert, hatte sich bei Gesprächen in größerer Runde kaum je hervorgetan, war »alles andere als eine gute Rednerin« gewesen. Aber je älter sie wurde, desto mehr ging sie aus sich heraus, es wurde ihr wichtig zu sagen, was sie denkt. Als ob sie in die Fußstapfen der unverblümten Alten ihrer jamaikanischen Kindheit treten wollte, lässt sie ihre Freunde und die Menschen um sie herum wissen, was sie empfindet, vor allem wenn es darum geht, Seniorenfeindlichkeit entgegenzutreten. Amy zu erleben, erinnerte mich an einen Spruch von Maggie Kuhn, der Gründerin der Altersrechtsbewegung Gray Panthers: »Alter ist eine ausgezeichnete Zeit für Wut.«[15]

Zwei junge Ärzte sind so viel wie ein alter Jonas

Jonas, ein fünfundsiebzigjähriger Kinderarzt aus dem Mittleren Westen, zeigt, dass das Alter auch eine ausgezeichnete Zeit für Wachstum ist. Er stolperte eines Tages über einen Flyer, der Menschen zu einem Screening für eine Alzheimerstudie einlud. Zu jener Zeit betrauerte er den Tod seines Vaters, der die Krankheit am Lebensende gehabt hatte, und beschloss, sich zu melden. Er ist heute Proband der A4-Studie, das heißt, er verfügt genau wie Amy über den gleichnamigen Alzheimer-Biomarker, seine kognitiven Fähigkeiten aber sind unbeeinträchtigt. Jonas gehört zu den Menschen, die die Krankheit im Visier hat, hat es aber fertiggebracht, sich ihr zu widersetzen.

Vor ein paar Jahren hat Jonas aufgehört zu praktizieren, das Lehren hat er jedoch nicht aufgegeben.

»Ganz am Ende meiner Berufslaufbahn ist mir aufgegangen, dass die meisten Menschen in den Ruhestand gehen, sobald sie in dem, was sie tun, wirklich gut geworden sind«, erzählte er und verwies dabei auf seine Tochter, die ihn gern daran erinnert, dass die Universität nach seinem Ausscheiden zwei junge Ärzte einstellen musste, um ihn zu ersetzen, weil er über einen so großen Wissensschatz und extrem gute diagnostische Qualitäten verfügte.

Die Erkenntnis, dass der Ruhestand genau an dem Punkt fällig wird, an dem man am versiertesten ist, kam ihm ein oder zwei Jahre, bevor es so weit war, als ihn ein jüngerer Kollege bat, einen seiner kleinen Patienten in Augenschein zu nehmen, weil er allein nicht weiterkam. Das Baby saß bei seiner Mutter auf dem Schoß, immer wieder fiel sein Köpfchen nach vorn, und das Kleine richtete ihn mit einem Ruck wieder auf. »Binnen Minuten wusste ich die eindeutige Diagnose«, berichtet Jonas.

Das Baby litt unter einer neurologischen Störung, die mit

Krämpfen einherging. Obwohl Jonas dies sofort gesehen hatte, untersuchte er das Baby noch ein bisschen gründlicher und stellte der Mutter ein paar Fragen, bevor er seinen Kollegen beiseitenahm, um mit ihm zu sprechen. Der junge Arzt bekam leuchtende Augen, als er die Diagnose vernahm. Den Rest des Tages war Jonas in der Pädiatrie Gesprächsthema Nummer eins. Als er sich später am Tag hinsetzte, um ein paar Dinge aufzuschreiben, rollte eine andere junge Kollegin mit ihrem Drehstuhl zu ihm hinüber und sagte: »Bringen Sie mir das bei, Doktor! Wie machen Sie das?«

Es hatte sich einfach um etwas gehandelt, dem Jonas schon einmal begegnet war, seine jungen Kollegen hingegen nicht. Ihm wurde klar, dass es vermutlich jede Menge Situationen wie diese gab, in denen ein älterer Arzt einfach kraft seiner Erfahrung besser darin war, eine Diagnose zu stellen oder das größere Bild zu sehen.

Auch wenn er sagt, er würde nicht mit jüngeren Ärzten konkurrieren wollen, um mit den jüngsten Erkenntnissen der Biochemie Schritt zu halten, so findet Jonas es dennoch kontraproduktiv und verletzend, wenn Kliniken und Medizinische Hochschulen versuchen, sich ihrer älteren Ärzte still und heimlich zu entledigen. Die Universität, an der er lehrt, testet gegenwärtig ab einem gewissen Alter die kognitiven Fähigkeiten älterer Ärzte, unabhängig davon, ob sich irgendwelche Anzeichen kognitiver Einbußen feststellen lassen oder nicht. Mindestens einer der Ärzte wehrte sich dagegen und hat die Universität wegen der Diskriminierung von Angestellten aus Altersgründen verklagt.

»Wenn Sie jung sind«, sagt Jonas zur unausgesprochenen Hierarchie in der klinischen Praxis, »werden Sie gern als Grünschnabel abgetan. Wohingegen Sie, wenn Sie alt werden, schnell als alter Knochen gelten, was absolut keinen Sinn macht. Da bleiben Ihnen gerade mal ein oder zwei Jahrzehnte, in denen die Achtung, die Ihnen entgegengebracht wird, mit dem Niveau Ihrer Fertigkeiten in Einklang steht.«

Als Jonas erfuhr, was mein Forschungsgebiet ist, erzählte er mir, dass sich seine Altersbilder mit den Jahren dramatisch verändert hätten. »Als junger Kinderarzt, ganz am Anfang, hielt ich alte Leute für einigermaßen tatterig und hilflos, aber diese Stereotype schmolzen wie Schnee in der Sonne, je mehr ich es mit älteren Mentoren zu tun bekam und mit Kollegen, die mit zunehmendem Alter immer besser wurden.« Nun, da er selbst alt geworden ist, genießt Jonas das Leben mit der Gelassenheit eines Menschen, der sich an so gut wie allem, was er tut, zu erfreuen vermag. Und er denkt darüber nach, ob es nicht für pensionierte Ärzte eine Nische gäbe, wo sie helfend zur Seite stehen und Erfahrungen aus der Praxis weitergeben könnten.

Jonas arbeitet an einem Lehrkrankenhaus und nimmt dort an den Konsilien teil, großen wöchentlichen Runden, in denen Patientenfälle vorgestellt werden, um Ärzte, Assistenzärzte und Studenten in aktuellen Fragen der Patientenversorgung auf den neuesten Stand zu bringen. Sein über viele Jahrzehnte angesammeltes Wissen vermittelt er in einem Kurs für Erstsemester an einer Medizinischen Hochschule in der Nähe.

Außerdem hat er seine Liebe zur französischen Küche entdeckt, züchtet seltene Orchideen und vertieft sich ganze Nachmittage in seinen sich immer feiner verästelnden Familienstammbaum. Er ist fanatischer Makrofotograf mit einem Faible für ungewöhnliche Formen und Oberflächenbeschaffenheiten in der Natur und unternimmt morgens lange Wanderungen mit der Kamera um den Hals.

Auch ist er ein begeisterter Amateurpilot und strahlt vor Glück, wenn er darüber redet, wie er die Welt von oben – auf Augenhöhe mit der Sonne – betrachtet und bereist. Sein im Laufe des Lebens durch unzählige Diagnosen und Behandlungen geschultes räumliches Sehen kommt ihm bei der Fliegerei mehr als gelegen. Er erzählte mir, dass vor Kurzem, als er nachmittags in der Luft gewesen war, über Funk die Nachricht hereinkam, man suche nach einem kleinen Flugzeug, das offenbar abgestürzt oder notgelandet sei. Er konnte das Flugzeug orten, landete in der Nähe, nahm den

Piloten an Bord und flog ihn zu der Hochzeit, zu der dieser unterwegs gewesen war.

Es hilft, dass er gute Vorbilder für das Altwerden hat. Seine Mutter, der er sehr nahesteht, um nur eines davon zu nennen, ist inzwischen siebenundneunzig und lebt noch allein in ihrem Zuhause in Albuquerque. Als junger Arzt und später in mittleren Jahren suchte Jonas den Rat älterer Mentoren. Ein älterer Kollege legte großen Wert auf die entscheidende Bedeutung von medizinischen Versorgungszentren und eine vernünftige Philosophie der öffentlichen Gesundheitsfürsorge. Ein älterer Kardiologe lehrte ihn Mitgefühl und Freundlichkeit im Umgang mit Patienten. Und als Kinderarzt entwickelte er große Hochachtung für Großeltern, die mit ihren Enkeln zu ihm kamen. »Das waren die härtesten Sprechstunden«, erzählte er lachend. »Ich habe mich von Großeltern immer fürchterlich beobachtet gefühlt – besonders von den Großmüttern.«

Gute Gene, Altersbilder und ein gesundes Gehirn

Menschen wie Amy und Jonas sind der lebende Beweis dafür, dass unsere Neuronen und unsere Gene nicht notwendigerweise unser Schicksal sind. Tatsächlich habe ich festgestellt, dass Altersbilder einen fünfzehnmal größeren Einfluss haben als eines von den bekanntesten Genen, die für unsere kognitiven Fähigkeiten von Bedeutung sind. So machtvoll sind unsere Altersstereotype.[16]

Erinnern Sie sich an das Gen *APOE*? Die E4-Variante erhöht das Risiko, an Alzheimer zu erkranken. Die E2-Variante hingegen verbessert unsere kognitiven Fähigkeiten im Alter, ihr Produkt trägt dazu bei, Amyloid-Plaques zu verringern und die Ausbildung von Synapsen im Gehirn zu fördern.[17] Im Rahmen einer weiteren *APOE*-Studie konnten wir zeigen, dass auch Leute, die das

Glück haben, mit der Variante *APOEε2* geboren worden zu sein, zusätzlich von positiven Altersbildern profitieren. Sie schneiden bei Kognitionstests besser ab als ihre *APOEε2*-Zeitgenossen mit negativen Altersbildern. Das legt die Vermutung nahe, dass unsere Altersbilder über die Ausprägung unserer Gene unser Verhalten beeinflussen können.

Die gute Nachricht aus alledem lautet, dass all jene, die nicht mit der *APOEε2*-Variante zur Welt gekommen sind (das heißt, ungefähr 90 Prozent von uns), von positiven Altersbildern im selben Maße profitieren wie diejenigen, die mit der *APOEε2*-Variante geboren wurden.[18] Das ist logisch, wenn man bedenkt, dass positive Altersbilder Stress entgegenwirken und es begünstigen, dass die Betreffenden sich sportlich, gesellschaftlich und intellektuell betätigen (jede solche Aktivität fördert die Gesundheit des menschlichen Gehirns). Mit anderen Worten: Altersbilder wirken wie eine Art kulturelle E2-Variante.

Lange Zeit nahm die wissenschaftliche Welt das Narrativ vom alternden Gehirn als Tragödie hin, die keiner weiteren Untersuchung bedurfte. Man ging fälschlicherweise davon aus, dass das menschliche Gehirn sich in der Kindheit und Jugend alle Zeit der Welt lässt, um sich zu entwickeln, dann irgendwann im jungen Erwachsenenalter den Höhepunkt seiner Entwicklung erreicht, worauf ein stetiger Rückgang einsetzt, weil seine Neuronen aufhören, neue Verknüpfungen untereinander zu bilden. Neurowissenschaftler haben erst in jüngerer Zeit angefangen, das alternde Gehirn mit derselben Verve zu studieren wie das junge Gehirn,[19] und dabei festgestellt, dass die Neuronen des alternden Gehirns sehr wohl neue Verknüpfungen bilden können.

Plastizität und Regenerationsfähigkeit sind quer durchs Tierreich in allen Lebensstadien von zentraler Bedeutung: Das Gehirn adulter Kanarienvögel beispielsweise wird in jeder Paarungssaison im Prinzip teilweise »neu geboren«, sodass die Tiere immer neue Balzgesänge singen können[20] und in puncto Werben und Liebe stilistisch immer auf der Höhe sind. Dieselbe Art von neuralem Wachstum beobachtet man bei älteren Laborratten, wenn man diesen ein reicheres Erfahrungs- und Erkundungsumfeld bietet – beispielsweise interessante Gehege mit Rampen, Rädern und Spielzeugen.[21] Und es hat sich gezeigt, dass auch ältere Gehirne in vielen Fällen neue Neuronen bilden.[22]

Wie unsere anderen Organe muss auch unser Gehirn angemessen gepflegt und versorgt werden. Bei einem alten Menschen mit negativen Altersbildern, der sich aufgrund negativer Stereotype nicht mehr körperlich oder intellektuell betätigt und einem erhöhten Maß an Stress ausgesetzt ist, sieht man womöglich wenig Regenerationstätigkeit, ja unter Umständen einen zunehmenden Verlust an Neuronen. Ältere Erwachsene mit positiven Altersbildern, die womöglich motiviert sind, mit dem Jonglieren zu beginnen, Squaredance zu betreiben oder ihr Highschool-Französisch aufzupolieren, können einen deutlichen neuronalen Wachstumsschub erfahren.[23]

Wir alle sind Geschöpfe der Biologie, aber wir können auch über unsere Biologie hinauswachsen. Mit der richtigen Einstellung zum Altern können wir unsere biologische Konstitution während des Alterns optimieren.

5

Seelische Gesundheit in späteren Jahren

Mein Interesse für das Altern entwickelte sich alles andere als geradlinig. Auf der Highschool verbrachte ich einen Sommer als Praktikantin bei einem Psychologen, der sich mit Kreativität und psychischer Gesundheit befasste. Seine Praxis befand sich im McLean Hospital vor den Toren Bostons, einem mit der Harvard University assoziierten psychiatrischen Krankenhaus auf einem wunderschönen baumbestandenen Campus aus lauter umgebauten viktorianischen Gebäuden. Mir gefiel dieses Umfeld ungemein, und mich faszinierte, dass einige meiner Lieblingsdichter und -musiker wie Sylvia Plath, Ray Charles und James Taylor dort behandelt worden waren.

Nach dem College ging ich zur Personalabteilung der Klinik und bewarb mich um eine Stelle. Ich war einigermaßen bestürzt zu erfahren, dass die einzige freie Position für jemanden ohne jede klinische Erfahrung wie mich ein Einsteigerjob in einer Abteilung für ältere Patienten war. Ich hielt die Arbeit für ungeheuer deprimierend. Mit meinen einundzwanzig Jahren ging ich davon aus, dass psychische Erkrankungen unter älteren Menschen an der Tagesordnung seien und man diese Leiden nicht erfolgreich behandeln, sondern lediglich irgendwie verwalten könne. So sahen meine Vorstellungen vom Altern damals aus. Ich stellte mir einen tristen, lauten Krankenhausflügel mit hilflosen alten Patienten vor, die in einer Ecke geparkt oder auf menschenleeren Fluren sich selbst überlassen blieben. Aber es war mein einziges Angebot. Ich versuchte es also.

Ein Jahr lang versorgte ich Patienten auf ihren Zimmern mit Essen, füllte Krankenblätter aus und begleitete manche sogar zu ihren Elektrokonvulsionstherapie-Sitzungen (EKT). Bei diesem Verfahren werden dem Gehirn elektrische Schocks verabreicht, um kleine Krämpfe auszulösen, die bei schweren Depressionen Linderung verschaffen können. Manchen Menschen, die auf andere Therapien nicht ansprachen, half diese Form der Behandlung, aber ich fand es verstörend zuzusehen, wie die Patienten krampften, während ihnen über auf dem Kopf aufgebrachte Elektroden Strom verabreicht wurde.

Einer meiner Lieblingsjobs hingegen bestand darin, die Fortschritte von jedem der sieben Patienten zu protokollieren, die ich während meiner Achtstundenschicht zu betreuen hatte. Die meisten meiner Kollegen in der Psychiatrie taten das als Zeitverschwendung ab und kritzelten häufig für jeden ihrer Schützlinge flüchtig einen oder zwei belanglose Sätze aufs Papier: »Lisa hat zu Mittag fast alles aufgegessen und an der Gruppensitzung teilgenommen.« Mir aber machte die Aufgabe wirklich Spaß, denn so hatte ich Gelegenheit, mit meinen Patienten zu sprechen. Wann immer ich mich mit einem von ihnen unterhielt, versuchte ich, mehr über seinen Werdegang herauszufinden, darüber, wie er oder sie zur eigenen Familie stand oder zu der Behandlung, die er über sich ergehen lassen musste. Vielleicht war ich ein bisschen übereifrig bei diesen Fortschrittsberichten, die manchmal mehrere Seiten umfassten, auf jeden Fall halfen mir diese Notizen, mein eigenes Lernen zu dokumentieren.

Während meines Jahres dort lernte ich, dass psychische Erkrankungen, ganz anders als ich anfänglich vermutet hatte, bei älteren Erwachsenen weit weniger häufig auftreten als bei jüngeren, und dass man die meisten Älteren mit solchen Problemen erfolgreich behandeln kann.

Das Klinikteam traf sich fast jede Woche in einem der eleganten Gebäude, um aus einem Dutzend unterschiedlicher Blickwinkel über jede Patientin und jeden Patienten zu diskutieren. Ich sah und hörte Krankenpfleger, Sozialarbeiter, Psychiater, klinische Psychologen, Neuropsychologen, Psychopharmakologen und andere auf engstem Raum zusammengedrängt ihre verschiedenen Perspektiven zusammenführen. Über Stunden wurde hier über den kulturellen Hintergrund der Patienten, ihre biologischen Voraussetzungen, den Verlauf ihres Arbeitslebens und ihre soziale Vernetzung diskutiert, um ein besseres Verständnis dafür zu bekommen, was zu ihrer Einweisung geführt hatte und welche Ansätze ihnen helfen könnten zu genesen.

Während dieser Meetings lernte ich auch, dass unsere psychische Gesundheit von der delikaten Balance zahlreicher Faktoren abhängt. Ich hörte zum Beispiel von einer älteren Chinesin, die ihre massiven Angstzustände dem mangelnden Respekt ihrer Kinder zuschrieb, die ihr den Besuch bei ihrem naturheilkundigen Arzt verwehrten. Viele westliche Mediziner würden womöglich die Wirksamkeit der Traditionellen Chinesischen Medizin bezweifeln, die Krankenhausbelegschaft des McLean Hospital nicht. Man verbrachte dort vielmehr eine Menge Zeit damit, die kulturelle und psychologische Dynamik zwischen der Patientin und ihren Kindern zu analysieren, um ihre Probleme besser verstehen und behandeln zu können.

Als ich später meine eigenen Theorien entwickelte und im Rahmen meiner Forschung zu verstehen versuchte, auf welche Weise ein gesellschaftlicher Faktor wie Altersbilder mit unserer Biologie interagieren kann, musste ich oft an diese aufschlussreichen Zusammenkünfte am McLean Hospital denken.

Altersbilder und Stress

So wie Brillen und Teleskope die Lichtmenge und den Detailreichtum verändern, der Ihre Augen erreicht, bestimmen unsere Altersbilder die Art und die Menge an Stress, die unseren Körper und Geist erreichen. Und sämtliche Stressoren können unsere psychische Gesundheit strapazieren.

Bei meiner ersten Studie zum Einfluss von Altersbildern auf unsere Physiologie stellte ich fest, dass positive Altersbilder eine Stressbarriere darstellen, negative hingegen Stress verstärken.[1] Ich hatte mich intensiv mit dem autonomen Nervensystem (ANS) beschäftigt, das unsere Kampf-oder-Flucht-Reaktion steuert. Wenn wir uns einer plötzlichen Bedrohung (einem angreifenden Stier zum Beispiel) gegenübersehen, flutet uns das ANS mit einem Adrenalinschub, der uns auf der Stelle dazu veranlasst, zu fliehen oder anzugreifen. Für den Augenblick hilft uns dieser Adrenalinschub, besser zu kämpfen oder schneller davonzulaufen, die längerfristige Einwirkung von Adrenalin und Stress aber kann unsere Gesundheit schädigen.

Ich hatte in diesem Experiment wissen wollen, ob Altersstereotype Einfluss auf die Stressreaktion des Herz-Kreislauf-Systems haben – ob und wie stark Herzfrequenz, Blutdruck und die Aktivität der Schweißdrüsen in Reaktion auf einen Stressor zunehmen. Um die wiederholte Einwirkung von Stereotypen, mit denen wir über unsere Lebensspanne hinweg immer wieder konfrontiert werden, lebensechter nachzubilden, konfrontierten wir unsere Studienteilnehmer unterschwellig mit je zwei Reihen positiver beziehungsweise negativer Altersstereotype und anschließend mit zwei Reihen sprachlicher und mathematischer Aufgabenstellungen. Für die Sprachaufgabe hatten die Probanden die für sie schlimmste Stresssituation der vergangenen fünf Jahre zu beschreiben. Da war die Rede von allem Möglichen zwischen Autounfall und Wohnungskündigung.

Zu meiner Überraschung stellte ich fest, dass negative Altersstereotype allein bereits eine immense und unmittelbare Stressreaktion provozierten – und dies noch vor der Konfrontation mit den jeweiligen Aufgabenreihen. Ja, die Stressantwort hier war deutlich stärker als die, die letztlich durch die Aufgaben hervorgerufen wurde.

Positive Altersbilder hingegen hatten die gegenteilige Wirkung. Wenn wir sie zum ersten Mal präsentierten, war nahezu kein Effekt zu sehen. Beim zweiten Mal aber fungierten sie als Puffer: Es war bei der zweiten Runde Sprach- und Mathematikaufgaben nicht nur keine vermehrte ANS-Aktivität zu verzeichnen, sondern das Stressniveau *sank* sogar auf die Werte, die vor den Aufgaben gemessen worden waren. Mit anderen Worten: Positive Altersstereotype brauchten zwar eine gewisse Zeit, um ihre schützende Wirkung zu entfalten, aber letztlich halfen sie den Teilnehmern, in stressbeladenen Situationen wieder zur Ruhe zu kommen. Das lässt vermuten, dass die mehrfache Konfrontation mit positiven Altersstereotypen älteren Menschen längerfristig helfen kann, Stress abzubauen und sich von anstrengenden Herausforderungen zu erholen. Es belegt auch, dass die Beschaffenheit unserer Altersbilder und unser körperliches und seelisches Wohlergehen Hand in Hand gehen.

Um zu untersuchen, ob sich der Einfluss von Altersbildern auf Stress, den wir im Labor festgestellt hatten, auch »draußen im Leben« zeigt und über einen längeren Zeitraum anhält, analysierte ich Daten, die von einer Gruppe Altersforscher des National Institute on Aging in Baltimore über einen Zeitraum von dreißig Jahren erhoben worden waren. Die Teilnehmer hatten bei ihrem ersten Besuch im Testzentrum ihre Altersbilder zu Protokoll gegeben, und über die folgenden drei Jahrzehnte bestimmten die Forscher bei den Probanden alle drei Jahre die Menge an Cortisol, dem Hauptstresshormon des Körpers. Genau wie bei Adrenalin sind kurze Ausschläge im Cortisolspiegel durchaus förderlich, wohingegen ein andauernder Anstieg den Körper schädigen und zu einer Reihe massiver Gesundheitsprobleme führen kann.[2]

Und tatsächlich stellte ich fest, dass Altersbilder einen signifikanten Einfluss auf den Cortisolspiegel haben. Wie sich aus Abbildung 3 ablesen lässt, war im Verlauf der dreißig Jahre bei den älteren Probanden mit negativen Altersbildern ein Anstieg des Cortisolspiegels um 44 Prozent zu verzeichnen, während diejenigen mit positiven Altersbildern sogar eine *Abnahme* um zehn Prozent aufwiesen.[3]

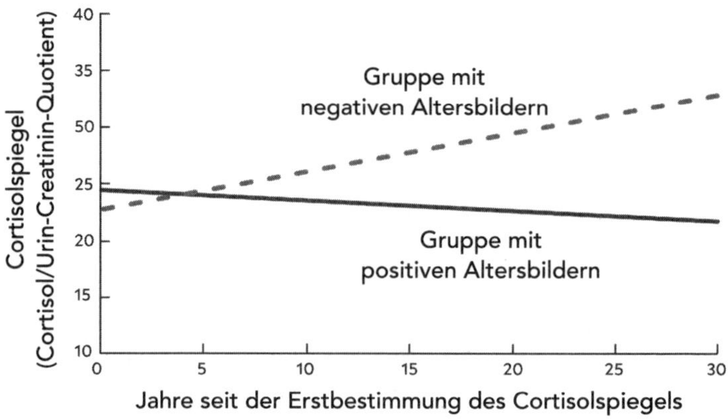

Abbildung 3: Stresszunahme über 30 Jahre bei älteren Probanden mit negativen Altersstereotypen. Probanden mit negativen Altersbildern weisen einen Anstieg des Stress-Biomarkers Cortisol auf, Probanden mit positiven Altersbildern hingegen eine Abnahme.

Angesichts dieser Kopplung zwischen negativen Altersbildern und vermehrtem Stress fragte ich mich, ob Altersbilder womöglich psychischen Erkrankungen im späteren Leben Vorschub leisten beziehungsweise davor bewahren können, denn Stress ist, wenn es um Probleme der seelischen Gesundheit geht, oftmals einer der Hauptfaktoren. Ich führte eine Studie an älteren Veteranen des Militärdienstes durch, deren Lebensumstände erwartungsgemäß zu einer überdurchschnittlichen Häufigkeit des Auftretens von psychischen Problemen führen. Viele von ihnen haben schließlich Gefechte, Gewalt und den Tod von Kameraden miterleben müssen. Bei einer Stichprobe aus den Vereinigten Staaten stellten wir über einen Zeitraum von vier Jahren fest, dass bei denjenigen mit positiven Altersbildern ein geringeres Risiko für Selbstmordgedanken und die Entwicklung von Angststörungen bestand.[4] Positive Altersbilder halfen sogar bei Soldaten, die aktiv am Gefecht teilgenommen hatten, die Symptome einer posttraumatischen Belastungsstörung abzumildern.[5] Negative Altersstereotype hingegen machten die Veteranen im Angesicht von Widrigkeiten weniger resilient, die Häufigkeit psychischer Erkrankungen war in dieser Gruppe deutlich erhöht.

Negative Altersbilder als Hürden für die psychische Gesundheit

Wenn daher bei den Fachleuten für psychische Gesundheit negative Stereotype vorherrschen, kann das auf institutioneller Ebene böse Folgen haben. Fachkräfte behandeln ältere Patienten häufig nicht angemessen, weil sie davon ausgehen, dass psychische Probleme, insbesondere Depressionen, bei diesen normal sind.[6] Daraus ergibt sich ein besonders übler Teufelskreis: Ältere Patienten mit negativen Altersbildern haben mit größeren psychischen Problemen zu kämpfen, erhalten häufig jedoch aufgrund der altersfeindlichen Strukturen unseres Gesundheitssystems keine adäquate Behandlung. Dadurch verstärken sich ihre psychischen Probleme naturgemäß, was wiederum das Stereotyp verfestigt, dass diese Probleme nun einmal mit dem Altern einhergehen und man alten Menschen schlicht nicht helfen kann. Auch wenn Menschen mit über fünfundsechzig weniger häufig psychisch erkranken als in jüngeren Jahren, so kommt es doch bei einem von fünf zu irgendeiner Form von psychischer Erkrankung, für die aber aufgrund der altersfeindlichen Stereotype, die dem medizinischen System eigen sind, die wirksamste Behandlung häufig nicht verfügbar ist.[7]

Von Freud bis Plotkin: Ältere Patienten als Sonderfälle

Das unheilvolle Stereotyp, dass ältere Menschen bei psychischen Problemen nicht behandelbar, weil geistig zu unbeweglich sind, geht geradewegs zurück auf den Begründer der Psychoanalyse Sigmund Freud, der Therapeuten von der Behandlung älterer Patienten explizit abriet. Er vertrat die Ansicht, dass bei Patienten »nahe an oder über fünfzig Jahre einerseits die Plastizität der seelischen Vorgänge zu fehlen pflegt, auf welche die Therapie rechnet – alte Leute sind nicht mehr erziehbar –, und als andererseits das Material, welches durchzuarbeiten ist, die Behandlungsdauer ins Unabsehbare verlängert«.[8] Mit anderen Worten: Freud war der Meinung, dass ältere Patienten in ihrem Tun und Denken zu eingefahren seien, um sich jener Art von Selbstreflexion zu stellen, die eine erfolgreiche Therapie erfordert.

Es ist wahrscheinlich, dass ein Teil von Freuds negativen Altersbildern seiner altersfeindlichen Erziehung in Österreich – insbesondere seiner Mutter Amalie – zu verdanken ist. (Freud ist schließlich bekannt für seine Überzeugung, dass ein Großteil aller menschlichen Probleme mit der Beziehung zur eigenen Mutter zusammenhängt.) Freuds Biograf Ernest Jones schrieb über Amalie: »Mit neunzig wies sie einen schönen Schal, den man ihr schenken wollte, zurück, weil sie darin ›zu alt aussehen‹ würde. Als sie fünfundneunzig war, erschien, sechs Wochen vor ihrem Tod, ihre Fotografie in der Zeitung; sie bemerkte dazu: ›Ein schlechtes Bild, ich sehe aus, als sei ich hundert.‹«[9]

Freuds Ansichten über die geistige Unbeweglichkeit älterer

Menschen entbehren insofern nicht der Ironie, als es zu seinen bemerkenswertesten Eigenschaften gehörte, mit fortschreitendem Alter den Mut und die Ehrlichkeit zu haben, auch Irrtümer in seinem bisherigen Denken zuzugeben.[10] Mit über siebzig, bereits weltberühmt und dreizehnmal für den Nobelpreis nominiert, feilte er noch immer an seinen gefeierten psychologischen Modellen und änderte sie ab, unter anderem auch seine Aussagen über den Einfluss des Unbewussten auf unser Verhalten. Seine Gedanken über das Altern hingegen hat er nie öffentlich korrigiert.[11]

Spulen wir mehr als hundert Jahre vor, und die Situation heute stellt sich nicht wesentlich besser dar: Freuds altersfeindliche Haltung ist im amerikanischen Gesundheitssystem noch immer zu Hause. Eine Umfrage aus jüngster Zeit unter siebenhundert Psychologen und Therapeuten ergab, dass die meisten von ihnen ältere Menschen aufgrund »geistiger Unbeweglichkeit« für weniger therapiegeeignet halten als jüngere.[12] Damit einher gingen geringere Erwartungen an den Behandlungserfolg bei Älteren (man nennt so etwas auch »therapeutischen Nihilismus«), und für viele war klar, dass behandelbare Beeinträchtigungen wie Lethargie und Depressionen wie selbstverständlich zu den Standardmerkmalen des Alters gehören.[13]

Einen ganz anderen zeitgenössischen Blick auf die psychische Gesundheit alternder Menschen habe ich aus Gesprächen mit Dr. Dan Plotkin gewonnen, einem siebzigjährigen Psychiater aus Los Angeles, der im Laufe seines Berufslebens zu dem Schluss gekommen ist, dass besagtes Stereotyp von der geistigen Unbeweglichkeit alter Menschen falscher nicht sein könnte. Als er vor vierzig Jahren mit seiner Ausbildung zum Psychoanalytiker begann, versuchte er eine dreiundsiebzigjährige Frau, die er »JF« nannte, als Patientin für eine der drei verpflichtenden analytischen Behandlungen unterzubringen, die er für seinen Abschluss benötigte. Seine Supervisoren lehnten sein Ansinnen ab mit der Begründung, sie sei zu alt. Eine Analyse, so ihr Argument, bringe nur jungen

Patienten etwas, die willens seien, sich selbst bis ins Innerste zu erforschen und zu ändern. Beim Lesen von Dans Bericht »fuchtelten sie ärgerlich mit ihren Rotstiften, strichen hier etwas durch und kringelten dort etwas ein«, erinnert sich Dan. »Sie sagten, ältere Menschen könnten diese Tiefenarbeit nicht leisten.« Dan erhob Einspruch und bezichtigte seine Supervisoren so lange der Altersfeindlichkeit, bis diese ihr Urteil zurücknahmen.

Die Siebzigerin profitierte übrigens in ganz außerordentlicher Weise von der Therapie. Eines der Probleme, mit denen JF zu kämpfen hatte, war ihr eigener Alterungsprozess: Sie hatte das Gefühl, ihrer Familie aufgrund ihres Alters zur Last zu fallen. Aber eben, *weil sie älter war*, so Dan, war sie in der Lage, sich mit Dingen auseinanderzusetzen, die sie früher in ihrem Leben nicht hatte angehen wollen. »Als wir das erste Mal zusammenkamen, setzte sie sich, schaute mich an und sagte: ›Ich möchte herausfinden, wozu ich gelebt habe.‹«

Dann begannen sie gemeinsam, ihr Leben aufzurollen. Es war eine derart bewegende erste Sitzung, dass Dan beinahe Tränen vergossen hätte. Die Therapiesitzungen blieben so produktiv – am Ende war JF so glücklich wie noch nie, hatte sich der ihr lange entfremdeten Tochter wieder angenähert und zog kurz darauf in deren Nähe. Sie brachte es fertig, sich ihrer Vergangenheit zu stellen und die Geschehnisse ihres Lebens so einzuordnen, dass sie für sie einen Sinn ergaben. Am Ende der Sitzungen fühlte JF sich in ihrer Haut als älterer Mensch wohler und gewann ihren Humor und ihre Kreativität zurück. »Sie hatte ein neues Selbstwertgefühl entwickelt und konnte ihre letzten Lebensjahre in Gesellschaft der Menschen verbringen, die sie liebte und die sie liebten.«

Eine solche Entwicklung ist, wie Dan berichtet, tatsächlich recht typisch für die Erfahrungen älterer Patienten mit einer Psychotherapie: Sie profitieren davon genauso sehr wie junge Patienten. Ja, sie sind vielfach besser zu behandeln als junge, weil sie mehr reflektieren, den Dingen auf den Grund gehen und ihre Probleme anpacken wollen. Es überrascht daher nicht, dass Dan bevorzugt ältere Patienten behandelt.

Das Thema Altern spielt bei seinen Sitzungen häufig eine Rolle, ebenso das Konzept Altersbilder. Dan erklärte, meine Untersuchungen hätten ihm die Augen für den kulturellen Ursprung dieser Einstellungen und deren Einfluss auf die psychische Gesundheit seiner Patienten geöffnet.

Es gebe eine Reihe von Faktoren, die den Erfolg einer Therapie bestimmten, sagt er: die entsprechende Motivation, die Fähigkeit, das eigene Leben zu reflektieren, und die Fähigkeit, tiefe Beziehungen zuzulassen. »Das alles sind Dinge, die wir normalerweise mit dem Älterwerden assoziieren!«, erklärt Dan. »In den letzten Kapiteln ihres Lebens verfügen Menschen über größere Reife, ein bisschen mehr Weisheit. Meist haben sie es geschafft, irgendwie mit sich ins Reine zu kommen. Sie haben kein so großes Ego mehr, sie kennen ihre eigenen Neurosen vorwärts und rückwärts.«

Die Wissenschaft gibt Dans Beobachtungen recht: Für ältere Menschen stehen in der Tat die Chancen besonders gut, dass sie von einer Therapie profitieren.[14] Studien zeigen, dass wir später im Leben an emotionaler Intelligenz zulegen, mehr Zeit damit verbringen, unser Leben Revue passieren zu lassen, häufiger von unseren Freunden träumen und unserer Intuition mehr trauen.[15] Es möge Ausnahmen geben, erklärt Dan mit einem kleinen Lachen, »aber die meisten Menschen, die sich mit siebzig, achtzig oder neunzig zurücklehnen und durchatmen, empfinden ihr Leben im Rückblick nicht als reine Katastrophe«.

Warum also halten sich negative Stereotype über die mangelnde Flexibilität alter Menschen und deren Hang zu psychischen Problemen so dermaßen hartnäckig?[16] Neben einer lang gehegten Voreingenommenheit unter den Ausübenden psychosozialer Berufe existieren auch beachtliche strukturelle Kräfte, die der Altersfeindlichkeit in der Medizin den Weg ebnen und sie verstärken.

Wie so viele andere Probleme beginnt auch dieses sehr früh,

nämlich in der Ausbildung. Nur wenige Medizinische Hochschulen verlangen von ihren Studierenden, dass sie Kurse in Geriatrie belegen, und die meisten dieser Kurse widmen der psychischen Gesundheit höchstens ein paar Stunden. In den psychiatrischen und psychologischen Abteilungen befassen sich die meisten Lehrveranstaltungen, Therapien und Theorien in erster Linie mit Kindheit und jungem Erwachsenenalter. Die Folge davon ist, dass weniger als ein Drittel der Therapeuten, die ältere Menschen behandeln, in ihrer Graduiertenzeit irgendwelche Fortbildungen zur Psychologie des Alterns absolviert haben. Mehr als zwei Drittel bedauern dies und würden auf diesem Gebiet gern dazulernen.[17]

Die Ärzte sind rasch bei der Hand, ältere Patienten mit Medikamenten zu versorgen, es erfordert weniger Mühe und Zeit, irgendein Präparat zu verordnen, und auf kurze Sicht ist es billiger, als dies mit einer Psychotherapie zu verbinden, auch wenn viele Patienten es vorziehen würden, während ihrer Therapie mit einem Therapeuten reden zu können. Es hat sich allerdings gezeigt, dass eine Kombination von Medikamenten und Gesprächstherapie effizienter ist als die reine Medikation, das gilt sowohl für das Therapieergebnis bei den Patienten als auch für die Kosten auf längere Sicht.[18] Ein idealer Therapeut wie Dan Plotkin sucht nach der Ursache für die depressiven Symptome eines älteren Patienten und stellt eine Behandlung zusammen, die sich dessen altersspezifische Stärken – beispielsweise eine höhere emotionale Intelligenz – zunutze macht.

Der Missbrauch von Medikamenten greift vor allem bei privaten Langzeitpflegeeinrichtungen und -diensten um sich, die sich in vielen industrialisierten Ländern immer stärker ausbreiten und 2019 allein in den Vereinigten Staaten einen Industriezweig im Wert von einer halben Billion Dollar darstellten.[19] Um Demenzsymptome in den Griff zu bekommen, verwenden die überarbeiteten Angestellten dieser Einrichtungen nicht selten eine ganze Reihe von Medikamenten, die von der Lebensmittel- und Arzneimittelbehörde des Landes (FDA – Food and Drug Administration) nie für diesen Zweck zugelassen wurden und deren Nebenwirkungen neben Müdigkeit und Sedierung auch Stürze und den Verlust von kognitiven Fähigkeiten umfassen können.[20] Im Durchschnitt geben amerikanische Pflegeeinrichtungen pro Woche Medikamente an 179 000 Personen aus, deren Diagnosen nicht mit denen übereinstimmen, für die diese Präparate zugelassen wurden.[21]

Unzulängliche Diagnosen oder Fehldiagnosen im Hinblick auf psychische Probleme älterer Menschen sind zum Teil darauf zurückzuführen, dass das medizinische Personal den Hang hat, die Symptome älterer Menschen nicht ernst zu nehmen. Wenn Ärzte mit Suizidgedanken oder Depressionen konfrontiert sind, ist die Wahrscheinlichkeit, dass sie diese behandeln, bei älteren Menschen deutlich geringer, weil sie sie für eine unausweichliche Begleiterscheinung des Alterns halten.[22] Dieser mangelnden Sorgfalt muss entgegengewirkt werden, vor allem wenn man bedenkt, dass bei älteren Menschen – insbesondere bei Männern – die Wahrscheinlichkeit für einen erfolgreich verübten Selbstmord besonders hoch ist, da diese die tödlicheren Waffen wählen, sorgfältiger planen und seltener rechtzeitig gerettet werden.[23]

Eine unzulängliche Gesundheitspolitik erklärt auch, warum alten Menschen keine angemessene psychotherapeutische Versorgung zuteilwird. Medicare, die nationale Gesundheitsversicherung für Amerikaner über 65 Jahren, billigt älteren Erwachsenen ohnehin schon nur begrenzten Zugang zu psychosozialer Versorgung zu. Die Regelsätze für die Vergütung von ärztlichen oder sonstigen therapeutischen Leistungen wurden dort seit 1989 nicht angepasst. Obwohl es also schätzungsweise zweihunderttausend eingetragene Therapeuten sowie Ehe- und Familienberater gibt, die viel dazu beitragen könnten, einem Teil der psychotherapeutischen Bedürfnisse älterer Patienten gerecht zu werden, verweigert Medicare dieser Berufsgruppe die Kostenerstattung für eine Behandlung von älteren Patienten.[24] Und die Bezahlung, die Medicare anderen Arten von Therapeuten gewährt, ist so gering, dass die meisten Anbieter sich ganz allgemein nicht sonderlich ermutigt sehen, ältere Patienten zu behandeln. Ein regulärer Psychotherapeut erhält für die Behandlung eines älteren Patienten weniger als die Hälfte seiner normalen Vergütung. Aus diesem Grund akzeptieren die meisten Gesundheitsdienstleister keine älteren Patienten, die bei Medicare versichert sind.[25]

Aber gegen eine systemische Altersfeindlichkeit auf dem Gebiet der Gesundheitsfürsorge lässt sich – ebenso wie gegen unsere eigenen negativen Konnotationen zum Thema Alter – etwas tun. Erinnern Sie sich an meine anfängliche Skepsis in Bezug auf die Arbeit in der geriatrischen Abteilung am McLean Hospital? Dan Plotkin blickt auf eine ähnliche Erfahrung zurück. Im Anschluss ans Medizinstudium zogen seine Kommilitonen und er Streichhölzer, um auszulosen, wer von ihnen als Erster auf einer geriatrischen Station Dienst machen würde. »Niemand wollte das. Wir waren in Los Angeles, Kalifornien ist extrem jugendorientiert. Wir alle hatten Angst vorm Altwerden. Natürlich zog ich das kurze Hölzchen.« Dan trottete mit einer Abneigung, die hart an Ekel grenzte, zu seinem ersten Dienst in der Geriatrie, und zu jedermanns Überraschung – vor allem zu seiner eigenen – verbrachte er dort eine tolle Zeit. Er mochte die Belegschaft und vor allem die Patienten. So viele davon waren begeistert bei der Sache und wussten mit viel Einsicht und Humor über die vielen Herausforderungen und Erfolge ihres langen Lebens zu berichten.

Die Eriksons und ihr unverzichtbarer Beitrag zur psychischen Gesundheit

Als ich promovierte, freundete ich mich mit Erik Erikson, jenem aus Deutschland emigrierten Psychoanalytiker, dem wir den Begriff »Identitätskrise« verdanken, und seiner Frau und Kollegin Joan an. Beide sind heute vor allem für ihr Stufenmodell der psychosozialen Entwicklung (umgangssprachlich oft »Lebensphasenmodell« genannt) bekannt.

Zum ersten Mal begegnet bin ich Erik und Joan am Erik and Joan Erikson Center in Cambridge, Massachusetts, mit dem Fahrrad zwei Minuten von der William James Hall entfernt, wo meine Vorlesungen stattfanden. Ich hatte mich damals freiwillig gemeldet, um mit einer sehr gelenkigen und anmutigen achtzigjährigen Balletttänzerin zusammen einen Tanzkurs zu leiten. Die kurze Entfernung zwischen den beiden Institutionen war sehr praktisch, als ich den Direktor des Centers während seines Sabbatjahrs als geschäftsführende Leiterin vertreten musste.

Bei mehreren Abendessen in ihrem Haus, einer baufälligen viktorianischen Villa, die sie zusammen mit drei anderen Leuten aus unterschiedlichen Generationen bewohnten, lernten wir einander besser kennen. Es gab eine junge Doktorandin, eine fertig ausgebildete Psychologin, die gerade am Anfang ihrer Berufslaufbahn stand, und eine Professorin der Vergleichenden Religionswissenschaften, die ständig Brot buk. Joan und Erik liebten die lebendigen Unterhaltungen, den Austausch, den das Leben in der Wohngemeinschaft ihnen bot.

In Erik vereinten sich der Feinsinn der Alten Welt und die Innovationslust der Neuen. Er verfügte über einen eleganten europäischen Akzent und eine prestigeträchtige Ausbildung in Wien (er hatte in denselben Kreisen wie Sigmund Freud verkehrt und war Patient von dessen Tochter Anna gewesen). Bevor er sich dem Psychologiestudium zuwandte, war er an einer Kunstakademie eingeschrieben gewesen. Und obwohl er erst mit über dreißig Englisch lernte[26], gewann er den National Book Award und den Pulitzerpreis, die beiden renommiertesten Literaturpreise, die Amerika zu vergeben hat.

Vor Erik Erikson pflegten sich Theorien zur menschlichen Entwicklung auf die Kindheit zu konzentrieren und mit dem jungen Erwachsenenalter aufzuhören. Erikson aber wollte wissen, auf welche Weise soziale Kräfte unsere Persönlichkeit über das gesamte Leben hinweg beeinflussen. Das hatte unter anderem mit seiner Faszination für die Anthropologie zu tun. Er war ein guter Freund von Margaret Mead, die sich genau wie er dafür interessierte, wie unterschiedliche Generationen voneinander lernen.

Als er die sechzig überschritten hatte, wurde Gandhi für ihn zum Vorbild für sein eigenes Leben. 1969 gewann er den Pulitzerpreis für seine Psychobiografie über die späten Jahre Gandhis. Erik näherte sich dem Thema nicht als Historiker oder Experte für Indien, sondern als »ein Beurteilender, der in klinischer Beobachtung geschult ist«, wie er selbst es beschreibt.[27] Das gestattete ihm, die historischen und psychologischen Wurzeln von Gandhis Mut zu erschließen, der mit zunehmendem Alter immer größer wurde. Besonders bewegte ihn Gandhis Strategie des gewaltlosen Protestes – wie sein einundzwanzigtägiger (und längster) Hungerstreik gegen die britische Kolonialmacht, er war damals vierundsiebzig.

Mit über achtzig revidierten Erik und Joan ihre berühmten psychologischen Modelle der menschlichen Entwicklung und ergänzten sie um zusätzliche Erkenntnisse über das Leben im fortgeschrittenen Alter. Dieses Werk basierte auf Gesprächen mit »Kindern des Jahrhunderts« (anderen über Achtzigjährigen, die zu Beginn des 20. Jahrhunderts geboren waren) und trug den Titel *Vital Involvement in Old Age*.[28]

»Als wir uns in unseren Vierzigern mit dem Lebenszyklus beschäftigten, suchten wir uns, wenn wir weise Aussagen wollten, alte Menschen«, sagte Joan über das Buch. »Mit achtzig aber schauten wir auf andere Achtzigjährige, um zu sehen, wer von ihnen weise geworden war und wer nicht. Eine Menge alte Menschen werden nicht weise, aber wenn man es wird, dann nur mit dem Alter.«[29] Einige der Teilnehmer, die Erik und Joan für das Buch interviewten, erwähnten, dass sie Humor für ein wertvolles Instrument im Umgang mit Unerwartetem hielten. Joan Erikson bemerkt dazu: »Ich kann mir keinen alten Menschen vorstellen, der nicht imstande ist zu lachen. Die Welt ist voll von urkomischen Kontrasten.«[30]

Den Eriksons fiel überdies auf, dass im achten Stadium der psychosozialen Entwicklung, das in der Regel mit etwa achtzig beginnt, viele den höchsten Grad an Vertrautheit in ihrer Beziehung erleben. Joan begründet das damit, dass man eine intime Beziehung über viele Jahre leben muss – mit allen Komplikationen, die eine langjährige Partnerschaft mit sich bringt –, um ihr Wesen wirklich zu verstehen. »Jeder kann mit einer Menge Partnern herumflirten, aber für wirkliche Vertrautheit ist Hingabe das Entscheidende. Die Liebe wird besser, wenn man die Schwierigkeiten einer langfristigen Beziehung versteht. Sie lernen den Wert von Zärtlichkeit schätzen, wenn Sie alt werden. Und Sie lernen im späteren Leben, nicht festzuhalten, etwas zu geben, ohne zu klammern, frei zu lieben in dem Sinne, dass Sie keine Gegenleistung erwarten.«[31]

Die Psychoanalytikerin und Dramatikerin Florida Scott-Maxwell schreibt über ihre eigenen Erfahrungen mit diesem Lebensstadium: »Das Alter erstaunt mich. Ich dachte, es würde eine ruhige Zeit. Meine Siebziger waren intensiv und einigermaßen abgeklärt, aber meine Achtziger sind leidenschaftlich. Ich überrasche mich selbst, wenn ich vor Überzeugung brennend mit irgendetwas herausplatze.«[32]

In dem Kurs über Altern und Gesundheit, den ich jedes Jahr gebe, zeige ich immer den Ingmar-Bergman-Klassiker *Wilde Erdbeeren,* um in Diskussionen über das Seelenleben älterer Menschen einzusteigen. Zu Beginn dieses Films gesteht der Protagonist, ein schwedischer Arzt namens Dr. Borg, dass er einsam und allein sei. Aber er habe auch genug von Selbsttäuschungen. Mit achtundsiebzig Jahren sei er zu alt, sich selbst zu belügen, erklärt er uns. Dann begibt er sich zusammen mit seiner Schwiegertochter, die ihn nicht sonderlich mag, auf eine lange Autofahrt zum Veranstaltungsort seines fünfzigjährigen Promotionsjubiläums. Im Verlauf der Reise nehmen die beiden Anhalter verschiedener Altersgruppen mit, in denen sich die Stadien seines eigenen Lebens widerspiegeln. Den Film hindurch hat Dr. Borg außerdem immer wieder lebhafte Träume, die vergangene Konflikte in Bilder fassen und die er zu verstehen versucht.

Am Ende des Films wird dem Protagonisten eine Reihe von Einsichten über die Ereignisse und Beziehungen in seinem Leben zuteil, die es ihm ermöglichen, sich anderen Menschen auf neue und erfüllende Weise zu nähern und zu öffnen. Das bringt ihm die Bewunderung sowohl seiner Schwiegertochter als auch einiger junger Anhalter ein, die ihm, bevor sie weiterreisen, noch ein Ständchen unter dem Fenster singen.

Die Idee, diesen Film zu zeigen, verdanke ich Erik Erikson, der mir erzählte, dass er ihn immer den Studenten in seinem Kurs über Lebenszyklen – gern betitelt »Von der Wiege bis zur Bahre« – vorführe, um die unterschiedlichen Stadien seiner Lebenszyklus-Theorie zu illustrieren. Beide Kurse, seiner und meiner, haben zum Ziel zu zeigen, dass Altern die Möglichkeit bietet, die Konflikte der jüngeren Jahre zu überwinden und auf beglückende Weise zu wachsen.

Eine weltumspannende Armee von Großmüttern

Fast alles, was wir über mögliche Maßnahmen zur Verbesserung der psychischen Gesundheit in den späteren Lebensjahren wissen, verdanken wir Studien aus Ländern mit hohem Einkommen. Eine wichtige Ausnahme macht eine Studienreihe, die von dem Psychiater Dixon Chibanda durchgeführt wurde, geboren und aufgewachsen im südafrikanischen Simbabwe, wo er heute noch praktiziert. Er verfiel auf der Grundlage positiver Altersbilder auf eine Idee, die die Praxis der psychischen Gesundheitsfürsorge in seinem Land revolutioniert und das Leben Tausender älterer Menschen bereichert hat.

Seine Idee trägt den Namen Friendship Bench (zu Deutsch: Freundschaftsbank) und baut auf die Weisheit von Großmüttern. Geboren wurde das Projekt zu der Zeit, als Dr. Chibanda als einer von nur zwölf Psychiatern ein Land mit vierzehn Millionen Einwohnern zu versorgen hatte. Er erfuhr, dass eine seiner Patientinnen, Erica, sich das Leben genommen hatte, weil sie sich die Busfahrt in ein gut dreihundert Kilometer entferntes Krankenhaus nicht hatte leisten können. Damals, so berichtet Dr. Chibanda, sei Simbabwe durch eine Zeit »sozialer, politischer und wirtschaftlicher Unruhen« gegangen, und es habe eine Riesenlücke zwischen der Verfügbarkeit von Maßnahmen auf dem Gebiet der psychischen Gesundheitsfürsorge und dem entsprechenden Bedarf daran in der Bevölkerung geklafft. Er war entschlossen, eine Lösung zu finden, aber es gab weder Mittel noch Räume noch psychiatrisch geschultes Personal. Er vermochte nicht einmal eine einigermaßen verlässliche Liste von Freiwilligen zusammenzustellen, da viele junge Männer und Frauen und viele ältere Männer ihre Dörfer verließen, um andernorts – häufig im Bergbau – Arbeit zu finden.

»Mir ging mit einem Mal auf, dass eine der verlässlichsten Ressourcen, die wir in Afrika haben, die Großmütter sind. Jawohl, Großmütter. Es gibt sie in jeder Gemeinde. Und sie verlassen ihre Heimat nicht auf der Suche nach einem Ort, an dem das Gras grüner ist.« Er verfiel auf die Idee, Großmütter in Gesprächstherapie zu schulen, damit sie diese dann an einem sicheren und privaten Ort irgendwo in ihrem Heimatdorf auf einer Parkbank anbieten konnten.

Zu Beginn war Dr. Chibanda nicht sicher, ob es funktionieren würde. Er wusste nicht, ob die Großmütter das Interesse oder auch die Fähigkeiten hätten, dieses Projekt umzusetzen. Um das herauszufinden, rekrutierte er vierzehn Großmütter ohne medizinische oder psychotherapeutische Vorbildung. Er brachte ihnen bei, wie man eine Anamnese durchführt, mit der sich klären lässt, ob die Patienten intensivere medizinische Hilfe benötigen und wie man eine Gesprächstherapie in Einheiten von fünfundvierzig Minuten strukturiert und durchführt.

Nach zwei Monaten war ihm klar, dass die Großmütter nicht nur interessiert und imstande waren, sich als psychotherapeutische Laienbetreuer zu betätigen, sondern dass sie »tatsächlich eine Menge Talent dafür hatten! Mir ging auf, dass sie ziemlich versiert waren, was das Verständnis für die sozialen Determinanten psychischer Gesundheit, wie wir es nennen würden, angeht. Sie wussten, was zu tun war. Sie hatten von sich aus eine ganze Menge in petto, ohne dass ich überhaupt in Erscheinung trat. Meine Arbeit bestand im Prinzip nur darin, ihnen beizubringen, das Rüstzeug und das Wissen, über das sie bereits verfügten, auf strukturierte Weise einzusetzen.« Zu diesem Rüstzeug gehörte, dass sie »gute Zuhörer sind, über die Fähigkeit verfügen, Empathie zu vermitteln, zu reflektieren und sich von der lokalen Kultur und dem entsprechenden Wissen leiten zu lassen«.

Einer der Gründe dafür, dass die Freundschaftsbänke sich in Simbabwe durchgesetzt haben, sind die überaus positiven Altersbilder der dort herrschenden Kultur. Dr. Chibanda verweist darauf, dass »das Erste, was in meiner Kultur in puncto Altern heraussticht, Respekt ist. Es herrscht eine enorme Hochachtung vor älteren Zeitgenossen. Ich glaube, dass das vermutlich der Grund dafür ist, dass die Freundschaftsbänke Erfolg haben. Die Ratsuchenden akzeptieren, dass Großmütter ihnen das eine oder andere beibringen können.«

Heute gibt es achthundert Großmütter mit einem Durchschnittsalter von siebenundsechzig Jahren, die ihren Mitbewohnern im Dorf Gesprächstherapie anbieten. Im Rahmen des Freundschaftsbank-Modells, das inzwischen auf Malawi, Botswana und Sansibar ausgeweitet worden ist, sind inzwischen über siebzigtausend Klienten aller Altersgruppen behandelt worden. Wenn die Patienten jünger sind, nennen die Großmütter sie »Enkel«. Sind sie im Alter näher an den Großmüttern, nennen sie sie »Bruder« oder »Schwester«.

Der Erfolg des Programms wurde in mehreren klinischen Studien dokumentiert. Bei einer in der renommierten Wissenschaftszeitschrift *JAMA* publizierten konstatierte die Arbeitsgruppe von Dr. Chibanda, dass die »Großmütter effizienter arbeiteten als Ärzte, wenn es um die Linderung von Depressionen ging«.[33] Bei einer anderen Untersuchung stellten sie fest, dass die Großmütter ihrerseits von den Therapiesitzungen auf den Freundschaftsbänken profitierten. Auf der einen Seite findet Dr. Chibanda dies überraschend, weil die Großmütter »so viel Zeit damit zubringen, mit traumatisierten Menschen zu sprechen«. Auf der anderen Seite, so erklärt er, erscheine es ihm auch in gewisser Weise logisch: »Die Arbeit vermittelt ihnen das Gefühl von Zugehörigkeit und einem sinnvollen Dasein. Ihnen geht es weit besser als anderen Älteren, die nichts dergleichen tun, denn sie geben der Gemeinschaft etwas zurück – der Gemeinschaft, die ihnen in all den Jahren eine Stütze war. Und jetzt, in den Jahren der Abenddämmerung, geben sie der Gemeinschaft etwas und empfinden das als ungeheure Bereicherung.«

Großmutter Kusi, eine Achtzigjährige aus Mbare, ist eine der Frauen, die Dr. Chibanda besonders bewundert. Sie gehört zu den ersten vierzehn Großmüttern, die er vor fünfzehn Jahren rekrutierte, und hat inzwischen Hunderte Klienten auf ihrer Freundschaftsbank gesehen. »Was sie zu einer der erfolgreichsten Großmütter macht, ist diese bewundernswerte Fähigkeit, Menschen Raum für ihre Lebensgeschichte zu geben. Sie ist selbst eine begnadete Geschichtenerzählerin. Sie weiß genau, wie sie ihre Körpersprache einzusetzen hat – wie sie mit ihren Händen, ihren Augen kommunizieren kann. Sie ist eine fantastische Zuhörerin und weiß, wann sie jemandem die Hand reichen muss, wenn er weint – all jene Dinge, die Ihnen im Medizinstudium oder in der Psychiatrie niemand beibringt. Sie ist einfach genial.«

Dr. Chibanda hat einen Traum: »Es gibt 1,5 Milliarden Menschen über fünfundsechzig. Stellen Sie sich vor, wir würden ein globales Netzwerk aus Großmüttern errichten!« Diese Armee von Großmüttern (zu denen, wie er findet, auch ältere Frauen ohne Kinder und ältere Männer mit und ohne Kinder gehören könnten) wäre imstande, den Millionen Menschen, die Bedarf hätten, bislang aber noch keinerlei psychotherapeutische Behandlung bekommen, psychiatrische Unterstützung angedeihen zu lassen.

Auch wenn den Freundschaftsbänken eine Kultur zugutekommt, in der positive Altersbilder vorherrschen, so haben doch auch Pilotprojekte in anderen Ländern mit eher negativen Altersbildern Erfolge gezeitigt. Es sieht so aus, als vermöchten diese als Laienpsychotherapeutinnen erfolgreichen Großmütter negativen Altersbildern etwas entgegenzusetzen. Als ich von Dr. Chibandas Vorstellungen und Visionen hörte, fragte ich, ob Freundschaftsbänke nicht auch dazu beitragen könnten, der Altersfeindlichkeit entgegenzuwirken. Und er nickte und erklärte, dass dies Teil seines Traums sei.

6

Siebeneinhalb Jahre mehr

Vor ein paar Jahrzehnten schneite in die ruhige kleine Stadt Oxford in Ohio eine Gruppe Wissenschaftler herein und lud alle Einwohner über fünfzig Jahren dazu ein, sich an einem Projekt namens Ohio Longitudinal Study on Aging and Retirement zu beteiligen. Sie stellten den Leuten einen Haufen Fragen bezüglich ihrer Gesundheit, Arbeit und Familie – und über ihre Gedanken zum Thema Altern. Letzteres beinhaltete Fragen wie: »Stimmen Sie zu oder eher nicht, dass Sie mit zunehmendem Alter weniger nützlich werden?«

Suzanne Kunkel, die heute das Scripps Gerontology Center an der Miami University leitet, war damals frisch vom College nach Ohio gezogen, um bei der Forschungsgruppe mitzuarbeiten. Sie hatte ihren neuen Soziologieabschluss mit Schwerpunkt psychosoziale Entwicklung in der Tasche. Robert Atchley, dem Studienleiter, war daran gelegen, so viele Einwohner wie möglich an der Studie zu beteiligen, also brachte Suzanne ihre ersten Wochen in Oxford damit zu, Flyer an die Türen von Restaurants und Coffeeshops zu pinnen, Wählerverzeichnisse durchzugehen und an alle möglichen Leute Postkarten zu verschicken, Gemeindemitarbeiter zu bitten, ihre Karteien nach geeigneten Personen zu durchforsten, und jedermann sonst, die Kunde weiterzuverbreiten. Ziel war es, möglichst alle Mitglieder im richtigen Alter zu beteiligen – egal, ob Chirurg im Ruhestand oder Automechaniker, ob Bewohner eines der stattlichen Backsteinhäuser in der Church Street oder eines Mobile Homes, ob gebürtiger Schotte oder Laote, Konservativer oder Liberaler. Atchley glaubte, all diese Unterschiede könnten seiner Analyse nur dienlich sein und es möglich machen, die Rolle soziologischer Faktoren im Zusammenhang mit dem Altern zu beleuchten.[1]

Im Verlauf der nächsten Jahrzehnte kehrten Suzanne und ihre Mitstreiter fünfmal nach Oxford zurück, um den Studienteilnehmern weitere Fragen zu stellen. Die Studie, die aus alledem hervorging, sollte eine der umfangreichsten und detailliertesten Untersuchungen übers Altern in Amerika zum Ende des 20. Jahrhunderts werden, dennoch blieben einige ihrer tiefgreifendsten Erkenntnisse über ein Vierteljahrhundert unerforscht und unbeachtet. Ich stolperte während meiner Doktorandenzeit darüber, kurz nach meiner Rückkehr aus Japan. Nach etlichen Monaten in einer Umgebung, in der Hundertjährige gang und gäbe waren und Alter nicht als Makel galt, sondern gefeiert wurde, brannte mir das Thema Langlebigkeit auf der Seele. Ich vermutete damals, dass die Kultur eine bedeutende Rolle bei der Ausprägung des Altersbildes eines Menschen spielte, und wollte wissen, ob Altersbilder umgekehrt einen messbaren Einfluss auf die Lebenserwartung haben konnten. Ich erfuhr, dass die Ohio Longitudinal Study zu Studienbeginn auch die Beschaffenheit von Altersbildern abgefragt hatte.

Als ich mich an Suzanne Kunkel wandte und ihr meine Überlegungen vorstellte, berichtete sie, dass zwar einige der Probanden mittlerweile verstorben seien, Daten zu deren Lebensdauer aber nie erhoben wurden. Demzufolge konnte niemand wissen, welche Studienteilnehmer noch lebten und welche nicht.

Durch eine glückliche Fügung nahm ich kurz darauf an einer Konferenz teil, auf der ich über eine Möglichkeit stolperte, diese Wissenslücke zu schließen. Als ich mit meinem Stoffbeutel voller Werbegaben (einem Strandlaken, einem Frisbee und einem Sonnenvisier, das Teil meiner Strandausstattung wurde) durch die Ausstellungshalle schlenderte, drückte mir ein freundlicher Herr mit gepunkteter Fliege ein Lineal in die Hand, auf dem in großen fett gedruckten Lettern »NDI« prangte. Verdutzt fragte ich ihn, was NDI bedeute, und er erklärte, es stünde für »National Death Index«, ein Projekt der Regierung, mit dem man die Lebensdauer aller Amerikaner zu erfassen bemüht sei. Wie das Geburtenregister, erklärte er – nur am anderen Ende des Lebens. »Perfekt!«, rief ich laut und verstörte wohl mehr als ein paar der Anwesenden in der ruhigen Halle.

Die Konferenz wimmelte von berühmten Fachleuten zum Thema Langlebigkeit. Jeder davon betrachtete das Thema aus einem anderen Blickwinkel: Der eine verwendete für seinen Ansatz Taufliegen, jemand anderes untersuchte den Blutdruck von über Hundertjährigen, ein Dritter betrachtete die demografische Entwicklung in Schweden. Niemand aber schien sich für psychologische Faktoren wie zum Beispiel Altersbilder zu interessieren.

Nun hatte ich eine Möglichkeit gefunden zu untersuchen, ob es diese Verknüpfung gab, indem ich diesen neuen Sterblichkeitsdaten die entsprechenden Altersbilder zuordnete. Ich schaute mir die Altersbilder der Studienteilnehmer an der Longitudinalstudie in Oxford an und verfolgte ihr Schicksal über die Jahre. Was ich sah, war überaus erstaunlich. Die Probanden mit den positivsten Altersbildern lebten im Durchschnitt siebeneinhalb Jahre länger als die mit den negativsten.[2]

Da über diese Personen aus Ohio so viele Informationen erhoben worden waren, war es mir möglich zu belegen, dass Altersbilder die Lebenserwartung stärker beeinflussten als Parameter wie Geschlecht, ethnische Zugehörigkeit, sozioökonomischer Status, Alter, Einsamkeit und Gesundheit. Altersbilder nahmen oder gaben den Betreffenden fast acht Lebensjahre und bildeten sogar einen besseren Überlebensvorteil als ein geringer Cholesterinspiegel oder ein niedriger Blutdruck (beide standen für vier Extrajahre), ein geringer Body-Mass-Index (ein Extrajahr) oder der Verzicht auf das Rauchen (drei Extrajahre). Siehe Abbildung 4.

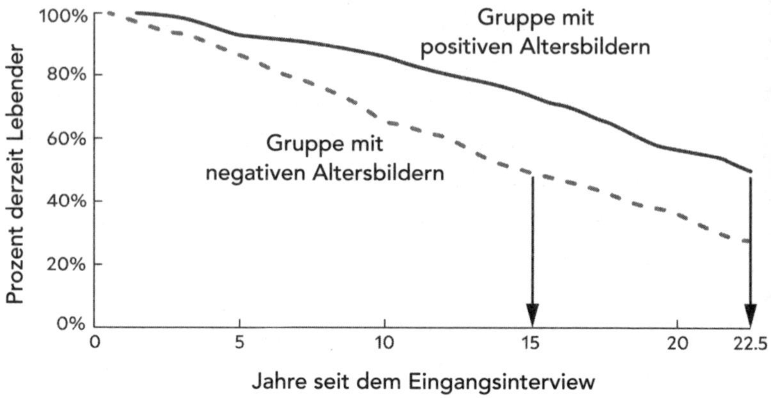

Abbildung 4: Gesteigerte Lebenserwartung durch positive Altersbilder. Studienteilnehmer mit positiven Altersbildern lebten im Schnitt 7,5 Jahre länger als solche mit negativen Altersbildern. Errechnet wurde dies über den Unterschied zwischen beiden Gruppen in Bezug auf die Medianüberlebenszeit (die Zeit, zu der die Hälfte der jeweiligen Gruppe noch am Leben war), angezeigt durch die Pfeile.

Meinen Artikel über diese Befunde schloss ich mit den Worten: »Wenn über ein zuvor unbekanntes Virus bekannt würde, dass es die Lebensspanne um über mehr als sieben Jahre dezimiert, würden vermutlich beträchtliche Anstrengungen unternommen, um die Ursache zu klären und ein Heilmittel zu entwickeln. Im vorliegenden Fall ist eine der wahrscheinlichen Ursachen bekannt: die gesellschaftlich akzeptierte Abwertung älterer Menschen. Eine umfassende Besserung setzt voraus, dass herabsetzende Haltungen und Handlungen gegenüber Älteren geächtet werden von eben der Gesellschaft, die sie hat entstehen lassen.«[3]

Die Studie erzeugte ein solches Presseecho, dass sich mein Leben ein paar Tage lang surreal anfühlte. Hatte ich bisher meine Tage allein in stiller Konzentration lesend und schreibend untertags an meinem Arbeitsplatz in der neogotischen Bibliothek der Yale University zugebracht, hetzten mir nun plötzlich lokale, nationale und ausländische Zeitungs-, Radio- und Fernsehjournalisten auf der Straße hinterher. Es war ein Schock, plötzlich dermaßen im Zentrum der Aufmerksamkeit zu stehen, aber ich war froh, dass Altersfeindlichkeit und Altersbilder dadurch Würdigung erfuhren.

Wenige Wochen, nachdem die Studie erschienen war, erhielt ich einen Anruf aus Washington, D.C. Ein Mitarbeiter von US-Senator John Breaux bat mich, meine Ergebnisse bei einer Anhörung zum Thema Altersfeindlichkeit vorzustellen. Ich zögerte anfänglich, ohnehin schon verunsichert durch die plötzliche Medienaufmerksamkeit, aber als ich hörte, dass mein Mentor und Freund Robert Butler sich dort äußern würde, ebenso wie die Schauspielerin und Emmy-Preisträgerin Doris Roberts, siebenundsiebzig (Raymonds Mutter Marie in *Alle lieben Raymond*), ließ ich mich doch darauf ein.

Die Anhörung fand im Dirksen Senate Office Building auf dem Capitol Hill statt. Der mahagonigetäfelte Raum wimmelte von Senatoren und Journalisten. Es tat gut, die anderen – Butler und Roberts sowie den Journalisten Paul Kleyman und einen der Partner einer großen Werbeagentur – ausführlich nicht nur über die zersetzende Wirkung von Altersfeindlichkeit, sondern auch über die Bedeutung und den Einfluss einer mit Altersthemen assoziierten Bildsprache referieren zu hören. Butler zeigte zwei Bilder. Das eine war das Titelbild einer Illustrierten, auf dem eine Horde vom Alter gebeugter älterer Männer und Frauen zu sehen war (Titel: *Greedy Geezers*, zu Deutsch etwa »Gierige Grufties«), das andere ein elegantes, glamouröses, ja sexy Porträt der zweiundneunzigjährigen Kitty Carlisle Hart, Schauspielerin und Opernsängerin, aus einer Fotoporträtsammlung mit dem Titel *Wise Women*. Mit diesen beiden so gegensätzlichen Bildern wollte Butler deutlich machen, dass Medien und Werbeagenturen alte Menschen nicht zwangsläufig abwerten müssten, es gäbe viele andere Möglichkeiten, sie darzustellen.[4]

Im Anschluss sprach Doris Roberts darüber, was solche Porträts für den Einzelnen bedeuten. »Ich bin über siebzig, auf dem Höhepunkt meiner Karriere, auf dem Höhepunkt meines Einkommens und meiner Steuerzahlungen, sollte ich vielleicht noch hinzufügen. Wenn meine Enkelkinder sagen: ›Oma rockt‹, dann reden sie nicht von einem Schaukelstuhl (A. d. Ü.: ein Wortspiel, das auf dem englischen Wort *rocking chair* basiert). Dennoch betrachtet die Gesellschaft mich als verzichtbar. Meine Altersgenossen und ich werden als unselbstständig, hilflos, unproduktiv und fordernd porträtiert und nicht als verdienstvoll.« Man beachte ihre Wortwahl: »porträtiert«. Auch für Doris Roberts ging es in erster Linie um das Thema Darstellung und Bildsprache.

»In Wirklichkeit«, fuhr sie fort, »sind Senioren mehrheitlich eigenständige Mittelklassekonsumenten mit mehr Vermögen, als die meisten jungen Leute zur Verfügung haben, sowie mit der Zeit und dem Talent, der Gesellschaft etwas zu geben. Das ist nicht nur ein Trauerspiel, Herr Vorsitzender. Das ist ein Verbrechen … Die späten Jahre könnten zu den produktivsten und kreativsten gehören. Das Durchschnittsalter der Nobelpreisträger lag die vergangenen hundert Jahre hindurch bei fünfundsechzig. Frank Gehry entwarf Seattles hippes Rockmuseum im Alter von siebzig Jahren. Georgia O'Keeffe war noch mit weit über achtzig produktiv. Verlängern Sie die Liste um Hitchcock, Dickens, Bernstein, Fosse, Wright, Matisse, Picasso und Einstein, um nur einige Leute zu nennen, die einige ihrer besten Werke in einem Alter schufen, in dem sie nach den aktuellen Maßstäben als abgehalftert gelten würden.«

Als Schauspielerin richtete sich Roberts' Hauptzorn gegen die Bilderproduzenten – die Unterhaltungsindustrie, zu der sie selbst gehörte und für die sie arbeitete. Obwohl sie betonte, dass Schauspielerinnen »mit zunehmendem Alter in ihrer Kunst immer besser werden«, seien, fuhr sie fort, viele ihrer Freundinnen, talentierte Schauspielerinnen zwischen vierzig und sechzig, »gezwungen, von Arbeitslosen- oder Sozialhilfe zu leben, weil es für Frauen in dieser Altersspanne nur wenige Rollen gibt«.[5]

Als ich an der Reihe war, vor den Senatoren zu sprechen, erklärte ich, dass ich herausgefunden hatte, dass negative Altersbilder nicht nur gesundheitliche Parameter wie Gedächtnisleistung und die Reaktion des Herz-Kreislauf-Systems auf Stress beeinflussen, sondern auch unsere Lebenserwartung.

Wenn ich mit Menschen zusammenkomme, fallen vielen noch immer diese Befunde ein: »Ah, Sie sind die, die das mit den siebeneinhalb Jahren herausgefunden hat!« Seit der Veröffentlichung der Studie wurden deren Ergebnisse in zehn Ländern – an Orten, so unterschiedlich wie Australien, China und Deutschland – repliziert und schließlich zum Eckpfeiler einer WHO-Kampagne gegen Altersfeindlichkeit.[6]

Eine Gruppe von älteren Aktivisten aus Wisconsin schickte mir einige der Buttons, die sie aufgrund unserer Daten zur Lebenserwartung angefertigt hatte, um mit Leuten ins Gespräch zu kommen und mit ihnen über die Macht von Altersbildern und die Notwendigkeit zu diskutieren, Altersfeindlichkeit einen Riegel vorzuschieben. Auf den Buttons steht »ASK ME ABOUT 7.5« (zu Deutsch: »Frag mich zum Thema 7,5«). Dass diese Daten bei so vielen Menschen auf Widerhall stoßen, liegt darin begründet, dass sie der landläufigen Ansicht widersprechen, nur die Gene allein bestimmten, wie lange wir leben. Dass wir nun wissen, dass Altersbilder eine derart wichtige Rolle für unsere Lebensdauer spielen, heißt, dass wir mehr Kontrolle über unsere Lebenserwartung haben können. Es ist daher nur zu verständlich, dass Leute lieber einen »ASK ME ABOUT 7.5«-Anstecker tragen als einen »ASK ME ABOUT GENES«-Button.

Tatsächlich zeigt die Wissenschaft, dass unsere Lebensdauer zu bis zu 75 Prozent durch nichtbiologische Faktoren, darunter auch Altersbilder, bestimmt wird.[7] Und die 25 Prozent, von denen man annimmt, sie seien einzig durch unsere Gene gesteuert, müssen möglicherweise noch nach unten korrigiert werden, wenn man bedenkt, dass gezeigt werden konnte, dass Altersbilder auch beeinflussen, ob und wenn ja, wie Gene zum Tragen kommen.[8] Trotzdem hat der größte Teil der neueren und der laufenden Forschung zu den Parametern von Langlebigkeit vor allem Gene im Fokus.[9] Damit nicht genug, konzentrieren sich die meisten Untersuchungen zu nichtgenetischen Faktoren auf negative wie Krankheit, Verletzung und kognitiven Verfall und nicht auf positive wie die vorteilhaften Auswirkungen von Altersbildern.

Gene sind machtvoll, so viel ist sicher, aber die Umgebung auch. Mancher Hundertjährige wurde mit günstigen Genen wie *APOEε2* geboren, die von Generation zu Generation weitervererbt werden, viele Hundertjährige aber eben auch nicht.[10] Manche von ihnen verfügen sogar über die risikobehaftete *APOEε4*-Variante, die aber aufgrund ihrer Umgebung – der Art und Weise, wie diese Menschen von anderen behandelt werden, und der Altersbilder, die sie aus ihrer Kultur übernommen haben – keinen Schaden anrichtet.

Betrachten Sie das Leben einer Bienenkönigin als Analogie für den Einfluss der Umwelt auf genetisches Material. Bienenköniginnen und Arbeiterinnen verfügen über dieselben Gene, dennoch lebt die Königin fünfmal so lange wie die Arbeiterinnen. Obwohl sie im selben Stock wohnen, leben sie im Prinzip in zwei verschiedenen Welten. Die Königin wird während des Heranwachsens nicht mit Pollen und Nektar gefüttert wie die normalen Bienen, sondern mit einem speziellen Futtersaft namens Gelée royale, den ihr »Hofstaat« für sie produziert.[11] Mit anderen Worten: Im Zusammenhang mit Faktoren, die die Lebenserwartung beeinflussen, können Umweltfaktoren Gene übertrumpfen. Eine solche soziale Umgebung für Menschen, eine Kultur voller positiver Altersbilder, schlägt nicht nur eine Brücke zwischen den Generationen, sondern kann sogar Leben verlängern – unabhängig davon, was das genetische Drehbuch vorsieht.

Wege zu einem langen Leben

Wie also kommt es, dass die Altersbilder, die wir aus unserem sozialen Umfeld aufnehmen, etwas mit unserer Lebenserwartung zu tun haben? Wir wissen aus den Überlegungen zu meiner Stereotype Embodiment Theory über den Einfluss bestimmter Ansichten und Überzeugungen auf unsere Gesundheit im späteren Leben, dass es hierbei psychologische, biologische und verhaltenstechnische Aspekte gibt.[12]

Zu den psychologischen Aspekten zählen der Lebenswille, das Gefühl, dass das, was wir als positive Aspekte des Lebens wahrnehmen, das, was wir als Härten wahrnehmen, überwiegt. Wenn Ihnen das ein bisschen abstrakt vorkommt, denken Sie an etwas, auf das man sich freut. Costa Ricaner nennen es »plan de vida« (»Lebensplan«), Amerikaner »Why I get up in the morning« (»Weshalb ich morgens aufstehe«). Bei den Franzosen heißt es »raison d'être« (»Daseinszweck«). Und die Japaner sagen »ikigai« (»Wofür es sich zu leben lohnt«). Alles zusammen kann man in dem Begriff »Lebenswille« oder »Daseinsgrund« vereinen.

Der Lebenswille ist keine hochfliegende philosophische Denkschule, sondern schlicht das Gefühl, dass das Leben wert ist, gelebt zu werden. Wir haben es, wenn wir einen geliebten Menschen um uns haben, für ein Haustier sorgen, einen Garten pflegen oder uns in irgendeiner Weise engagieren, die der Allgemeinheit dient. Dinge, die unserem Leben Sinn geben, das Gefühl, dass wir nützlich sind, säen in uns den Willen zu leben.

Mein verstorbener Kollege, der Epidemiologe Stan Kasl, hat gezeigt, dass der Wille zu leben das Leben verlängern kann – oder in diesem Falle die Vorfreude auf ein bevorstehendes Ereignis. Zusammen mit der Soziologin Ellen Idler wies er nach, dass gläubige Christen mit dem Sterben oftmals bis nach Weihnachten oder Ostern warten, bei gläubigen Juden gilt dasselbe für Jom Kippur,

Pessach oder Rosch ha-Schana.[13] Wenn ich in meinen Kursen über dieses Phänomen spreche, gibt es immer ein paar Studenten, die die Hand heben und Geschichten von Angehörigen zu erzählen wissen, die mit dem Sterben bis nach einer mit großer Vorfreude erwarteten Hochzeit oder Geburt gewartet haben.

Ich habe den dramatischen Einfluss von Altersbildern auf den Lebenswillen alter Menschen in einem Experiment zeigen können, bei dem die Hälfte der Teilnehmer unterschwellig mit positiven und die andere Hälfte mit negativen Stereotypen konfrontiert wurde (Priming). Im Anschluss bekamen alle das folgende Szenario vorgelegt: Was wäre, wenn Sie von einer rasch fortschreitenden Krankheit heimgesucht würden, an der Sie mit Sicherheit binnen Monaten stürben, so Sie nicht in eine aggressive und kostspielige Therapie einwilligten? Angenommen, diese Behandlung verspräche eine Heilungschance von 75 Prozent, würde Sie aber fast all Ihre Ersparnisse kosten und von Ihrer Familie erfordern, viel Zeit dafür aufzuwenden, Sie zu umsorgen. Wir stellten fest, dass jüngere Studienteilnehmer, unabhängig davon, ob das Priming mit positiven oder negativen Stereotypen stattgefunden hatte, dazu tendierten, die lebensverlängernde Behandlung anzunehmen. Bei älteren Teilnehmern hingegen, für die Altersstereotype bereits selbstrelevant waren, hing die Zustimmung zu einer solchen Behandlung davon ab, ob sie mit positiven oder mit negativen Stereotypen konfrontiert worden waren.[14]

Als Beispiele seien hier zwei der Teilnehmer herausgegriffen: Ernie, ein vierundsechzig Jahre alter Bostoner, dem ein Imbissstand im Fenway Park gehörte, entschied, er würde lieber sterben, als in die lebensverlängernde Behandlung einzuwilligen. Bei ihm hatte das Priming aus negativen Altersstereotypen bestanden. Auf der anderen Seite die fünfundsechzigjährige Bette, die im Bostoner Stadtteil Jamaica Plain einen Friseursalon führte und mit positiven Stereotypen konfrontiert worden war. Sie erklärte, sie würde sich definitiv für die Behandlung entscheiden. In unserer Ohio-Studie konnten wir zeigen, dass der Lebenswille zu den Faktoren gehört, über die Altersbilder sich auf die Lebensdauer auswirken. All unsere Teilnehmer hatten einen Fragebogen auszufüllen, über den wir ihren Lebenswillen bewerten konnten. Probanden mit negativen Altersbildern betrachteten ihr Leben häufiger als »wertlos« oder »leer«, solche mit positiven hingegen als »sinnvoll« oder »ausgefüllt«. Unter den Teilnehmern dieser Studie bewiesen diejenigen, die negative Altersbilder von sich ferngehalten hatten, einen stärkeren Lebenswillen, und das wiederum schlug sich in einer längeren Lebensdauer nieder.[15]

Auch wenn es zuvor nirgends gezeigt worden war, hegte ich doch den Verdacht, dass die biologische Schiene, über die Altersbilder auf die Lebensspanne einwirken, etwas mit der Art und Weise zu tun hat, wie wir Stress verarbeiten. Ich sah mir den Stress-Biomarker CRP (C-reaktives Protein) genauer an, dabei handelt es sich um ein ringförmiges Protein im Blutplasma, das in Reaktion auf bestimmte Stressfaktoren (Entzündungen, Herz-Kreislauf-Probleme) ansteigt.[16] Bei Sterbenden ist der CRP-Spiegel im Allgemeinen erhöht.[17] Wir verfolgten sechs Jahre lang das Schicksal von mehr als viertausend Amerikanern über fünfzig, fragten ihre Altersbilder ab und maßen den CRP-Spiegel. Es zeigte sich, dass positive Altersbilder mit einem niedrigeren CRP-Spiegel einhergingen, der wiederum eine höhere Lebenserwartung begünstigte. Das bedeutet, dass positive Altersbilder die Fähigkeit, mit Stress zurechtzukommen und Stress zu widerstehen, auf biologischer Ebene beeinflussen und sich so auf die Lebenserwartung auswirken.

Und schließlich gibt es noch die Verhaltensebene, die eine Verknüpfung schafft zwischen Altersbildern und Lebenserwartung. Hier geht es um die Art und Weise, wie Menschen für ihre Gesundheit sorgen. Eine geläufige Begleiterscheinung einer negativen Sicht auf das Alter ist die Ansicht, dass körperlicher Verfall im fortgeschrittenen Alter unausweichlich ist. Infolgedessen, so stellten wir fest, verhalten sich Menschen mit negativen Altersbildern weniger gesundheitsbewusst als ihre Zeitgenossen mit positiven Altersbildern, weil sie darin keinen Sinn sehen.[18] Ich habe die Tragweite dieser Ergebnisse im Frühstadium der Covid-19-Pandemie untersucht, als die Vereinigten Staaten im Lockdown waren. Mein Team erhob die Altersbilder von 1590 älteren und jüngeren Teilnehmern und fragte die Probanden, ob sie der Ansicht seien, dass ältere Patienten mit einem schweren Covid-19-Verlauf sich im Krankenhaus behandeln lassen oder auf die Behandlung verzichten und zu Hause bleiben sollten.[19] Bei den jüngeren Teilnehmern hatte das jeweilige Altersbild keinerlei Einfluss auf die Antworten, denn es war für die Befragten noch nicht selbstrelevant. Was die älteren Probanden betraf, so korrelierte deren Ablehnung einer Behandlung im Krankenhaus direkt mit dem Ausprägungsgrad ihres negativen Altersbilds. Das war zu erwarten gewesen, weil sie keinen Sinn in der Therapie sahen. Diejenigen mit positiveren Altersbildern hingegen waren zumeist dafür, ältere Patienten bei Bedarf im Krankenhaus behandeln zu lassen.

Den Traum leben: Ein Treffen mit den Ur-Ur-Enkeln

Lange leben zu dürfen, ist kein neuer Traum der Menschheit. Der Historiker Thomas Cole schreibt: »Menschen aller Zeiten und an allen Orten haben von einem längeren Leben, ja sogar von Unsterblichkeit geträumt.«[20] Die gesamte Geschichte hindurch finden wir Beispiele dafür. Der Gelbe Kaiser, Huangdi, der vor fünftausend Jahren lebte und als Urheber einer chinesischen Nationalkultur gilt, strebte lange nach Unsterblichkeit. Die Griechen der Antike glaubten daran, dass ihre Götter Ambrosia verspeisten, um dem Tod zu entgehen. In Goethes Klassiker *Faust* geht der Protagonist einen Pakt mit dem Teufel ein, um ewig leben zu können.

Peter Pan wurde nie älter. Und in jüngster Zeit gibt es den unsterblichen Teenager-Herzensbrecher und Vampir Edward Cullen, eine der Hauptfiguren aus dem unglaublich populären Fantasyroman *Bis(s) zum Morgengrauen* und der Filmreihe *Twilight*.

In Anbetracht unserer anhaltenden Faszination für ein möglichst langes Leben könnte man annehmen, dass der umfassende Anstieg der Lebenserwartung, den unsere Art errungen hat, Grund genug für eine ebenso umfassende freudvolle Würdigung dieses langen Lebens wäre. Das aber ist alles andere als der Fall, wie wir später sehen werden. Unsere Lebenserwartung hat sich gegenüber dem, was den größten Teil der Menschheitsgeschichte hindurch als normal gegolten hat, verdreifacht.[21] In den vergangenen 129 Jahren sind dreißig Jahre hinzugekommen. Wie Robert Butler es formuliert: »In weniger als 100 Jahren haben die Menschen einen größeren Zugewinn an Lebenserwartung zu verzeichnen als in den 50 Jahrhunderten davor.«[22]

Und es gibt keinerlei Anzeichen dafür, dass dieser Trend nachlässt. Das stete Ansteigen unserer Lebenserwartung ist vielmehr eine der beständigsten Entwicklungen, die je in der Natur beobachtet wurden. Die Demografen James Oeppen und James Vaupel bemerken dazu: »In den vergangenen 160 Jahren ist ein gleichmäßiger Anstieg der Lebenserwartung von 3 Monaten pro Jahr zu verzeichnen gewesen.«[23]

Natürlich gibt es je nach Region, Geschlecht und ethnischer Zugehörigkeit Unterschiede in Bezug auf die Lebenserwartung. Menschen in Ländern mit hohem Wohlstand und mehr Ressourcen leben im Allgemeinen länger als jene in einkommensschwachen Ländern, und überall werden Frauen älter als Männer. Aber diese Trends folgen nicht immer dem Muster, das man vielleicht erwarten würde. In den Vereinigten Staaten, wo eine Reihe von Faktoren, unter anderem struktureller Rassismus, dazu führen, dass Afroamerikaner in den jungen Altersgruppen eine geringere Lebenserwartung haben als Weiße, kehrt sich dieser Trend um, sobald die achtzig erreicht ist, in den Gruppen über achtzig leben Schwarze Senioren im Durchschnitt länger als weiße.[24] Diese erhöhte Lebenserwartung im späteren Leben könnte unter anderem dadurch begründet sein, dass bei ihnen, wie verschiedene Studien gezeigt haben, das kulturelle Umfeld von positiveren Altersbildern geprägt ist als in der Kultur der Weißen. Das wiederum könnte damit zusammenhängen, dass es hier mehr Mehrgenerationenhaushalte gibt, in denen die Großeltern an der Kinderbetreuung beteiligt sind. Man weiß, dass generationenübergreifende Kontakte das Altersbild beider Generationen positiv beeinflussen.[25]

Statt aber nun den weltweiten Anstieg der Lebenserwartung als den Sieg zu preisen, von dem die Menschheit seit Jahrtausenden geträumt hat, wird er großenteils als Naturkatastrophe dargestellt, die die Weltbevölkerung auf lange Sicht belasten wird.[26] Seit den 1980er Jahren haben Politiker, Journalisten und Kommentatoren zahllose wirtschaftliche Probleme auf das Anwachsen der Gruppe der Älteren geschoben und den drohenden wirtschaftlichen Kollaps ganzer Staaten an die Wand gemalt, obwohl die wahre Schuld sehr häufig bei einer wachsenden ökonomischen Ungleichheit liegt, die dazu führt, dass Reichtum sich Generation für Generation in immer weniger Händen konzentriert.[27] (Kürzlich wurde ein neuer Begriff – »Centi-Milliardär« – geprägt, um die neue finanzielle Kategorie derjenigen zu bezeichnen, deren Vermögen die 100 Milliarden überschreitet. Jeff Bezos gehört dazu, Elon Musk ebenfalls.)[28]

Gesundheit, Wohlstand und Lebenserwartung

Auch wenn in den Medien der Eindruck erzeugt wird, dass die zunehmende Lebenserwartung die Geldsäcke der öffentlichen Hand schröpfen und unsere Krankenhäuser überfüllen wird, mehren sich die Belege dafür, dass zunehmende Langlebigkeit in

Wirklichkeit ein Vorbote von Wohlstand und Gesundheit ist. Wie Linda Fried, Dekanin der Mailman School of Public Health an der Columbia University, es so treffend formuliert hat: »Die einzige natürliche Ressource, die wirklich zunimmt, ist das Sozialkapital von Millionen gesünderer und gut gebildeter Erwachsener.«[29] »Sozialkapital« ist ein weit gefasster Begriff, der ein ganzes Spektrum an allgemeinen sozialen Kompetenzen und Beziehungen beschreibt, aber zu den Ressourcen, die mit einer erhöhten Lebenserwartung einhergehen, gehört auch Kapital im herkömmlichen, finanziellen Sinne. Eine Studie, an der dreiunddreißig Länder beteiligt waren, ergab, dass das Altern einer Bevölkerung *negativ* mit ihren Gesundheitsausgaben korreliert.[30] Mit anderen Worten: Je älter eine Bevölkerung wird, desto weniger muss ihr Land für die Gesundheitsfürsorge ausgeben.

Zudem führt eine gesteigerte Lebenserwartung zu dem, was Joseph Coughlin vom AgeLab des MIT als »Langlebigkeits-Ökonomie« bezeichnet.[31] Die über Fünfzigjährigen verfügen über 77 Prozent des Vermögenswerts aller amerikanischen Haushalte und geben mehr Geld für Reisen, Erholung und Pflegeprodukte aus als jede andere Altersgruppe, obwohl sie nur 32 Prozent der Bevölkerung ausmachen.[32]

Statt also eine Belastung für die Wirtschaft zu sein, wie negative Altersstereotype es fälschlicherweise suggerieren, kurbeln ältere Menschen diese vielmehr an: Der Gesamtfluss an Kapital von älteren hin zu jüngeren Angehörigen ist sehr viel höher als der in die umgekehrte Richtung.[33] Wenn Sie einmal die Gruppe der Unternehmer anschauen, in den Vereinigten Staaten als moderne Helden, Schöpfer neuer Geschäftsideen und Jobs gefeiert, so sind die erfolgreichen darunter doppelt so häufig über fünfzig wie über zwanzig.[34] Und Wirtschaftswissenschaftler haben herausgefunden, dass in vielen Ökonomien eine erhöhte Lebenserwartung mit einem Anstieg des Bruttoinlandsproduktes einhergeht.[35] In Singapur leben betagte Eltern häufig mit ihrem einkommensschwächsten erwachsenen Kind zusammen, damit sie ihm bestmöglich ihre Unterstützung zukommen lassen können. Wissenschaftler, die sich mit diesem Phänomen befasst haben, stellten fest, dass die Eltern »neben der Zuwendung und der Gesellschaft auch den Wunsch nach psychologischer Befriedigung anführten, sowie die Wertschätzung, die sie aufgrund der materiellen Unterstützung erfuhren«.[36]

Ganz im Gegensatz zu dem altersfeindlichen Mythos, demzufolge eine steigende Lebenserwartung eine Katastrophe für unsere Gesundheitssysteme darstellt, fährt diese vielmehr beträchtliche gesundheitliche Dividenden ein. Der Mythos basiert auf dem unheilvollen Stereotyp, dass das Alter unausweichlich eine ganze Reihe körperlicher und geistiger Malaisen mit sich bringt, die die medizinischen Ausgaben explodieren lassen. Es mehren sich jedoch die Hinweise darauf, dass wir Menschen, wenn wir länger leben, eine »Mortalitätskompression« erleben, wie James Fries von der Stanford University es nennt – eine wachsende Zahl an Jahren ohne Krankheiten.[37] Verbreitete Erkrankungen wie Herzerkrankungen oder Arthritis treten immer später im Leben auf. Heutzutage ist die Wahrscheinlichkeit, dass Menschen die sechzig überschreiten, ohne eine chronische Krankheit entwickelt zu haben, zweieinhalbmal höher als vor hundert Jahren.[38] Ältere Menschen sind gesünder und aktiver als je zuvor, die Häufigkeiten für schwere Erkrankungen und Behinderungen sinken.[39]

Thomas Perls, Begründer und heutiger Leiter der größten Studie mit über Hundertjährigen und ihren Familien, der New England Centenarian Study, ist ein guter Freund aus meiner Doktorandenzeit an der Harvard University, wir teilten uns damals ein Büro in einem alten Backsteinbau, direkt über einem meiner Lieblingslokale. Wir freundeten uns rasch an, als ich erfuhr, dass er beschlossen habe, Gerontologe zu werden, nachdem er Robert Butlers bahnbrechendes Buch *Why Survive? Being Old in America* gelesen hatte.

In diesem wegweisenden Werk war Tom ein Muster aufgefallen, das, wie er hofft, die alterskritische Vorstellung widerlegt, die da lautet: »Je älter man wird, desto kränker wird man.« Er hat vielmehr festgestellt, dass gilt: »Je älter man wird, desto gesünder ist man.« Er erklärt: »Genau das beobachten wir bei den über Hundertjährigen. Um wirklich alt zu werden, kann man nicht über lange Zeit schwer krank sein. Man muss langsam altern und von altersbedingten Erkrankungen verschont bleiben.«[40]

In einer Studie stellte Tom fest, dass 90 Prozent der Hundertjährigen mit über neunzig noch selbstständig lebten – das heißt, ihren Alltag ohne fremde Hilfe bewältigten.[41] »Die Hundertjährigen, mit denen ich gesprochen habe, haben mir mit wenigen Ausnahmen berichtet, dass ihre Neunziger im Großen und Ganzen problemlos verlaufen sind. Mit über neunzig haben viele noch gearbeitet, waren sexuell aktiv und hatten Spaß an Outdoor-Aktivitäten und Kunst.«[42] Die meisten »*Supercentenarians*« – Menschen über hundertzehn – hatten mit hundert noch allein gelebt, nur wenige litten unter Diabetes oder Herz-Kreislauf-Erkrankungen und Bluthochdruck.[43] Und in einer jüngeren niederländischen Studie stellten 330 Hundertjährige mit dem Lösen von Aufgaben wie der Aufzählung von Tierarten, die mit einem bestimmten Buchstaben beginnen, oder dem Verfolgen eines Ziels, ohne sich bei der Arbeit ablenken zu lassen, den Erhalt ihrer kognitiven Fähigkeiten unter Beweis.[44]

Tom glaubt, dass die Studien an über Hundertjährigen »weniger Aufschluss darüber geben werden, wie man Menschen dazu bringt, extrem alt zu werden, als vielmehr darüber, wie man ihnen hilft, Krankheiten wie Alzheimer, Schlaganfällen, Herzerkrankungen und Krebs aus dem Weg zu gehen oder deren Fortschreiten zu verzögern.«[45] Anders ausgedrückt: Menschen, die *lange* leben, können uns beibringen, wie man *gesund* lebt.

Die Geheimnisse extremer Langlebigkeit

Japan hat, wie wir gesehen haben, das Geheimnis der Langlebigkeit gelüftet. Sowohl Japanerinnen als auch Japaner erfreuen sich der höchsten Lebenserwartung der Welt, und in Japan leben mehr Menschen jenseits der hundert und der hundertzehn als irgendwo sonst.[46]

Der älteste lebende Mensch war bis April 2022 eine Japanerin namens Kane Tanaka, geboren in dem Jahr, in dem das erste Flugzeug abhob. Sie wurde 118 Jahre alt und lebte in Fukuoka am Nordufer der Insel Kyushu.

Es passt ins Bild, dass der Name der japanischen Präfektur Okinawa das Kanji-Symbol für *okina* – »alter Mann« oder »Weiser« – beinhaltet, denn hohes Alter ist etwas, das die japanische Kultur in besonderer Weise ehrt. Wer 61, 77, 88, 99, 100 oder gar ehrgeizige 120 wird, erhält besondere Geschenke.[47] (Denken Sie dagegen an die trostlosen oder von Galgenhumor strotzenden Karten, die Sie im Westen zu höherstelligen Geburtstagen bekommen.) An *Keiro No Hi*, Japans Festtag zu Ehren der Alten, schickt die Regierung allen über Hundertjährigen einen Scheck, und jede Präfektur veranstaltet ein Fest für ihren ältesten Bürger.

Während eines solchen Festes brachte der Bürgermeister der Stadt Kane einmal einen riesigen Kuchen in Form ihres Lieblingsbrettspiels »Othello« Obwohl er wusste, wie ehrgeizig sie dabei war, forderte er sie zu einer Partie heraus. Den Kuchen nahmen sie zum Spaß für die Kameras als Spielbrett, das ersparte dem Bürgermeister zugleich eine potenzielle Revanche, was ein kluger Schachzug war, denn Kane verlor so ungern, dass sie ihr Gegenüber oftmals zu einer Revanche nach der anderen nötigte, bis sie endlich gewonnen hatte. Später, als Kane zum ältesten lebenden Menschen gekürt wurde, nahm besagter Bürgermeister an der Zeremonie teil und sah zu, wie sie sich bis auf den Boden verneigte und der Zuschauerschar verkündete, sie sei noch nie so glücklich gewesen.[48]

Das ist das Leben von Hundertjährigen in Japan: Sie werden behandelt wie ein Popstar. Kane trat oft im japanischen Fernsehen auf, vor nicht allzu langer Zeit sogar in einem Historienfilm sowie in einer Realityshow im Fernsehen, die jede Woche drei berühmte Gäste vorstellt. (An Kanes Seite ein berühmter Komiker und ein beliebtes Model.) Sie war auch mit ihrer Urenkelin zusammen in einer Sendung zu sehen, in der es um inspirierende Beispiele aus dem japanischen Alltagsleben geht.

In ihren letzten Jahren verbrachte Kane ihre Zeit mit Kalligrafie, dem Schreiben ihres Tagebuchs, Origami und Brettspielen. Außerdem gehörte sie einem Matheklub an, der täglich zusammenkam, um Aufgaben zu lösen, und blieb körperlich aktiv.[49]

Was hat Japan an sich, dass es so langes Leben begünstigt? Als ich mich mit Yumi Yamamoto unterhielt, die für eine Organisation arbeitet, welche die Lebensspannen der ältesten Japaner und Japanerinnen nachprüft und verifiziert, erzählte sie mir von ihrer Urgroßmutter Shigeyo Nakachi, ihrem großen Vorbild und damals mit 115 der fünftälteste Mensch auf der Welt. Aus Gesprächen mit Japanern jenseits der hundertzehn hat Yumi gelernt, dass sie alle genau wie ihre Großmutter eine positive Einstellung zum Altwerden haben und dass sie zutiefst dankbar sind für die Achtung und Wertschätzung ihrer Familien.

Yumis Chef, ein Amerikaner namens Robert Young, hat die vergangenen sechzehn Jahre damit zugebracht, für das *Guinness-Buch der Weltrekorde* das Alter der weltweit ältesten Menschen nachzuprüfen. Das ist ein arbeitsreiches Unterfangen und erfordert eine Menge sorgfältiger Detektivarbeit rund um den Globus. Da Menschen anders als Bäume nicht jedes Jahr mit einem neuen Ring belegen, verbringt er seine Tage damit, Lebensdaten zu bestätigen, indem er alte Ausweise mit Lichtbildern und stockfleckige Heiratsregister durchforstet. Als ich Robert fragte, was an Japan solche Langlebigkeit befördere, lächelte er, als hätte er die Frage erwartet. »Die Kultur. Es ist die Kultur.« Er erzählte mir von den konfuzianischen Wurzeln des Landes, die seit Jahrhunderten eine tiefe Achtung vor den ältesten Bürgern lehren, sowie eine weitverbreitete Wertschätzung für deren guten Rat und hart erarbeitete Sicht der Dinge.

Wir haben festgestellt, dass positive Altersbilder in den entsprechenden Kulturen quer durch alle Schichten und Generationen vorhanden sind. In Japan sehen nicht nur die Alten das Altwerden positiv. Auch japanischen Kindern wird von klein auf beigebracht, dass Alter etwas Schönes ist und dass es ein Grund zur Freude ist, Zeit mit älteren Anverwandten zu verbringen. Enkel leben oft im Haus mit oder in der Nähe zu ihren Großeltern, zu denen sie häufig eine besonders enge Bindung haben, und in volkstümlichen Erzählungen für Kinder kommen zuhauf alte Menschen vor, die eine ansteckende Fröhlichkeit und Zufriedenheit verbreiten. Die *jīsan* und *bāsan* – Großväter und Großmütter – in diesen Geschichten werden als freundliche, gesunde Menschen porträtiert, und die Geschichten nehmen meist ein gutes Ende.[50] (Denken Sie dagegen einmal an ein paar Figuren aus populären Kindermärchen Nordamerikas und Europas, beispielsweise *Hänsel und Gretel*, deren Gegenspielerin eine alte Hexe ist, die die Kinder braten und verspeisen will.)

Obwohl Japan sich mit dem Rest der Welt weiterentwickelt und modernisiert hat, haben sich dort, weil es so lange Zeit eine vom Rest der Welt abgeriegelte Gesellschaft war, weit mehr Elemente seiner traditionellen Kultur erhalten, als dies in heterogeneren Ländern wie den Vereinigten Staaten oder Kanada der Fall ist. Und diese traditionelle Kultur hat einen großen Einfluss auf die Art und Weise, wie Japaner denken und leben.

Die japanische Kultur ist ihrer Natur nach »kollektivistisch«, das bedeutet, dass Individuen als Teil eines größeren Ganzen und als voneinander abhängig gesehen werden. Dagegen stehen »individualistische« Kulturen wie die der Vereinigten Staaten, in denen Autonomie und Unabhängigkeit der einzelnen Mitglieder der Gesellschaft als höchstes Gut gelten.[51]

Kulturpsychologen wie Hazel Markus und Shinobu Kitayama veranschaulichen diese Kluft zwischen den Kulturen mit einem Beispiel aus der Kindererziehung: »Amerikanische Eltern, die versuchen, ihre Kinder dazu zu bringen, den Teller leer zu essen, kommen gern mit dem Argument: ›Denk an die hungernden Kinder in Äthiopien und sei froh, dass du es so viel besser hast.‹ Japanische Eltern sagen hingegen eher: ›Denk an den Bauern, der so schwer geschuftet hat, damit du diesen Reis auf dem Teller hast. Wenn du ihn nicht isst, macht ihn das traurig, denn er hat sich umsonst gemüht.‹«[52] Oder, als anderes Beispiel, wie japanische und amerikanische Unternehmen ihre Mitarbeiter zu motivieren suchen. Ein Unternehmen aus Texas befiehlt seinen Angestellten zur Erhöhung der Produktivität, jeden Tag, bevor sie zur Arbeit kommen, in den Spiegel zu schauen und hundertmal zu sagen: »Ich bin toll.« Die Angestellten eines in japanischer Hand befindlichen Supermarktes in New Jersey sind angehalten, den Tag zu beginnen, indem sie sich an den Händen halten und einander versichern: »Du bist toll.«[53] Die eine Kultur sieht das Ich primär als Individuum, die andere hingegen als Teil eines größeren Netzwerks.

Diese Vernetzung mit- und untereinander fördert und unterhält eine Kultur der positiven Altersbilder. In einer Studie mit einer Million Teilnehmern aus sechsundachtzig verschiedenen Ländern stellten William Chopik und Lindsay Ackerman fest, dass Angehörige kollektivistischer Kulturen weniger explizite und implizite Altersfeindlichkeit an den Tag legten und mehr Achtung vor älteren Menschen hatten.[54] Wir wissen aus unserer eigenen Forschung, dass positive Altersbilder ihrerseits eine höhere Lebenserwartung prognostizieren.[55]

Die Langlebigkeitsgleichung

Was also sagen uns diese Beobachtungen aus verschiedenen Kulturen in Bezug auf die Lebenserwartung? Für Überlegungen zur gegenseitigen Beeinflussung dieser verschiedenen Komponenten möchte ich eine »Langlebigkeitsgleichung« vorschlagen:

$$L = f(P, E)$$

In dieser Gleichung ist die Langlebigkeit (L) eine Funktion (*f*) von der Person (P), das heißt ihrer Persönlichkeit und ihrer Gene, und ihrem Umfeld (E) (englisch: *environment*), wozu ihr physisches Umfeld ebenso gehört wie ihr soziales. Altersbilder haben ihren Ursprung im Umfeld, werden dann aber vom Individuum verinnerlicht. Mit anderen Worten, sie sind ein gemeinsames Produkt des Individuums und der Kultur, in der dieses zu Hause ist.[56] Dieses Umfeld kann die Hochachtung für ältere Menschen transportieren oder, im Falle einer systemischen Altersdiskriminierung, auch die Stigmatisierung Älterer.

Robert Young, der Langlebigkeitsexperte für das *Guinness-Buch der Weltrekorde*, kam in Florida zur Welt, aber als Kind verspürte er dieselbe tiefe Zuneigung zu alten Menschen, wie sie in Japan üblich ist. Als er drei war, starb sein Lieblingsgroßonkel, »weil er alt war«, wie seine Mutter ihm erklärte. »Zu diesem Zeitpunkt beschloss ich, die Freundschaft alter Menschen zu suchen, weil diese ja als Erste sterben würden.« Ein Jahr später, mit vier, hatte Robert das, was er als einen »Wow-Moment« bezeichnete, als er in den Lokalnachrichten eine 108-jährige Frau sah. Er fragte sich, wie sie es geschafft hatte, so viel älter zu werden als sein Großonkel, und entwickelte hinfort eine große Faszination für die Lebensdauer von Menschen in aller Welt. Als Teenager schnitt er Artikel über Hochbetagte aus der Zeitung aus und sammelte sie, irgendwann begann er an die

Redaktion des *Guinness-Buchs* zu schreiben und Vorschläge zu machen, wer als ältester Mensch der Welt infrage käme.

Aber es war nicht nur die Leidenschaft für das Dokumentieren der Lebensgeschichten von über Hundertjährigen. Diese Menschen, so wurde Robert bald klar, waren lebende Verbindungen zur historischen Vergangenheit, steckten voller Geschichten, Humor und einer Weltsicht, die immer seltener – und wertvoller – werden würde. Ganz am Anfang seines Berufslebens begegnete er in Mississippi der 115-jährigen Betty Wilson und sah Geschichte lebendig werden. In schmerzvoller Eindringlichkeit erzählte sie ihm von ihrer Kindheit im Süden als Tochter von Sklaven in den Jahren nach dem Sezessionskrieg. Sie erzählte, wie sie sich selbst Lesen und Schreiben beigebracht hatte, von den Gräueln zu Zeiten der Jim-Crow-Gesetze, über die innere Stärke und die Fähigkeit zu hoffen, die sie durch ihr Leben getragen haben. Sie drückte ihm ihren Stock in die Hand, der Griff war glänzend glatt von den vielen Jahrzehnten der Berührung durch warme Hände, und erklärte, jemand aus ihrer Familie habe ihn während seiner Sklavenzeit geschnitzt. So halfen ihr nun ihre Vorfahren Tag für Tag auf ihrem Weg durch die Welt.

Positive Altersbilder sind in zweierlei Hinsicht ein Plus für die Lebenserwartung. Außer dass sie die Wahrscheinlichkeit für ein längeres Leben erhöhen, mehren die mit ihnen verbundenen positiven Erfahrungen auch noch die Chancen, dass dieses längere Leben ein erfülltes und kreatives sein wird.

7

Sterne, die man bei Tag nicht sieht
Kreativität und die Sinne

Einheitsgrößen gibt es nicht

Vor nicht allzu langer Zeit kam meine jüngere Tochter für ein langes Wochenende vom College nach Hause, sie brannte darauf, mit uns über ihre frisch gewählten Studienfächer zu reden. In den Hauptfächern sollten es Philosophie und Kognitionswissenschaften sein, und sie glühte vor Leidenschaft wie ein junger Konvertit. Um zu erklären, wie diese beiden Gebiete unsere Sicht auf die Welt formen, schnappte sie sich beim Abendessen einen Stift und eine Serviette und zeichnete darauf zwei gänseblümchenähnliche Anordnungen von Kreisen – eine mit sechs großen Blütenblättern, eine mit derselben Anzahl an kleinen. »Welcher von den beiden Mittelkreisen ist der größere?«, fragte sie.

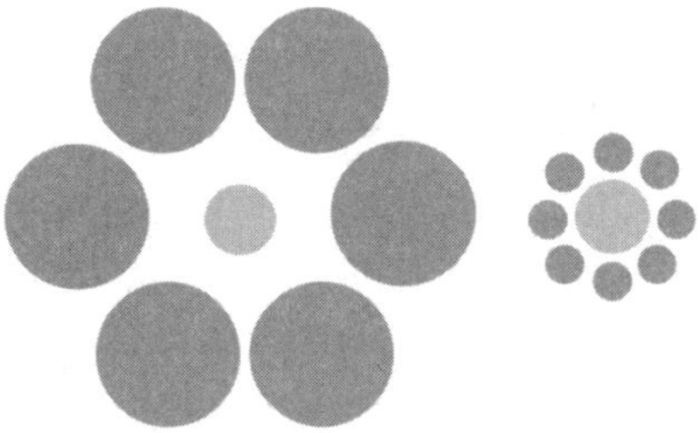

Ohne zu zögern, zeigte ich auf die rechte Zeichnung, denn der dortige mittlere Kreis sah doppelt so groß aus wie der andere. Meine Tochter lächelte, nahm die Serviette und strichelte den Durchmesser der Mittelkreise ein. Dann faltete sie die Serviette so, dass die beiden gestrichelten Linien nebeneinander lagen, und siehe da, beide hatten dieselbe Länge – mit anderen Worten: Die Kreise waren genau gleich groß.

Vielleicht kennen Sie diese optische Täuschung ja. Ich kannte sie nicht und kann mich nun in die große Gruppe von Leuten einreihen, die in den letzten mehr als zweihundert Jahren darauf hereingefallen sind, seit der deutsche Psychologe Hermann Ebbinghaus sie zum ersten Mal vorgestellt hat. Sie wird noch heute herangezogen, um die Stolperfallen anschaulich zu machen, die auf unsere Gehirne lauern, wenn wir Informationen verarbeiten, die aus unserer Umgebung auf uns einströmen.

Was mir an dieser Täuschung so gut gefällt, ist, dass sie zeigt, wie sehr unsere Wahrnehmung vom Kontext beeinflusst wird. In diesem Falle beeinflusst die Größe der Blütenblätter, wie wir den Kreis in der Mitte wahrnehmen. Ein interessanter Aspekt an dieser Täuschung ist der Umstand, dass Kinder dagegen immun zu sein scheinen. Mit anderen Worten: Dass wir einer solchen Illusion erliegen, ist ein Wahrnehmungsdefizit, das wir erst entwickeln, während wir lernen, uns in der Welt räumlich und zeitlich zurechtzufinden, und sie wirkt besonders stark bei Erwachsenen, die auf ihre Umgebung ausgesprochen empfindsam reagieren.[1]

Es gibt ein kleines rebellisches Teilgebiet der Sozialpsychologie, das den Namen »New Look in Perception« trägt und untersucht, wie unsere Wahrnehmung von Objekten und Ereignissen durch vielfach unbemerkt wirkende gesellschaftliche und kulturelle Kräfte beeinflusst wird. Begründet wurde es von dem Psychologen Jerome Bruner, der mit Katarakten in beiden Augen blind zur Welt kam. Sein Sehvermögen konnte erst hergestellt werden, als er zwei Jahre alt war.[2] Den Rest seines Lebens verbrachte er damit, verstehen zu lernen, wie wir die Welt wahrnehmen. In einer seiner berühmten Studien wies er nach, dass Kinder aus ärmeren Familien Münzen als sehr viel größer wahrnehmen als Kinder mit einem wohlhabenderen Hintergrund.[3] Dieser Befund stellte die herkömmliche Sinnes- und Wahrnehmungsforschung auf den Kopf, denn es war lange angenommen worden – wird es manchmal auch heute noch –, dass wir die Welt auf mehr oder minder objektive Weise verarbeiten. Aber es hat sich gezeigt, dass unsere Wahrnehmungen und Erfahrungen nicht nur bestimmen, wer wir sind, sondern auch, wie wir die Welt sehen.

Solomon Asch hat in einer inzwischen berühmt gewordenen Reihe von Experimenten festgestellt, dass unsere Wahrnehmung von Größe und Länge eines Gegenstands durch Gruppendruck und unseren Wunsch nach Anpassung beeinflusst wird. In einer Folgestudie wurde mithilfe von Gehirnscans entdeckt, dass es, wenn Menschen unter sozialem Druck ein Urteil fällen, nicht so ist, dass sie einfach nur vorgeben, Dinge so oder anders zu sehen, um »dazuzugehören«, sondern dass der soziale Druck tatsächlich den Teil unseres Gehirns verändert, der Länge und Größe von Gegenständen verarbeitet.[4]

Ich selbst habe zeigen können, dass auch Altersbilder die Wahrnehmung beeinflussen können. Nachdem wir Studienteilnehmer unterschwellig mit Altersstereotypen konfrontiert hatten (Priming), bekamen sie einen kurzen Text über eine dreiundsiebzigjährige Frau zu lesen, in deren Fantasie eine Person und ein Gegenstand (eine zerknüllte Serviette) das Aussehen von Tieren hatten. Diejenigen, die wir mit negativen Bildern konfrontiert hatten, werteten ihren Tagtraum in der Mehrzahl als Anzeichen einer Demenz, diejenigen, die mit positiven Bildern konfrontiert worden waren, hingegen als Ausdruck von Kreativität.[5]

Ist es möglich, dass Altersbilder nicht nur unsere Wahrnehmung beeinflussen, sondern auch unsere Fähigkeit, unsere sensorischen Systeme wie unser Gehör und unsere kreativen Prozesse einzusetzen? Der Rest des Kapitels will diesen Verbindungen auf den Grund gehen.

Hörkultur

In den 1980er Jahren reiste ein chilenischer HNO-Chirurg namens Dr. Marcos Goycoolea auf die für ihre rätselhaften Steinskulpturen – die Moai, riesige Köpfe aus Stein – berühmte Osterinsel, um einem weiteren Mysterium auf den Grund zu gehen: dem Gehör der ältesten Insulaner. Er stellte fest, dass diejenigen, die ihr Leben lang auf der Insel geblieben waren, weit besser hörten als jene, die eine Zeit auf dem südamerikanischen Festland verbracht hatten (Chile hatte die Osterinsel 1888 annektiert, und es hat seither eine beträchtliche Migration von der Insel Richtung Festland stattgefunden). Goycoolea nahm an, dieser Unterschied sei womöglich auf den unterschiedlichen Alltagslärmpegel zurückzuführen: Die Osterinsel liegt entlegen und ruhig mitten im Meer, während Chile im Eiltempo urbanisiert wurde und von Maschinenlärm, hupenden Autos und dem ganzen übrigen Getöse städtischen Lebens widerhallt.[6]

Als ich seine Befunde las, dämmerte mir allerdings, dass es auch eine andere Erklärung für diesen Unterschied geben konnte. Ob auch hier womöglich positive Altersbilder eine Rolle spielten? Als ich mich durch die anthropologische Literatur las, stellte ich fest, dass die Bewohner der Pazifikinseln traditionell ein positives Altersverständnis haben, wohingegen dieses in Südamerika zunehmend ins Negative tendiert.[7]

Um meine Theorie zu überprüfen, befragten wir über fünfhundert ältere Menschen aus der Region um New Haven.[8] Unsere Assistentinnen und Assistenten schwärmten, mit tragbaren Audiometern bewaffnet, aus und besuchten die Teilnehmer zu Hause. Die Audiometer senden über einen Kopfhörer eine Reihe von Pieptönen, die das Tonspektrum der Alltagssprache im Gehörgang nachbilden. Die Teilnehmer wurden gebeten, die Hand zu heben, wenn sie den Piepton wahrnahmen. Wir stellten im Verlauf der drei Jahre fest, dass ältere Menschen, die zu Beginn der Studie positive Ansichten zum Thema Älterwerden hegten, mehr Töne vernahmen als jene, die eine negative Einstellung zum Altern hatten. Ja, die Probanden mit den negativsten Einstellungen hatten in den drei Jahren einen um zwölf Prozent stärkeren Hörverlust zu verzeichnen als jene mit einer besonders positiven Haltung. Die Einstellung zum Älterwerden zeigte eine stärkere Korrelation zum Hörverlust als alle anderen Faktoren – das Rauchen beispielsweise. Veränderungen unserer sensorischen Systeme mit fortschreitendem Alter gelten häufig als allein der Biologie geschuldet, aber hier hatten wir den Beleg dafür, dass diese auch durch die Kultur beeinflusst werden.

Andere Wissenschaftler sind seither zu demselben Schluss gekommen.[9] Bei einer Studie teilte die Psychologin Sarah Barber ihren Probanden älteren Semesters nach dem Zufallsprinzip jeweils eine von zwei Geschichten zum Lesen zu.[10] In der einen lasen sie, dass junge Menschen durch zu laute Musik aus Kopfhörern Hörverluste erleiden. In der zweiten, dass alle älteren Menschen ihr Gehör verlieren. Von denen, die diese zweite (unzutreffende) Geschichte zu lesen bekamen, klagten im Nachhinein weit mehr über Probleme mit dem Hören als von denen mit der ersten Geschichte.

Den alten Größen zuhören

Nicht nur die polynesische Kultur der Osterinseln liefert ein Beispiel für die Verknüpfung zwischen Altersstereotypen und Klang. Die Popmusik ist voll von Beispielen für die Furcht vorm Älterwerden (denken Sie an die Rolling Stones und »What a Drag It Is Getting Old«, Miranda Lambert mit »Gravity Is a Bitch« und The Who mit »I Hope I Die Before I Get Old«). Aber es gibt auch eine Reihe von musikalischen Subkulturen, die positivere Altersbilder vermitteln.[11] Deshalb sieht man so häufig ältere Musiker noch mit weit über siebzig oder achtzig auf der Bühne, beispielsweise Jazzgrößen wie Sonny Rollins und Allen Toussaint. Ja, die Musik ist voll von Akteuren, die mit zunehmendem Alter immer besser zu werden scheinen. Nehmen Sie die zweiundachtzigjährige Singer-Songwriterin Mavis Staples, die in ihren späten Jahren eine Rekordzahl an Alben eingespielt hat, oder den Komponisten Elliott Carter, dem mit neunzig (als er seine erste Oper schrieb) noch einmal ein ungeahnter Kreativitätsschub zuteilwurde, der bis zu seinem Tod mit 103 Jahren anhielt. Oder einen meiner persönlichen Favoriten, Leonard Cohen, dessen wunderbares letztes Album *You Want It Darker* auf den Markt kam, als er 82 war, und wochenlang die Charts anführte.

Angesichts so vieler Beispiele für späte Erfolge verfängt bei vielen Musikern das Narrativ vom Alter als Zielgerade des kognitiven und sensorischen Niedergangs nicht. Vielleicht hören sie deshalb im späteren Leben besser als Nichtmusiker. Ältere Musiker hören in einer lauten Umgebung (einem wirklich lärmigen Restaurant zum Beispiel) Gesprochenes zu 40 Prozent besser als Nichtmusiker, und im Durchschnitt hört ein siebzigjähriger Musiker in etwa so gut wie ein fünfzigjähriger Nichtmusiker.[12]

Bei diesem Vorsprung in Sachen Hörqualität besteht mit großer Wahrscheinlichkeit eine Verknüpfung zum Altersbild der Betreffenden. Der Umstand, dass sie zahlreiche Rollenvorbilder älteren Semesters in ihren Reihen kennen, trägt dazu bei, dass die Musiker selbst noch im fortgeschrittenen Alter weiter auftreten. Musikerfahrung schult – genau wie jede andere Betätigung, bei der es zu einer ständigen aktiven Auseinandersetzung mit Klang kommt (Vogelkunde zum Beispiel) – jene Teile des Gehirns, die für die Verarbeitung und Interpretation von Klängen zuständig sind. Das wiederum verbessert das Hören[13], was seinerseits positive Altersbilder bestärkt. Es ist kein Wunder, dass so viele alternde Musiker bis ans Lebensende den Takt klopfen und mit Tönen jonglieren.

Nina Kraus, die das Auditory Neuroscience Laboratory der Northwestern University leitet und in ihrer Freizeit E-Gitarre spielt, hat festgestellt, dass die Beschäftigung mit Musik nicht allein eine Sache des Hörens ist. Musizieren fordert Gehirn, Aufmerksamkeit und Gedächtnis ebenso wie unsere sensorischen und kognitiven Systeme. Und die Veränderungen, die sich dabei im Gehirn einstellen, sind bei Leuten, die regelmäßig Musik machen, umso tiefgreifender. Nina zufolge wird dies durch jedes Instrument und jede Form des Musikmachens (Singen eingeschlossen) sowie jedes Kompetenzniveau bewirkt. Sie hat in ihren Studien bei professionellen Bluesmusikern aus Chicago dieselben Gehirnveränderungen festgestellt wie bei Amateuren, die Mundharmonika spielen. Sie hat auch gezeigt, dass der Einstieg ins Musikmachen in fortgeschrittenen Jahren Gehör und Gehirn guttut. Nina erklärt, dass ältere Musiker nicht nur Musik besser hören, sondern dass ihre Gehirne auch viele andere Arten von Klang besser verarbeiten.[14] Und manche der Fähigkeiten, die ein Musiker im Laufe seines Lebens kultiviert hat, beispielsweise die Fähigkeit, bestimmte Klänge vor einem geräuschvollen Hintergrund herauszufiltern, lassen sich mit Computerhilfe in einem sechswöchigen Klangtraining erlernen, welches das Hörvermögen bei älteren Menschen deutlich verbessert.[15]

Nina hat sich nie mit Altersbildern oder deren Einfluss auf die Hörverarbeitung des Gehirns befasst, aber sie sagt, dass sich aus ihren Beobachtungen durchaus folgern ließe, dass eine vom Umfeld vermittelte positive Haltung zum Altern zu einem besseren Gehör im Alter und vermutlich auch einer Verbesserung anderer sensorischer Fertigkeiten führen könnte. Das sei besonders dann wahrscheinlich, wenn diese positive Haltung zu einer Verminderung von Stress führe und die Hinwendung zur Musik begünstige.

Auch Generationen übergreifende Aktivitäten wie gemeinsames Musizieren können positive Altersbilder bestärken.[16] Mein Mann spielt Geige in einem örtlichen Laienorchester aus Leuten verschiedener Generationen. Meine Töchter waren von jung auf in Generationen übergreifenden Kammermusikensembles, manchmal zusammen mit ihren Großeltern väterlicherseits, die beide Berufsmusiker sind. (Auch wenn sich meine musikalischen Fertigkeiten mit ein paar einfachen Klavierstücken erschöpfen, die ich als Kind gelernt habe, habe ich große Freude daran, wenn meine Familie übt und auftritt.) Und wenn jüngere und ältere Musiker zusammenspielen, ist es ganz natürlich, dass die Jüngeren zu denen aufschauen, die bereits über einiges an Erfahrung und Kunstfertigkeit verfügen.

»Niemals so reich in seinem Gold«: Die alternden Sinne

Das in westlichen Kulturkreisen vorherrschende Narrativ besagt, dass die ganz Jungen sensibel und formbar sind und dass wir im Laufe der Jahre verhärten, rigide und gefühllos werden. Aber die britische Autorin und Booker-Preisträgerin Penelope Lively schreibt mit siebenundachtzig:

> Ich sehe die Welt mit offenen Augen, wie ich sie immer gesehen habe – offen für alles, was ich sehe und höre und fühle. Ich labe mich an der Frühlingssonne, den cremefarbenen und purpurnen Lenzrosen in meinem Garten. Ich lausche einer Diskussion im Radio über die Ethik der selektiven Abtreibung und mische mich hin und wieder ein. Der Klang einer geliebten Stimme am Telefon erfüllt mich mit freudiger Erregung. Ich glaube, im Alter kommt es zu einem Umbruch – einer Metamorphose des Zartgefühls … Der Frühling war nie so lebenssprühend, der Herbst niemals so reich in seinem Gold.[17]

Getreu ihrem Namen beschreibt Lively eine Welt voller überbordender Sinnlichkeit. Sie hat über vierzig Bücher verfasst, vier davon in den vergangenen zehn Jahren, darunter zwei Memoiren, die vermuten lassen, dass ihr Alter für sie nicht nur ein sehr empfindsamer, sondern auch ein von Selbstreflexion beherrschter produktiver Lebensabschnitt ist.

Wie Joan Erikson in ihrem Buch *Wisdom and the Senses: The Way of Creativity* (zu Deutsch etwa: Weisheit und die Sinne: Das Wesen von Kreativität; erschienen 1988, sie war damals fünfundachtzig) mutmaßt, speist sich die Kreativität im hohen Alter aus den Sinnen, die sie wiederum ihrerseits nährt. Sie war Tänzerin, als sie ihren künftigen Mann Erik in Wien kennenlernte, und hat sich ihr Erwachsenenleben hindurch eingehend mit Kunst und Kreativität und deren Rolle für die menschliche Entwicklung befasst:

> Wie orientiert man sich das Leben hindurch am besten, damit man die Sinne lebendig und geschärft hält, sie bewahrt, ja womöglich gar verfeinert? Welche Tätigkeiten bieten die nötige Beanspruchung und sind universelle, zeitlose Formen, das Leben zu bereichern? Die Antwort lautet natürlich, dass kreative Tätigkeiten im Allgemeinen und insbesondere alles kunstorientierte Tun und Treiben das Leben hindurch diese Erfüllung bieten.[18]

Vor dem Hintergrund der Ausführungen von Penelope Lively und Joan Erikson glaube ich, dass es einen fruchtbaren Kreislauf geben kann zwischen positiven Altersbildern, Kreativität und den sensorischen Erfahrungen der späteren Lebensjahre. Ich möchte, dass Sie Nancy Riege kennenlernen, um zu sehen, was ich meine.

Der Mittelpunkt des Labyrinths

Nancy Riege, sechsundsechzig, ist Künstlerin und lebt im Northeast Kingdom des Bundesstaates Vermont. Als wir uns unterhielten, war Februar. Der gesamte Nordosten der Vereinigten Staaten lag unter einer dicken Schneedecke begraben, aber Nancy war vergnügt wie ein Kind, das schneefrei hatte. Der Winter ist ihre Lieblingsjahreszeit: Sie findet die Stille beschaulich und die Kälte belebend. In den vergangenen dreißig Jahren hat sie Labyrinthe angelegt – kreisrunde Wege zum Meditieren.

Sie bedienten ein Bedürfnis, sagt sie, das im modernen Gemeinwesen oftmals keinen Platz finde: ein Pfad, der den Gehenden zur Ruhe kommen, der Stille lauschen und nach einer Mitte suchen lässt. Im Winter fräst sie die Labyrinthe »zwei Schneeschuhe breit« in den Schnee, Platz genug also für jeden, der sie begehen möchte. Im Sommer mäht sie sie in Gras und streut Truthahnfedern darauf aus.

Als wir miteinander sprachen, hatte Nancy fünf Labyrinthe für die Bewohner von Greensboro fertiggestellt, so viele auf einmal wie noch nie zuvor. Ihr letztes befindet sich vor der örtlichen Schule. Aus ihren Klassenzimmern schauten die Fünft- und Sechstklässler des Dorfes ihr eine Woche beim Anlegen zu und hatten Spaß daran, zusammen mit Leuten allen Alters darin herumzuspazieren. (Wir kommen im Nachwort auf die Pfade von Greensboro zurück.)

Seit Jahrtausenden zieren Labyrinthe von Java und Australien bis Nepal Münzen, Felsmalereien, Felder, Töpfe und Körbe. In vielen Kulturtraditionen besteht eine starke Verbindung zwischen Labyrinthen und den jeweiligen Vorfahren – das Labyrinth dient oft als symbolischer Weg zur Welt der Ahnen oder zu den Vorfahren selbst.[19]

Als Nancy über ihre Arbeit sprach, fühlte ich mich an tibetische Mönche erinnert, die Mandalas aus Sand erschaffen, indem sie bunte Sandkörner zu feinstrukturierten geometrischen Mustern streuen. Wenn das Muster schließlich fertig ist – was bis zu drei Jahre in Anspruch nehmen kann –, zerstören die Mönche es als Reminiszenz an die Vergänglichkeit des Lebens wieder. Nancy fühlt sich aus demselben Grund zum Anlegen von Labyrinthen hingezogen: Sie halten in aller Regel nur ein paar Wochen, allerhöchstens eine Saison, und verwurzeln sie in der Gegenwart. Sie weiß, dass manche Leute Labyrinthe aus schweren Steinen anlegen, aber sie hat es gern, dass die, die sie aus dem Schnee pflügt, beim nächsten Schneetreiben verweht werden können.

Nancy fühlt sich auf geradezu mystische Weise zu der Vorstellung von einem Mittelpunkt hingezogen. Das Zentrum des Labyrinths legt sie als Erstes fest, indem »ich das Gebiet ablaufe. Ich schließe meine Augen und lasse meinen Körper spüren, wo die Mitte ist«. Dann schaut sie sich um, um »ein Gefühl für das Land, die Topografie, das Gefälle und den Wind, die Klänge und Geräusche in der Nähe, die äußeren Grenzen zu bekommen«. Anschließend geht sie erneut umher, schließt hin und wieder die Augen, um die Wegrichtung festzulegen, die Größe und die Kehren. Sie beschreibt diesen kreativen Prozess als sehr intuitiv.

Etwa nach der Hälfte unseres Gesprächs fragte ich Nancy nach ihrer Kindheit, und sofort erzählte sie von ihren Großeltern. »Die Dinge, zu denen ich mich hingezogen fühle, die ich brauche – Balance, Ruhigsein, einfach *Sein* –, hatten meine Großeltern im Überfluss.« Sie liebte ihre Eltern, aber sehr oft hatte sie sich gewünscht, sie möchten es etwas langsamer angehen lassen, »aus dem Hamsterrad aussteigen«. Sie sieht ein, dass sie »ihr Auskommen verdienen mussten«, aber sie empfand ihren Ansatz beim Leben als so anders als den ihrer Großeltern, die ganz in der Nähe lebten. Obwohl auch sie viel zu tun hatten (sie organisierten einen Freiwilligendienst für das Waisenhaus der Gemeinde), »rannten sie nicht ständig herum und versuchten, so viel zu tun, sie waren zufrieden, einfach da zu sein«. Sie erzählt demzufolge mit Freude davon, im Alter mehr werden zu können wie sie.

Je älter sie wurde, desto wichtiger wurden Nancy Symmetrie und Balance (wichtige Kriterien für das Anlegen von Labyrinthen, die ja häufig aus ineinandergreifenden Kreisen bestehen). Und sie stellte fest, dass ihre Arbeiten besser wurden. Sie grübelte laut darüber nach, ob dies etwas damit zu tun haben könnte, wie sie selbst sich veränderte – sie ähnelte mehr und mehr ihren Großeltern, die immer nach Möglichkeiten suchten, ihrem Umfeld etwas zu geben, und viel Wert darauf legten, draußen zu sein und »einfach nur da zu sein, das aber intensiv«.

Kurz nachdem wir uns unterhalten hatten, schickte Nancy mir Fotos von ihren neuesten Labyrinthen zusammen mit einer Nachricht, in der sie erklärte, sie schätze ältere Menschen, weil diese »die Grenzen, Mauern oder Regeln überwinden können, in denen wir gelernt haben uns auf unserem Weg durch die Welt zu bewegen. Im Zusammensein mit Älteren spüre ich die Hoffnung, diese unausgesprochenen Regeln wieder verlernen zu können, die uns von unserem wahren Selbst – unserem wahren Sein – trennen.« Sie beendete ihre Nachricht mit einem Zitat des alten Benediktinermönchs David Steindl-Rast: »Mögest du still genug werden können, um das Tanzen einer einzelnen Schneeflocke in der Luft zu vernehmen, auf dass deine innere Ruhe sich in stumme Erwartung wandle.«

»Altersstil« und der tiefe Quell gelebter Erfahrung

Als Henry Longfellow im Alter von sechsundachtzig Jahren gebeten wurde, bei seinem fünfzigsten Jahrgangstreffen am Bowdoin College eine Rede zu halten, las er ein Gedicht vor, das er eigens für diese Gelegenheit geschrieben hatte:

It is too late! Ah, nothing is too late
Till the tired heart shall cease to palpitate. …
Chaucer, at Woodstock with the nightingales,
At sixty wrote the Canterbury Tales;
Goethe at Weimar, toiling to the last,
Completed Faust when eighty years were past. …
What then? Shall we sit idly down and say
The night hath come; it is no longer day? …
Something remains for us to do or dare;
Even the oldest tree some fruit may bear; …
For age is opportunity no less
Than youth itself, though in another dress,
And as the evening twilight fades away
The sky is filled with stars, invisible by day.

Auch wenn dieses Gedicht vor hundertfünfzig Jahren verfasst wurde, wirkt es in seinen Aussagen und Anliegen durchaus modern. Longfellow verwahrt sich sanft, aber nachdrücklich gegen den Gedanken, Alter sei eine Zeit der verpassten Gelegenheiten. Vielmehr, so sagt er, würden diese hier womöglich zum ersten Mal in neuer Gestalt erkennbar.

Dean Simonton, ein kalifornischer Psychologe, der sich mit Kreativität im fortgeschrittenen Alter befasst, hat, als er den Anteil an »Kreativen« über die Zeit und quer durch verschiedene Kulturen untersucht hat, festgestellt, dass »sich das Verhältnis von Volltreffern zur Gesamtzahl der abgegebenen Schüsse mit dem Alter nicht verändert«.[20] Mit anderen Worten, die Qualität der Werke kreativer Köpfe bleibt das Leben hindurch gleich. Darüber hinaus gibt es viele Beispiele für das, was er »Spätblüher«[21] nennt, »Kreative«, die erst spät im Leben ihre besten Werke schaffen. Das hängt in gewissem Maße von dem gewählten Betätigungsfeld ab, denn manche Gebiete wie theoretische Physik und reine Mathematik sind eher ein Feld für frühe Höchstleistungen, wohingegen Gebiete, die wie Geschichte und Philosophie auf einem Schatz an angesammeltem Wissen gründen, oft eher später im Leben zur Blüte führen. Immanuel Kant beispielsweise schrieb etliche seiner wichtigsten Werke mit Ende fünfzig und über sechzig.

Ein ganz typischer Vorteil von Alter ist Erfahrung. Dem Geiger Arnold Steinhardt ist aufgefallen, dass er und seine drei Mitstreiter im Guarneri String Quartet mit zunehmendem Alter sensibler für die Emotionen des Komponisten wurden, was im Einklang steht mit dem, was die Wissenschaft herausgefunden hat: Mit zunehmendem Alter lernen wir die Gefühle anderer immer besser lesen.[22] Im Laufe ihres Berufslebens haben die Mitglieder des Quartetts Schuberts dramatische Komposition *Der Tod und das Mädchen* viele hundert Mal gespielt. Als Steinhardt sich einmal zwei Aufnahmen anhörte, die im Abstand von zwanzig Jahren entstanden waren, fiel ihm auf, dass sich das Herangehen der Musiker an dieses Werk dramatisch verändert hatte. Im Laufe der Zeit hatten sie begonnen, das Tempo im dritten und vierten Satz deutlich zu verlangsamen, um Schubert gerechter zu werden. »Es ist ermutigend«, so Steinhardt, »dass wir uns nach so vielen Aufführungen immer noch verbessern, oder ist es eher deprimierend, dass wir es so lange gespielt haben, ohne auf etwas so Offensichtliches wie das Tempo zu achten? Vielleicht ist das heutige Tempo nur möglich, weil es Folge aus all seinen Vorgängern ist?«[23]

Kunsthistoriker und Kreativitätsforscher haben Belege für eine besondere Entwicklung im Alter, einen sogenannten Altersstil, gefunden, der häufig »drastische Veränderungen in Bezug auf Technik, Affekt und Wahl des Sujets« erkennen lässt.[24] Sie erkennen darin einen geschärften Sinn für Dramatik, einen instinktiveren Ansatz hinsichtlich der Technik, eine erweiterte Perspektive und ein verstärktes Vertrauen in die Intuition und das Unbewusste. Wie der Maler Ben Shahn mit sechsundsechzig Jahren feststellte, wächst das Bewusstsein für das innere Wesen des kreativen Prozesses. Er schöpfe mehr und mehr »aus den entlegensten und innersten Winkeln des Bewusstseins: Denn hier ist es, wo wir einzigartig und souverän und am vollständigsten der Dinge gewahr sind.«[25]

Die beiden *Pietàs* von Michelangelo, geschaffen im Abstand von fünfzig Jahren, helfen, den Begriff Altersstil und die gesteigerte Kreativität zu veranschaulichen, die sich mit fortschreitendem Alter einstellen kann. Mit dreiundzwanzig Jahren begann er mit der ersten Ausfertigung der biblischen Szene, die heute eine Kapelle des Petersdoms ziert und eine jugendliche Maria zeigt, die ihren toten Sohn Jesus auf dem Schoß hält.

Als Künstler durch und durch fühlte Michelangelo sich, was sein Alter betraf, durch nichts eingeschränkt. Berühmt wurde er durch seinen Ausspruch *ancora imparo,* »Ich lerne immer noch«, den er im hohen Alter getätigt haben soll.[26] Mit zweiundsiebzig Jahren fertigte er dieselbe Szene an, aber dieses Mal sieht sie ganz anders aus: Jesus, Maria und Maria Magdalena im unteren Drittel der Skulptur und dahinter im oberen Drittel ein alter Mann, der hinter den dreien steht und ihnen beim Tragen des Toten hilft. Letzterer war ein Selbstporträt, der Künstler wollte die Skulptur ursprünglich für sein eigenes Grabmal verwenden. Bei seiner ersten *Pietà* blickt Maria auf Jesus, ohne dass ihr Gesicht Sorgenfalten zeigt. Bei der zweiten blickt sie angestrengt, als sie ihn stützt, sie schafft es nicht allein. Der alte Mann hilft ihr. Auch ist sie nicht allein in ihrem Leiden – die Figuren sind physisch und emotional ineinander verstrickt. Es ist eine sehr viel empathischere, menschlichere Darstellung von Liebe und Trauer.

William Turner, der große englische Landschaftsmaler des 19. Jahrhunderts, berühmt für seine dramatischen Darstellungen von Licht und Meer, ist ebenfalls ein Beispiel für die Erweiterung der Perspektive in späteren Jahren. Seinem Biografen zufolge wurde Turners Blick jenseits der sechzig »weiter und weniger detailbezogen«, befördert durch »eine wachsende Abneigung gegen unwichtige Details«, die die Erhabenheit von Turners späten Bildern begründet.[27]

Die Fotografin Jo Spence war über fünfzig, als sie ihren Schwerpunkt verlagerte und sich statt Hochzeitsfotos und kommerzieller Fotografie fortan einer bahnbrechenden Form von Dokumentarfotografie widmete, die sich mit großen gesellschaftlichen Themen befasst, beispielsweise mit Voreingenommenheit auf dem Gebiet der Medizin. In ihrer Autobiografie *Putting Myself in the Picture* beschreibt sie eine Krankenhauserfahrung, die sie als ältere Frau machen musste.[28] An ihrem Krankenbett tauchte ein Arzt mit einer Schar Medizinstudenten im Schlepptau auf und überflog ihre Krankenakte. Dann, nachdem er den Studenten das Urteil Brustkrebs verkündet hatte, zückte er einen Filzstift und zeichnete schweigend ein Kreuz über ihre linke Brust, um zu markieren, dass diese entfernt werden müsse. Spence bediente sich ihrer Kamera, um das zu verarbeiten und gegen die Art und Weise zu protestieren, wie sie von dem Arzt behandelt worden war – geradeso als wäre sie kein menschliches Wesen. Sie machte eine Reihe von Nacktfotos von sich selbst, darunter eines mit dem Kreuz auf ihrer Brust und einer quer über ihren ganzen Körper geschriebenen Frage: »Eigentum von Jo Spence?«

Bei einer bahnbrechenden linguistischen Analyse des kreativen Outputs von zehn namhaften Dichtern, Dramatikern und Romanciers der vergangenen fünfhundert Jahre (zu gleichen Teilen weiblich und männlich) stellte der Psychologe James Pennebaker fest, dass die kognitive Komplexität bei allen mit zunehmendem Alter anstieg. Er untersuchte im Rahmen dieser Studie den Sprachgebrauch der Autoren auf Wörter, die »Metakognition« verrieten – Gedanken über Gedanken, wie im Falle von »klarwerden«. Pennebaker resümierte, dass die Korrelation zwischen Sprachgebrauch und Altern »einigermaßen bemerkenswert« war. Um die Robustheit seiner Befunde zu unterstreichen, verwies er darauf, dass die amerikanische Dichterin Edna St. Vincent Millay und die britische Romanautorin George Eliot mit zunehmendem Alter beide eine so deutliche Verfeinerung aufwiesen, obwohl die beiden Frauen sich in »ihren Genres, ihrer Nationalität und den Jahrhunderten, in denen sie geschrieben haben«, stark unterscheiden.[29]

Ganz ähnlich hat die Psychologin Carolyn Adams-Price herausgefunden, dass ältere Schriftsteller sich in ihrem Schreiben direkter dem emotionalen Gehalt stellen, wohingegen jüngere Autoren eher ins Literarische tendierten.[30] Sie bat eine Gruppe aus gleich vielen jungen und älteren Teilnehmern, Werke von einem Dutzend Autoren zu beurteilen, ohne dass diese das Alter der Verfasser kannten. Unabhängig von ihrem eigenen Alter beurteilten die Leser die Werke der älteren Autoren durchweg als besser geschrieben, aussagekräftiger und mit einem »empathischeren Widerhall«. Vielleicht, so schloss Adams-Price, »reflektiert das Schreiben in fortgeschrittenen Jahren die positiven Aspekte des Denkens im Alter: das Zusammenführen von gegensätzlichen Aspekten, Nachdenklichkeit und sogar Weisheit«.[31]

Späte Neuerfindungen

Viele ältere Künstler erfinden sich in späteren Jahren noch einmal neu. Der Pianist Artur Rubinstein veränderte seinen musikalischen Ansatz, als seine Finger nicht mehr ganz so flink und pausenlos über die Tastatur huschen wollten. Er kompensierte dies durch veränderte Phrasierungen, verlangsamte sein Spiel vor einer dramatischen Passage und zog das Tempo dann zum Höhepunkt der Phrase hin an.[32] Die amerikanische Künstlerin Anna Mary Robertson Moses, weithin eher bekannt als Grandma Moses, hatte bis weit über siebzig leidenschaftlich gern gestickt. Irgendwann gehorchten ihr die Finger nicht mehr, weil ihre Arthritis zu schlimm geworden war, und so begann sie zu malen. Sie malte fortan bis zu ihrem hundertsten Geburtstag an jedem Tag ihres Lebens und schuf im Verlauf ihrer langen späten Karriere über tausend Gemälde.[33] Und Henri Matisse wandte sich gegen Ende seines

Lebens, als er, schwer krank, nicht mehr längere Zeit an der Staffelei stehen konnte, von der Malerei ab und begann, farbenfrohe Scherenschnitte zu kreieren. Er bezeichnete diese Neuentwicklung manchmal als »mein zweites Leben«.[34] Die meisten Kritiker sehen dies als eines seiner genialsten künstlerischen Kapitel.[35]

In seinem Buch über sieben kreative Persönlichkeiten, »die dem Jahrhundert eine neue Richtung gaben«, beschreibt Howard Gardner, dass jeder dieser sieben spät im Leben noch einmal einen tiefgreifenden Richtungswechsel vollzogen hat.[36] Freud beispielsweise dokumentierte keine medizinischen Fallstudien mehr, sondern verlegte sich auf das Verfassen allgemeinerer Schriften zu Kultur und Zivilisation. Martha Graham, die den Tanz revolutioniert und dem modernen Tanz zu einer emotional ausdrucksstarken Körpersprache verholfen hat, gab mit fünfundsiebzig das Tanzen auf. Mit neunundsiebzig trat sie dann wieder als Choreografin und künstlerische Leiterin ihrer Tanztruppe in Erscheinung und hinterließ für diese Tanzform ein nicht minder reiches Erbe.

Künstler erleben beim Herannahen ihres Karriereendes häufig noch einmal ein besonderes Hoch, ein Phänomen, das man vielfach als »Schwanengesang« bezeichnet.[37] Der amerikanische Autor Henry Roth landete mit achtundzwanzig einen großen Erfolg mit seinem ersten Roman *Call It Sleep* (deutsche Ausgabe: *Nenn es Schlaf*), erlitt danach eine Schreibblockade und schrieb über fünfundvierzig Jahre nichts mehr. Mit über siebzig begann er wie ein Wilder wieder zu schreiben und schrieb dann bis zu seinem Tod mit neunundachtzig Jahren *sechs* Romane. Ihm half das Schreiben gleichermaßen beim Zurückschauen wie beim Blick nach vorn, es erlaubte ihm, Zurückliegendes, das er bereute, zu verarbeiten und seine eigene Sterblichkeit zu akzeptieren. Das Schreiben wurde für ihn in seinen späten Jahren zu »einem Fenster zur Zukunft, die mir noch bleibt … mein Weiterleben und meine Sühne«, wie er es einen seiner Protagonisten in *From Bondage* (deutsch: *Die Entfesselung*) ausdrücken lässt.[38]

Wie wir bei unserer Diskussion zur psychischen Gesundheit bereits erwähnt haben, nehmen auch unsere emotionale Intelligenz und unsere Bereitschaft, sich im Leben sinnvoll einzubringen, mit dem Alter zu. Daraus speist sich unter Umständen ein machtvoller Strom, der unsere kreativen Impulse befeuert, sodass sich unsere Sinnsuche im späteren Leben auf neuen oder erneuerten kreativen Wegen Bahn bricht.

Liz Lerman: Tanzendes Genie

Als die Tänzerin und Choreografin Liz Lerman neunundsechzig wurde, sah sie sich nach einem neuen kreativen Betätigungsfeld um. Zu ihrem Ehemann sagte sie im Spaß: »Ich muss mir einen neuen Job suchen, ein neues Haus oder einen neuen Mann.« Sie behielt ihren Mann, wechselte aber die anderen beiden, zog quer über den Kontinent von Baltimore in Maryland nach Phoenix, Arizona, wo sie Professorin für Tanz an der Arizona State University wurde. Seither befasst sie sich mit dem Thema Kreativität, engagiert sich und hilft anderen, ihre eigene Kreativität zu entdecken. Liz betont dabei, dass wir keine großen Veränderungen in unserem Leben vornehmen müssen, um unsere Kreativität zu wecken, es genügt, wenn wir unsere Verbindungen zu anderen verändern oder erweitern.

Während meiner Graduiertenzeit hatte ich einen Tanzkurs bei ihr belegt, der so innovativ und anregend war, dass seither immer ein Foto von ihr über meinem Schreibtisch hängt. Sie ist darauf zwischen dreißig und vierzig und tanzt mit drei älteren Tänzern. Als sie einwilligte, sich mit mir über ihren kreativen Prozess zu unterhalten, hatte ich daher das Gefühl, mit einer vertrauten Freundin zu reden, die mir beim Schreiben immer Gesellschaft leistet.

Liz, die einen MacArthur »Genius Award« ihr Eigen nennt für die »Neudefinition dessen, wo Tanz stattfindet und wer tanzen kann«, ist die Verkörperung des Zusammenspiels von positiven Altersbildern und kreativer Betätigung. Kurz nach dem Abschluss ihrer Ausbildung am Bennington College begann sie mit Senioren zu arbeiten, und die Choreografie für das erste größere Stück mit älteren Tänzern schrieb sie nach dem Tod ihrer Mutter, als sie eine Phase starker Verlustgefühle durchlitt. Sie lenkte ihre Trauer in den Tanz und malte sich aus, wie eine Schar greiser Engel ihre Mutter begrüßte. Sie ließ die Engel von alten Tänzern spielen. »Ich wusste nicht, dass es eine große Sache werden würde«, erzählte sie. »Ich hatte nur das Gefühl, ich müsste dieses Stück machen, und ich brauchte alte Menschen darin.« Nachdem sie einmal angefangen hatte, Choreografien für ältere Menschen zu schreiben, hörte sie allerdings nie mehr damit auf. Sie gründete ein Tanzprojekt in Washington, D.C., das sie Dance Exchange nannte und das für seinen Fokus auf persönlichen Geschichten, öffentlicher Teilhabe und Tänzern aus verschiedenen Generationen weltberühmt wurde. In den westlichen Ländern verabschieden sich die meisten professionellen Tänzer normalerweise aufgrund des enormen Drucks, den sie ihres Alters wegen erfahren, mit fünfunddreißig Jahren von der Bühne.[39]

Seither hat Liz unzählige Menschen allen Alters zum Tanzen um sich geschart – darunter Senioren, die in ihrem Leben noch nie getanzt haben, ebenso wie solche, die mit dem Tanzen nie aufgehört haben. Ihr kommt es nicht so sehr darauf an, ihnen die perfekte Technik zu vermitteln, sondern auf die freie, ursprüngliche Freude, die Tanzen dem Körper und der Selbstwahrnehmung des Menschen beschert. »Oft höre ich: ›Himmel! Guck mal, was ich grad mache!‹«, sagt Liz mit fröhlichem Lachen. Und beiden Arten von Tänzern hilft Mehrgenerationentanz, ein Altersbild zu stärken, das akzeptiert, dass alte Menschen sinnvoll zum gesellschaftlichen Leben beitragen können.

»Ältere Tänzer haben ein Bewegungsspektrum, das für ihr Alter einzigartig ist«, erklärt Liz. »Wenn jemand sich im Gleichklang mit einer Vorstellung oder einem Gefühl bewegt, mit dem Bewegungsvokabular, das seinem oder ihrem Körper inhärent eigen ist, kommt dabei etwas Wunderbares, Berührendes heraus.«

Der fünfundachtzigjährige Tänzer Thomas Dwyer ist seit über dreißig Jahren Mitglied in Liz' Compagnie. Der konservative Republikaner und Veteran der Marine (den größten Teil seiner Laufbahn als Funker) ist über einen Meter achtzig groß und beschreibt sich selbst als »Bohnenstange ohne Muskeln«. Er ist der Erste, der zugeben würde, dass er als Tänzer eher kein Naturtalent ist: »Wenn die Leute mich tanzen sehen, hilft ihnen das zu erkennen, dass jeder dazu in der Lage ist.« Seinen ersten Tanzworkshop absolvierte er auf Drängen seines Bruders, der sich kurz zuvor versehentlich für einen solchen Workshop angemeldet hatte, weil er dachte, es handle sich um einen Gymnastikkurs. Beide waren sofort Feuer und Flamme.

Thomas' Lieblingstanz »Still Crossin« handelt vom Thema Einwanderung. Er beginnt damit, dass alte Menschen sich langsam die Bühne entlangrollen, Liz beschreibt diese Eröffnung als »die Seelen meiner Großväter – all die vielen Einwanderer in der Fantasie eines jeden von uns«. Und endet mit Tänzern aller Altersklassen, darunter einem Dutzend Senioren, auf der Bühne. Das erste Mal aufgeführt wurde er zu Füßen der Freiheitsstatue. Bei einem anderen Stück macht Thomas sechzig Liegestütze, die Füße auf einem Stuhl hochgestellt. Nach der Vorstellung kommen unweigerlich Leute zu ihm und geben ihrem Erstaunen Ausdruck, dass jemand seines Alters so etwas vermag.[40]

Bei einem Aufenthalt in Tokio, bei dem sie junge Tanzprofis zusammenbrachte mit älteren Japanern, die zum ersten Mal tanzten, fiel Liz auf, dass sich die älteren Tänzer dort nicht automatisch kleinmachten, wenn sie das Studio betraten, so wie sie es bei zahllosen Amerikanern beobachtet hatte. In den Vereinigten Staaten sind Botschaften, die alte Menschen herabwürdigen, allgegenwärtig. »Sie bringen die Alten dazu, sich in sich zusammenzurollen, wie welke Blätter es tun.« Sie hält eine Hand hoch und krümmt sie nach innen, dann krümmt sie ihren Körper zusammen wie ein im Zeitraffer verdorrendes Blatt. »Aber sobald du sie zum Tanzen bekommst«, erzählt sie, »überwinden sie die negative Botschaft, und es verändert sich etwas.« Sie hält ihre Hand aufs Neue hoch: »Stell dir eine Minute lang noch mal das Blatt vor. Stell dir vor, dass es nicht mehr braun und welk ist, sondern wieder von Wasser durchströmt wird: Sieh zu, wie es weich wird, wieder aufgeht und sich nach außen öffnet.«

Aber Tanz verändert die alten Tänzer nicht nur insofern, als er sie ihre Beziehung zu ihrem Körper neu wahrnehmen lässt. Das Generationen Übergreifende verändert auch ihren Blick auf das Potenzial, das sie als alte Menschen haben. Einer der Gründe dafür, dass Mehrgenerationen-Projekte beim Tanzen so gut funktionieren, sei der Umstand, dass Menschen zwischen zwanzig und dreißig und Menschen zwischen sechzig und siebzig tatsächlich eine ganze Menge gemein hätten, so Liz. »In gewisser Weise, weil beide in einer ähnlichen Umbruchsituation in ihrem Leben sind und über die großen Fragen nachdenken: ›Wohin steuere ich? Was mache ich mit dem Rest meines Lebens?‹ Und diese Fragen haben es in sich.« Die Jungen machen ihren Highschool- oder College-Abschluss, die Älteren beenden ihre Berufslaufbahn, oder ihre Lebensumstände verändern sich anderweitig. Und wenn sie miteinander tanzen, »kommen sie sich so nahe«, berichtet Liz. Negative stereotype Vorstellungen von Alter haben da keine Chance.

Die meisten Menschen hören »Generationen übergreifend und denken sofort an Großeltern und Kindergartenkinder«, sagt Liz, aber sie glaubt, dass zwischen jüngeren und älteren Erwachsenen eine besondere Affinität besteht. Viele junge Menschen sind auf der Suche nach Zuwendung und Unterstützung, viele ältere geben beides nur zu gern. Liz kennt unzählige junge Menschen, die sich durch die körperliche Gegenwart und die Zusammenarbeit mit älteren Menschen verändert haben, »weil sie sich auf eine Weise angenommen fühlen, wie sie es sich gerade ersehnt haben«. Liz glaubt, dass das Schöne an kreativen Mehrgenerationen-Projekten darin liegt, dass sie Menschen unterschiedlicher Altersklassen die Gelegenheit und den Rahmen bieten, auf eine Weise zusammenzuarbeiten, die sich gut anfühlt.

Mit ihren inzwischen dreiundsiebzig Jahren empfindet Liz sich mitten in der kreativsten Phase ihres Lebens. Sie lehrt noch immer, hat kürzlich einen kostenlosen »Kreativitäts-Werkzeugkasten« (The Atlas of Creative Tools) entworfen und online gestellt, eine Choreografie für einen Tanzabend über Stereotype zum weiblichen Körper (»Wicked Bodies«) erarbeitet und sich mit den Urban Bush Women, einer professionellen afroamerikanischen Tanztruppe, zusammengetan für ein Projekt mit dem Titel »Legacy of Change«. Ihre Virtuosität und Originalität haben sich infolge der vielen Jahrzehnte an Erfahrung weiter vertieft, glaubt sie. Neben Lehre, Auftritten und verschiedenen Kooperationen ist sie mehr und mehr bestrebt, Menschen zum Tanzen zu bringen, die nie zuvor getanzt haben. Im Älterwerden denkt sie ständig an die, die nach ihr kommen: »Erbe besteht nicht im Zurückschauen, Erbe hat auch mit dem Blick in die Zukunft zu tun.«

Um vorangehen zu können, ist es wichtig, sich die Schranken klarzumachen, die ältere Menschen daran hindern, so schöpferisch und produktiv zu sein, wie sie es gern wären. Das ist das Ziel unseres nächsten Kapitels. Wie es der Autor und Gesellschaftskritiker James Baldwin formuliert hat: »Nicht alles, was sich uns stellt, lässt sich verändern, aber nichts lässt sich verändern, solange man sich ihm nicht stellt.«

8

Altersfeindlichkeit: Die böse Krake

Die Geburt des Ageismus

Drei Jahre bevor er den Watergate-Skandal lostrat, der Präsident Richard Nixon das Amt kosten sollte, hatte der junge Reporter Carl Bernstein Anteil daran, eine ganz andere Art von Skandal ans Tageslicht zu bringen. An einem windigen Märzmorgen im Jahr 1969 führte der junge Mann ein Gespräch mit dem Psychiater Robert Butler über die wachsende Feindseligkeit der Bewohner einer Vorstadt von Washington, D.C., die sich gegen die geplante Umwidmung eines örtlichen Appartementgebäudes in ein Wohnheim für Senioren wehrten. Als Vorstand des beratenden Komitees für die Belange von Senioren hatte Butler vor Kurzem mit den Nachbarn gesprochen, die ihre Hände vor Sorge rangen, das Viertel möchte hinfort nicht mehr dasselbe sein. Die vorherrschende Stimmung war, dass man »nicht auf Leute gucken will, die womöglich teilweise gelähmt sind, nicht ordentlich essen können, den ganzen Tag auf der Straße hocken und das Viertel mit ihren Gehstöcken verschandeln«.[1]

Für Butler, der selbst in dieser Gegend wohnte, war diese Art von hässlichen negativen Zuschreibungen das Gleiche wie die Stereotype, die man im Rahmen von Rassismus und Sexismus vorfindet. So wie diese beiden »Ismen« People of Colour und Frauen einen negativen Stempel aufdrücken und ihnen so Entfaltungsmöglichkeiten und Macht vorenthalten, versagen Vorurteile gegenüber den Alten – für die Butler den Begriff »*ageism*« (auch im Deutschen als Ageismus bezeichnet, meist aber als Altersfeindlichkeit) prägte – älteren Menschen gleiche Rechte. Er war der Erste, der diesem Phänomen einen Namen gegeben hat.

In seinem bahnbrechenden Buch *Why Survive? Being Old in America* definierte Butler Altersfeindlichkeit später als einen »Prozess der systematischen Stereotypisierung und Diskriminierung von Menschen aufgrund ihres Alters«. Die beiden Komponenten der Altersfeindlichkeit, so erkannte er, verstärken einander gegenseitig. Negative Altersstereotype führen zur Altersdiskriminierung, die dann die Stereotype aktiviert und verstärkt. Am Ende, so schreibt er, »führt eine altersfeindliche Einstellung dazu, dass junge Menschen alte Leute als andersgeartet wahrnehmen. Und so hören sie ganz allmählich auf, Ältere als ihre Mitmenschen zu betrachten.«[2]

Als ich mit Bernstein sprach, sagte er, seine Begegnung mit Butler sei für ihn ein echter Moment der Erkenntnis gewesen. Er war dem Phänomen Altersfeindlichkeit in Form einer unfairen Behandlung älterer Angehöriger schon häufiger begegnet, hatte diese aber nie für systemisch oder für eine allgemeine Art von Diskriminierung gehalten. Nach seiner Zusammenkunft mit Butler lagen die Dinge anders. Bernstein erinnerte sich: »Aus einer Story über einen Haufen Bürger, die in ihrer Nachbarschaft keine alten Menschen haben wollten, wurde ein Artikel über das Phänomen Ageismus. Es hatte mich gepackt, und ich nahm es anschließend sehr viel deutlicher wahr. Es handelte sich um die Angst vor dem anderen und war nichts anderes als die Angst vor Juden, Afroamerikanern oder zu gewissen Zeiten auch Katholiken. Diskriminierung bleibt Diskriminierung. Sie wurzelt in Angst und Stereotypen.« Dank Robert Butler kam das Phänomen schließlich ans Licht. Leider erfreut es sich auch fünfzig Jahre später noch großer Verbreitung.

Wir haben uns mit den tiefgreifenden Auswirkungen von Altersbildern auf die Gesundheit befasst. Lassen Sie uns nun anschauen, wie negative Einstellungen zum Thema Altern auf gesamtgesellschaftlicher Ebene zusammenwirken – wie sie sich still und leise, auf komplexe, häufig fatale Weise wie die Arme einer Krake ineinander verschlingen.

Altersfeindlichkeit: Die stumme Epidemie

Es kommt häufig vor, dass Leute die verderblichen Auswirkungen von Altersfeindlichkeit herunterspielen oder beschönigen. Manchmal bekomme ich, wenn ich berichte, womit ich mein Geld verdiene, zu hören, dass Altersfeindlichkeit kein wirkliches Problem sei oder gar nicht existiere. Oder gar, dass die Alten doch selbst daran schuld seien, wie ich unlängst in einem Kommentar zu hören bekam: »Altersfeindlichkeit ist nur ein Spiegel, der alten gebrechlichen Menschen vorgehalten wird.« Die Trivialisierung des Phänomens und die Verkehrung der Schuld an den Vorurteilen und der Diskriminierung, der alte Menschen ausgesetzt sind, auf die Betroffenen selbst machen das Problem nicht besser.

Wenn ich während eines Vortrags meine Zuhörer frage, wie viele unter den Anwesenden schon direkt erlebt oder beobachtet haben, dass jemand seines Alters wegen diskriminiert worden ist, hebt sich die Mehrheit der Hände. Heutzutage berichten 82 Prozent aller älteren Amerikaner über regelmäßige alterskritische Erfahrungen[3], und in jedem Land, mit dem ich mich beschäftigt habe, bin ich auf Beispiele von Altersfeindlichkeit gestoßen.

Wie kann es sein, dass Altersdiskriminierung für manche Menschen als Thema nicht existent ist, wenn doch so viele sie täglich erfahren? Ein Bericht der Weltgesundheitsorganisation aus jüngerer Zeit kommt zu dem Schluss, dass »Menschen die Existenz von institutioneller Altersfeindlichkeit nicht wahrnehmen, weil die Regeln, Normen und Praktiken der Institution seit Langem bestehen, eine Ritualisierung erfahren haben und als ›normal‹ empfunden werden«.[4]

Eine der heimtückischsten Ausprägungsformen von Altersfeindlichkeit besteht im Ignorieren älterer Menschen. Achten Sie nur auf das fast vollständige Fehlen alter Menschen in Werbung, Film und Fernsehen, bei wichtigen nationalen Diskussionen über Fragen der öffentlichen Ordnung, in wissenschaftlichen Studien und so vielen anderen Bereichen modernen Lebens.

Diese Nichtbeachtung zeigt sich am massivsten in Krisenzeiten, in denen alte Menschen sehr häufig als Letzte bedacht werden. Nach dem Hurrikan Katrina hatten Tierschützer binnen vierundzwanzig Stunden Hunde und Katzen in Sicherheit gebracht, während viele alte Menschen, sich selbst überlassen, bei steigenden Wasserständen in ihrem Zuhause abwarten mussten, bis endlich – manchmal bis zu sieben Tage später – medizinische Hilfe zu ihrer Rettung kam.[5] In den frühen Phasen der Covid-19-Pandemie machten in den Vereinigten Staaten ältere Menschen in Pflegeheimen 40 Prozent der Todesfälle aus (obwohl weniger als ein Prozent in Pflegeheimen leben), weil die örtlichen Gemeinde- und Pflegeheimverwaltungen keine angemessene Schutzausrüstung, keine Covid-19-Tests und Quarantäneeinrichtungen zur Verfügung stellen konnten, während jungen Menschen an den meisten Universitäten und Colleges diese Grundversorgung zur Verfügung stand.[6]

Eigene Erfahrungen als Zielscheibe für Vorurteile

Viele Vorurteile halten sich, weil sie auf Unsichtbarkeit beruhen. Viele voreingenommene Menschen leugnen, Rassisten zu sein, und weigern sich zu akzeptieren, dass Rassismus lebt und gedeiht. Sexisten behaupten, dass Frauen keinen Vorurteilen ausgesetzt seien. Ich selbst kenne diese Form des Nicht-wahrhaben-Wollens im Zusammenhang mit dem Antisemitismus.

Es gab nicht viele Juden in Vancouver, als meine Eltern mit uns von Boston dorthin zogen, um an der University of British Columbia zu arbeiten. Ich war das einzige jüdische Kind in der zweiten Klasse, und mein Lehrer ließ mich vor die anderen Schüler treten und mich dafür rechtfertigen, dass meine Familie kein Weihnachten feierte. Eine Mitschülerin sagte, ich dürfe nicht mit ihr spielen, weil ich Jüdin sei. Eine Handvoll Jungen warfen drei Pennys auf den Boden und befahlen mir, das Geld aufzuheben.

Als ich meiner Mutter davon erzählte, tröstete sie mich und brachte all das vor dem Lehrer und den Eltern der Klasse zur Sprache, nur um gesagt zu bekommen, dass es sich nicht um Antisemitismus im eigentlichen Sinne handle, sondern nur um ein kulturelles Missverständnis. Das war das erste Mal, dass mir diese befremdliche Eigenschaft von Vorurteilen begegnete, Menschen dazu zu bringen, sie als etwas Geringeres abzutun, als sie in Wirklichkeit sind.

Als Kind hatte ich einen Albtraum, in dem ich von Nazis mit bellenden Dobermännern durch einen dunklen Wald gehetzt wurde. Meine flüchtigen Begegnungen mit dem Antisemitismus verblassen angesichts der echten Albträume, die meine Urgroßeltern und Großeltern in Europa überlebten, aber mich trennen nur zwei Generationen von Schrecknissen, deren Einzelheiten noch immer meine Träume heimsuchen. Mein Urgroßvater väterlicherseits war nur einer von einer Handvoll Überlebenden, nachdem seine litauische Heimatstadt von Kosaken niedergebrannt worden war. Meine Großmutter mütterlicherseits entkam mit zehn Jahren um Haaresbreite einem Massaker an Juden durch russische Soldaten, indem sie sich in einem Schrank versteckte.

Antisemitismus mag eine persönliche Erfahrung meinerseits gewesen sein, aber meine Probleme in der Schule und das Leiden meiner Angehörigen in Europa waren auch Auswuchs struktureller Vorurteile auf Seiten derjenigen, die die Macht innehatten. Jene frühen Erfahrungen haben mich für die Ursachen und Ausprägungen von Vorurteilen sensibilisiert und darauf neugierig gemacht. Als mir bei meiner ersten Stelle in der geriatrischen Abteilung erstmals Altersdiskriminierung in institutionalisierter Form unterkam, stellte sich bei mir das Gefühl ein, endlich Gelegenheit zu haben, Vorurteilen so entgegentreten zu können, wie ich es als Kind nicht hatte tun können.

Das Paradoxon Altersstereotypie

Altersdiskriminierung hat es an sich, aller Realität zu spotten. Ich will Ihnen ein Gedankenexperiment schildern, um zu veranschaulichen, was ich damit meine.

Gehen Sie einmal zweihundert Jahre zurück in die 1820er Jahre. Die Fotografie war soeben erfunden worden, und auf der ganzen Welt wurden Schienen verlegt, um der Neuerfindung der Dampflokomotive zu huldigen. Wenden Sie von diesem sepiagefärbten Ausgangspunkt aus einmal den Blick in die Zukunft und versuchen Sie zu erraten, ob Altersbilder ihrem Wesen nach positiver werden, gleich bleiben oder negativer werden. Um Ihnen ein bisschen auf die Sprünge zu helfen, will ich Ihnen ein paar Tipps geben bezüglich einiger künftiger Entwicklungen, die sich in den kommenden zweihundert Jahren ergeben werden: Ältere Menschen werden länger leben, ihr gesundheitlicher Allgemeinzustand wird sich massiv verbessern. Sie werden einen größeren prozentualen Anteil an der Gesamtbevölkerung ausmachen, was bedeutet, dass es mehr Gelegenheit zum Austausch zwischen den Generationen geben wird. Eine Reihe von Gesetzen wird erlassen werden, die Altersdiskriminierung verbieten. Und als Sahnehäubchen werden die Menschen in ihrer Haltung zu anderen, zuvor marginalisierten Personenkreisen beträchtlich positiver eingestellt sein.

Was glauben Sie also? Werden Altersbilder im Verlauf der kommenden zweihundert Jahre positiver werden, gleich bleiben oder negativer werden?

Die meisten Menschen gehen davon aus, dass die Altersbilder positiver geworden sein müssten. Das hätte ich angesichts dieser Entwicklungen selbst angenommen. Tatsächlich ist genau das Gegenteil passiert: In den Vereinigten Staaten war die Einstellung gegenüber alten Menschen einst positiv und wurde im Verlauf von zweihundert Jahren peu à peu immer negativer.[7] Meine Arbeitsgruppe ist darauf gestoßen, als wir ein computergestütztes linguistisches Verfahren entwickelt haben, um die Tendenzen in der Einstellung zum Älterwerden über die vergangenen zweihundert Jahre systematisch zu untersuchen. (Frühere Studien dieser Art waren über einen Zeitraum von zwanzig Jahren nicht hinausgekommen.) Für unsere Analysen untersuchten wir mittels einer neuen Datenbank namens Corpus of Historical American English 400 Millionen Wörter aus gedruckten Texten. Woher kommt die Flut an negativen Altersstereotypen? Und warum ist sie in Anbetracht all unserer Fortschritte nicht zu einem Rinnsal versiegt?

Gründe für altersfeindliche Stereotype: Mangelnde Reflexion und unternehmerische Gier

Das hartnäckige Fortbestehen negativer Altersbilder hat sowohl individuelle als auch strukturelle Ursachen. Auch wenn es Unterschiede zwischen beiden gibt, so wurzeln sie doch beide gleich tief. Auf der Ebene des Individuums gibt es jede Menge psychologischer Prozesse, die es begünstigen, sich alterskritisch zu geben, ohne darüber nachzudenken zu müssen. Strukturelle Altersdiskriminierung ist in vielen Institutionen und Machtstrukturen fest verankert.

Altersfeindlichkeit auf individueller Ebene beginnt damit, dass wir Altersstereotype von frühester Kindheit an, lange bevor sie für uns selbst relevant werden, in uns aufnehmen. Zu diesem Zeitpunkt akzeptieren wir sie widerspruchslos. Und in Anbetracht dessen, dass uns diese Stereotype häufig von Menschen mit Autorität präsentiert werden, denen wir vertrauen (Lehrer, Schriftsteller, Eltern), fällt es leicht, sie als Wahrheit zu übernehmen, die dann zur Blaupause dafür wird, wie wir alte Menschen unser Leben hindurch betrachten werden.[8]

Negative Altersbilder bedienen ein in altersfeindlichen Gesellschaften vorhandenes, sozial akzeptiertes psychologisches Bedürfnis der Nichtalten, sich von den Alten zu distanzieren. Diese Distanzierung hat eine physische Dimension – Orte, an denen viele Ältere verkehren, werden gemieden – und eine psychologische – Älteren wird mithilfe von Stereotypen die Zugehörigkeit zur übrigen menschlichen Gemeinschaft abgesprochen. Manche jungen Leute empfinden das Bedürfnis, sich von älteren Menschen zu distanzieren, auch weil diese für sie ein gefürchtetes künftiges Selbst repräsentieren.[9] Dieser Prozess wird zu einem Teufelskreis, wenn die negativen Altersbilder mit der ihnen innewohnenden Botschaft von nachlassenden Kräften ein düsteres Bild vom höheren Alter malen, aus dem dann ein Distanzgefühl erwächst, das nun seinerseits die negativen Altersbilder verstärkt.

Eine weitere Ursache für das Fortbestehen alterskritischer Einstellungen ist der Umstand, dass diese dem Einzelnen häufig nicht bewusst werden. Selbst jemand, der sich diesbezüglich für unvoreingenommen hält, hegt möglicherweise unterschwellig altersfeindliche Empfindungen.

Kompliziert wird das Ganze dadurch, dass negative Altersbilder häufig auch dann akzeptiert und geäußert werden, wenn sie gegen jede Erfahrung verstoßen – wenn jemand einen Witz in Richtung Senilität oder Unfähigkeit über einen Älteren reißt, obwohl er genau weiß, dass der Betreffende völlig klar im Kopf ist.

Das hauptsächliche Motiv für strukturelle Altersdiskriminierung besteht darin, dass es häufig recht einträglich ist – finanziell und im Hinblick auf den Machterhalt gewisser Gruppen. Einer meiner ehemaligen Professoren, der Anthropologe Robert LeVine, sagte immer, eine gute Anfangsfrage für die Untersuchung eines kulturellen Phänomens sei immer: »Wer profitiert vom Status quo?«

Eine Reihe kommerzieller Unternehmen sichert sich einen unfassbaren Profit durch die Aufrechterhaltung negativer Altersbilder. Darunter die Anti-Aging-Industrie, soziale Medien, Werbeagenturen und Firmen, zu deren Geschäftsmodell es gehört, die Angst vorm Alter zu schüren und ein Bild vom unausweichlichen Verfall alter Menschen zu zeichnen. Insgesamt generieren diese Industriezweige mehr als eine Billion Dollar jährlich und wachsen seit Jahren weitgehend unreguliert.[10]

Wo Altersfeindlichkeit beginnt: Cartoon und Märchen

Als ich auf einem meiner letzten Flüge nach einem Film zum Anschauen suchte, stellte ich fest, dass ich nur die Auswahl hatte zwischen solchen, die ich schon gesehen hatte, und welchen, die mir für den Anlass irgendwie nicht passend erschienen (in den Trailern explodierten alle möglichen Dinge, unter anderem Flugzeuge). Also entschied ich mich für einen Kinderfilm von Disney, in diesem Falle ein Remake des alten Märchens *Rapunzel* mit dem Titel *Rapunzel – Neu verföhnt* (englischer Originaltitel: *Tangled)*. In dieser Version sperrt die Hexe, dargestellt als alte Frau, Rapunzel in einen Turm, weil sie sich die Zauberkraft von Rapunzels Haaren sichern will. Am Ende des Films, als ihr der Zugang zu Rapunzel und damit zu ewiger Jugend versagt wird, beginnt die Hexe mit einem Schlag zu altern. Sie schrumpelt zu einer knorrigen, buckligen Gestalt zusammen, ihr schwarzes Haar wird weiß, ihre Augen sinken tief ein, und ihre Hände werden knochig. »Was hast du getan?«, schreit sie Rapunzels Retter an. Dann stirbt sie. Dabei spielen in dem Originalmärchen der Gebrüder Grimm Alter und Altersfurcht überhaupt keine Rolle – Disney hat sie großzügig hinzuerfunden. Vielleicht sollten die Altersstereotype den Kartenverkauf an Familien mit Kindern dadurch ankurbeln, dass sie das Publikum mittels des verunglimpfenden Narrativs zusammenschweißen, dass alte Menschen zum Fürchten sind und besser gemieden werden sollen.

Eines der ersten Lieder, die ich im Kindergarten lernte, kennen die meisten Amerikaner: »I know an old lady who swallowed a fly. I don't know why she swallowed a fly. Perhaps she'll die!« Im weiteren Verlauf des Lieds verschluckt sie immer größere Insekten und Tiere, am Ende einen Hund und ein Pferd. Als wir diese Ballade über die seltsame alte Frau zum ersten Mal hörten, fanden wir sie allesamt total witzig.

Als wir klein waren, begegneten uns alte Menschen in vielen Liedern, Kinderreimen und Geschichten. In vielen westlichen Ländern sind diese älteren Protagonisten entweder böse oder Gegenstand von Mitleid oder Schadenfreude.[11] Infolgedessen verwundert es nicht, dass Kinder in diesen Ländern sich vor dem Altwerden fürchten.[12] Zeigt man Schulkindern Zeichnungen eines männlichen Gesichts in vier Lebensstadien, wählen 80 Prozent von ihnen auf die Frage, mit wem sie lieber Zeit verbringen wollen, die jüngeren Ausgaben des Mannes, und wenn man sie fragt, bei was für Aktivitäten sie die älteste Version gern dabeihaben würden, bekommt man unter anderem die Antwort: »Bei seiner Beerdigung.«[13] Schon im Alter von drei Jahren scheuen Kinder vor alten Menschen zurück und geben unzweifelhaft altersfeindliche Ansichten von sich.[14] Die Altersbilder, die wir als Kinder übernehmen, bilden die Grundlage für unsere Sicht auf das Alter im späteren Leben.[15] Unser Altersbegriff ist so etwas wie ein Schichtgestein aus vielen Lagen, das Fundament dafür wird bereits in früher Kindheit gelegt. Und da diese Überzeugungen für Kinder noch nicht selbstrelevant sind, sehen sie auch keinen Grund, sich dagegen zu wehren, vor allem dann nicht, wenn sie ihnen von Menschen vermittelt werden, die sie bewundern.

Eine Freundin hat mir erzählt, dass der Leiter der Grundschule ihrer Kinder den Schülern vor Kurzem eine Nachricht mit nach Hause gab, in der er mitteilte, die Kinder sollten an einem Tag wie Hundertjährige gekleidet kommen, um das hundertjährige Bestehen der Schule zu feiern. Er ermunterte die Eltern, die Kinder mit weißen Perücken, dicken Plastikbrillengläsern, Minigehstöcken und -rollatoren (alles im örtlichen Partyshop zu kaufen) zur Schule zu schicken. Das ist neuerdings an den Schulen des Landes offenbar gang und gäbe, wie sich gezeigt hat. Internetseiten überbieten sich mit Ratschlägen für Eltern, wie sie ihre Kinder in langweilige Farben kleiden und ihnen beibringen sollen, mit Gehstöcken »durch die Gegend zu humpeln« und »wie der stereotype alte Mensch ein bisschen vornübergebeugt zu gehen, damit es noch lustiger wird!«[16]

Diese neue Tradition könnte sich langfristig zur Gefahr auswachsen. Anhand der Baltimore Longitudinal Study of Aging haben wir, wie in Abbildung 5 dargestellt, zeigen können, dass junge Leute, die mehr negative Altersstereotype verinnerlicht haben, mit über sechzig Jahren doppelt so häufig an einem Herzinfarkt oder einer anderen Herz-Kreislauf-Erkrankung leiden wie jene mit positiven Altersbildern.[17]

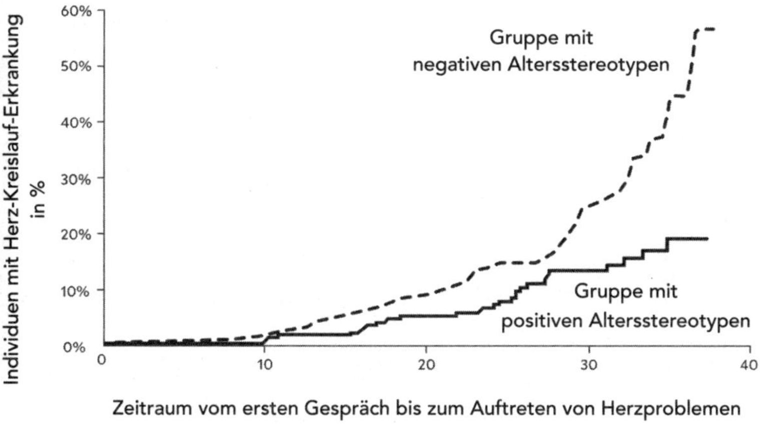

Abbildung 5: Die negativen Altersbilder junger Menschen erhöhen das Risiko für eine Herz-Kreislauf-Erkrankung jenseits der sechzig.

Botox für Teenager und die Anti-Aging-Industrie

Die rasch wachsende globale Anti-Aging-Industrie erwirtschaftet jährlich eine halbe Billion Dollar mit dem Verkauf von Pillen, Cremes, Tinkturen, Elixieren, Hormonpräparaten, »Testosteron-Boostern« und Verfahren, die fälschlicherweise behaupten, den Alterungsprozess aufhalten oder gar umkehren zu können.[18] Die Industrie profitiert von Bildern, die Altern als etwas Furchterregendes darstellen, das es zu verhindern gilt.

Vor nicht allzu langer Zeit war ich mit einer Kollegin essen. Plötzlich runzelte sie die Stirn, als sie eine Nachricht von ihrer siebzehnjährigen Tochter erhielt. Sie las sie mir vor: »Oh, mein Gott, ich habe gerade meine erste Falte entdeckt. Kriege ich zum Geburtstag eine Botox-Spritze zur Vorbeugung?«

Es ist viel leichter, Botox und Gesichtscremes zu verkaufen, wenn Sie dafür gesorgt haben, dass Ihre künftigen Kunden sich vor allen physischen Anzeichen des Alterns fürchten. Als ich kürzlich wegen einer Routineuntersuchung bei einem Arzt wartete, flimmerten über den Riesenbildschirm im Wartezimmer Werbevideos für alle möglichen Anti-Aging-Produkte, darunter auch für Botox. In einem Werbespot rief die Comedienne und Talkshowmoderatorin Ellen DeGeneres: »Hey, Faltengesicht.« Im Weiteren erklärt sie, dass unbedingt etwas getan werden müsse, wenn man nicht aussehen wolle wie eine Dörrpflaume. Auch wenn sie sie gern esse, fuhr sie fort, »will ich nicht aussehen wie eine!« Die Massenvermarktung von Antifaltenprodukten und -verfahren ist alltäglich geworden.[19]

So schaffen Sie es, Siebzehnjährigen Angst vor Falten, einer natürlichen und allgegenwärtigen Erscheinung, einzujagen: indem Sie die Botschaft verbreiten, dass man es vermeiden könne und solle, zu altern, dass man nicht schön *und* runzlig sein könne, geachtet *und* alt zugleich. Es verwundert daher nicht, dass sich während der vergangenen zwei Jahrzehnte die Botox-Injektionen bei jungen Erwachsenen mehr als verdreifacht haben.[20] Das hat dem Zweig der Anti-Aging-Industrie, der sich auf Falten spezialisiert hat, geholfen, Gewinne von über zweihundert Milliarden Dollar einzufahren.[21]

Botox-Injektionen zur Verhinderung von Falten sind heute bei amerikanischen Frauen zwischen zwanzig und dreißig Routine. In einem Artikel in der *New York Times* wurde neulich berichtet, dass »Baby-Botox«-Spritzen für junge Erwachsene »entstigmatisiert« würden, aber die Wurzeln dieser Praxis – die Stigmatisierung des Alters – wurden unter den Teppich gekehrt.[22]

Für den Fall, dass Sie nun glauben sollten, Falten und die Profite der Anti-Aging-Industrie seien vor allem ein Thema für Frauen, so soll gesagt sein, dass es auch eine Zunahme von Werbeanzeigen und -spots gibt, die das Zurückweichen des Haaransatzes schmähen. Die Häufigkeit von Haartransplantationen bei Männern ist in den vergangenen fünf Jahren um 60 Prozent gestiegen. Wir als Gesellschaft verweigern uns inzwischen auch den geringsten Anzeichen des Alterns.[23]

Eine typische Anti-Aging-Werbung verleiht ihrem Produkt die »Anti-Aging-Goldmedaille« des Jahres und führt im Weiteren aus, wie dieses im Einzelnen »gegen die fünf Anzeichen für alterndes Haar helfen kann«.[24] Eine Übersichtsstudie über fast einhundert Internetseiten, auf denen Anti-Aging-Produkte beworben werden, macht die gegenwärtig vorherrschende Linie deutlich: Wir befinden uns im Krieg gegen das Altern, und Kunden, die keine Anti-Aging-Produkte kaufen, haben den Kampf aufgegeben und lassen sich gehen.[25] Auf diesen Seiten werden fast durchweg unwirksame oder gar schädliche »Heilverfahren« angeboten, die eine Menge kosten. Menschliches Wachstumshormon zum Beispiel gilt als ultimatives (und teures) Elixier für jene, »die nicht rasch altern, sondern lieber alle Zeit jung, gut aussehend und gesund bleiben wollen«.[26] Dieses Hormon, das inzwischen vielerorts im Laden um die Ecke verkauft wird, kann das Risiko für Krebs und Diabetes erhöhen.[27] Um der Gewinnmaximierung willen haben Lobbyisten der Anti-Aging-Industrie geholfen, Schlupflöcher zu schaffen, die einen Teil der Produkte und Marketingmaßnahmen dieses Industriezweigs vor der Regulierung durch den Staat schützt.[28]

Die Anti-Aging-Industrie verzerrt unsere Vorstellungen von Schönheit, indem sie nicht nur den Prozess des Alterns stigmatisiert, sondern alte Menschen gleich mit. Wie es der Geriater Tom Perls formuliert: »Die sensationslüsterne Darstellung der Profiteure, die alte Menschen als verfallende und zerbrechliche Individuen zeigen, die dumpf auf Pflegeheimwände starren, stützt die falsche und Vorurteile fördernde Vorstellung unserer jugendorientierten Gesellschaft vom Altern. Anti-Aging ist zum Synonym geworden für Anti-Alte.«[29]

Die gar nicht so silberne Leinwand: Altersfeindlichkeit in der Popkultur

Als ich in Massachusetts promovierte, trat ich einer Ortsgruppe der Gray Panthers, einer Generationen übergreifenden Organisation von Aktivisten gegen Altersdiskriminierung, bei und wurde für das »Medien-Beobachtungsteam« eingeteilt. Wir fahndeten in Zeitungen, Zeitschriften, Filmen und im Radio nach Beispielen für Altersfeindlichkeit.

Eines Monats konzentrierten wir uns auf Artikel, die das populäre angsteinflößende Bild vermittelten, alte Menschen seien »greedy geezers«, wie ein Kolumnist es formulierte (zu Deutsch etwa »gierige Grufties«).[30] Es gab endlos viele Beispiele. Aber in einer Studie, die ich später durchführte, zeigte sich, dass in direktem Widerspruch zu diesem Bild alte Menschen Programme, die speziell darauf zugeschnitten sind, ihre Altersgruppe zu unterstützen (Sozialversicherung, Essen auf Rädern und Medicare), sehr viel öfter für unnötig erachten als junge Leute.[31] Ich lernte auch, dass ältere Menschen sehr viel häufiger Freiwilligendienste übernehmen und Geld an gemeinnützige Organisationen spenden als jüngere und dass sie Leistungen im Wert von vielen Milliarden Dollar an unbezahlter Fürsorge für Familienangehörige und Freunde erbringen.[32]

Das Fernsehen ist ein weiteres Vehikel zur Verbreitung altersfeindlicher Botschaften. Ältere Menschen sehen länger fern als jede andere Altersgruppe, aber nur 2,8 Prozent der Darsteller im Fernsehen sind alt, und deren Rollen sind meist klein oder undankbar.[33] Dieser Mangel an guten Rollen wurzelt vermutlich unter anderem in der Tatsache, dass Sendeanstalten und einzelne Redaktionen häufig keine älteren Autoren verpflichten und sich in der irrigen Annahme, nur unter Fünfzigjährige würden neue Produkte kaufen, auf Werbetreibende konzentrieren, die bevorzugt bedienen, was sie als »Kernzielgruppe« bezeichnen (zwischen achtzehn und neunundvierzig Jahre alt).[34]

Während die Fernseh- und Filmindustrie sich in Bezug auf die Besetzung queerer und weiblicher Figuren in Hauptrollen gebessert hat,[35] bleiben Ältere häufig außen vor. Wenn in Hollywood-Filmen ältere Personen dargestellt werden, dann häufig als Musterbeispiele für geistigen und körperlichen Verfall (*Iris* und *The Father*), Bärbeißigkeit (*Ein verrücktes Paar* und *Der dritte Frühling*) und Horrorgestalten – in *The Visit* planen Großeltern den Mord an ihren Enkeln, und in *Old* läuft eine Ferienreise aus dem Ruder, und eine Familie beginnt in rasendem Tempo biologisch zu altern. Einige wenige Ausnahmen stellen Altern komplex und schwungvoll dar, dazu gehören die amerikanische Fernsehserie *Grace and Frankie* und die britische *Last Tango in Halifax*, aber im Großen und Ganzen spielen ältere Figuren noch immer nur am Rande eine Rolle. Stand 2016 machten in den hundert umsatzstärksten Filmen Figuren über sechzig lediglich elf Prozent aller sprechenden Rollen aus, und von den Filmen, in denen ältere Menschen es tatsächlich auf die Leinwand geschafft haben, ergingen sich 44 Prozent in altersfeindlichen Klischees.[36]

Bis zum heutigen Tag ist nicht allgemein anerkannt, wie altersfeindlich Hollywood ist. Die Führungsriege der amerikanischen Filmakademie – die Academy of Motion Picture Arts and Sciences –, das Gremium, das die Oscars vergibt, legte vor Kurzem fest, dass Filme Schauspieler aus ethnischen Minderheiten oder aus anderen marginalisierten Teilen der Gesellschaft (Frauen, LGBTQ oder gehandicapte Schauspieler) beschäftigen müssten, um für die Oscar-Nominierungen zugelassen zu werden.[37] Bei der Verkündigung der neuen Diversitätsregeln erklärte der Präsident der Akademie, es sei Zeit, dass Filme »unsere diverse Weltbevölkerung abbilden«.[38] Von der vermehrten Beteiligung älterer Schauspieler war hingegen nicht die Rede.

Vor zwanzig Jahren gründete die zweifache Oscar-Preisträgerin Geena Davis ein Institut, das sich zur Aufgabe gemacht hat, für die Gleichbeteiligung der Geschlechter auf der Leinwand zu kämpfen.[39] »Erst nachdem ich meine Tochter bekommen hatte, fiel mir auf, dass es in Filmen und Fernsehsendungen für Kinder eine massive Geschlechterdiskrepanz gab. Im 21. Jahrhundert sollten wir Kindern mit Sicherheit zeigen, dass der Sandkasten Jungen und Mädchen zu gleichen Teilen gehört.« Nach fünfzehn Jahren, in denen sie zahllose Stipendien an Autorinnen und Regisseurinnen vergeben und das Bewusstsein für die Benachteiligung von Frauen in diesen Berufen zu schärfen bemüht war, glaubt sie mitgeholfen zu haben, wenigstens einen Teil von dem, was sie sich vorgenommen hatte, zu erreichen. Zumindest auf der Leinwand und auf den Bildschirmen gibt es inzwischen eine mehr oder weniger ausgewogene Verteilung von männlichen und weiblichen Rollen, allerdings noch nicht in den Bereichen Schreiben und Regieführen.[40]

Inzwischen hat Davis ihre Aufmerksamkeit dem Aufdecken von Altersdiskriminierung zugewandt. »Sobald bei meinem Alter eine

Vier vorne stand, fiel ich durchs Raster. Mit einem Mal wurden die tollen Rollen unglaublich rar. Der Unterschied war gewaltig.«[41] Bei ihrer Übersicht von 2019 zu den dreißig umsatzstärksten Filmen in den Vereinigten Staaten, Großbritannien, Frankreich und Deutschland stellte das Geena Davis Institute fest, dass in keiner der Hauptrollen auch nur eine einzige Frau über fünfzig besetzt worden war. »Ich wusste, dass es schlecht stand«, sagt sie, »aber das hat wirklich noch einmal klargemacht, wie schlecht.«[42]

Unsere Film- und Fernsehkultur verzerrt unsere Vorstellung davon, wie Alter und alte Leute in Wirklichkeit sind. Meine Arbeitsgruppe hat festgestellt, dass Leute, die im Laufe ihres Lebens sehr viel fernsehen, negativeren Altersstereotypen anhängen als andere.[43] Und wenn sich Angehörige einer marginalisierten Gruppe auf dem Bildschirm, in Büchern, Werbeanzeigen, online oder in den sozialen Medien nicht repräsentiert sehen, kann das in ein vermindertes Selbstwertgefühl münden.[44]

Der Ausschluss von Individuen höheren Alters setzt sich in der Modewelt fort, in der die meisten Models vom Alter her näher an der Kindheit als an den mittleren Jahren sind. Während einer Fashion Week – wenn die Modedesigner New York überschwemmen, um ihre neuesten Kreationen zu zeigen – deckte jüngst ein Journalistentrio von der *New York Times* einige der Probleme auf, unter denen die Industrie leidet.[45] In ihrem Artikel kamen zwölf Models zu Wort. Zehn waren zwischen zwanzig und dreißig, keine älter als zweiunddreißig. Schon diese jungen Frauen hatten mit Altersdiskriminierung zu tun gehabt. Renee Peters, eine Achtundzwanzigjährige, die schon mit vierzehn von einem Modelling-Agenten in einem Einkaufszentrum von Nashville entdeckt worden war, klagte: »Gestern war ich bei einem Casting. Ich sah mich um und hatte das Gefühl, alle um mich herum waren höchstens sechzehn, siebzehn oder achtzehn. Und da stehe ich mit über fünfundzwanzig und frage mich ernsthaft: Bin ich noch schön? Bin ich mein Geld noch wert?«[46]

Altersfeindlichkeit als Klickköder

Twitter, Facebook, YouTube und Instagram bilden heute einen der profitabelsten Industriezweige der Menschheitsgeschichte. Facebook allein verzeichnet über zwei Milliarden Nutzer – fast ein Drittel der Weltbevölkerung. Aufmerksamkeit ist die meistbegehrte Währung in den sozialen Medien, einer Industrie, der die Geburt der sogenannten Aufmerksamkeitsökonomie zu verdanken ist, und unverschämte, selbstherrliche, vorurteilsbeladene Inhalte (»Klickköder«) ziehen die meiste Aufmerksamkeit auf sich.[47] Je negativer ein solcher Köder Randgruppen angeht, desto effizienter ist er (desto mehr Klicks erhält der Artikel) und desto mehr Geld geben Werbetreibende für weitere Werbung auf dieser Seite aus.[48]

Weil wir wissen wollten, wie Altersbilder sich auf Facebook darstellen, hat mein Team sämtliche Inhalte von öffentlich verfügbaren Gruppen analysiert, die mit alten Menschen zu tun haben, und dabei festgestellt, dass 74 Prozent davon sich schlecht über alte Menschen auslassen, 27 Prozent alte Menschen infantilisieren und 37 Prozent sich dafür aussprechen, sie von öffentlichen Betätigungen wie Einkaufen und Autofahren auszuschließen.[49] Eine britische Gruppe sprach sich dafür aus, alten Menschen keinen Zutritt zu Läden zu gewähren, weil sie »nach Pipi riechen, auf Parkplätzen schlecht einparken, was zur Folge hat, dass durch sie kostbarer Parkraum vergeudet wird. Macht entweder eine Alterskontrolle am Eingang oder bringt ein freiwilliges Euthanasieprogramm zur Anwendung. Ich bin nur zu gern bereit, einen von ihnen auszuknipsen.« Wir meldeten die zehn anstößigsten Seiten als Hassrede bei Facebook, ein Jahr später waren die Seiten noch immer da.

Zum Zeitpunkt der Studie war Hassrede aufgrund von sexueller Orientierung, Geschlecht, ethnischer Zugehörigkeit und Religion auf Facebook verboten, für Altersdiskriminierung galt nichts dergleichen. In einer aktualisierten Fassung der Community Standards, der Umgangsformen im Netz, sind alte Menschen inzwischen vor Hasskommentaren geschützt, aber nur, wenn diese einen Zusammenhang zu einer anderen geschützten Gruppe herstellen. Das Polemisieren gegen »alte Frauen« beispielsweise ist nicht gestattet, aber wenn es wie in dem britischen Beispiel oben gegen alte Menschen im Allgemeinen geht, besteht keine Einschränkung.[50] Für sich genommen, ist Altersdiskriminierung im Unterschied zu anderen Arten von Vorurteilen geduldet.

In den ersten drei Monaten der Covid-19-Pandemie teilten oder likten 1,4 Millionen Twitter-Nutzer in über hundert Ländern Tweets, in denen vom »boomer remover« die Rede war und man sich darüber lustig machte, dass ältere Menschen vermehrt an Covid starben.[51] In einer anderen Studie stellten die Psychologin Karen Hooker und ihr Team mittels eines eleganten Computerverfahrens fest, dass 33 Prozent der Tweets, in denen Alzheimer erwähnt wurde, dabei alte Menschen verspotteten.[52]

Die sozialen Medien sind das perfekte Forum für die Verbreitung altersfeindlicher Stereotype. Die dort gebotene Anonymität nimmt die Angst vor Konsequenzen und ermutigt zu extrem provokanten und hasserfüllten Kommentaren.

Nicht nur altersfeindliche Hassrede verbreitet sich ungehindert über die sozialen Medien, auch unverfrorene (und illegale) Altersdiskriminierung ist dort gang und gäbe. Die Unternehmen tragen alle möglichen Arten von Daten über ihre Nutzer zusammen und verwenden diese, um herauszufinden, wer ihre Werbung ansieht. Auf der Grundlage dieser Daten wissen die Betreiber der Social-Media-Kanäle sehr genau, welcher Nutzer fortgeschrittenen Alters ist, und enthalten den Betreffenden Stellenanzeigen sowie bestimmte Immobilien- und Kreditangebote vor – sie schlagen damit alten Menschen in der Praxis die Tür vor der Nase zu.[53]

Eine Gruppe, die den Immobilienmarkt kritisch begleitet, hat festgestellt, dass Facebook Werbetreibenden erlaubt, in derselben

Region nahe Washington, in der Robert Butler erstmals auf explizite Altersfeindlichkeit gestoßen war, ältere potenzielle Mieter von Angeboten auszuschließen. Altersdiskriminierung hat Bestand, wenn auch inzwischen verdeckter und strukturierter. Diesen Streitern für einen fairen Immobilienmarkt zufolge wird eine solche Form der Diskriminierung wie in D.C. »nicht von ein oder zwei kleineren Akteuren betrieben, die sich beim Nutzen digitaler Werkzeuge irgendwie versehen haben, sondern es sind mehrere Branchenriesen dabei vertreten, die landesweit Hunderttausende Wohnungen verwalten. Sie haben Facebook beträchtliche Summen dafür gezahlt, dass das Unternehmen ihre Angebote älteren Leuten strikt vorenthält.«[54]

Allein im Jahr 2019 hat Facebook in fünf Fällen in einem Rechtsstreit einen Vergleich eingehen müssen, in dem es um Altersdiskriminierung ging, trotzdem hält die Praxis der digitalen Altersdiskriminierung auf dem Immobilienmarkt unverändert an.[55] Die Unternehmen, die für Online-Stellenausschreibungen bezahlen, in denen ältere Bewerber mit Vorsatz ausgeschlossen werden, indem man die Anzeigen so postet, dass diese sie nicht sehen können, kennen Sie alle: Target, UPS, State Farm, Amazon und Facebook selbst, bei dem das Medianalter der Beschäftigten bei achtundzwanzig liegt.[56]

Minuspunkte fürs Alter: Altersfeindliche Räume

Obwohl der Anteil älterer Menschen an der US-amerikanischen Gesamtbevölkerung im Laufe der vergangenen hundert Jahre stetig zugenommen hat, ist der Kontakt zwischen den Generationen unablässig zurückgegangen. Innerhalb dieses Zeitraums haben sich die Vereinigten Staaten von einem Land, das in Bezug auf die Integration alter Menschen an der Spitze lag, zu einem Land entwickelt, in dem die Trennung zwischen Jung und Alt weltweit mit am krassesten ist.[57] Haushalte werden weniger altersdivers. 1850 lebten 70 Prozent aller älteren Menschen in Amerika bei ihren erwachsenen Kindern und elf Prozent mit einem Partner oder allein. Im Jahr 1990 wohnten nur noch 16 Prozent aller älteren Personen bei ihren Kindern, 70 Prozent lebten mit ihrem Partner oder allein.[58] Ja, unsere Viertel sind heute nicht nur durch eine eklatante ethnische, sondern durch eine ebenso drastische Alterssegregation gekennzeichnet.[59] Das Problem existiert nicht nur in den Vereinigten Staaten. Im Jahr 1991 bestand für ein Kind in Großbritannien eine Wahrscheinlichkeit von 15 Prozent, dass in seiner Nähe eine Person über fünfundsechzig wohnte, heute liegt sie bei fünf Prozent.[60]

Einer der Faktoren hinter der Alterssegregation ist die anhaltende und fehlgeleitete gesellschaftliche Wahrnehmung, dass es irgendwie von Vorteil oder natürlich sei, junge Menschen von alten fernzuhalten. Andere Arten von sozialer Trennung – nach Geschlecht beispielsweise oder nach ethnischer Zugehörigkeit – werden dagegen von politisch Verantwortlichen, Gelehrten und der Öffentlichkeit inzwischen als ungut erachtet.[61] In New Haven, wo ich arbeite, haben die Stadtplaner Seniorenresidenzen an Orten gebaut, die durch Schnellstraßen oder Gewässer isoliert liegen, fast schon in Quarantäne. Diese Art von physischer Trennung verringert die Wahrscheinlichkeit zufälliger Alltagsbegegnungen zwischen Jung und Alt an der Straßenecke oder im Park praktisch auf null.

Der Mangel an Kontakt ist ein unschätzbarer Verlust sowohl für die jüngeren als auch für die älteren Mitglieder einer Gesellschaft. Er schwächt nicht nur die Empathie und soziale Bindungen zwischen Jung und Alt, sondern verhindert auch das Entstehen von Gelegenheiten, den negativen Altersstereotypen junger Leute entgegenzuwirken.

Altersdiskriminierung als Vollzeitjob

Stellen Sie sich einmal folgendes Szenario vor: Sie arbeiten als Marketingchef für eine große Firma und wurden jahrelang für Ihre vielen kreativen strategischen Initiativen gepriesen. Eines Tages aber treffen Sie eine Entscheidung, die von einem Teil der Angestellten gebilligt wird, Ihrem Chef aber gar nicht schmeckt. Sie erklären, was Sie dazu bewogen hat. In Reaktion darauf erklärt Ihr Chef, dass Sie kündigen sollten. Er schmeißt Sie nicht direkt raus, sondern erklärt Ihre Denkweise für überholt und legt Ihnen nahe, vielleicht sei es »an der Zeit, in den Ruhestand zu gehen«.

Genau das ist dem einundsechzigjährigen Gray Hollett passiert, der angesichts dieser altersfeindlichen Erfahrung am Boden zerstört war.[62] Und Hollett steht damit keinesfalls allein da. Googeln Sie mal »Altersdiskriminierung im Beruf«, und Sie finden zig Geschichten von Leuten, die ihres Alters wegen aus Unternehmen gedrängt wurden, und zuhauf Ratschläge, wie man sich dagegen wehren sollte.[63] Zwei Drittel aller amerikanischen Arbeitnehmer berichten, dass sie an ihrer Arbeitsstelle schon einmal Zeugen von Altersdiskriminierung geworden oder gar selbst davon betroffen gewesen seien, und laut einer Umfrage der AARP (American Association of Retired Persons) erklärten 92 Prozent von ihnen, dass so etwas an der Tagesordnung sei.[64]

In den Vereinigten Staaten verstößt es gegen das Gesetz, jemanden aufgrund seines Alters am Arbeitsplatz zu diskriminieren (A.d.Ü. auch in Deutschland). Der 1967 erlassene Age Discrimination in Employment Act – kurz ADEA – will es so. Aber dieses Gesetz existiert mehr auf dem Papier als im realen Handeln.[65] Der ADEA sieht keinerlei Kompensation in Gestalt von Entschädigungs- oder Strafzahlungen vor, was dazu führt, dass Anwälte nicht motiviert sind, Fälle zur Altersdiskriminierung anzunehmen, und es kann für ältere Leute, die schlecht behandelt wurden, richtig teuer werden, einen entsprechenden Prozess anzustrengen. Damit nicht genug, gilt das Gesetz nur für Leute, die bereits einen Job haben – nicht für Arbeitssuchende.[66] Wenn Sie also bei der Arbeitssuche abgewiesen werden, weil Sie »zu alt« sind, hilft Ihnen der ADEA nichts.

Die Ironie bei alledem ist, dass Joberfahrung, die ja erst mit den Jahren kommt, oftmals das ist, was den Berufserfolg ausmacht.[67] Als der Botaniker und Experte für Bodengesundheit Ben Duggar mit siebzig gezwungen wurde, seine Dozentenstelle an der University of Wisconsin aufzugeben, wurde er schließlich von Lederle Laboratories eingestellt, wo er mit dreiundsiebzig eine Verbindung namens Tetracyclin isolierte, heute das meistverschriebene Antibiotikum der Welt.[68]

Ältere Arbeitnehmer sind nicht nur fähig, Bemerkenswertes zu leisten, sie sind auch zuverlässiger, wechseln weniger leicht, fehlen seltener und haben weniger Unfälle.[69] Trotzdem feiert die Altersdiskriminierung in jeder Phase des Beschäftigungszyklus fröhliche Urständ. Meine Arbeitsgruppe hat die Altersfeindlichkeit am Arbeitsplatz in fünfundvierzig Ländern untersucht und kam zu dem Schluss, dass bei älteren Arbeitnehmern die Einstellungschancen gegenüber jüngeren signifikant verringert waren und dass sie im Falle einer Einstellung signifikant seltener Fortbildungen und Beförderungen angeboten bekamen.[70]

Eine Studie der Harvard Business School an einem BMW-Werk in Deutschland hat gezeigt, welche Vorteile es hat, ältere Arbeitnehmer zu behalten. Man konnte zeigen, dass an einem Fließband, das mit Arbeitnehmern unterschiedlichen Alters besetzt war, produktiver gearbeitet wurde, es weniger Fehlzeiten und weniger Produktionsfehler an den Autos gab. Das Sahnehäubchen an der Geschichte? Am Ende der Studie wollte keiner der Arbeitnehmer das altersintegrierte Team wieder aufgeben.[71] Chip Conley, der mit fünfundfünfzig geholfen hat, Teams aus Arbeitnehmern unterschiedlichen Alters bei Airbnb einzurichten, hat festgestellt, dass diese Teams erfolgreich sind, weil »ältere Arbeitnehmer wissen, wie man Probleme auf den Punkt bringt und Verantwortlichkeiten in Bezug auf die Ergebnisse schafft«.[72]

Wunder Punkt Gesundheitsversorgung

Die Medizin ist eigentlich dazu da, zu helfen und zu heilen, aber das tut sie nicht immer. Ich habe keine Vorbehalte gegenüber Ärzten (mein Mann ist ein toller Arzt), und Impfungen und Therapien haben mir und etlichen Familienangehörigen vermutlich das Leben gerettet, bei Ihnen wird es nicht anders sein. Aber viel zu häufig besteht die medizinische und wissenschaftliche Herangehensweise an körperliches und geistiges Altern darin, beides als schleichende Verschlechterung verschiedener biologischer Merkmale zu verbuchen und nicht als Lebensphase, in der aufgrund vieler verschiedener Faktoren, unter anderem Erfahrung, auch positive Veränderungen möglich sind.[73]

Ein Grund dafür, dass die westliche Medizin sich in einem derart hohen Maß negativen Altersstereotypen und dem damit assoziierten Narrativ des unvermeidlichen Verfalls verschrieben hat, ist der, dass es sich auszahlt. Der milliardenschwere »medizinische Invaliditätskomplex«, wie Carol Estes es nennt, basiert auf teuren Therapien, Geräten und Medikamenten, die weit mehr Gewinn abwerfen als Präventionsmaßnahmen wie Sport oder die nicht ganz einfache, aber notwendige Aufgabe, den gesellschaftlichen Ursachen entgegenzuwirken, die Beeinträchtigung und Krankheit überhaupt erst möglich machen.[74]

Wenn Altern strikt als biomedizinisches Problem gesehen wird und die gesellschaftlichen Determinanten wie die Altersdiskriminierung, die eine entscheidende Rolle spielen, ignoriert werden, sind Ärzte rasch bei der Hand, eigentlich behandelbare Leiden als Standarderscheinungen des hohen Alters abzutun (Rückenschmerzen zum Beispiel oder Depressionen).[75] Je mehr Ärzte Altern mit Krankheit gleichsetzen, desto mehr verstärkt sich die Betrachtung von Altern als pathologischem Vorgang, und das kann dazu führen, dass ältere Patienten nicht angemessen behandelt werden. Denn wenn Ärzte von vornherein damit rechnen, dass es mit der Gesundheit ihrer betagteren Patienten bergab geht, werden sie weniger engagiert versuchen, deren Beschwerden abzuhelfen.

Stellen Sie sich vor, Sie wachten eines Morgens mit einem stechenden Schmerz im Kreuz auf, könnten kaum laufen und schleppten sich zum Arzt, nur um zu hören zu bekommen: »Was erwarten Sie? Sie sind alt.« Genau das ist einem der Teilnehmer an einer Studie widerfahren, die von dem Geriater Cary Reid durchgeführt wurde und in der es um die Frage ging, warum ältere Patienten nicht immer Hilfe gegen ihre Rückenbeschwerden einfordern beziehungsweise bekommen.[76]

Viele Ärzte wissen weniger, als wünschenswert wäre, über die Gesundheit alter Menschen, und das, *was* sie wissen, ist häufig durch negative Altersstereotype gefärbt. So halten zum Beispiel 35 Prozent aller Ärzte hohen Blutdruck bei älteren Menschen für normal (ist er nicht)[77], und viele fragen ihre älteren Patienten auch nicht nach ihrem Sexualleben, obwohl die Altersgruppe über fünfundsechzig diejenige ist, in der der Anteil an HIV-Infektionen am raschesten steigt.[78] Damit ist vorprogrammiert, dass infektiöse Geschlechtskrankheiten, Erektionsstörungen oder ein Libidoverlust bei der Diagnostik unberücksichtigt bleiben.

Woher beziehen diese Ärzte ihre negative und oftmals falsche Wahrnehmung älterer Patienten? Leider nehmen sie sie oftmals aus dem Studium mit. Wenn junge Medizinstudenten einen älteren »Patienten« zu Gesicht bekommen, so geschieht das häufig in Gestalt eines Leichnams, den es im Anatomiekurs zu sezieren gilt.[79] An jeder Hochschule umfasst das Medizinstudium eine Ausbildung in Kinderheilkunde, Geriatrie steht dagegen bei längst nicht allen auf dem Lehrplan, unter anderem, weil es zu wenig geriatrische Fachärzte gibt, die die Lehre übernehmen könnten – ein Teufelskreis.[80] Eine Studie hat gezeigt, dass Medizinstudenten im Verlauf ihres Studiums eine immer negativere Haltung gegenüber alten Menschen entwickeln.[81]

Als Robert Butler in der Ausbildung war, stellte er fest, dass ältere Krankenhauspatienten unter der Bezeichnung »GOMERs« liefen – eine Abkürzung der englischen Aufforderung »Get out of my emergency room« (zu Deutsch etwa: Verschwinde aus meiner Notfallambulanz) –, ein Begriff, der noch heute verwendet wird. Der Leiter für die Patienten- und Öffentlichkeitsarbeit im britischen Gesundheitsministerium berichtet, dass Angehörige des medizinischen Personals alte Menschen häufig »dehumanisieren, indem sie sie ›crinklies‹, ›crumblies‹ oder ›bed blockers‹ nennen«.[82] Butler berichtet, dass er für sein Teil »schockiert war über den medizinischen Umgangston, der vor gefühllosen und abschätzigen Bezeichnungen für alte Patienten nur so strotzte«.[83] Damals beschloss er, in die Geriatrie zu gehen. Die negativen Altersbilder, die ihm im Studium begegneten, vertrugen sich absolut nicht mit seinen Erinnerungen an die vitale und energiegeladene Großmutter, die ihn aufgezogen hatte.

Einige amerikanische Hochschulen bilden ihre Studenten für den Umgang mit alten Menschen aus, indem sie ihnen Brillen aufsetzen, die sie verschwommen sehen lassen, Gewichte an den Beinen befestigen, die ihnen das Gehen erschweren, und Kopfhörer geben, die das Hören dämpfen. Um die »Altsein-Erfahrung«, wie man dieses Training nennt, abzurunden, werden die Studenten dann zu verschiedenen »Aktivitätsstationen« geschickt.[84] Bei einer davon erleben sie das Gefühl sozialer Isolation bei einem simulierten Abendessen, bei dem man sie an den Gesprächen nicht beteiligt. Auch wenn das Ziel dieser Übung darin besteht, Empathie zu wecken, ist das Ergebnis unter Umständen eine Verstärkung der negativen Altersstereotype, wenn die Studenten verleitet werden zu glauben, dass all ihre künftigen älteren Patienten gebrechlich und notleidend sind und keine munteren, agilen Personen, die ein Abendessen bereichern können.[85]

Als handfester Ausdruck dessen, dass ältere Patienten weniger wertgeschätzt werden, zahlt das Gesundheitswesen Fachärzten für Geriatrie weniger als den Fachärzten vieler anderer Gebiete.[86] Da verwundert es nicht, dass das Gebiet in vielen Ländern unter einem extremen Mangel an gut ausgebildeten Ärzten leidet. Unterdessen haben Umfragen gezeigt, dass Geriater mehr Spaß an ihrer Arbeit haben als viele andere Experten, weil sie die Arbeit mit älteren Patienten als ausgesprochen erfüllend empfinden.[87]

Negative Altersstereotype sind dafür verantwortlich, dass viele Ärzte im Umgang mit alten Patienten weniger geduldig und weniger motiviert sind, Krankheiten und Behandlungen im Detail zu erläutern, womit den Betroffenen oftmals die richtigen Informationen fehlen, die sie beispielsweise benötigen, um sich während der Genesung richtig zu verhalten.[88] Diese Stereotype führen nicht selten dazu, dass die Therapie alter Menschen unbefriedigend verläuft.

Bei einer systematischen Übersicht über Studien zum Einfluss von Altersdiskriminierung auf die Gesundheit alter Menschen hat meine Arbeitsgruppe festgestellt, dass die Gesundheitsdienstleister in 85 Prozent aller Studien zur medizinischen Versorgung älterer Patienten von bestimmten Therapien abrieten oder ihnen diese gar regelrecht vorenthielten. Bei jüngeren Patienten, die bis auf ihr Alter in jeder anderen Hinsicht vergleichbar waren, galt das nicht. In allen fünfundvierzig untersuchten Ländern hatte Altersdiskriminierung einen negativen Einfluss auf die gesundheitliche Situation alter Menschen.[89]

Trotz alledem wird Altersdiskriminierung weder im Gesundheitswesen noch in Fragen der Menschenrechte als relevantes Problem betrachtet. Um politischen Entscheidungsträgern dieses Thema nahezubringen, habe ich mich mit einem Wirtschaftswissenschaftler und Statistiker zusammengetan und die durch Altersdiskriminierung verursachten Kosten für das Gesundheitswesen mit einem Preisschild versehen.[90] Wir haben festgestellt, dass diese in den Vereinigten Staaten jährlich dreiundsechzig Milliarden Dollar ausmachen[91], das ist mehr als bei krankhafter Fettleibigkeit, eine der kostspieligsten chronischen Erkrankungen in Amerika.[92] So viel könnten wir also an vermeidbaren Ausgaben im Gesundheitssektor einsparen. Dabei handelt es sich um eine konservative Schätzung, denn wir haben in der Übersicht nur acht Krankheiten berücksichtigt und die Kosten für den Lohnausfall nicht miteingerechnet. »Von allen Formen der Ungleichheit«, sagte Martin Luther King Jr. einst, »ist die Ungerechtigkeit bei der Gesundheitsfürsorge die schockierendste und unmenschlichste.«[93]

Intersektionalität und Altersdiskriminierung

Ich habe bereits einige der zahlreichen Lebensbereiche genannt, in denen Altersdiskriminierung eine Rolle spielt, aber ihr Wirkungsbereich hört nicht immer dort auf, wo unsere einzelnen Lebenssphären enden. Die Sphären überlappen sich, die Krakenarme verknäueln sich. Wir alle werden mit Liedern und Geschichten konfrontiert, in denen es von altersfeindlichen Karikaturen wimmelt. Wir alle haben es mit einem Gesundheitssystem zu tun, das Altern als Fall für die Medizin sieht, wir alle rudern in einem Meer voller altersdiskriminatorischer Bilder. Den meisten von uns begegnet Altersdiskriminierung in ganz unterschiedlichen Gefilden. Und wir wissen aus wissenschaftlichen Studien, dass wiederkehrender, unvorhersehbarer Stress die Sorte von Belastung ist, die sich am unheilvollsten auf die Gesundheit auswirkt – dazu gehört ganz sicher die immerwährende und irrlichternde Präsenz altersfeindlicher Erfahrungen.[94]

Zur Altersfeindlichkeit gesellen sich Sexismus, Rassismus, Homophobie und andere Vorurteile, denen Menschen im Laufe ihres Lebens ausgesetzt sind. In den Vereinigten Staaten arbeiten Frauen und People of Colour häufiger in gering entlohnten Arbeitsfeldern, was sich negativ auf ihre Gesundheit auswirkt. Sie sind daher im höheren Alter mit mehr Gesundheitsproblemen, weniger Ersparnissen und einer weniger guten Ausgangsposition im Gesundheitswesen geschlagen. Menschen entwachsen den Ungleichheiten in der Regel nicht, im Alter addieren sich diese eher.[95]

Im Jahr 2021 erlebten die Vereinigten Staaten einen beispiellosen Anstieg an Hassverbrechen und Gewalt gegen Menschen asiatischer Herkunft. Asiaten wurden auf offener Straße – auf dem Weg nach Hause oder zur Kirche – angegriffen. Viele der Opfer waren ältere Frauen, aber wo immer Leute gegen diese Gewaltwelle Stellung nahmen, fehlte die Erwähnung von Alter und Altersdiskriminierung. Eine Ausnahme bildete Karlin Chan, ein Community-Aktivist in New Yorks Chinatown: »Unsere Senioren und Frauen waren davon stärker betroffen als andere. Es sieht sehr danach aus, als hätten sie es auf die Alten abgesehen. Einen fitten jungen Mann werden sie in Ruhe lassen.«[96]

Auch das ist ein Beispiel dafür, wie Ageismus durch andere Ismen verstärkt werden kann. Intersektionalität bedeutet, dass Altersfeindlichkeit sich mit anderen Formen von Diskriminierung paart und so Benachteiligung verstärkt und deren Folgen potenziert. In den Vereinigten Staaten ist der Prozentsatz an alten Menschen, die sich nicht genügend Essen leisten können, unter People of Colour am höchsten – 64 Prozent der Älteren innerhalb der Schwarzen Bevölkerung und 74 der älteren Latinos leben nur knapp oberhalb der Armutsgrenze.[97]

Ein anderes Beispiel sind die gesundheitliche Benachteiligung und die niederschmetternde Armut bei vielen älteren Angehörigen der indigenen Völker Nordamerikas. Aus dieser Gruppe starben extrem viele Menschen an Covid-19, in sehr vielen Fällen, weil sie nur eingeschränkten Zugang zum Gesundheitssystem hatten.[98] Das Zusammenwirken verschiedener Stigmata bei älteren Indigenen hat Deborah Miranda sehr eindrücklich beschrieben. Die sechzigjährige Dichterin ist Angehörige des Stamms der Chumash: »Es ist so etwas wie ein nie enden wollender Kampf. Du bekommst nie eine Pause. Es gibt eine Menge Verletzungen, eine Menge Stress.« Aufgrund der systemischen Diskriminierung, so erzählte sie mir, die es schwer mache, genug zu verdienen, um davon leben zu können und gesundheitlich angemessen versorgt zu werden, schafften es viele Angehörige ihres Stammes nicht bis ins hohe Alter, und die, die es doch täten, hätten häufig unter einer Kombination aus Rassismus, Ageismus und, im Falle von Frauen, Sexismus zu leiden. Ihre Großmutter starb in mittleren Jahren. Ihr Großvater Tom hingegen wurde fünfundsiebzig, litt aber den größten Teil seines Lebens unter dem ihm entgegengebrachten Rassismus. In fortgeschrittenen Jahren kamen dazu noch die negativen Altersstereotype der Weißen, die er übernommen hatte. Von dem Gefühl beseelt, dass er als alter Mensch und auch als Indigener nicht viel zu geben hätte, teilte er sein Wissen um die Stammesbräuche, Tänze und die Sprache nie mit seinen Enkeln. Deborah fand später heraus, dass er sich heimlich »einen Kopfschmuck angefertigt hatte und in die Berge zum Tanzen ging«. Sie wusste nicht, dass er die Sprache des Stammes sprach. »Erst auf dem Sterbebett« hörte sie ihn zum ersten Mal Chumash sprechen.

Wohin von hier aus?

Die Allgegenwart und die tiefe Verwurzelung von Altersdiskriminierung bedeutet, dass man sie auf zwei Ebenen wird überwinden müssen: Wir müssen zum einen den negativen Altersbildern auf individueller Ebene entgegentreten, wo immer wir darauf stoßen, und zum anderen den gesellschaftlichen Institutionen die Stirn bieten, die auf der Basis dieser Einstellungen operieren. Einen Leitfaden für diese Auseinandersetzungen, die im Zusammenwirken dazu beitragen können, eine altersinklusive und gerechte Gesellschaft zu schaffen, finden Sie in den nächsten beiden Kapiteln sowie in den Anhängen 1 bis 3.

9

Befreiung auf persönlicher Ebene: Wie Sie Ihren Geist befreien

Auch wenn Altersbilder im Laufe des Lebens erworben, verinnerlicht und immer wieder verstärkt werden, so sind sie doch nicht in Stein gemeißelt. An Altersbildern ist nichts festgeschrieben oder unausweichlich: Ich habe sie im Labor verändern können, sie wandeln sich im Lauf der Geschichte, und sie unterscheiden sich von einer Kultur zur anderen zum Teil dramatisch.

In diesem Kapitel möchte ich Ihnen zeigen, wie Sie von einer Haltung, die das Altern mit Verfall gleichsetzt, zu einer Einstellung kommen, die Altern positiv bewertet. Zu diesem Zweck werde ich Sie mit der ABC-Methode bekannt machen, die ich, basierend auf wissenschaftlichen Erkenntnissen und Beobachtungen, für dieses Buch entwickelt habe. Die Methode umfasst drei Stadien: **A**chtsamkeit erhöhen, **B**enennen der Ursachen und die **C**ourage aufbringen, gegen diese negativen Altersbilder vorzugehen. Sie werden sehen, dass negative Altersstereotype keine uneinnehmbare Festung mit Burggraben darum sind. Die aufgezeigten Strategien können helfen, den Meißel an negative Altersbilder anzusetzen und positive zu verstärken. Das sind die Ziele dieses Kapitels und der in Anhang 1 vorgestellten Übungen dazu.

Das ABC für den Weg zu einem befreiten Umgang mit dem Alter

A: Die eigene Achtsamkeit erhöhen

Achtsamkeit beginnt von innen

Ihr Erfolg beim Verändern Ihrer negativen Haltung zum Altern steht und fällt damit, dass Sie imstande sind, diese zu erkennen. Wir können unsere Altersbilder nicht verändern, ohne zuerst eine Art Inventur zu machen. Überprüfen Sie Ihre Altersbilder, indem Sie Ihr Inneres nach Beispielen von alten Menschen durchforsten, die Ihnen wie negative Altersstereotype vorkommen. Ordnen Sie diese als solche ein. Wenn Sie sich hinter dem Lenkrad ertappen, wie Sie leise über den älteren Autofahrer vor Ihnen schimpfen, erinnern Sie sich daran, dass ältere Autofahrer weniger Unfälle verursachen als junge und weitaus weniger häufig beim Fahren auf ihrem Handy herumtippen.[1] Sie können auch an die vielen exzellenten alten Fahrer denken wie Morgan Shepherd vom NASCAR, der noch mit achtundsiebzig Rennen fuhr.

Es hilft, darauf zu achten, wie wir mit alten Menschen sprechen. In den Vereinigten Staaten und in Europa reden wir mit alten Menschen, vor allem mit solchen, die in der einen oder anderen Form betreut werden, oftmals in einer Art »Altensprache« – einer vereinfachten Ausdrucksweise mit melodischem Singsang, und das oft überlaut.[2] Auch belegen wir alte Menschen oft mit Attributen, die wir sonst für unsere Kinder reserviert haben: »süß«, »knuffig«, »goldig« und Ähnliches. Eine solche Form der Ansprache verringert das Selbstwertgefühl des Angesprochenen.[3] Als ich mich neulich mit einer Hundertjährigen unterhielt, fiel mir auf, dass ich plötzlich lauter sprach und vor allem einsilbige Wörter verwendete. Ich merkte rasch, dass sie keinerlei Probleme hatte, mich zu hören und zu verstehen, sie blickte mich sogar mit einem feinen

Lächeln an, als wüsste sie, was ich da gerade machte. Also passte ich meine Rede an und sprach mit ihr, wie ich mit einer guten Freundin meines Alters reden würde. Ehe ich mich's versah, sprach ich wieder ganz normal mit ihr.

Achtsamkeit durch ein Reservoir an positiven Altersbildern

Je mehr positive Altersbilder uns unterkommen und je mehr wir sie verinnerlichen, desto mehr werden sich unsere bewussten und unbewussten negativen Altersbilder, die wir aus dem Ageismus unserer Umgebung übernommen haben, in nichts auflösen.[4] Denken Sie an jemanden, der für Sie ein positives Altersvorbild darstellt, ein Elternteil zum Beispiel, ein Nachbar, Ihr Geschichtslehrer, Ihre Lieblingsbibliothekarin, an Kusi, die Großmutter in Simbabwe, die auf der Freundschaftsbank Gesprächstherapie anbietet, den Barista, der mit sechzig plus irre lustige Witze über das Zeitgeschehen reißt. Demontiert das Verhalten dieser Personen ein negatives Altersbild, und stärkt es ein positives?

Positive Rollenvorbilder geben uns nicht nur ein gutes Gefühl, sie helfen uns auch, unser Verhalten zu verändern. Ein schönes Beispiel ist der »Scully-Effekt« – benannt nach der fiktiven FBI-Wissenschaftlerin aus *Akte X*. Mädchen, die in der Jugend regelmäßig die Serie mit Dana Scully (gespielt von Gillian Anderson) gesehen haben, studierten gehäuft Naturwissenschaften.[5]

Positive Altersbilder sind noch in anderer Hinsicht hilfreich. Ich habe festgestellt, dass sich bei älteren Menschen, denen man auftrug, vier Wochen lang einmal in der Woche einen kurzen Tagebucheintrag über einen fiktiven Tag im Leben eines gesunden und aktiven alten Menschen zu schreiben, vormals negative Einstellungen zum Altern deutlich aufhellten.[6] Verschiedene Studien anderer Autoren sind zu ähnlichen Ergebnissen gekommen. Menschen, die im Alter von unter zwei Jahren zu Hause mit älteren Vorbildern aufgewachsen sind, waren im Allgemeinen gesünder als Menschen, die die frühe Kindheit ohne solche verbracht hatten.[7] Und

Collegestudenten, die man in Experimenten unterschwellig mit älteren Vorbildern wie Mutter Theresa oder Albert Einstein konfrontiert hatte, erzielten in Tests, die impliziten Ageismus bemaßen, sehr viel geringere Werte als ihre Kommilitonen, bei denen nichts dergleichen erfolgt war.[8]

Ich selbst wuchs nicht nur mit meiner Großmutter Horty, sondern mit weiteren Großeltern auf, die ich liebte und bewunderte, und mit Eltern, die mir noch immer eine Quelle der Inspiration sind. Während ich dies schreibe, ist meine siebenundachtzigjährige Mutter Elinor, einstmals leidenschaftliche Immunologin und Chefin eines medizinischen Forschungslabors, Leiterin einer Ortsgruppe von Grandmothers in Action, einer Gruppierung, die Kampagnen zur Erhöhung der Wahlbeteiligung organisiert. Mein fünfundachtzigjähriger Vater Charles, ein Soziologe, dessen Forschung Vietnam-Veteranen gegolten und der Entdeckung der posttraumatischen Belastungsstörung den Weg bereitet hatte, engagiert sich heutzutage unermüdlich als Ratgeber für jüngere Wissenschaftler (mich eingeschlossen).

Es ist wichtig, sich ein breit gefächertes und nuanciertes Spektrum an positiven Bildern zum Altern aufzubauen. Auf diese Weise werden Sie mit dem Alterungsprozess verschiedene Arten von Qualitäten assoziieren.

Es kann kontraproduktiv sein, das eigene Leben an nur einem einzigen Bild auszurichten, das zu außergewöhnlich oder zu positiv ist – Menschen wie der Astronaut John Glenn zum Beispiel, der Senator wurde und dann mit siebenundsiebzig noch einmal ins All aufbrach, oder die Richterin Ruth Bader Ginsburg vom Obersten Bundesgericht der Vereinigten Staaten, die noch mit Ende achtzig brillante Urteilsbegründungen verfasste. Solche potenziellen Vorbilder sind Ausnahmeerscheinungen.[9] Wie viele von uns wechseln schon zwischen zwei Top-Karrieren hin und her oder dienen am höchsten Gericht ihres Landes? Was nicht heißen soll, dass es nicht hilfreich ist, sich an bestimmten Eigenschaften der von uns verehrten Vorbilder zu orientieren (der Arbeitsmoral von Richterin Ginsburg zum Beispiel oder ihrem Einsatz für Geschlechtergerechtigkeit), denn diese zu stärken, ist für die meisten von uns ein eher erreichbares Ziel.

Achtsame Wahrnehmung der Altersvielfalt und die Unmöglichkeit von Altersblindheit

Altern ist ein besonders heterogener Prozess, ja, je älter wir werden, desto weiter entwickeln wir uns auseinander.[10] Das ist auf gesellschaftliche und persönliche Faktoren gleichermaßen zurückzuführen. Alle Menschen über sechzig als gleich zu betrachten, ist ungefähr genauso sinnvoll, wie alle Menschen zwischen zwanzig und fünfzig in dieselbe Kategorie zu stecken.[11] Leider werden in vielen Nachrichtenmeldungen und Gesundheitsstudien in Amerika und der übrigen Welt ältere Menschen entweder ganz ausgenommen oder als Gesamtheit zu einer demografischen Gruppe vereint. Das macht es unmöglich, Dingen genauer auf den Grund zu gehen oder Politik und Programme zu gestalten, die Ressourcen gezielter an diese Altersgruppe verteilen könnten. Auch lässt es uns leicht über die bemerkenswerte Heterogenität des Alterungsprozesses hinwegsehen.

So wie Farbenblindheit die ethnische Zugehörigkeit ausblenden soll, versucht »Altersblindheit« die Bedeutung von Alter auszublenden. Wenn Sie anfangen, darauf zu achten, werden Sie merken, wie verbreitet dieses Bestreben ist. Ein freundlicher Mann, der in meinem Supermarkt um die Ecke Fisch verkauft, nennt die älteren Kunden in bester Absicht grundsätzlich »junger Mann« und »junge Frau«. In Amerika ist es unter Erwachsenen, die einander ein paar Jahre nicht gesehen haben, gang und gäbe zu sagen, dass sie aussähen, als wären sie »keinen einzigen Tag älter geworden«. Auch wenn das als Kompliment gemeint ist, kann es auf den Betreffenden herabwürdigend wirken, wenn man sein Alter ignoriert oder herunterspielt, denn es suggeriert, dass Alter etwas ist, das man tunlichst zu verbergen hat.[12] Es ist demzufolge besser, nicht so zu tun, als wäre Altern etwas, das nicht geschieht. Altwerden ist etwas, das es wahrzunehmen und zu schätzen gilt. Vorzugeben, es nicht zu bemerken, kehrt die positiven Seiten genauso unter den Teppich wie die potenziell vorhandene Diskriminierung und ist daher alles andere als eine Lösung.

Die Wahrnehmung unsichtbarer Altersstereotype im täglichen Leben

Horchen Sie nicht nur in sich hinein und machen Sie sich das eigene Bild von anderen Menschen bewusst, achten Sie auch auf Altersstereotype in Ihrem Umfeld. Zu Beginn werden Sie das Gefühl haben, nach etwas zu suchen, das unsichtbar ist. Es ist so ähnlich wie in jenem Witz über die beiden Jungfische, die ihres Wegs schwimmen und plötzlich einem alten Fisch begegnen, der sie fragt: »Hey, Jungs, wie findet ihr das Wasser?« Die beiden Jungfische schwimmen weiter, schließlich sagt der eine zum anderen: »Was zum Teufel ist Wasser?«[13]

Wenn Sie anfangen, auf das Wasser zu achten, werden Sie sehen, dass es, wo Sie auch hinschauen, nass ist. Meine Studenten an der Yale University beginnen das Semester in der Regel mit wenig Bewusstsein für das Thema Altersdiskriminierung. Drei Monate später können sie keine Zeitung in die Hand nehmen, keinen Blick in die sozialen Medien werfen und nicht einmal mit anderen reden, ohne zu merken, dass negative Altersstereotype überall in ihrem Leben lauern.

Eine meiner Studentinnen erschrak mit einem Mal über ein Schild der Flughafensicherheit, das sie viele Male zuvor gesehen hatte: »Wenn Sie unter 12 oder über 65 sind, müssen Sie Ihre

Schuhe nicht ausziehen.« Sie hatte sich nie groß Gedanken darüber gemacht, warum die Transportation Security Administration, eine Bundesbehörde, diese beiden Altersgruppen gleichsetzt, oder über die Wirkung, die diese Form von Infantilisierung auf ältere Menschen haben könnte.

Es gibt ein Phänomen, dem man den Namen Baader-Meinhof-Effekt gegeben hat:[14] Es tritt auf, wann immer Sie anfangen, sich mit etwas näher zu befassen. Nehmen wir an, Sie dächten darüber nach, sich ein neues Auto zu kaufen, beispielsweise einen Subaru-Kombi. Plötzlich sind die Dinger überall: Sie sehen sie auf der Autobahn, auf dem Parkplatz beim Flughafen, in Ihrer Straße. Es zeigt sich, dass die Schwester Ihres Freundes einen fährt, Sie erfahren, dass es das erste Auto Ihres Vaters war. Es kommt Ihnen vor wie eine Verschwörung, aber das ist es nicht. Es ist nur so, dass Ihnen der Subaru-Kombi nun, da er in Ihrem Kopf ist, einfach häufiger ins Auge fällt. Dasselbe gilt für den Ageismus. Sobald Sie anfangen, darüber nachzudenken, werden Sie ihn überall, bei fast allem und jedem bemerken.

Manche Formen von Ageismus sind leicht zu erkennen: beispielsweise der Gang, der in unserem Laden für Partyartikel den Geburtstagen älterer Jahrgänge vorbehalten ist. Dort finden Sie schwarze Luftballons mit Grabsteinen darauf und Tischdecken mit dunklen Warnungen wie: »Wenn du ein Pferd wärst, hätte man dich längst erschossen.«

Andere Fälle von Ageismus fallen nicht so leicht ins Auge, weil Ältere dabei gar nicht in Erscheinung treten. Da wäre zum Beispiel das Krankenhaus, das eine notwendige Behandlung nicht durchführt, weil der Patient dafür als zu alt eingestuft wird, das Ignorieren von Alter in Diskussionen, in denen es um die bessere Berücksichtigung von Diversität in den Medien, im Marketing und am Arbeitsplatz geht, und der Ausschluss älterer Menschen bei wissenschaftlichen Studien, mit denen Behandlungsmethoden optimiert werden sollen. Auch wenn diese Manifestationen von Ageismus leicht zu übersehen sind, ist es wichtig darauf zu achten, wie es mit der Chancengleichheit für ältere Menschen und deren Inklusion steht.

Ein Bewusstsein für unser künftiges Selbst

Für diejenigen unter uns, die noch nicht alt sind, ist es hilfreich, sich selbst nicht als fundamental anders als alte Menschen zu betrachten, sondern als alte Menschen in Ausbildung. Wenn alles gut geht, werden wir alt werden. So betrachtet werden negative Altersbilder zu einem Vorurteil gegen das eigene künftige Selbst.

Wenn man jung ist, ist es schwer, sich zutreffend auszumalen, wie es ist, älter zu sein, insbesondere dann, wenn Sie keinen näheren Kontakt zu jemand Älterem haben. Abneigung gegen das Alter und das Meiden alter Menschen sind Dinge, die junge Menschen in einer altersfeindlichen Gesellschaft lernen – häufig ohne dass es ihnen bewusst wird. Eine bessere Art, mit dem Alter umzugehen, ist aktiver Kontakt zwischen den Generationen, davon profitieren alle. Suchen Sie die Nähe zu Älteren, sei es in Gestalt von Generationen übergreifenden Yoga-Kursen, in Online-Literaturklubs oder an öffentlichen Orten, die allen Generationen offenstehen, oder werden Sie in Organisationen aktiv, die für mehr Altersgerechtigkeit eintreten – ein gutes Beispiel dafür waren die Grauen Panther, deren Motto »Jung und Alt gemeinsam« lautete. Lernen Sie ältere Kollegen oder Nachbarn näher kennen. Unternehmen Sie etwas mit einem älteren Angehörigen. Eine Übersichtsstudie aus jüngerer Zeit, in der Arbeiten analysiert wurden, die sich mit dem Einfluss von Mehrgenerationen-Projekten befassten (Dinge wie der Freiwilligendienst in einer Suppenküche), kam zu dem Schluss, dass dies die Sicht der Jungen auf die Älteren ebenso positiv beeinflusste wie umgekehrt die Sicht der Älteren auf die Jungen.[15] Wenn Möglichkeiten für einen direkten Kontakt nicht so einfach zu finden sind, dann versuchen Sie es mit Filmen, Büchern, Blogs, Podcasts oder anderen Medienerzeugnissen älterer Menschen.

B: Die Ursachen am richtigen Ort suchen und benennen

Schuld ist die Altersfeindlichkeit, nicht das Altern

Sobald Sie sich Ihrer eigenen Altersbilder und derer, von denen Ihre Gesellschaft durchdrungen ist, bewusst geworden sind, können Sie anfangen, Ihr Altersverständnis in der B-Phase der ABC-Methode neu zu definieren. Dazu gehört es unter anderem, die Dinge beim Namen zu nennen und die Schuld für die möglicherweise vorhandene eigene altersfeindliche Haltung und negative Stereotype am richtigen Ort zu suchen: in der Altersdiskriminierung und ihren gesellschaftlichen Wurzeln. Das verlangt, den größeren Kontext in den Blick zu nehmen, in dem eine unliebsame Entwicklung stattfindet, damit man der wahren Ursache des Problems auf die Spur kommt. Ein guter Start ist die Erkenntnis, dass es in vielen Fällen die Altersfeindlichkeit ist, die das Altsein schwer macht, nicht das Altern selbst.

Ich hörte kürzlich einen Arzt erzählen, wie ein Fünfundachtzigjähriger, der seinen Arzt wegen dumpfer Knieschmerzen aufsuchte, lediglich gesagt bekam: »Hören Sie, dieses Knie ist fünfundachtzig Jahre alt. Was erwarten Sie?« »Nun ja, klar, Doktor«, darauf der Patient, »aber mein anderes Knie ist auch fünfundachtzig und tut kein bisschen weh.«

Wenn ein Arzt die Beschwerden eines Patienten nicht ernst nimmt, weil der Patient alt ist, dann heißt das, dass dieser Arzt dem Alter die Schuld gibt, obwohl etwas ganz anderes im Spiel sein könnte. Der Ursache eines Problems nicht nachzugehen, sondern stattdessen auf dem altersfeindlichen Standpunkt zu beharren, dass Verfall im späteren Leben unausweichlich ist (ein Bild, für das oft bereits im Kindergarten der Boden bereitet wird und das bis zum Ende des Medizinstudiums kontinuierlich verfestigt wird), bedeutet einen Verstoß gegen die ärztliche Sorgfaltspflicht. Vielleicht plagt den Patienten sein Knie, weil er sich kürzlich beim Schneeschippen in seiner Einfahrt einen Muskel gezerrt hat. Aber da es »ein altes Knie« ist, glaubt der Arzt, dass ihn das Problem nichts angehe. Er schiebt die Schuld für das Problem fälschlicherweise auf etwas, das mit zunehmendem Alter unausweichlich und daher nicht abzustellen ist.

Wir haben von Natur aus den Hang, Menschen die Schuld zu geben und nicht ihrer Situation, wenn etwas schiefläuft. Man bezeichnet das als fundamentalen Attributionsfehler.[16] Wenn jemand sich vordrängelt, während Sie in der Schlange an der Kasse warten, nehmen Sie vermutlich an, er sei ein Rüpel, und denken nicht als Erstes an einen gestressten Elternteil, der in großer Eile ein Medikament für sein krankes Kind daheim kaufen muss.

Wenn ich meine Forschung vor Zuhörern vorstelle, kommen hinterher oft Leute zu mir und erklären: »Nun, natürlich gibt es negative Stereotype en masse. Sie beschreiben eben, wie es ist: Alter und Verfall gehen Hand in Hand.« Das erste Problem bei dieser Vorstellung ist, dass das weit verbreitete Narrativ, Altern sei eine Zeit des unausweichlichen geistigen und körperlichen Verfalls, schlicht unzutreffend ist. Erinnern Sie sich an Patrick, der seinen Riesenschatz an Pilzwissen auch mit über siebzig noch ständig erweiterte, oder Maureen, die mit über neunzig Wettkämpfe schwamm. Das zweite Problem ist, dass bei dieser Argumentation Ursache und Wirkung durcheinandergebracht werden. Wie bereits an anderer Stelle in diesem Buch angemerkt, beeinflussen gesellschaftlich sanktionierte Altersbilder unsere Gesundheit samt der biologischen Altersmarker. Wenn es um die Frage geht, wie wir altern, ist vielfach die Gesellschaft die Ursache und die Biologie die Wirkung.

Was also ist die beste Art und Weise, unser Kausalitätsdenken neu auszurichten? Wir verlagern die Schuld.

Die Ursachen flussaufwärts suchen: Die Ertrinkenden retten

Sie fragen sich vielleicht, warum ich zum Wohl unserer Gesundheit vorschlage, unsere Altersbilder zu verändern, statt konkrete Maßnahmen zur Veränderung unseres Lebensstils anzuraten. Schließlich empfehlen die meisten Bücher zum Thema gutes Altern, das Augenmerk auf Dinge wie gesunde Ernährung, wenig Stress und Sport zu lenken. Auch wenn all dies für die Gesundheit und ein langes Leben durchaus förderlich ist, so ist die reine Konzentration auf solches Verhalten oftmals auf lange Sicht wenig erfolgreich, ja manchmal sogar kontraproduktiv.[17] Warum? Wenn Sie sich auf die schlechte Qualität der Ernährung, einen hohen Stresspegel und mangelnde sportliche Betätigung konzentrieren, haben Sie es mit *nachgeordneten* Faktoren zu tun und nicht mit dem eigentlichen Problem. Lassen Sie mich anhand einer Parabel des Medizinsoziologen Irving Zola erklären, was ich damit meine:

Sie stehen am Ufer eines rasch dahinströmenden Flusses und sehen plötzlich jemanden mit den Fluten kämpfen, es sieht aus, als würde er ertrinken. Ohne Rücksicht auf Ihr eigenes Leben springen Sie in das eiskalte Nass, trotzen der gefährlichen Strömung und schaffen es, den Betreffenden an Land zu bringen. Sie sind gerade dabei, ihn wiederzubeleben, da hören Sie aus der Ferne erneut einen Schrei und sehen jemand anderen mit dem Wasser ringen. Sie stürzen sich ein weiteres Mal hinein, bringen auch diesen Schwimmer an Land und beginnen mit der Herzdruckmassage. Im selben Augenblick trägt die Strömung weitere ertrinkende, nach Luft ringende Personen vorbei. Sie werden von furchtbarer Panik ergriffen, als Ihnen aufgeht, dass irgendwo flussaufwärts etwas geschieht, das dafür verantwortlich ist, dass all diese Menschen ins Wasser fallen. Ihr erster Impuls ist es, das zu verhindern, indem Sie nach der Ursache fahnden und diese beheben, aber das können Sie nicht, weil Sie ja damit beschäftigt sind, die Ertrinkenden zu retten.[18]

Genau darin besteht die klassische Herausforderung für das öffentliche Gesundheitswesen: die zweifache Notwendigkeit, sowohl das drängende Problem flussabwärts zu beheben (die Ertrinkenden) als auch der strukturellen Gefahr flussaufwärts zu begegnen (was immer es ist, das Menschen ins Wasser fallen lässt). Altersbilder sind flussaufwärts angesiedelt und beeinflussen Gesundheit und Wohlergehen. Wenn man das eigene Altersbild verändert, wird sich das Verhalten im Umgang mit der eigenen Gesundheit eher ändern, als wenn man sich allein auf die jeweiligen Gepflogenheiten konzentriert. Gewohnheiten, die auf Überzeugungen gründen, verändern sich von innen heraus.

In der Parabel lassen sich Ageismus und negative Altersbilder als Bösewicht verstehen, der die Leute flussaufwärts reihenweise ins Wasser schubst. Wir müssen dem Bösewicht das Handwerk legen. Die ideale Lösung wäre eine Welle an Sozialreformen, die den Ageismus davonspült. Bis es so weit ist, können wir uns selbst mit den hier genannten und in Anhang 1 detaillierter ausgeführten ABC-Übungen vor den tückischen Wassern schützen.

Courage: Negativen Altersbildern entgegenwirken

Das C der ABC-Methode steht für ein couragiertes Vorgehen gegen negative Altersbilder. Wir haben mit unseren Studien herausgefunden, dass ältere Menschen, die sich aktiv mit der Altersdiskriminierung auseinandersetzen, sich wehren, statt sie zu ignorieren, weniger häufig an Depressionen und Angststörungen erkranken.[19] Das gilt insbesondere für negative Altersbilder: Je energischer wir ihnen etwas entgegensetzen, desto weniger fest haben sie uns im Griff.

Sprechen Sie es aus

Altersdiskriminierung entgegenwirken heißt sie benennen, wo immer man darauf stößt. Das gilt für das private Umfeld ebenso wie für die öffentliche Bühne.

Ashton Applewhite, vierundsechzig und engagierte Aktivistin gegen die Benachteiligung Älterer, startete beispielsweise eine Onlinekolumne mit dem Titel »Yo, Is This Ageist?« (zu Deutsch etwa: »Hey! Ist das altersfeindlich?«), in der ihre Leser fragen können, ob sie bestimmte Wörter und Handlungen als altersfeindlich ansehen würde oder nicht. Applewhite nennt Altersdiskriminierung behutsam und bedacht beim Namen und ermutigt ihre Leser, dasselbe zu tun. Vor Kurzem fragte ein Leser: »Was denken Sie über die Floskel ›im Herzen jung‹?« Applewhites Antwort: »Was bedeutet ›im Herzen jung‹? Verspielt? Romantisch veranlagt? Abenteuerlustig? Wir können all diese Dinge – ebenso wie ihr Gegenteil – an jedem Punkt unseres Lebens empfinden. Eine jugendzentrierte Sprache wie die Formulierung ›im Herzen jung‹ ist altersfeindlich, denn sie suggeriert das Gegenteil.«[20]

In zunehmendem Maße wenden sich auch Prominente gegen die Diskriminierung Älterer in Wort und Tat. So klagte kürzlich Megastar Madonna: »Mein Leben lang haben Leute versucht, mich zum Schweigen zu bringen … und neuerdings, weil ich nicht jung genug bin. Jetzt muss ich mich gegen Altersfeindlichkeit wehren und werde dafür bestraft, dass ich sechzig werde.«[21] Ganz ähnlich klingt es bei Robert De Niro, der sich mit zweiundsiebzig Jahren über das Filmgeschäft beklagt: »Hierzulande ist Jugend ein überaus wichtiger Teil der Kultur. Alter wird nicht so geachtet, wenn Sie so wollen, wie es anderorts der Fall ist… Wenn Sie eine Rolle wollen, hat man Sie am liebsten jung und hübsch oder jung und gut aussehend.«[22]

Auch weniger berühmte Leute nehmen die Dinge selbst in die Hand. Mein dreiundachtzigjähriger Schwiegervater beispielsweise, ein beliebter Musikprofessor und hervorragender Pianist mit einem Abschluss von der Juilliard School, hat gegen seinen Arbeitgeber, eine Universität in Pennsylvania, Klage wegen Altersdiskriminierung eingereicht, weil man ihn dort zwingen wollte, in den Ruhestand zu gehen, indem man ihm den Arbeitsalltag immer beschwerlicher machte.

Mit dem Eintreten für positive Altersbilder kann man früh beginnen. Als meine Töchter klein waren, habe ich aktiv versucht, ihnen solche zu vermitteln, indem ich ihnen Bücher vorlas, in denen überzeugende und interessante ältere Figuren eine Rolle spielten. Und im Fernsehen ließ ich sie bevorzugt Sendungen anschauen, in denen Leute aus allen möglichen Altersgruppen vorkamen. Ich habe auch versucht, sie davor zu bewahren, negative Altersbilder zu verinnerlichen, indem ich sie ermunterte, auf Fälle von Altersdiskriminierung hinzuweisen, wenn sie darüber stolperten. Ein Roman von Roald Dahl – *Das Wundermittel* – überraschte sie beispielsweise mit einer ziemlich bösartigen Beschreibung gleich zu Beginn: »…..« Eine der beiden verzog das Gesicht, als wir die Stelle lasen. Die andere sagte: »Das kommt mir aber gemein gegenüber Oma vor.«

Ein anderer Fall ereignete sich in der Grundschule. Im Vorlauf zur Hundertjahrfeier, bei der an amerikanischen Grundschulen gern alte Menschen auf die Schippe genommen werden, machten sie bei einer Talentshow mit, durch die zwei Viertklässler führten, die mit weißen Perücken, schäbigen Schuhen und Gehstöcken bärbeißig und gebeugt auf der Bühne herumschlurften. Beim Ansagen der nächsten Nummer schlichen sie sich mitten im Satz davon, als hätten sie vergessen, was sie sagen wollten. Die Zuschauer, darunter auch viele Lehrer, lachten und applaudierten.

Um der altersfeindlichen Parodie der Viertklässler etwas entgegenzusetzen, veranstalteten meine Töchter und ich einen Workshop zum Thema Altersdiskriminierung, in dem die Kinder über Altersstereotype reden konnten, die sie auf der Bühne erlebt hatten, und über alte Menschen, die ganz anders waren als diese Darstellungen. Meine Töchter ließen ihre Mitschüler in Kleingruppen Collagen aus Bildern anfertigen, die sie entweder einem Stapel Zeitschriften oder ihren eigenen Erlebnissen entnahmen. Die Hälfte der Gruppen fertigte Collagen, die Altersdiskriminierung zeigen sollten, die andere Hälfte solche mit positiven Darstellungen von älteren Menschen.

Eine von diesen Älteren, die kein Blatt vor den Mund nehmen, wenn es um Altersfeindlichkeit geht, ist die neunundneunzigjährige Irene Trenholme, eine Nachbarin meiner Eltern in den Green Mountains in Vermont. Sie betreibt ein Antiquariat namens Secondhand Prose, das seinen Gewinn der örtlichen Bibliothek spendet. Sie teilt die Dienste der Mitarbeiter ein und sortiert die gespendeten Bücher. Vor Kurzem lud Irene mich zum Nachmittagskaffee in ihr weitläufiges viktorianisches Haus oben auf dem Hügel ein. Auf dem Kaffeetisch zwischen uns lag ein Tausend-Teile-Puzzle, das sie soeben fertiggestellt hatte, ein Gemälde von Gustav Klimt. Jede Woche fügt sie die Teile eines neuen Puzzles zusammen, um Geist und Finger zu schulen.

Irene erzählte mir, dass sie, wenn sie altersfeindliche Sprüche oder Verhaltensweisen bemerkt, höflich, aber bestimmt darauf hinweist, dass dies nicht angemessen sei. Vor Kurzem hatte ihr Arzt sie sehr laut angesprochen, obwohl sie absolut keine Probleme mit dem Hören hat, und sich beim Sprechen in erster Linie an ihren Sohn gewandt. Irene fand es geboten anzumerken: »Ich höre sehr gut, danke. Und nicht mein Sohn ist Ihr Patient, sondern ich.« Der Arzt erklärte ihr, einigermaßen peinlich berührt, aber trotzdem sehr liebenswürdig, dass ihm nicht bewusst gewesen sei, wie er sich verhalten habe.

Irene schreitet auch ein, wenn einer ihrer Freunde zur Zielscheibe altersfeindlicher Witze wird. »Die Menschen sind nicht immer nett zu einem, wenn man alt wird«, sagt sie. Also trägt sie ihren Teil dazu bei, das zu ändern. Ihre Unerschrockenheit hat sie von ihrer Großmutter, erzählt sie, auf deren Milchviehfarm am Rande der kleinen Stadt, in der sie heute lebt, sie aufwuchs. »Was immer du tust«, pflegte ihre Großmutter zu sagen, »ich möchte, dass du auf eigenen Füßen stehst.«

In Anhang 1 werden Sie eine Reihe von Übungen finden, die Ihnen helfen werden, meine ABC-Methode für positivere Altersbilder umzusetzen. Um deutlich zu machen, wie so etwas im realen Alltag aussieht, möchte ich Ihnen Susan vorstellen.

Von Papua-Neuguinea zur Agentin fürs Umdenken: Die personifizierte ABC-Methode

Susan Gianinno, seinerzeit junge Doktorandin an der University of Chicago, steckte in einer Zwickmühle. Sie hatte alles vorbereitet, um für ein paar Monate zu ausführlichen Feldstudien nach Papua-Neuguinea aufzubrechen, als bei ihrer kleinen Tochter eine chronische Mandelentzündung festgestellt wurde. Nichts Dramatisches, aber unbehandelt nicht auf die leichte Schulter zu nehmen. Das Baby benötigte permanente medizinische Betreuung und Antibiotika, beides zu jener Zeit auf einer Insel im Südpazifik keine Selbstverständlichkeit.

Sie beschloss einen Weg zu finden, ihre Dissertation in Amerika fertigzustellen, anstatt um die halbe Welt zu reisen. Während sie noch grübelte, wie sie ihr Thema abändern könnte, erhielt sie einen Anruf vom Leiter der Forschungsabteilung einer großen Werbeagentur. Ein Professor an ihrer Uni hatte ihm ihre Nummer gegeben, er hoffte, Sozialwissenschaftler gewinnen zu können, um in seiner Firma von ihrer Expertise zu profitieren. Susan zögerte ein paar Tage, bevor sie den Sprung wagte. Sie nahm die Stelle bei der Werbefirma an.

»Ich landete in der McDonald's-Abteilung«, erzählt sie lachend. Binnen Wochen hatte sie ihren Plan herauszufinden, welche sozialen Support-Faktoren das Wohlergehen auf einer Insel im Südpazifik beeinflussen, eingetauscht gegen den Versuch, herauszufinden, »warum der Whopper von Burger King sich plötzlich besser verkaufte als der Big Mac von McDonald's«. Es war eine echte Umstellung. Ihre neuen Kollegen waren stets gut angezogen und legten eine Menge Wert auf ihre Erscheinung und Selbstdarstellung. (»In der Wissenschaft«, scherzt sie, »glauben die Leute, man sei modebewusst, wenn man sein Hemd in die Hose steckt.«) Dinge entwickelten sich unglaublich schnell (an der Universität konnte man ein Jahrzehnt an ein und demselben Projekt arbeiten). Susan fand ihre neue Welt verwirrend und aufregend zugleich.

Mit Altersdiskriminierung machte Susan bereits sehr früh und ausführlich Bekanntschaft. Einer ihrer ersten Klienten war das Kosmetikunternehmen Olay. Der erste Werbeclip, den ihre Firma entworfen hatte, zeigte eine junge Frau – allem Anschein nach noch keine Olay-Kundin –, die in ihren Badezimmerspiegel schaut und darin eine ältere Frau entdeckt. »Ich sehe aus wie meine Mutter!«, kreischt die junge Frau darauf.

Ältere Menschen fehlten in den Werbekampagnen der Firma häufig. Wenn sie vorkamen, dann wurden sie – im Falle älterer Frauen – zumeist als fügsame Großmütter oder, wenn es sich um Männer handelte, als dominante Griesgrame porträtiert. Und generell wurden sie gezeigt als Personen, die nicht auf der Höhe der Technik sind. In weniger als fünf Prozent aller Werbespots oder -anzeigen, in denen alte Menschen vorkommen, hantieren diese mit einem technischen Gerät, obwohl 70 Prozent aller Menschen zwischen fünfundfünfzig und dreiundsiebzig ein Smartphone besitzen.[23]

Damit nicht genug – Susan fiel auch auf, dass die Darstellungen alter Menschen in ihrem Zweig der Industrie mit den Jahren eher schlimmer wurden. Obwohl Leute über siebzig das am schnellsten wachsende Segment auf dem amerikanischen Arbeitsmarkt darstellen, kommen sie in Werbeanzeigen oder -spots, die Leute am Arbeitsplatz porträtieren, fast nie vor. Stattdessen erscheinen sie als Objekte medizinischer Versorgung.

Im Verlauf der letzten zehn Jahre, so Susan, »hat die Marketingindustrie den Äther mit Werbeanzeigen geflutet, die auf ältere Menschen abzielen«. Das entbehre in gewisser Hinsicht nicht der Ironie, erklärt sie, »denn sie als zahlungskräftiges Marktsegment zu akzeptieren könnte auch als Zeichen des Fortschritts gelesen werden. Leider ist das Grundthema der meisten dieser Anzeigen, dass Altern eine Zeit des Verfalls, des Niedergangs und voller Probleme ist. Der kritische Punkt ist dabei nicht, dass Einsamkeit und Diabetes in fortgeschrittenen Jahren keine Rolle spielen, sondern dass es keine Gegenentwürfe dazu gibt. Ältere Menschen werden einfach nur mit diesen negativen Botschaften bombardiert. Nicht mit der Kehrseite der Medaille, nicht mit der erweiterten Sichtweise, nicht mit der Vielschichtigkeit des Alterns.

Susan gibt der Werbeindustrie die Schuld an dieser Sicht der Dinge, denn diese Altersstereotype passen nicht zu dem, was sie aus eigener Anschauung über die Vielfalt und Stärken des Alterns weiß. Sie wuchs in einer Großfamilie aus mehreren Generationen auf: acht Geschwister, eine aktive Mutter, die zur Arbeit ging, sehr engagierte Onkel, Tanten und Großeltern, und ein Vater, der bis weit über neunzig als Arzt arbeitete. Und an der University of Chicago hatte Susan bei Bernice Neugarten studiert, die vorherrschenden Mythen über das Altern reihenweise den Garaus gemacht hat, unter anderem, indem sie zeigte, dass das »Empty-Nest-Syndrom«, die in den Medien gern als traurige oder gar traumatische Erfahrung porträtierte Phase, nachdem das erwachsene Kind das Haus verlässt, sehr häufig vielmehr eine Gelegenheit zur Weiterentwicklung für Kind und Eltern darstellt.

Werbung reflektiert die Ansichten der Menschen, die die Agenturen dafür beschäftigen: Das Durchschnittsalter der Angestellten von Werbefirmen liegt bei achtunddreißig.[24] In Susans Firma richteten sich die Manager bei der Zusammenstellung von Teams, die mit einem Kunden von Angesicht zu Angesicht zu tun hatten, häufig danach, wie alt die Angestellten wirkten, und ältere Angestellte wurden bei der Gestaltung einer Kampagne häufig übergangen. Ohne einen Platz am Tisch aber blieben ihre Stimmen ungehört.

Susan entschied, dass sie, wenn sie in der Werbung bleiben wolle, die Dinge ein bisschen aufmischen und einigen allgemein verbreiteten Ansichten den Kampf ansagen müsse. Während sie sich die vielen Sprossen der Karriereleiter in ihrer hyperkompetitiven Industrie hinaufarbeitete, widmete sie sich der Neuausrichtung ihrer Praktiken mit dem Ziel, der Vielschichtigkeit des

Alterns sowohl in der Werbung als auch in den Konferenzräumen besser Rechnung zu tragen.

Heute ist Susan Geschäftsführerin von Publicis North America, einem der größten Werbeunternehmen der Welt. Mit inzwischen über siebzig ist sie eine der ältesten und mächtigsten CEOs der Branche. Während sie die Werbeindustrie still und leise von innen umkrempelte, engagierte sie sich auch in der nicht gewinnorientierten Welt, wo weniger Einschränkungen und weniger Profitzwänge herrschen, die einer neuen und realistischeren Darstellung des Alterns im Wege stehen.

Susan betreibt inzwischen die Nonprofit-Organisation Ad Council mit, die Werbung für Belange von öffentlichem Interesse macht, beispielsweise die in Amerika berühmte Werbekampagne der Milchindustrie »Got Milk«. Besonders stolz ist sie auf die Kampagne »Love Has No Labels«, bei der sie federführend war und die sich gegen alle möglichen Vorurteile richtet, indem sie die verschiedensten Typen von Menschen in Liebesbeziehungen zeigt.[25] Diese Leute sind alt oder jung, homo- oder heterosexuell und von allen erdenklichen Hautfarben. In einem der Spots ist auf einem Gehsteig ein riesiger Röntgenschirm aufgebaut. Dahinter umarmen sich verschiedene Paare, von denen nur ihre doch sehr ähnlichen Skelette zu sehen sind. Eins nach dem anderen geben sich die Paare zu erkennen. Das letzte besteht aus einem alten Mann und einer alten Frau. Während sie hinter dem Schirm hervortreten, erklärt die Frau: »Liebe kennt keine Altersgrenzen.« Dieser Clip wurde von über sechzig Millionen Menschen angesehen.

Auf persönlicher Ebene kämpft Susan gegen negative Altersstereotype, indem sie sich in »nicht stereotyper Interaktion« mit ihrer großen und eng miteinander verbandelten Mehrgenerationen-Familie übt. Kürzlich lernten zum Beispiel alle zusammen das Paddeln. Susans Enkel beriet sie bei der Anwendung einer neuen Technologie für eine der Kampagnen der Firma, und Susan lehrte ihre Enkelin, ein Aufsichtsratstreffen zur Ordnung zu rufen, und ließ es sie dann selbst probieren.

Inzwischen sei sie überzeugt, sagt Susan, dass ein Wandel in der Luft liege: »Letzten Endes wird uns die schiere Masse an gesunden, glücklichen, aktiven alten Menschen, die für eine gerechtere Welt eintreten, die Arbeit abnehmen.« Sie glaubt, dass der Zündfunke von »Normensprengern«, wie sie sie nennt, kommen wird: »Sie sind keine Aktivisten im herkömmlichen Sinne, und sie mögen wie Unruhestifter wirken, bis es mehr und mehr von ihnen gibt, ihre Anzahl plötzlich explodiert, die Entwicklung an Tempo gewinnt und das, was zuerst wie störender Lärm wirkte, plötzlich Mainstream wird.«

10

Die gesellschaftliche Emanzipation des Alters Eine neue soziale Bewegung

Eine Kampagne zur Beendigung von Altersdiskriminierung

An einem ungebührlich trostlosen Aprilnachmittag vor nicht allzu langer Zeit stieg ich mit zwei meiner Doktorandinnen, Samantha und Iggy, in den Zug nach New York City, um uns zu einer dicht gedrängten, durchnässten Menge direkt vor dem Central Park zu gesellen. Wir kamen, um der allerersten Demonstration gegen Altersdiskriminierung beizuwohnen, zu der sich Menschen allen Alters und verschiedenster ethnischer Zugehörigkeit – von Kleinkindern in ihren Buggys bis hin zu Aktivisten über neunzig – versammelt hatten. Das Treffen bestätigte, was jeder längst wusste: Die Gesellschaft ist ein Netz aus gegenseitigen Abhängigkeiten – was eine Gruppe betrifft, betrifft auch alle anderen. Alter und die Ungerechtigkeit von Altersfeindlichkeit beschweren Geist und Herz, aber diesen freudvollen Anblick eines bunten Querschnitts durch die Gesellschaft werde ich nicht so schnell vergessen.

Der Nachmittag war ausgefüllt mit leidenschaftlichen Reden und Sprechchören. Die New Yorker Stadträtin Margaret Chin hielt ein mitreißendes Plädoyer für die Rechte älterer Menschen: »Wir müssen jenes gefährliche Narrativ verändern, das Senioren als Last für die Gesellschaft sieht. Wir brauchen eine Kehrtwende!« Etliche New Yorker, die Altersdiskriminierung durch Ärzte, Vermieter oder Arbeitgeber am eigenen Leib erfahren hatten, erzählten ihre Geschichten. Handgemalte Plakate konkurrierten um die Lufthoheit über unseren Köpfen (auf meinem war Albert Einstein zu sehen, darunter hatte ich geschrieben: »Würden Sie diesen Mann einstellen?«). Es gab wunderbare Tanzvorführungen von den Silver Sirens, einer Cheerleadertruppe aus Seniorinnen, die sich gegen Altersdiskriminierung einsetzen, und ein bewegendes Lied der Schwarzen Gospelsängerin Diana Solomon-Glover, die die Hymne der Bürgerrechtsbewegung »Ain't gonna let nobody turn me 'round« umgedichtet hatte zu: »Ain't gonna let ageism turn me 'round / Ain't gonna let nobody turn me 'round / I'm gonna keep on walking, keep on talking / Marching into freedomland.« Immer, wenn sie zum Refrain kam, sang die ganze Menge mit.

Die Gray Panthers: Einst und jetzt

In den 1970er Jahren wurde eine Fünfundsechzigjährige namens Maggie Kuhn von ihrem Arbeitgeber, einer Kirche in Philadelphia, für die sie Sozialkampagnen zu Themen wie dem Kampf um bezahlbaren Wohnraum für einkommensschwache Familien organisiert hatte, gefeuert.

Nach ihrer erzwungenen Pensionierung kam Maggie mit ein paar Freunden zusammen, die auf ähnliche Weise für das schreckliche Vergehen, fünfundsechzig geworden zu sein, aus ihrem Job gedrängt worden waren. Anfänglich hatten sie sich nur getroffen, um Dampf abzulassen, aber aus ihrem Schimpfen erwuchs schon bald Entschlossenheit. In den zurückliegenden Jahrzehnten hatte Maggie in der Bürgerrechtsbewegung und in der Protestbewegung gegen den Vietnamkrieg gearbeitet und so aus erster Hand erfahren, welche Macht Graswurzelbewegungen entfalten können, wenn es darum geht, gesellschaftliche Veränderungen anzustoßen. Maggie glaubte, dass jeder Wandel zwar seine Zeit braucht, aber mit genügend Leidenschaft und Anstrengung auch etwas, das zunächst unmöglich erscheint, irgendwann nicht mehr aufzuhalten ist.

Binnen eines Jahres hatten Maggie und ihre Freunde Tausende für ihr Anliegen mobilisiert, das, wie sie erklärte, zum Ziel hatte, die vorherrschende Sicht auf das Alter »als katastrophale Krankheit, von der niemand zugeben will, dass er sie hat«, durch die damals radikale Vorstellung zu verdrängen, dass Alter in Wirklichkeit etwas ist, das es zu feiern gilt.[1]

Mitte der 1970er Jahre machten Maggie und ihre kleine Truppe genügend Lärm, um national gehört zu werden. Eines Abends bezeichnete sie ein schlagfertiger Nachrichtensprecher im Fernsehen als »Gray Panthers« (abgeleitet von der Black-Panther-Bewegung), und der Name blieb hängen.

Um gegen Altersdiskriminierung anzukämpfen, brachten die Gray Panthers die Dinge gern mit Gerichtsverfahren und lautstarken Straßenaktionen ins Rollen, die häufig, um Aufmerksamkeit zu erregen, auf Humor setzten. In ihrem ersten Jahr warfen sie sich am Tag vor Weihnachten in Weihnachtsmannkostüme und umstellten ein großes Warenhaus, um gegen dessen restriktive Ruhestandsregelungen zu protestieren – auf ihren Schildern hieß es, Santa sei zu alt, um dort zu arbeiten. Aus Protest gegen das mangelnde Interesse der American Medical Association (AMA) an gesundheitlichen Belangen älterer Patienten verkleideten sie sich als Ärzte und Schwestern und machten einen »Hausbesuch« bei deren Jahrestreffen, bevor sie mit der Diagnose aufwarteten, der AMA »fehlt ein Herz«.[2] Sie protestierten vor dem Weißen Haus und verlangten ihre Beteiligung an der White House Conference on Aging. Maggie Kuhn erschien sogar in der populären Fernsehsendung *The Tonight Show* und lieferte sich mit deren Gastgeber Johnny Carson einen geistreichen verbalen Schlagabtausch. Über Nacht wurde sie zu einer Art Volksheldin.[3]

Als sie 1995 starb, hatten Maggie Kuhn und die Gray Panthers zusammen mit anderen den Kongress dazu überredet, die vorgeschlagenen Kürzungen von Medicare abzulehnen und Gesetze zu erlassen, die das verpflichtende Renteneintrittsalter für die meisten Wirtschaftszweige aufhoben.[4] Im Verlauf ihrer Aktivitäten lieferten sie den Beweis dafür, dass Alter eine Zeit der Selbstbestimmung und Befreiung ist. Maggie wollte, dass ihre amerikanischen Mitbürger verstanden, »dass wir keine milden, niedlichen alten Leute sind, wir müssen einen Wandel anstoßen, und wir haben nichts zu verlieren«.[5]

Ein Erbe aus der Zeit, als Maggie Kuhn den Gray Panthers vorstand, sind die »Welpen« – ihr Kosename für jüngere Mitglieder. Viele darunter sind in einflussreiche Positionen in Wissenschaft und Politik aufgestiegen, unter anderem die Wissenschaftlerin und Gründerin der politischen Ökonomie des Alterns Carroll Estes und Senator Ron Wyden, der schon im Alter von achtundzwanzig Jahren zusammen mit einem zweiundachtzigjährigen pensionierten Sozialarbeiter den Gray Panthers von Oregon vorstand und heute eine der führenden Stimmen für eine altersfreundliche Gesetzgebung im Kongress ist.[6]

Als der heute sechsundsechzigjährige Jack Kupferman vor etwa zehn Jahren die New Yorker Gray Panthers übernahm, war die von Maggie Kuhn aufgebaute Organisation mehr oder minder scheintot. »Es ist das, was passiert, wenn eine charismatische Führungsperson stirbt und keine intakte Infrastruktur hinterlässt. Sie erreichen nicht mehr dieselbe Art von Aufmerksamkeit«, erklärte Jack, als er mir die Schwierigkeiten erläuterte, eine Basisorganisation wie die seine ohne Budget und mit nur einer Handvoll engagierter freiwilliger Helfer aus einer Wohnung in Greenwich Village heraus zu unterhalten.

Jack übernahm den Posten bei den Gray Panthers nach einer langen Laufbahn als Anwalt im New Yorker Department for the Aging (Amt für Seniorenfragen). Auf die eine oder andere Weise hat er sein gesamtes Erwachsenenleben damit zugebracht, für die

Würde älterer Menschen zu kämpfen. Als er jung war, leiteten seine Eltern eine Einrichtung, die man heute als betreutes Wohnen bezeichnen würde, auf einer alten umgebauten Farm im Hinterland von New York. Dessen Bewohner wie jener Opernsänger im Ruhestand, der ihm das Singen beibrachte, gehörten für ihn zur Familie.

Als Jack aufs College wechselte, wusste er zwar, dass er alte Menschen mochte, war sich aber nicht sicher, wie er sie in seinem täglichen Leben unterbringen sollte. Eines Tages sah er die weißhaarige Maggie Kuhn leidenschaftlich im Fernsehen reden. »Sie war einfach der Hammer. So in der Art: ›Entschuldigen Sie, warum gibt es ein gesetzliches Renteneintrittsalter?‹ Altersdiskriminierung ist nicht nur ein Problem alter Menschen, sondern es geht um soziale Gerechtigkeit. Wir müssen dafür sorgen, dass wir nicht nur so ein Kumbaya-schön-zusammen-rumzuhängen-Ding mit unseren Veränderungsbemühungen erreichen, sondern eine bessere Welt.« Also studierte Jack Jura.

Seither hat er ein Alphabetisierungsprogramm für Ältere in Nepal etabliert und einen Mikrofinanzfond für ältere Frauen in Pakistan. Vor Ort in New York stieß er eine Untersuchung von Seniorenheimen mit schlechtem Leumund durch den New Yorker Rechnungshof an und leitete, nachdem der Hurrikan Sandy New York City heimgesucht hatte, eine Sondereinheit, die dafür sorgen sollte, dass die Nöte der älteren New Yorker bei der Katastrophenhilfe angemessene Berücksichtigung fanden. Mit Letzterem begann er, nachdem er in Brooklyn eine Notunterkunft für Sturmopfer besucht hatte, die ihr Zuhause hatten verlassen müssen, und dort Hunderte invalide alte Menschen vorfand, die man in einer Sporthalle zusammengepfercht hatte. Es handelte sich um die Bewohner einer Einrichtung des betreuten Wohnens, die durch den Hurrikan zerrstört worden war. Jack erfuhr, dass die Eigentümer der Einrichtung nicht einmal angerufen hatten, um zu erfahren, wie es deren Bewohnern ging. In der Unterkunft fehlte es an Seife und ausreichenden Mengen Essen. Jack war außer sich. Das Gleiche passierte zu Beginn der Covid-19-Pandemie, als ältere Menschen wieder auf ganz ähnliche Weise hintangestellt wurden.

Eine Befreiungsbewegung zugunsten der Älteren

Um herauszufinden, welche Möglichkeiten eine Freiheitsbewegung für ältere Menschen haben könnte, habe ich mir andere soziale Bewegungen angeschaut, die Amerikas kulturelle Normen mit Erfolg geprägt haben. Die LGBTQ-Bewegung beispielsweise hat es vermocht, die Haltung der meisten Amerikaner zu gleichgeschlechtlichen Beziehungen innerhalb kurzer Zeit zu verändern. Noch 2004 lehnten zwei Drittel aller Amerikaner gleichgeschlechtliche Ehen ab. Heute sprechen sich zwei Drittel dafür aus. Die Zustimmung ist in allen demografischen Gruppen, quer durch alle Generationen und die verschiedensten religiösen und politischen Lager gewachsen.[7]

Beim Nachdenken über Strategien für eine erfolgreiche gesellschaftliche Bewegung rief ich meinen Vater, von Beruf Soziologe, an und bat um Rat. Er war zu Beginn seiner Laufbahn in den Süden der Vereinigten Staaten gezogen, um an der Bürgerrechtsbewegung mitzuwirken und am Tuskegee Institute, einem einst Schwarzen Menschen vorbehaltenen College in Alabama, zu unterrichten. Mein Bruder und ich verbrachten dort unsere ersten Lebensjahre. Während dieser Zeit unterstützte er die dortige Bewegung durch investigative Berichterstattung und Spendenaktionen.

Auch auf meine eigenen Forschungsergebnisse zu geeigneten Strategien für das Anstoßen von Veränderungen zum Guten griff ich zurück. Aus diesen verschiedenen Quellen ließen sich schließlich drei Phasen für die Schaffung einer Befreiungsbewegung für die Rechte älterer Menschen formulieren, aus der letztlich eine

Gesellschaft hervorgehen könnte, in der die Rechte älterer Menschen geschützt werden: 1. Schaffung einer kollektiven Identität, 2. Mobilisierung und 3. Protest. (Siehe dazu auch die speziellen Strategien zur Bekämpfung von struktureller Altersdiskriminierung in Anhang 3.)

Phase 1: Schaffung einer kollektiven Identität

Kollektive Identität schaffen bedeutet, ein Zugehörigkeitsgefühl zu einer Gruppe – in diesem Fall zur Gruppe der Älteren – entstehen zu lassen, indem man den Betreffenden vermittelt, dass sie Zielscheibe altersfeindlicher Haltungen und Strukturen sind, und ihnen hilft zu erkennen, dass diese durch gesellschaftliche Kräfte bedingt sind, die sich verändern lassen. Das Ziel für diese Phase besteht darin, zu erzeugen, was der Soziologe Aldon Morris als »kognitive Befreiung«[8] bezeichnet: Menschen beschließen im Kollektiv, sich einer Stigmatisierung zu widersetzen.

Ein zentraler Aspekt bei der Bildung einer kollektiven Identität besteht darin, Missstände zu benennen und dazu auch – wissenschaftlich begründet – auf den weitreichenden gesellschaftlichen Schaden zu verweisen, der durch diese verursacht wird. Das beispielsweise war ein entscheidender Aspekt bei der Black-Lives-Matter-Bewegung und bei der Me-Too-Bewegung: Eindrucksvolle und oftmals extrem schlimme persönliche Berichte über rassistische oder sexuelle Übergriffe häuften sich und wurden untermauert von soliden wissenschaftlichen Daten über die tiefe Verwurzelung und Verbreitung der zugrunde liegenden Probleme Rassismus und Sexismus in unserer Gesellschaft.

Die Entwicklung eines kollektiven Identitätsgefühls spielte eine Schlüsselrolle beim Erstarken jenes Gruppenbewusstseins, das seinerzeit zur Emanzipationsbewegung führte. Begonnen hatte es mit Betty Friedans Bestseller *Der Weiblichkeitswahn* von 1963, der auf einer Umfrage unter ihren Kommilitoninnen am Smith College anlässlich ihres fünfzehnten Jahrgangstreffens beruhte. Als ihr klar wurde, dass die Frauen ihrer Generation in weiten Teilen unglücklich und unzufrieden waren, begann sie den strukturellen und kulturellen Wurzeln des »Problems ohne Namen«, wie sie es nannte, auf den Grund zu gehen. In Hunderten von Gruppen, in denen das Problem bewusst gemacht wurde, brachte sie Frauen dazu, Geschichten um ihr persönliches Ringen mit den Umständen zu teilen. Aus der Universalität der immer gleichen Erfahrungen erwuchsen Solidarität und Gemeinschaftsgefühl.

In jüngster Zeit haben organisierte Bestrebungen zur Bewusstmachung von Altersdiskriminierung zugenommen. Ein Vorreiter bei diesen Bestrebungen ist die in Großbritannien ansässige Organisation HelpAge International, die sich auf die Fahnen geschrieben hat, älteren Menschen im Kampf gegen Altersdiskriminierung und Armut beizustehen. Die Leiterin der Anti-Ageismus-Programme, Jemma Stovell, erzählte mir, dass ein Problem, mit dem sie häufig zu tun hat, darin besteht, dass ältere Menschen keine Vorstellung von dem Begriff Altersdiskriminierung haben. Grund dafür ist, dass es in vielen Sprachen kein angemessenes Wort dafür gibt und dass die Leute nicht gewohnt sind, den unangemessenen Umgang mit alten Menschen als Stigmatisierung aus Gründen des Alters zu betrachten. Jemma erlebt häufig, wie den Leuten plötzlich ein Licht aufgeht, wenn man ihnen endlich die sprachliche Möglichkeit gibt, die fortwährende Ungleichbehandlung von älteren Menschen in Worte zu fassen. Ein älterer Mann aus Kirgisistan berichtete ihr von einer Gruppe Jugendlicher, die sich über eine ältere Frau, die auf dem Markt ihre Waren verkaufte, erst lustig machten und sie schließlich angriffen. Bevor er den Begriff Ageismus kannte, hatte er den Angriff lediglich als »gemein« empfunden. Nun, da er Worte dafür hatte, wurde ihm plötzlich klar, dass die Angreifer möglicherweise altersfeindliche Motive gehabt hatten.

Im Werkzeugkasten für das Bewusstmachen von Altersdiskriminierung in aller Welt hat HelpAge International auch Sprichwörter mit Bezug zu älteren Menschen parat, um deutlich zu machen, wie sehr Altersfeindlichkeit in den jeweiligen Strukturen vor Ort verankert ist. Diese Sprichwörter haben Wortlaute wie »Nutzlos wie eine Kokosnussschale« (Thailand), »Das Grau in den Bart, den Teufel in die Rippen« (Russland), »Das Alte klappert, das Neue klingt« (Deutschland).

Das Internet macht es leichter, Dinge sichtbar zu machen. Eine koreanische Gruppe von Aktivisten gegen die Diskriminierung älterer Menschen stellte ein Foto von einem jungen Menschen mit aufgespanntem Schirm ins Netz, auf dem Schirm klebten Post-it-Zettel mit den vielen verbrieften Rechten der Jugend. Daneben stand ein älterer Mensch mit dem Drahtgerippe des Schirms in der Hand, auf dem Boden lagen Papierschnipsel mit den nicht verbrieften Rechten der Alten darauf. Das Bild verbreitete sich wie ein Lauffeuer um die Welt, in Dutzenden anderer Länder fertigten die Leute ortstypische Versionen des Bildes an.

Phase 2: Mobilisierung

Für die nächste Phase beim Aufbau einer Bewegung, die Mobilisierung, müssen sich die Angehörigen der betroffenen Gruppe hinter einer Reihe gemeinsamer Ziele – unter anderem dem Abbau von Stigmatisierung und ungerechter Behandlung – versammeln. Rosa Parks kennt heute jeder als die Frau, die den Busboykott von Montgomery auslöste und damit der Bürgerrechtsbewegung einen Turbostart verschaffte. Weniger bekannt ist, dass sie vier Monate vor ihrer legendären Weigerung, einem weißen Fahrgast den Sitzplatz freizumachen, einen Workshop an der Highlander Folk School in den Appalachian Mountains, einer Führungsakademie in Sachen soziale Gerechtigkeit, absolviert und dort etwas über gewaltlosen zivilen Ungehorsam als Taktik gelernt hatte.[9] Das Ethos der Highlander Folk School hat deren Gründer Myles Horton so formuliert: »Nicht als Individuen, sondern in der Gruppe insgesamt finden [Menschen] einen Großteil des Wissens, das sie brauchen, um ihre Probleme zu lösen.«[10] Zwar ging es hier um Bürger- und Arbeitsrechte, doch gilt diese Erkenntnis auch für den Kampf gegen Altersdiskriminierung.

Auch das Internet nützt der Mobilisierung – auf eine Art und Weise, die zuvor undenkbar gewesen wäre. Zum Beispiel operiert Pass It On Network, eine von älteren Menschen gegründete Organisation, inzwischen in vierzig Ländern als Online-Plattform für die Verbreitung von Informationen zu Altersfragen, darunter auch zu sozialen Problemen, die von Altersdiskriminierung verursacht werden.

Kunst ist eine weitere Möglichkeit, um Menschen zu mobilisieren. Eine Gruppe in Kanada hat Mehrgenerationen-Flashmobs an öffentlichen Orten, Einkaufszentren zum Beispiel, veranstaltet. Die Teilnehmer sind zwischen vierzehn und neunzig Jahren alt und finden sich ganz allmählich zu einer großen Gruppe zusammen, die synchrone Tanzbewegungen vollführt. Erklärtes Ziel ist es, Tänzer zusammenzuführen und eine Choreografie zu kreieren, die »allgemein verbreiteten Stereotypen über das Altern den Kampf ansagt«, wie es einer der Tänzer beschrieb.[11] Daneben gibt es ein Theatre of the Oppressed (zu Deutsch: Theater der Unterdrückten), ins Leben gerufen von dem brasilianischen Aktivisten Augusto Boal, in dem Zuschauer zu Schauspielern werden: Man lässt sie zuerst Zeuge eines in Szene gesetzten Vorurteils werden und dann auf der Bühne daran mitwirken, Lösungen dafür zu erarbeiten. Bei einer Vorstellung mit dem Titel *The Runaround* (zu Deutsch: das Ausweichen) sollen die Zuschauer Altersungerechtigkeit im Gesundheitssystem entgegentreten, nachdem sie zuvor in einer Szene gezeigt bekommen hatten, wie einem älteren Protagonisten eine notwendige Zahnbehandlung vorenthalten wird, weil seine Krankenkasse ihn für zu alt hält.[12]

Auch Satire vermag Menschen höchst effizient zu mobilisieren. In meinem persönlichen Lieblingswerk *Gullivers Reisen* nimmt Jonathan Swift alle möglichen Aspekte der britischen Gesellschaft aufs Korn, darunter auch die Altersfeindlichkeit: Er erfand eine Insel, die von Fabelwesen – den Struldbrugs – bevölkert ist, die zwar unsterblich sind, aber ab dem Augenblick, in dem sie achtzig werden, aller Rechte, ihres Wohlstands und ihrer Würde beraubt werden. Auch wenn Swift seinen *Gulliver* vor dreihundert Jahren geschrieben hat, so bin ich doch jedes Mal, wenn ich das Werk mit meinen Studenten lese, überrascht darüber, wie aktuell seine Botschaft doch ist.

Bei einem neueren Beispiel für die satirische Darstellung von altersfeindlichen Inhalten, dieses Mal im Kontext der Filmindustrie, stolpert die Comedienne Amy Schumer, damals zwischen dreißig und vierzig, in ein Gartenfest zu Ehren von Julia Louis-Dreyfus, die in ihren Fünfzigern den letzten Tag feiert, an dem sie als sexuell anziehend gelten kann, bevor man sie in einem Boot aufs offene Meer schicken wird.[13] Sie erklärt Amy: »Im Leben jeder Schauspielerin sind es die Medien, die entscheiden, wann du den Punkt erreicht hast, ab dem du nicht mehr glaubhaft eine Sexszene spielen kannst.« Fassungslos fragt Amy: »Woher weißt du das? Wer sagt dir das?« Tina Frey schaltet sich ein: »Niemand sagt dir das wirklich ins Gesicht, aber es gibt Anzeichen.« Julia fährt fort: »Du kommst ans Filmset, gehst in die Garderobe, und das Einzige, was sie für dich haben, sind lange, langärmlige Pullover, so eine Art Ganzkörperbedeckung von Kopf bis Fuß.« In einer Fünf-Minuten-Nummer schaffen es die drei Schauspielerinnen, der Altersdiskriminierung in Hollywood, der Modeindustrie und der unserer Kultur eigenen Desexualisierung von älteren Menschen den Spiegel vorzuhalten. Der Clip wurde online fast sieben Millionen Mal angesehen.

Phase 3: Protest

Für die letzte Phase einer jeden gesellschaftlichen Bewegung, die etwas voranbringen soll, den Widerstand, müssen deren Angehörige ihre Energie auf die strukturellen Ursachen ihrer Marginalisierung richten, um sozialen Wandel anzustoßen.

Eine erfolgreiche Befreiungsbewegung zugunsten der Rechte älterer Menschen könnte die geballte Macht älterer Wähler hinter sich vereinen. Außer dass sie einen zunehmend bedeutsamer werdenden Anteil an der amerikanischen Bevölkerung stellen, gehören die Älteren auch traditionell zu den besonders aktiven Wählern.[14]

Auf der Basis dieses politischen Gewichts könnte eine solche Befreiungsbewegung beispielsweise von der Regierung eine Informationskampagne gegen Altersfeindlichkeit für die breite Öffentlichkeit fordern. Man könnte zum Beispiel dem Vorbild der Kampagne gegen das Rauchen folgen, die nicht nur in ihrem Ursprungsland, den Vereinigten Staaten, sondern auch in anderen Ländern von den Niederlanden bis Neuseeland beträchtliche Erfolge zu verzeichnen hatte.[15] Mit dem gleichen Recht, mit dem im Zentrum der Anti-Nikotin-Kampagne der Slogan stand: »Rauchen gefährdet Ihre Gesundheit«, könnte eine Kampagne gegen Altersdiskriminierung sich dem Warnspruch verschreiben: »Altersdiskriminierung gefährdet Ihre Gesundheit.« Sie könnte über die toxischen Auswirkungen der Altersdiskriminierung einer altersfeindlichen Gesellschaft auf die kognitiven und physischen Leistungen aufklären, die die Forschung meiner Arbeitsgruppe nachgewiesen hat. Man könnte dazu ein breites Spektrum an Kanälen nutzen, darunter auch die sozialen Medien, das Fernsehen und die Presse.

Eine Befreiungsbewegung zugunsten der Rechte älterer Menschen könnte ihre Macht auch auf den privaten Sektor ausdehnen. In den Vereinigten Staaten sind die über Fünfzigjährigen für den Großteil der Verbraucherausgaben verantwortlich, ein Trend, der sich weltweit fortsetzt.[16] Im Vereinigten Königreich beispielsweise war diese Altersgruppe im Jahr 2018 für 54 Prozent der Verbraucherausgaben verantwortlich, bis zum Jahr 2040 wird diese Zahl voraussichtlich auf 63 Prozent steigen.[17]

Es gibt eine Menge geeigneter Ansatzpunkte, aber die Werbeindustrie ist der Akteur, der am meisten tut, um der Altersdiskriminierung Vorschub zu leisten, denn sie unterstützt einen sehr großen Teil der herkömmlichen und der sozialen Medien finanziell. Das Ziel wäre hier, die herabsetzende Darstellung alter Menschen zu beenden und die Verwendung positiver und vielschichtiger Bilder von älteren Menschen zu forcieren.

Andere Adressaten des Protests könnten das Fernsehen und die sozialen Medien sein. Das Fernsehen hat ein doppeltes Problem: Werbespots sind häufig per se altersfeindlich, und die gezeigten Figuren basieren gern auf negativen Altersstereotypen.[18] Und die sozialen Medien bieten, wie unsere Untersuchungen gezeigt haben, ebenfalls viel Raum für abfällige Darstellungen älterer Menschen.[19]

Der erste Schritt bei der Auseinandersetzung mit diesem Problem bestünde in Diskussionen mit den Werbetreibenden über die verderblichen gesundheitlichen Auswirkungen von Praktiken, die negative Altersbilder begünstigen. Wenn die Diskussionen keinen Wandel anstoßen, könnten Boykotte der relevanten Medienplattformen und Unternehmen, die an ihren Praktiken festhalten, folgen.

Im Juni 2020 taten sich über tausend Unternehmen zur Kampagne Stop Hate for Profit zusammen und drohten Facebook mit einem Boykott, sollte der Social-Media-Riese nicht aufhören, gefährliche oder hasserfüllte Posts zu allen möglichen kritischen Themen von Rassismus bis zur Irreführung von Wählern zu verbreiten. Eine Menge Prominenter wie Katy Perry und Sacha Baron Cohen unterstützten die Boykottdrohung. Die Kampagne konnte einen gewissen Erfolg verbuchen: Facebook kündigte an, ein Team zu gründen, das die Wirkung rassistischer Algorithmen untersuchen und unterbinden sollte.[20] Keine der Forderungen umfasste jedoch Altersdiskriminierung – ein weiterer Beleg dafür, dass Ältere eine eigene soziale Bewegung haben sollten.

Auf internationaler Ebene könnte eine solche Bewegung zugunsten der Rechte Älterer eine ehrenvolle Initiative der Vereinten Nationen wiederbeleben, »ein rechtlich verbindliches Dokument zur Stärkung der Menschenrechte von älteren Personen« zu schaffen, wozu auch der Kampf gegen die Altersdiskriminierung gehört. Leider hat die Mehrheit der Mitgliedsstaaten dieses Instrument für unnötig erachtet.[21]

Vor ein paar Jahren war ich an einer UN-Arbeitsgruppe aus 194 Staaten beteiligt, in der besagte Konvention zu den Rechten älterer Menschen diskutiert und Möglichkeiten zu deren Umsetzung gefunden werden sollten. Damals hörte ich leidenschaftliche Plädoyers von älteren Menschen, die die Notwendigkeit einer raschen Umsetzung anmahnten. Ich erfuhr, dass 60 Prozent der älteren Menschen in Ländern mit geringem und mittlerem Einkommen aufgrund ihres Alters dringend benötigte medizinische Versorgung versagt blieb, und eine Umfrage in 133 Ländern ergab, dass lediglich 41 davon über eine nationale Gesetzgebung verfügten, die Gewalt, Misshandlung und Vernachlässigung alter Menschen ahndete. Ich hörte auch, wie berichtet wurde, dass in vielen Ländern, unter anderem in den Vereinigten Staaten, Menschen im Alter immer häufiger die Entscheidung treffen müssen, ob sie Medikamente oder Lebensmittel einkaufen. Die Armutsrate unter älteren Amerikanern steigt mit den Jahren deutlich an. Sie liegt für Menschen zwischen 65 und 69 bei 7,9 Prozent, zwischen 70 und 74 bei 8,6, zwischen 75 und 79 bei 9,5 und bei Menschen über 80 bei 11,6 Prozent.[22]

Dessen ungeachtet weigerte sich die amerikanische Delegation, eine solche Konvention mitzutragen. Ich schaffte es, beim Mittagessen einen Platz neben der zuständigen Diplomatin zu ergattern, die Amerika bei diesen Verhandlungen zu vertreten hatte, und fragte, ob ich ihre Rede richtig verstanden hätte. Das hatte ich. Zwischen zwei Bissen von ihrer gebackenen Kartoffel erklärte sie, an einer Konvention zum Schutz älterer Menschen bestünde kein Bedarf, da sie bereits durch eine früher beschlossene Konvention zum Schutz Behinderter abgedeckt seien. Mir verschlug es die Sprache. Die Rechte Älterer mit denen Behinderter in einen Topf zu werfen, ergibt absolut keinen Sinn. Genauso wenig wie das Ignorieren der beunruhigenden nationalen und internationalen Forschungsergebnisse. Auch wenn es unabdingbar ist, die Rechte älterer Personen mit Behinderungen zu gewährleisten, so ist es doch nicht minder wichtig, die Rechte älterer Menschen insgesamt zu schützen.

Eine Koalition der Generationen

Jede erfolgreiche Befreiungsbewegung zugunsten der Rechte älterer Menschen müsste von denjenigen angeführt werden, die von Altersdiskriminierung am meisten betroffen sind: den alten Menschen selbst. Die Kampagne zur Gleichberechtigung von Menschen mit Behinderung wurde berühmt mit ihrem Slogan: »Nichts über uns ohne uns!«, worin sich nicht nur das Bedürfnis ausdrückt, die Marginalisierung von Menschen mit Behinderung zu beenden, sondern auch die Notwendigkeit von Selbstbestimmung.[23]

Gleichzeitig würde eine Befreiungsbewegung für die Gleichberechtigung älterer Menschen idealerweise Generationen übergreifend strukturiert sein. Jungen Menschen, die sich der Diskriminierung älterer Menschen häufig gar nicht bewusst sind, brennt das Thema womöglich nicht gerade auf den Nägeln. Aber im Rahmen des Mobilisierungsprozesses sollten sich auch jüngere Menschen überzeugen lassen, dass es nicht nur ihre Eltern und Großeltern sind, die zur Zielscheibe von Altersdiskriminierung werden, sondern auch ihr zukünftiges Selbst. Hinzu kommt, dass sich junge Leute mehr und mehr darüber klar werden, wie wichtig soziale Gerechtigkeit ist. Viele Bewegungen vereinen Menschen verschiedener Altersgruppen – ein Beispiel ist die ursprünglich von jungen Klimaschützern gegründete amerikanische Organisation Sunrise Movement. Ein solcher Hintergrund macht die Jugend zu potenziellen Verbündeten.

Ein großes Plus eines Generationen übergreifenden Ansatzes

ist, dass junge Menschen eine andere Perspektive beitragen können, die erkennen hilft, was es in puncto Ageismus im Einzelnen anzugehen gilt. So im Falle der Studentin Rachella Ferst, die Jan Kupferman eines Sommers als Praktikantin für die Gray Panthers anheuerte. Rachella war in Singapur aufgewachsen und erst zu Beginn der Highschool in die Vereinigten Staaten gezogen, wo sie bestürzt zur Kenntnis nahm, wie viele Leute abschätzig über ältere Menschen sprachen. Sie fragte sich, ob es daran liegen könnte, dass in ihrer neuen Heimat ältere Menschen im Lehrplan nicht vorkamen.

Rachella führt ihr Engagement für Gerechtigkeit gegenüber Älteren darauf zurück, dass sie mit ihrer Großmutter im Haus aufgewachsen war (in Singapur leben häufig drei Generationen unter einem Dach), und auf die Lehrpläne der Schulen ihrer Heimat, die älteren Menschen eine wichtige Rolle einräumen. Im Alter zwischen dreizehn und sechzehn Jahren besuchen Schüler regelmäßig ältere Menschen in der Nachbarschaft, zum einen, weil dies Gelegenheit bietet, etwas über Geschichte zu lernen, und zum anderen, weil sie mit den Angehörigen der älteren Generation die verschiedenen Landessprachen üben können. Die meisten jungen Leute in Singapur sprechen Englisch als Erstsprache und lernen auf der Schule Malaiisch, Chinesisch oder Tamil. Für die älteren Leute in Singapur sind dies jedoch die Erstsprachen. Auch wurden die Schüler von ihrer Schule ermuntert, mit den Älteren über deren Blick auf historische Ereignisse zu sprechen. Nach ihrem Sommer bei den Gray Panthers beschloss Rachella, sich an der Entwicklung von Lehrplänen zu beteiligen und für eine Politik einzutreten, die die Bedürfnisse und Erfahrungen älterer Menschen mitberücksichtigt.

Eine Generationen übergreifende Befreiungsbewegung brächte Vorteile für Jung und Alt. Quinn von der Colgate University, einundzwanzig Jahre alt und Football-Spieler in der Mannschaft seines Colleges, hatte vor seinem Praktikum bei den Gray Panthers noch nie etwas von Altersdiskriminierung gehört. Aber ihm gefiel die Vorstellung, an Sitzungen der Vereinten Nationen teilzunehmen, für ihn ein Highlight in der Tätigkeitsbeschreibung für das Praktikum, also bewarb er sich. Was er aus dem Praktikum mitnahm, war mehr als ein bisschen Gerede mit Diplomaten. Es war eine völlig neue Wahrnehmung.

Am Ende des Sommers fiel Quinn Altersdiskriminierung überall ins Auge. Er sah, dass sie der Grund dafür war, dass man seinen Großvater entlassen hatte, der als Ingenieur bei dem Batteriehersteller Energizer gearbeitet hatte. Begründung: Man brauche frische Ideen. Quinn berichtet, dass die Gray Panthers ihm geholfen hätten zu erkennen, dass die Entlassung seines Großvaters altersfeindlich motiviert war, schließlich können Leute jeden Alters neue Ideen haben. Ihm wurde auch seine eigene altersfeindliche Einstellung bewusst, die zum Vorschein kam, wenn ihn seine Großeltern baten, ihnen bei technischen Problemen zu helfen. Er brachte die Dinge rasch in Ordnung, statt ihnen beizubringen, wie man es selbst hinbekommt, so wie er es bei seinen Altersgenossen machen würde, weil er davon ausging, dass sie technisch zu unbedarft seien. Es war eine kleine, aber einschneidende Sache zu erkennen, dass das nicht zutraf. Jetzt will er in Jacks Fußstapfen treten und sich in Vollzeit für die Rechte älterer Menschen engagieren.

Jacks Ziel bei der Vergabe von Praktika bei den Gray Panthers ist es, die Generationen zusammenzubringen, »auf dass es mehr darum geht, wer wir wirklich sind, und nicht um das Stereotyp, wer wir sein könnten«.

Kulturelles Umdenken: In Schönheit altern

Eine erfolgreiche Befreiungsbewegung zugunsten älterer Menschen wird aller Wahrscheinlichkeit nach ein Klima entstehen lassen, das nicht nur den Institutionen zum Wohl gereicht, auf die sie abhebt, sondern auch der Art und Weise, wie die Angehörigen der Bewegung sich selbst sehen. Sie würde bei diesen das Selbstwertgefühl steigern, und das wiederum könnte ein kulturelles Umdenken zur Folge haben, sprich eine neue Art, Altern einzuordnen. Zu dieser Neueinordnung könnte gehören, Identitätsaspekte des Alterns, die von der Gesellschaft bisher negativ besetzt sind, in mit Stolz, ja sogar einer gewissen Form von Aufmüpfigkeit getragene Attribute zu verkehren. Wer alt wird, muss diese Einstellung häufig aus Gründen des Selbstschutzes von allein entwickeln. Eine kulturelle Neudefinition bietet einen Weg, den Programmcode fürs Altern zu überschreiben und ihm ein neues Format zu geben.

Eine solche kulturelle Neubelegung eines Begriffs haben wir mit dem Slogan der Bürgerrechtsbewegung »Black is beautiful« erlebt und bei der LGBTQ-Bewegung, die das einst stigmatisierende Wort »queer« mit Stolz für sich reklamiert hat. Ein Äquivalent dieses Prozesses im Rahmen einer Befreiungsbewegung zugunsten der Rechte älterer Menschen könnte sich zum Beispiel an Falten festmachen, daran, wie sie von der Gesellschaft aufgenommen werden, und an dem, was sie für diejenigen, die sie haben, bedeuten. Wie die Schauspielerin Reese Witherspoon mit fünfundvierzig einmal in einem Interview erklärte, sind Falten nicht nur etwas Natürliches, sondern sie sind außerdem *hart erarbeitet*: »Ich habe eine Menge Erfahrungen gesammelt, und ich kann wohlüberlegt darüber reden, wie ich die Welt gern hätte. Ich habe einfach das Gefühl, ich habe mir meine grauen Haare und meine Fältchen verdient.«[24]

Meine Freundin Stacey Gordon gründete mit Mitte vierzig eine Non-Profit-Organisation namens The Wrinkle Project, als ihr aufging, dass sie nun »keine junge Sozialarbeiterin, keine junge Lehrerin, keine junge Mutter, überhaupt keine junge Frau mehr war. Plötzlich war ich in den mittleren Jahren. Und das machte mir zu schaffen. Weißt du, ich bekam graue Haare, fing an, überall kleine Fältchen zu bekommen, und hatte das Gefühl, nicht mehr gesehen zu werden, so wie es vielen Frauen geht.« Um dieselbe Zeit begriff sie im Rahmen ihrer Praxis als Sozialarbeiterin, dass die gesellschaftliche Altersdiskriminierung sogar in Familienangelegenheiten hineinspielt: »Ein so großer Teil meiner Arbeit dreht sich um erwachsene Leute, die mir erklären: ›Meine Eltern müssen dieses oder jenes tun‹, ohne die Meinung der älteren Person überhaupt in Betracht zu ziehen.«

Also verfiel Stacey auf die Idee, Wrinkle Salons zu veranstalten, in denen Menschen zusammenkommen und über ihre Erfahrungen mit dem Älterwerden reden konnten. Es geht in den Salons nicht nur um Falten. Stacey hat den Namen seines machtvollen Symbolgehalts wegen gewählt und um dazu beizutragen, das Thema Falten der multimilliardenschweren Anti-Aging-Industrie zu entreißen, die noch immer beträchtliche Profite mit ihren Werbeanzeigen einfährt, die Ängste um dieses physische Zeichen des Älterwerdens schüren. Sie sagte neulich zu mir, dass »die Angst vor Falten uns daran hindert, gut zu altern und mit zunehmendem Alter wirklich unser ganzes authentisches Selbst zu sein. Wir bekommen Falten und denken: ›Oh, wir werden alt‹, und das ist der Anfang von dem, was deine Forschung zeigt – wie das Altwerden unsere verinnerlichten negativen Altersbilder freisetzen kann, so wir nicht Mittel und Wege finden, uns davor zu schützen.«

Ich habe mich sehr gefreut, als Stacey mich einlud, den ersten Wrinkle Salon mit ihr zusammen zu leiten.

Zuerst hatte Stacey daran gedacht, nur Frauen in mittleren Jahren einzuladen, solche also, die den Übergang zum fortgeschrittenen Alter noch vor sich hatten und das Thema womöglich in besonderer Weise reflektierten, mithin offen für neues Denken wären. Ich schlug jedoch vor, auch ältere Personen einzuladen, denn meine Forschungen haben klar gezeigt, dass, sobald Altern selbstrelevant wird (das heißt, wenn wir mittendrin sind), dies ein guter Zeitpunkt ist, neue Perspektiven und Verknüpfungen zu entwickeln. Wir waren uns rasch einig, dass ein Zusammenbringen der Generationen womöglich zu einer gegenseitigen Befruchtung von Ideen auf allen Seiten führen könnte.

Also stellten wir eine gemischte Gruppe aus elf Frauen zwischen fünfundvierzig und fünfundneunzig Jahren zusammen und organisierten drei Neunzigminutensitzungen.[25] Während der ersten beiden Treffen, die im Abstand von einer Woche stattfanden, schälten sich mehrere Themen heraus. Das erste war, dass Altern oftmals der »Elefant im Zimmer« ist – ein Riesenthema, das alle die ganze Zeit im Kopf haben, aber über das nie gesprochen wird. Das zweite war die wild wuchernde feindselige Einstellung zum Altern, mit der sich die meisten Teilnehmerinnen konfrontiert sahen. Sie sprachen darüber, dass sie am Arbeitsplatz oder in Arztpraxen wie »Dinosaurier« behandelt würden oder wie ein »Schrottauto, das niemand haben will«.

Das dritte Thema, das uns alle in Gedanken beschäftigte, war die Frage, wie wir der Altersfeindlichkeit begegnen und die vielen positiven Aspekte des Alterns schätzen lernen könnten. Die neunundfünfzigjährige Alison berichtete beispielsweise, dass sie sich zwar von ihren Kollegen häufig abgelehnt fühlt, weil sie die älteste Krankenschwester im Team ist, aber auch merkt, dass sie das Älterwerden genießt. »Ich fühle mich echt gut. Ich habe meine Kinder großgezogen, hatte Freude an meinem Beruf, habe zu Dingen, die mir am Herzen liegen, einen Beitrag geleistet und eine Menge Ziele für meinen nächsten Lebensabschnitt. Ich glaube, ich habe eine Menge Erfahrung, von der ich zehren kann. Ich habe viel gesehen, ich habe viel getan, ich bin mit vielem durch. Jetzt kann ich anderen Menschen helfen, die diese Erfahrungen durchmachen.«

Rona, vierundsechzig und von Beruf Dichterin, sagte, sie merke manchmal, wie sie sich in »Hassrede«, wie sie es nennt, über das Altern verstrickt, dazu gehört auch, dass sie sich ihrer Falten schämt. Um davon loszukommen, hat sie beschlossen, es mit einer neuen Technik zu probieren: Sie stellt sich vor, was eine weise Alte zu ihr über ihre Art von Gezeter sagen würde. »Sie würde vermutlich so etwas sagen wie: ›Das ist doch töricht. Du musst dich doch nicht des Alters wegen um etwas sorgen. Nicht jung sein macht dich doch nicht weniger. Falten zeugen von Erfahrung und können schön sein.‹«

Rona erklärte auch, dass das Bekenntnis zum Altern, das ihr in der Gruppe so guttat, sie annehmen lasse, dass sich Sprache möglicherweise mit dem Alter wandle. Sie fragte die anderen Teilnehmerinnen: »Was, wenn wir die Bedeutung der Floskel ›Wie sehe ich aus?‹ als Sorge darum, wie uns andere wahrnehmen, verlagern zur Frage ›Wie sehe ich?‹ – im Sinne davon, dass wir das Altern annehmen als eine Zeit, in der wir bewusst von uns weg- und auf die Schönheiten der Natur und die großen Weltthemen blicken.«

In der dritten und letzten Sitzung diskutierten alle miteinander, ob die beiden ersten Sitzungen etwas an dem, wie sie über das Altern dachten, verändert hätten. Eine der Teilnehmerinnen, eine Therapeutin namens Veronica, achtundsechzig Jahre alt, erklärte, sie habe durchaus das Gefühl, dass der Salon ihr Denken verändert habe. Sie sei »durch die ganze Altersdiskriminierung geschlafwandelt, weil sie einfach Teil des Lebens ist. Und dann gibst du dem Reden, dem Reflektieren und Denken Raum, und jetzt bist du wach und dir der Dinge weit mehr bewusst. Es fing einfach an, mir aufzufallen, wie man mich behandelte. Das zu bemerken, kann wie ein Puffer wirken und dich auf gewisse Weise schützen.« Sie befand, dass wir uns, um uns der verinnerlichten Altersfeindlichkeit zu erwehren, »aktiv alternativen Narrativen aussetzen müssen, indem wir mit älteren Menschen zusammenkommen, ihre Vitalität, ihre Neugier, ihr Potenzial wahrnehmen. Ich halte daher Ausschau nach älteren weisen Frauen als Gesprächspartnerinnen, und glücklicherweise haben wir solche in dieser Gruppe.«

Nachdem einige der jüngeren Teilnehmerinnen am Wrinkle Salon über den Druck berichtet hatten, jünger auszusehen und anderen das eigene Alter möglichst nicht zu nennen, erklärte die Älteste in der Runde, Juliet, fünfundneunzig, pensionierte Schulleiterin, dass sie inzwischen anderen um jeden Preis ihr Alter mitteile, vor allem dann, wenn sie das Gefühl habe, etwas Hilfreiches zu einer Unterhaltung beitragen zu können. Das sei eine Möglichkeit, sagt sie, ihre Identität als Ältere in die Waagschale zu werfen und zu sagen: »›Ich bin nicht dumm. Unterschätz mich nicht.‹ Ich will nicht unsichtbar sein, das macht mich sehr sichtbar.« Sie fügte auch hinzu: »Ich nehme meinen Körper heute besser an denn je.«

Falten zu akzeptieren, ist eine gute Möglichkeit, Altersdiskriminierung zu unterlaufen, indem man Altern neu definiert. Wie der Aktivist und Gelehrte Ibram Kendi es formuliert: »Ein Antirassist zu sein heißt, eine Schönheitskultur zu etablieren und zu leben, die unsere naturgegebene Schönheit unterstreicht, statt zu versuchen, sie auszublenden.«[26] Dasselbe lässt sich von einer Haltung sagen, die sich gegen Altersdiskriminierung wendet. Statt das Altern mit »Anti-Aging«-Cremes zu verneinen, müssen wir unsere Kultur dahin bringen, die natürliche Schönheit in jedem Alter zu würdigen.

JoAni Johnson, siebenundsechzig, hüftlanges graues Haar (»eine Mähne von der Farbe des Mondlichts«, schrieb ein Journalist des *Guardian*),[27] ist Befreiungsaktivistin und wurde vor Kurzem von der Sängerin Rihanna als Gesicht für ihr neues Label Fenty (in Partnerschaft mit dem französischen Modehaus Louis Vuitton) angestellt – ein kühner Schritt, wenn man bedenkt, dass nur drei Prozent aller Models der Zeitschrift *Elle* über vierzig sind.[28] Johnson begann ihre Model-Karriere mit vierundsechzig, nachdem sie für sich beschlossen hatte, dass es Zeit für etwas Neues sei: »Ich betrachte das, was ich tue, nicht als eine normale Model-Karriere, und mit einem Meter fünfundneunzig, über siebenundsechzig und als Schwarze bin ich kein typisches Model im herkömmlichen Sinne.« Sie schreibt es ihrer neunzigjährigen Mutter zu, dass sie gelernt hat, dass Schönheit im Laufe eines Lebens auf viele verschiedene Arten existieren kann.[29] Mehr als alles andere weiß Johnson zu schätzen, was das Alter ihr geschenkt hat. »Älter geworden zu sein heißt, erfahren zu haben, dass ich schon mit schwierigen Situationen – dem Tod meines Ehemanns zum Beispiel –klargekommen bin, und das gibt mir das Selbstvertrauen, dem ins Auge zu blicken, was immer als Nächstes kommt.«

Eine kulturelle Neudefinition kann zu einem segensreichen Kreislauf werden. Je mehr sich die Menschen ihres eigenen Werts im Alter bewusst werden, desto eher werden sie sich für die Rechte älterer Menschen einsetzen, was seinerseits ihr Selbstwertgefühl weiter stärkt.

Ein Kipppunkt für Befreiungsbewegungen

Eine Befreiungsbewegung für die Rechte älterer Menschen ist ein Ideal, aber sie ist kein utopischer Traum. Die Weltgesundheitsorganisation, der 194 Nationen angehören, hat vor ein paar Jahren ihre erste Kampagne gegen Altersdiskriminierung gestartet. (Ich hatte die Ehre, als wissenschaftliche Beraterin daran beteiligt zu sein.[30]) In den Vereinigten Staaten haben die National Institutes of Health angefangen, eine neue Politik zu verfolgen und an klinischen Studien verstärkt ältere Teilnehmer und Teilnehmerinnen zu beteiligen. Die American Psychological Association, die Gerontological Society of America und HelpAge International haben überdies begonnen, eindringlich vor den Gefahren von Altersdiskriminierung zu warnen. Die Mitglieder der Gray Panthers in New York City suchen nach immer neuen kreativen Möglichkeiten, gegen Altersdiskriminierung vorzugehen.

Diese Einzelbeispiele für den organisierten Widerstand gegen Altersfeindlichkeit könnten zur Saat einer Bewegung werden. Der südafrikanische Bischof Desmond Tutu, selbst neunundachtzig Jahre alt, sagte einst: »Tu dein kleines bisschen Gutes, wo immer du bist. Es sind diese kleinen Stückchen Gutes zusammen, die die Welt bewegen.«

Herkömmlicherweise denken wir, dass es eine Mehrheit braucht, mindestens 51 Prozent der Bevölkerung, um sozialen Wandel anzustoßen. Aber spannende neue Forschungsergebnisse von Damon Centola und seinem Team an der University of Pennsylvania zeigen, dass es bereits zu sozialen Kipppunkten kommen kann, wenn 25 Prozent einer Population der Ansicht sind, dass es Zeit für einen Wandel ist.[31] Mit anderen Worten: Eine entschlossene Minderheit kann durchaus ein paar Klassen höher boxen. Das passt zu dem, was man aus Studien zum Thema Sexismus am Arbeitsplatz weiß: Rosabeth Moss Kanter von der Harvard Business School zeigte, dass, wenn eine kleine entschlossene Gruppe Frauen auf eine Veränderung der Normen am Arbeitsplatz drängt, es die gesamte Arbeitskultur verändern kann.

Bedenken Sie nun, dass 24 Prozent aller Weltbewohner älter als fünfzig Jahre sind.[32] (Auch wenn noch nicht jeder in dieser Altersgruppe überzeugt sein dürfte, dass es sich lohnt, etwas gegen Altersdiskriminierung zu unternehmen. Genau dies aber wäre das Ziel einer entsprechenden Kampagne, die das öffentliche Bewusstsein für das Thema schärfen will.) Vielleicht wäre das Einzige, was erforderlich ist, damit diese Leute erfolgreich gegen Altersdiskriminierung mobilmachen können, dass sich ein zusätzliches Prozent der Weltbevölkerung demselben Ziel verschreibt, damit wären die 25 Prozent erreicht. Das wäre der Kipppunkt. In ihrer Studie zum Kipppunkt-Phänomen stellten die Autoren fest, dass eine einzige zusätzliche Person, die zu einer aktivistischen Minderheit hinzustößt, ausreichen kann, ein Unterfangen von einem kompletten Fehlschlag (null Neuzugänge außerhalb der eigenen, bereits überzeugten Klientel) in einen durchschlagenden Erfolg (die gesamte Zielgruppe verschreibt sich den neuen Aussichten) zu verwandeln. Weitergedacht hieße das, eine Bewegung, die gegenwärtig nach einem Fehlschlag aussieht, könnte in Wirklichkeit kurz vor dem Durchbruch stehen. Das bedeutet, dass jeder und jede Einzelne, die sich des Themas Altersdiskriminierung bewusst wird und beschließt, dagegen anzugehen, einer mehr in Richtung einer neuen Realität ist.

Das alles ging mir durch den Kopf, als ich von der ersten Rally Against Ageism zurück nach Hause fuhr. Dass dieser Start der neuen Bewegung ein solches Potenzial hat – alles, was sie noch braucht, ist ein Anschub, eine Welle an öffentlicher Unterstützung.

Ungefähr zur Halbzeit der Veranstaltung entdeckte mich eine der Organisatorinnen in der Menge und begrüßte mich von der Bühne herab. Sie erzählte den Zuhörenden, dass meine Forschung Inspiration für dieses Treffen gewesen sei. Alle Köpfe wandten sich zu mir um, ich winkte und lächelte stolz, aber verlegen. Die ganze Zugfahrt nach New Haven über wollte das Staunen nicht nachlassen: dass etwas, das mir so lange Zeit wie ein zäher Kampf einiger weniger vorgekommen war, vielleicht wirklich der Beginn einer engagierten Bewegung vieler werden könnte.

NACHWORT

Eine Stadt ohne Altersdiskriminierung

Manchmal findet sich das, wovon man träumt, vor der eigenen Haustür. Es stellte sich nämlich heraus, dass ich gar nicht nach Japan oder Simbabwe würde reisen müssen, um ein blühendes kulturelles Umfeld mit positiven Altersbildern zu finden.

An einem Sommertag vor nicht allzu langer Zeit machten meine Familie und ich halt in der winzigen Stadt Greensboro, im tiefsten Inneren des Northeast Kingdom gelegen, einem Hügelland in Vermont nahe der Grenze zu Kanada. Sie erinnern sich an Greensboro vielleicht als den Ort, an dem Nancy Riege ihre Labyrinthe anlegt. Ich erwartete, dass wir eine atemberaubende Aussicht auf die Green Mountains und einen makellosen See voller Forellen und Eistaucher vorfinden würden, und hatte vor Kurzem erfahren, dass mein Lieblingskäse (Harbison, ein köstlicher, sehr geruchsintensiver Käse, der in einer Hülle aus Fichtenrinde geliefert wird) von einer Farm in Greensboro stammt. In Anbetracht meiner Leidenschaft für Käse und des Umstands, dass dieses Dorf am See auf dem Weg zum Haus meiner Eltern liegt, wohin wir wollten, beschlossen wir, dort den Nachmittag zu verbringen.

Was ich nicht erwartet hatte, war, einen Ort vorzufinden, an dem es keine Altersdiskriminierung gab.

Wir trafen mitten am Tag in diesem Städtchen ein, das meilenweit von jeder Autobahn entfernt ist, keine Ampel hat und dessen Hauptstraße sich am Caspian Lake entlangschlängelt.[1] Wir hielten auf einen Kaffee und ein Sandwich bei Willey's, dem Gemischtwarenladen des Ortes, der auch als Imbiss, Tankstelle, Eisenwarenladen, Café und Marktplatz fungiert (Wein, Ahornsirup, Nägel und Stiefel teilen sich ein Regal).

Als wir auf der Veranda vorm Haus unseren Kaffee tranken, fing ich ein Gespräch mit einer Frau an, die soeben einen schweren Sack Dünger auf ihren Truck gewuchtet hatte und sich jetzt mit einer Limonade erfrischte. Sie war sehr freundlich und offenherzig auf jene Kleinstadtart, die man in Vermont häufig findet, und im Verlauf des Gesprächs stellte ich fest, dass ich ihre Art übernahm. Als ich ihr erzählte, dass ich mein Brot damit verdiente, Altern zu untersuchen, sagte mir die Frau – sie hieß Carol Fairbank –, dass ich dafür genau am richtigen Ort sei.

Carol ist Ende vierzig, hat braune Haare und immer ein Lächeln parat, ist Grafikerin von Beruf und erst vor ein paar Jahren aus einer Großstadt in Massachusetts auf eine kleine Farm am Rande von Greensboro gezogen. Als ich sie fragte, warum sie hergekommen sei, erklärte sie, vor allem, weil sie so verrückt aufs Skifahren sei: Vier Monate im Jahr ist die Gegend ein Paradies für Langlauf-Skifahrer und Abfahrer gleichermaßen. Wenn sie an einem klaren Wintermorgen auf die Piste geht, »sind so gut wie alle auf dem Hang weißhaarig. Sie flitzen den Hang hinunter wie nichts und haben jede Menge Spaß.« Der zweite Grund, weshalb es sie hierherzog, war, dass sie bei ihrem ersten Besuch bereits wusste, dass Greensboro der Ort war, an dem sie alt werden wollte.

Eine Menge der Freunde, die sie in Greensboro kennengelernt hat, sind älter als sie, viele davon aktiv und eigenständig, sind im Winter mit Schneeschuhen unterwegs, stapeln im Frühling ihr eigenes Brennholz, gärtnern in Sommer und Herbst. Carol erzählte, wie sie aufeinander achtgeben: Diejenigen, die in großen Häusern wohnen, teilen diese häufig auf in mehrere Zimmer oder Wohneinheiten (mithilfe einer örtlichen Organisation, die Häuser umrüstet, um Senioren in der Gemeinde zu halten), die sie dann an andere vermieten – an Senioren ebenso wie an junge Leute.

Das macht es den Menschen möglich, zu Hause zu altern, wenn sie es vorziehen, oder in eine kommunale Unterbringung zu ziehen. Für die Älteren, denen es finanziell nicht so gut geht, tut die Stadt, was in ihren Kräften steht, sorgt für Gratismahlzeiten und erschwinglichen Wohnraum. Und die meisten Kunstkurse sowie das Kulturprogramm, das das ganze Jahr über angeboten wird, sind unentgeltlich oder gefördert, damit jeder daran teilnehmen kann. Die Winter können sehr kalt werden, aber dann, so Carol wehmütig, die kalte Limo bei fast vierzig Grad Hitze an die Stirn gedrückt, »gibt es das Skifahren, Eislaufen, heiße Schokolade und Suppe. Und das Wissen, dass es für alle gleich kalt ist.«

Auf der anderen Straßenseite, gegenüber von Willey's, befestigte ein Trio aus älteren Frauen ein riesiges Banner an der Stirnseite einer Scheune. Zwei von ihnen standen auf Leitern, die dritte, mit Sonnenhut, dirigierte ihr Tun von unten und starrte in ein Nivelliergerät, um sicherzustellen, dass es gerade hing. »Höher!«, rief sie. »Links muss es höher!« Auf dem Banner stand: »HERZLICHEN GLÜCKWUNSCH ZUM 100., BETH!«

Carol grinste und erzählte mir vom angesagtesten Klub der Stadt, der Greensboro Ladies' Walking Society mit fast hundert Mitgliedern – fast alle siebzig oder älter –, die sich regelmäßig dreimal in der Woche zu Walken und geselligem Beisammensein treffen. Eine von ihnen war gerade hundert geworden, und ihre Freundinnen hängten das Banner so auf, dass sie es sehen konnte, wenn sie vorbeilief.

»Männer sind nicht zugelassen?«, fragte mein Mann.

»Sie können mitmachen. Aber im Prinzip ist es für Frauen. Eifersüchtig werden die Männer höchstwahrscheinlich nicht sein, sie haben ihren eigenen Klub.« Die ROMEOs – Retired Old Men Eating Out (zu Deutsch vielleicht: »Ruheständler, die zusammen essen gehen«) – treffen sich einmal in der Woche zum Mittagessen in einer Kneipe am See. Man kann dazukommen, auch wenn man noch nicht offiziell im Ruhestand ist. Vor ein paar Jahrzehnten fragte William Rehnquist, der in Greensboro ein Haus besitzt, ob er mitgehen dürfe, obwohl er damals Vorsitzender Richter am Supreme Court of the United States war. Sie erlaubten es ihm.

Carol gibt Kurse an der örtlichen Kooperative Rural ARTS (die Abkürzung steht für Art, Recreation, Technology, Sustainability – zu Deutsch: Kunsthandwerk, Freizeit, Technik, Nachhaltigkeit), die die Einwohner von Greensboro zu Kursen und anderen Aktivitäten zusammenbringt. In aller Regel wird das Angebot von Teilnehmern aller Altersgruppen – von vier bis hundertvier – begeistert genutzt. Das Ziel ist, zu Kreativität zu ermuntern und Beziehungen zwischen Bewohnern der Stadt zu fördern, die anderweitig keine Gelegenheit hätten, sich miteinander anzufreunden. Später erfuhr ich, dass Rural ARTS zu einer Art Vorzeigeprogramm der Region zur Stärkung Generationen übergreifender Aktivitäten geworden ist. Im Winter gibt es beispielsweise die »Soup + Sustainability«-Abende, an denen die Leute zusammenkommen, um bei einem Teller Suppe einen Film über Umweltthemen anzuschauen und hinterher darüber zu reden, meist wird die Diskussion von einem in der Stadt ansässigen Fachmann geleitet (häufig einem Senior, manchmal aber auch einem Teenager).

Einer von Carols Jobs bei Rural ARTS besteht in der Betreuung eines Gemeinschafts-Arbeitsraums namens Spark. »Er ist im Untergeschoss einer Kirche angesiedelt«, erzählte sie mir, »aber hier geht es nicht um Bingo oder Makramee. Das hier ist Hightech: 3D-Drucker, Drucker für große Formate, Scanner und Laser-Cutter.« Der Raum ist so angelegt, um Jung und Alt dazu zu bringen, kreativ zu werden. »Du kommst hinein, und eine Menge Stereotype fallen in sich zusammen wie Kartenhäuser. Da gibt es ältere Leute, die sich als professionelle Webdesigner versuchen, andere drucken riesige Poster für die Parade im Ort, wieder andere spielen einfach an den Computern herum und schaffen Kunstwerke.«

In dem Augenblick kam die ältere Dame, die vorher das Aufhängen des Geburtstagsbanners überwacht hatte, mit einer Eiswaffel in der Hand herüber. Sie hatte uns über das ARTS-Center sprechen hören und wollte ihren Teil zur Unterhaltung beitragen. »Ich nutze es ständig, wenn ich Material für die Historical Society drucken muss. Und das sind schnelle Drucker, glauben Sie mir: zwanzig, dreißig Seiten in der Minute.« Sie stellte sich als Nancy Hill vor, Vizepräsidentin der Historischen Gesellschaft von Greensboro. Nancy, die soeben sechsundachtzig geworden war, erzählte mir, dass auch sie sich irgendwann entschlossen habe, in Greensboro alt zu werden. Nach langen Berufsjahren in Frankreich und Thailand ist sie hierher zurückgekehrt, bereits die vierte Generation ihrer Familie.

Als Nancy erfuhr, dass ich an einem Buch über das Altern schrieb, erklärte auch sie mir, dass Greensboro dafür der perfekte Ort sei. Es sähe zwar nicht aus wie der Großteil der Vereinigten Staaten oder der Welt insgesamt. Seine Bevölkerung ist sehr viel älter: 40 Prozent der erwachsenen Einwohner sind über fünfzig Jahre alt, und das Medianalter in Greensboro liegt bei zweiundfünfzig, im Rest der Welt bei dreißig. Und diese ältere Bevölkerung ist untereinander und mit der jüngeren Generation bestens vernetzt. So gibt es verschiedene Generationen übergreifende Literaturgruppen und Zirkel für kreatives Schreiben. »Unsere Stadt ist voll mit Lesenden und Schreibenden«, fügte sie noch hinzu. Als sie noch im Bibliotheksausschuss war, hatte Nancy daran mitgewirkt, ein Regal mit Werken in Greensboro ansässiger Autoren einzurichten. »Wir dachten, wir kämen vielleicht auf 20 oder 30 Schriftsteller. Stattdessen fanden wir mehr als 150!« Sie begann einige der berühmteren aufzuzählen. Da gab es den Pulitzerpreisträger Wallace Stegner, die amerikanisch-asiatische Romanautorin Gish Jen und die Anthropologin Margaret Mead (die einst an altersfreundlichen Kulturen im Pazifik geforscht hatte).

»Aber keiner davon ist so berühmt wie die Greensboro Ladies' Walking Society«, fügte Carol augenzwinkernd hinzu. Nancy lachte. Nach ihrer Rückkehr hatte sie vor Jahren angefangen, morgens zusammen mit ein paar Freundinnen auf »ihrer« Seite der Stadt zu walken, eine andere Handvoll Freundinnen vergnügte sich auf der anderen Seite der Stadt auf dieselbe Weise. Eines Tages begegneten sich die beiden Gruppen zufällig und beschlossen, sich zusammenzutun, seither expandiert die Ladies' Walking Society fröhlich immer weiter.

»Das hat mit Geselligkeit genauso viel zu tun wie mit dem Laufen«, erklärte Nancy. Die Gruppe erwandert sich das gesamte Northeast Kingdom und geht auch zusammen auf Reisen – zu so unterschiedlichen Zielen wie Nantucket und den Niederlanden. »Aktiv zu sein, ist wichtig, aber es ist mehr als das. Es geht um …« – Nancy hielt kurz inne, um nach dem richtigen Wort zu suchen – »es geht darum, *teilzuhaben.* Ja, ich glaube, das ist ein gutes Wort, um zu beschreiben, wie die Leute hier ticken.«

Nach dem Mittagessen spazierten meine Familie und ich durch die Stadt, schnupperten den frischen Duft von Sommerwiesen, erfreuten uns an den grünen Feldern und den ruhigen, von schindelgedeckten Farmhäusern gesäumten ländlichen Straßen. Mit einem Mal wurde die Ruhe gestört durch ein Clownspaar – bestehend aus einem kleinen und einem großen Spaßmacher –, das aus einer großen Scheune herausgestürzt kam. Dann sprang ein Akrobat vom Dach. Ich musste zweimal hinschauen.

Schließlich kamen wir mit dem kleinen Clown – einem Teenager namens Mike – ins Gespräch. Er erzählte uns, dies sei das Quartier von Circus Smirkus, dem einzigen Jugendwanderzirkus der Vereinigten Staaten. Teenager aus aller Welt kommen nach Greensboro, um zu üben und aufzutreten. Wir standen da und sahen starr vor Staunen den Akrobaten zu. Es war ein unglaubliches Bild – Menschen sprangen und flogen durch die Luft, als gäbe es keine Schwerkraft –, und das in dieser entlegenen Ecke von Vermont. Einer der Akrobaten, ein Trainer, hatte weißes Haar. Ein anderer rief seine Anweisungen auf Russisch. Mike berichtete, dass dies sein zweiter Sommer bei Smirkus sei und dass jeder Sommer ein eigenes Thema habe. In diesem Jahr sei es *Die Erfindung des Fliegens*. Er berichtete, dass außer den älteren Leuten, die zum Zirkus gehörten, auch viele andere ältere Menschen das Projekt in großartiger Weise unterstützten, indem sie Abend für Abend die Shows besuchten und großzügig spendeten, sodass der Zirkus Jugendlichen, die es sich sonst nicht leisten könnten, Stipendien anbieten kann.

Wir gingen weiter und stießen auf an Scheunen und Hauswände gepinnte Plakate und Flyer für eine Sommerkonzert-Reihe mit Kammermusik. In einer Woche wurde ein Streichquartett aus New York erwartet, Ende des Monats sollte ein Cellist aus Los Angeles einfliegen. Ein Mann, der gerade seine Hühner fütterte, sah uns, als wir die Flyer an seinem Schuppen genauer beäugten, und winkte uns zu. Er kam herüber, um zu schauen, ob wir Summer People seien – Sommergäste.

»Genau genommen sind wir nur Nachmittagsgäste«, erzählte ich ihm. »Nur auf der Durchreise.« Ich fügte noch hinzu, dass wir mehr oder weniger über die Stadt gestolpert seien und dass ich in Anbetracht meines Arbeitsthemas fasziniert sei, weil sie ein Paradies für ältere Menschen zu sein scheine. Harold lächelte, nickte und sagte, er würde mir nur zu gern ein paar Beispiele dafür nennen, aber erst fragte er meine Töchter, ob sie Lust hätten, seine Hühner zu füttern.

Während die beiden im Hühnerstall Körner streuten, plauderte ich mit dem einundachtzigjährigen Harold über einem Glas selbstgemachter Limonade (offenbar hat in Greensboro jeder ein Faible dafür). Er hatte ein paar Jahre beim Friedenscorps in Kamerun Dienst getan, im Anschluss eine Laufbahn bei der amerikanischen Behörde für Entwicklungszusammenarbeit (United States Agency for International Development) in Washington eingeschlagen und sich vor ein paar Jahren in Greensboro zur Ruhe gesetzt, wo er eine neue Berufung gefunden hat und jetzt für die Lokalzeitung fotografiert und Artikel schreibt. Was ihm an diesem Ort so gefällt, ist der unglaubliche Gemeinschaftssinn und die vielen Möglichkeiten, wie ältere Leute sich in sinnvoller Weise auf verschiedenste Art einbringen können.

Harold gehört zu zwei Gruppen, die nach dem Muster der legendären ROMEOs gestrickt sind. Die erste trifft sich jede Woche zum Frühstück mit aktuellen örtlichen Amtsinhabern und/oder Hoffnungsträgern, um über Politik zu diskutieren. (Diese Amtsinhaber und politischen Aspiranten treffen sich übrigens auch mit der Ladies' Walking Society.) Harolds andere Gruppe trifft sich wöchentlich zum Mittagessen und zum Sinnieren über die großen Fragen des Lebens. Zu den letzten Themen gehörten die Zukunft der interstellaren Raumfahrt (ein Astronaut im Ruhestand und ein Planetenwissenschaftler sind Mitglieder der Gruppe) und Fragen wie: »Ist Sarkasmus genetisch bedingt?«

Harold zeigte mir ein Bild von der Mittagsgruppe: ein Haufen Männer, lächelnd um einen Tisch geschart. Harold begann sie vorzustellen: »Der da ist Bauingenieur, der da war mal Pfarrer, der ist pensionierter Naturkundelehrer, der ist Professor und schreibt über die amerikanische Revolution.« Er berichtete, dass einer darunter, Tim, die einzige Autowerkstatt im Ort betreibe und regelmäßig zum Diskussionsleiter der Gemeindeversammlungen von Greensboro gewählt werde. »Er bekommt es auf behutsame Weise hin, alle Generationen zu Wort kommen zu lassen.«

Ich fand es schön, dass beide Gruppen, in denen Harold sich engagierte, zum Ziel hatten, »Freundschaft« zu fördern – ein Wort, auf das er bei seinen Schilderungen immer wieder zurückgriff. Denn in den Vereinigten Staaten laufen alte Männer stärker Gefahr, unter Einsamkeit und Isolation zu leiden, als jüngere Männer oder ältere Frauen.[2] Harold hingegen beschrieb eine Gemeinschaft, in der Beziehungen zwischen ihm und seinen Altersgenossen Bestand hatten oder gar intensiver wurden.

Harold fragte meinen Mann und mich, ob wir *Crossing to Safety* (auf Deutsch erschienen als *Zeit der Geborgenheit*) von Wallace

Stegner gelesen hätten. Hatten wir nicht. Er erzählte uns, dass das Buch davon handele, dass Stegner jeden Sommer in Greensboro eine Auszeit nahm und der englische Titel auf einem Gedicht von Robert Frost basiere, in dem es um den Wechsel zu einem besseren Ort, einem ruhigeren, emotional stabilen Ort gehe: »crossing to a better place, a more serene and more emotionally stable place«, heißt es darin.

Dann eröffnete er uns seine Theorie über Greensboro, dessen Einwohnerzahl von siebenhundert auf über zweitausend in den Sommermonaten anschwillt. »Menschen verbringen ihre Sommer hier, und manchmal setzen sie sich hier zur Ruhe, und das macht Greensboro insofern anders als viele andere Orte, als die Familien seiner Einwohner großenteils in anderen Teilen des Landes leben. Daher sind die Menschen mehr als üblich von ihren Freundschaften abhängig, und so schaffen sie hier in Greensboro eine Art zweite Großfamilie aus Freunden und Nachbarn.«

Das trägt vielleicht dazu bei, zu erklären, warum Harold sich aktiv in Politik und Journalismus einbringt, bedürftigen alten Menschen kostenloses Essen bringt und zum Kuratorium der örtlichen Bücherei gehört. Seine Frau gibt Kindern Nachhilfeunterricht, hilft im Naturschutz mit und ist stolzes Mitglied der Greensboro Ladies' Walking Society. Ich erinnerte mich an das, was Nancy, die ältere Dame, die ich bei Willey's getroffen hatte, gesagt hatte: Ältere Menschen in Greensboro *haben teil am Leben.*

Harold erklärte uns, es sei eine Schande, den Ort zu verlassen, ohne einmal im See gebadet zu haben. Also gingen wir eine Runde schwimmen, bevor wir uns wieder auf den Weg machten. Als wir uns am Ufer von der warmen Julisonne trocknen ließen, kam ich mit einer weiteren Bewohnerin des Ortes ins Gespräch: einer jungen Frau namens Kathryn Lovinsky, die mit ihren zweijährigen Zwillingsjungen zum Baden gekommen war.

Kathryn, so stellte sich heraus, war die Leiterin von Rural ARTS (wo Carol Fairbank arbeitete). Sie war in der Nähe aufgewachsen und nach einiger Zeit in Washington, wo sie studiert und ein paar weitere Jahre verbracht hatte, mit ihrer Familie wieder hergezogen. Sie hatte für Washington nicht allzu viel übrig, schien mir: »Die Leute lebten ziemlich isoliert voneinander. Den Sommer verbrachten sie in ihren anlagengekühlten Wohnungen allein vorm Fernseher. In Greensboro verbringen die Menschen den Sommer draußen zusammen.« Sie erzählte mir, dass ihre Eltern, beide über siebzig, in der Stadt einen Appartementkomplex mit erschwinglichen Wohnungen betreuten, die an ältere Menschen mit begrenzten Ersparnissen vermietet wurden, und dass ihnen ein Betrieb im Ort gehörte, in dem nachhaltige Verpackungen hergestellt wurden. Außerdem betrieben sie eine Farm mit 30 Hektar Land, Kühen, Hühnern und Schweinen. Und ihre Mutter passte regelmäßig auf die beiden Jungen auf, was für alle Beteiligten ein Geschenk sei, »mich eingeschlossen«, sagte sie lachend, »dann habe ich ein bisschen Zeit für mich!« Sie erzählte, dass das ziemlich typisch für die Gegend hier sei: Die Älteren bleiben geschäftig, halten Tiere oder bauen Gemüse an und stecken viel Zeit in die Belange der Gemeinschaft und den Austausch mit Kindern und jungen Erwachsenen.

Dieser Ort hat zweifellos etwas Besonderes. Deshalb ziehen die Leute hierher. Und was viele dieser Zugezogenen eint, ist, dass sie offenbar genaue Vorstellungen davon haben, wie sie leben und alt werden wollen.

»Schauen Sie sich Judy an«, sagte Kathryn und deutete auf eine ältere Frau, die soeben am anderen Ende des Ufers ihr Handtuch ausbreitete und es sich mit einer Zeitung und einer Flasche Sprudel bequem machte. Judy war mit über achtzig noch als Immobilienmaklerin aktiv. Sie baute Gemüse an und stellte jedes Jahr ihre Gemälde bei Veranstaltungen der Stadt aus. Sie sei auch, erzählte mir Kathryn, eine Säule der Gemeinde und sitze in mehr Komitees und Organisationen, als man aufzählen könnte. Sie fing an, ein paar davon zu nennen, als Judy – die spürte, dass sie Gegenstand unseres Gesprächs war – herübersah und uns zuwinkte. Kathryn winkte zurück.

Wir gingen zu ihr. Kathryn berichtete Judy, dass ich mich für Greensboro interessierte. »Na ja, Greensboro ist ein angesagter Ort«, sagte sie, ganz Maklerin. Ich erklärte ihr, dass ich fasziniert sei davon, wie sehr die Älteren am politischen und gesellschaftlichen Leben der Stadt teilhätten. Am selben Morgen hatte ich schlimme Berichte darüber gelesen, dass der Staat New York und Polen ältere Richter aus Altersgründen bei Gericht verdrängten, genau das Gegenteil dessen, was in Greensboro das Credo ist.

Als ich Judy fragte, wie es sich als älterer Mitbürger in Greensboro lebe, erwähnte sie die Infrastruktur und die Programme, die zu den positiven Altersbilder beitrügen, von denen das Leben in der Stadt geprägt sei. »Es ist eine Frage vom Huhn und dem Ei«, mutmaßte Kathryn. »Schwer zu sagen, was zuerst da war: die positiven Altersbilder oder eine positive Alterskultur.«

Judy schirmte mit der Hand ihre Augen vor der Sonne ab, als sie von ihrem blauen Badehandtuch zu mir hochblickte »Wie dem auch sei, ich finde es toll hier«, sagte sie. »Und ich glaube, Sie auch.« Sie fügte noch an, dass ein paar hübsche Häuser auf dem Markt seien, falls ich Interesse hätte.

Ich muss gestehen, dass ich eine Minute darüber nachdachte.

Kathryn hatte recht mit ihrem Huhn-Ei-Vergleich, wenn es darum ging, was Ursache und was Wirkung war: die positiven Altersbilder oder die altersfreundliche Kultur von Greensboro. Wahrscheinlich haben sie sich im Doppelpack entwickelt und sich gegenseitig bestärkt.

Was wir dort zu sehen bekommen hatten, war eine lebendige Demonstration dessen, was passiert, wenn ältere Menschen und die Gesellschaft, in der sie leben, auf gedeihliche Weise in Einklang gebracht werden. Wallace Stegner, einundachtzig, beschreibt diesen Prozess in seinem Vorwort zur Geschichte von Greensboro: »Ich bin ohne Geschichte aufgewachsen und ohne das Gefühl, irgendwohin zu gehören, so wurzellos, dass ich von drei meiner Großeltern nie die Vornamen kannte und bis heute nicht weiß … In Greensboro hingegen hatte ich das, was mir abging und was ich wollte: Beständigkeit, Ruhe, das Nebeneinander von Tradition und Moderne und eine nachbarschaftlich orientierte soziale Ordnung.«[3]

Greensboro kann auch zum persönlichen Ziel werden für alle älteren Menschen, die nicht das Glück haben, hier zu wohnen. Dieses Ziel bestünde darin, sich im Alter zu befreien, damit zur Befreiung ihrer bislang altersfeindlichen gesellschaftlichen Umgebung beizutragen und so wiederum die Befreiung anderer Mitglieder dieser Gesellschaft zu ermöglichen.

Greensboro veranschaulicht noch eine weitere Wahrheit, die mir im Laufe des Schreibens an diesem Buch aufgegangen ist. Als Wissenschaftlerin bin ich immer davon ausgegangen, dass die beste Art und Weise, die Welt zu verstehen und verständlich zu machen, aus einer eleganten Grafik oder einem aussagekräftigen statistischen Test besteht. In Greensboro aber und in den Monaten vor meinem Besuch dort, in denen ich so vielen inspirierenden alten Menschen begegnet bin, wurde mir klar, dass Wissenschaft uns zwar hilft zu verstehen, wie die Welt funktioniert, Geschichten aber dazu da sind, zu zeigen, wie wir dieser Welt einen Sinn geben können. »Die Spezies Mensch«, schrieb die Anthropologin Mary Catherine Bateson, »denkt in Metaphern und lernt durchs Erzählen.«

Zu den Geschichten, aus denen ich beim Schreiben gelernt habe, gehören die Erzählungen der Bewohner von Greensboro ebenso wie die Lebensgeschichten von Kane Tanaka und anderen über Hundertjährigen, Beispiele für die Vorzüge eines Lebens in einer Gesellschaft mit positiven Altersbildern. Die Menschen, die in diesem Buch zu Wort kommen, zeigen aber auch, dass es möglich ist, die Altersfeindlichkeit zu überwinden, von der viele Gesellschaften durchdrungen sind. Denken Sie an die neunundneunzigjährige Irene Trenholme in ihrem Buchladen, die ihre positive Haltung zum Altwerden von ihrer Großmutter erbte und Mittel und Wege gefunden hat, sich, wo immer möglich, gegen altersfeindliche Strukturen aufzulehnen. Oder an Jonas, den Arzt aus dem Mittleren Westen, dessen negative Altersbilder sich in Luft auflösten, nachdem er einige Zeit mit älteren Mentoren verbracht hatte, deren Lebensziel darin bestand, in ihren jeweiligen Lebenswelten Gutes zu tun. Und an Barbara, bei der unser Eingreifen bewirkte, dass sich ihre Haltung zum Alter positiv entwickelte und bei der sich infolgedessen Gleichgewichtssinn und körperliche Fitness verbesserten.

Ob sie ihre positiven Altersbilder nun früher oder später im Leben erwarben, viele dieser Menschen führen auf ihrer Grundlage im Alter ein glückliches, gesundes und erfolgreiches Leben. Denken Sie an den Schauspieler John Basinger und den Pilzsammler Patrick Hamilton: Das gute Gedächtnis beider ging Hand in Hand mit einem positiven Verständnis vom Altwerden. Oder die Triathletin Schwester Madonna Buder und die Schwimmerin Maurine Kornfeld, deren beeindruckende athletische Leistungen der Art und Weise zu verdanken sind, wie sie an das Altern herangehen. Oder an Mel Brooks und Liz Lerman, deren positive Haltung zum Altern im späteren Leben eine wahre Lawine der Kreativität lostrat.

Wie groß das Potenzial für jeden Einzelnen ist, ein Leben unter dem guten Stern positiver Altersbilder zu führen, mit all den Vorzügen, die dazugehören, wurde mir auf unerwartete Weise klar. Als ich den Fragebogen zum Thema Altersbilder entwarf, mit dem ich Altersstereotypen auf die Spur kommen wollte, fragte ich die Teilnehmer nach den ersten fünf Worten, die ihnen in den Sinn kamen, wenn sie ans Altern dachten. Die Antworten waren so gut wie alle negativ. Als ich aber nach den ersten fünf Worten fragte, die ihnen in den Sinn kamen, wenn sie an ein positives Bild vom Altern dachten, konnte jeder mit positiven Worten aufwarten.

Das hatte ich nicht erwartet, denn ich hatte zuvor Belege zuhauf dafür gefunden, dass ältere Leute die negativen Altersstereotype durch die unzähligen Institutionen der Gesellschaft, die sie verbreiten, und durch Diskriminierungserfahrungen aufgrund dieser Stereotype am eigenen Leib verinnerlichten. Trotzdem brachte die zweite Fünf-Worte-Frage positive Altersbilder ans Licht, die schon immer da gewesen waren und nur darauf warteten, aktiviert zu werden. Letzteres ist das Ziel der in Kapitel 9 und Anhang 1 dieses Buchs präsentierten ABC-Methode und der zugehörigen Übungen.

Dieser Prozess der Aktivierung von positiven Altersbildern hat eine Entsprechung in einem meiner Lieblingsgedichte des karibischen Dichters und Literaturnobelpreisträgers Derek Walcott. Das Gedicht, dem er den Titel *Love After Love* gab, handelt zwar nicht direkt vom Altern oder von Altersbildern, aber für mich erweckt es eine Reihe der zentralen Vorstellungen zum Leben, die ich im Rahmen dieses Buchs entwickelt habe.

The time will come
when, with elation,
you will greet yourself arriving
at your own door, in your own mirror,
and each will smile at the other's welcome,
and say, sit here. Eat.
You will love again the stranger who was your self.
Give wine. Give bread. Give back your heart
to itself, to the stranger who has loved you
all your life, whom you ignored
for another, who knows you by heart.
Take down the love letters from the bookshelf,
the photographs, the desperate notes,
peel your own image from the mirror.
Sit. Feast on your life.

Es scheint, als beschriebe Walcott einen Wandel, der auf zwei Ebenen stattfinden kann. Auf der Ebene des Individuums handelt das Gedicht von einem fiktiven Fremden, der auch das ältere Selbst sein könnte, das positive Altersbilder hegt, die von negativen Stereotypen überdeckt worden sind. An einem Punkt, an dem diese schlummernden positiven Altersbilder wieder die Oberhand gewinnen, wird der vormalige Fremde als Rückkehrer willkommen geheißen.

Auf der Ebene der Gesellschaft ließe sich Walcotts Gedicht als der Ruf nach Solidarität sehen. Es ist an der Zeit, Barrieren und Vorurteile abzubauen, die sich am Alter festmachen: »Give back your heart to itself, to the stranger who has loved you all your life.« Wenn ältere Menschen von der Gesellschaft nicht länger als Fremde behandelt werden, sondern stattdessen von sich selbst und von der Gesellschaft wertgeschätzt werden, kann Altern ein Nachhausekommen, eine Neuentdeckung, ein Fest des Lebens werden.

ANHANG 1

Positive Altersbilder fördern in drei Schritten

A	**ACHTSAMKEIT:** Wahrnehmen, wo in der Gesellschaft negative und positive Altersbilder verbreitet sind.
B	**BEIM NAMEN NENNEN:** Sich darüber klarwerden, dass Gesundheits- und Gedächtnisprobleme zumindest zum Teil durch negative Altersbilder verursacht werden, die wir aus der Gesellschaft übernehmen.
C	**COURAGIERTES GEGENSTEUERN:** Aufstehen gegen Altersfeindlichkeit, um deren schädlichen Einfluss zu mindern.

Viele der im Folgenden beschriebenen Übungen lassen sich rasch lernen und durchführen. Da Altersbilder durch viele Faktoren bedingt sind, die sowohl auf bewusster als auch auf unbewusster Ebene wirken, wäre es sinnvoll, es mit einer Kombination von Übungen zu probieren und dabei immer mindestens eine aus allen drei Gruppen dazuzunehmen. Die drei Gruppen entsprechen den in Kapitel 9 besprochenen Phasen: 1. einer gesteigerten Aufmerksamkeit für das Problem, 2. der klaren Benennung seiner Ursachen und 3. dem couragierten Einsatz gegen negative Altersbilder.

Um Ihre Einstellung zu schulen und sich damit wohler zu fühlen, schlage ich vor, dass Sie die Übungen, die Sie sich ausgesucht haben, mehrfach machen. Was Aristoteles bereits vor vierundzwanzig Jahrhunderten erkannte, gilt auch heute: »Wir sind, was wir immer wieder tun.« Das beständige Anwenden dieser Strategien soll selbstverstärkend wirken und eine Art Schneeballeffekt zur Folge haben, bei dem kleine Veränderungen eine ganze Kaskade an Verbesserungen bewirken.[1]

Im Folgenden die ABC-Übungen zum Ausprobieren:

Achtsamkeitsübungen

Achtsamkeitsübung 1: Fünf Altersbilder

Schreiben Sie die ersten fünf Wörter nieder, die Ihnen in den Sinn kommen, wenn Sie an einen älteren Menschen denken. Selbst wenn Sie die Übung bereits in Kapitel 1 gemacht haben, versuchen Sie es noch einmal, vielleicht hat sich an Ihrer Einstellung zum Altern ja bereits etwas geändert, seit Sie angefangen haben, dieses Buch zu lesen. Noch einmal: Es gibt keine richtigen oder falschen Antworten. Wie viele Ihrer Assoziationen sind negativ, wie viele positiv?

Wenn sich bei dieser Fünf-Bilder-Übung viele negative Begriffe bei Ihnen finden, heißt das nicht, dass Ihre Ansichten in Stein gemeißelt sind. Die meisten von uns haben unbewusst die negativen Altersbilder unseres Umfelds verinnerlicht, aber wir können unsere Haltung ändern. Sich darüber klarzuwerden, ist der erste Schritt.

Achtsamkeitsübung 2: Ein Portfolio positiver Altersbilder

Wer sind Ihre älteren Vorbilder? Listen Sie vier alte Menschen auf, die Sie bewundern. Nehmen Sie welche aus Ihrem Leben und welche aus aller Welt – aus der Geschichte oder aus Büchern (wie diesem), aus Fernsehsendungen oder aktuellen Geschehnissen. Auf diese Weise schaffen Sie sich ein diverses Reservoir an Vorbildern und assoziieren viele verschiedene positive Eigenschaften mit dem Altern. Suchen Sie sich bei jedem Ihrer Vorbilder eine oder mehrere Eigenschaften aus, die Sie bewundern und die Sie mit fortschreitendem Alter gern in sich kultivieren würden.

Achtsamkeitsübung 3: Achten Sie auf Altersbilder in den Medien

Eine gute Möglichkeit, Unsichtbares sichtbar zu machen, besteht darin, mittels Ihres Notebooks oder Smartphones sowohl positive als auch negative Darstellungen des Alterns festzuhalten, die Ihnen im Verlauf von nur einer Woche begegnen. Wenn Sie fernsehen oder Serien streamen, achten Sie darauf, ob es in den Sendungen ältere Charaktere gibt, was für Rollen sie spielen und ob sie das Altern in einem positiven oder negativen Licht erscheinen lassen. Wenn Sie im Internet unterwegs sind oder Zeitung lesen, notieren Sie sich, ob ältere Menschen in die dargestellten Inhalte einbezogen werden, und auch, wenn das nicht der Fall ist. Am Ende der Woche rechnen Sie die Zahl der positiven und der negativen Altersbilder zusammen und auch die Zahl der Geschichten, in denen Ältere einfach nicht vorkamen, obwohl sie eigentlich hätten vorkommen müssen. Ich habe bei meinen Untersuchungen festgestellt, dass diese Form des aktiven Erbsenzählens dazu beiträgt, jenseits der himmelschreienden Fälle von blanker Altersfeindlichkeit eine geschärfte Aufmerksamkeit für die subtileren Formen von Exklusion und Marginalisierung zu entwickeln.[2]

Achtsamkeitsübung 4: Generationenbewusstsein

Denken Sie an Ihre fünf engsten Freunde. Wenn Sie mir ähnlich sind, so liegen deren Geburtstage vermutlich innerhalb einer Spanne von ein paar Jahren um Ihren eigenen herum. Natürlich ist nichts Verwerfliches daran, sich mit Altersgenossen zu umgeben, aber die Selbstverständlichkeit, mit der wir uns generationenmäßig streng sortiert halten, ist ein weiterer Wegbereiter negativer Altersbilder. Denken Sie darüber nach, Ihre Kontakte Generationen übergreifender zu gestalten. Machen Sie sich bewusst, wie viele Generationen übergreifende Kontakte Sie in der letzten Woche hatten. Wenn Ihnen nicht viele einfallen, überlegen Sie sich für den kommenden Monat zwei Aktivitäten, an denen mehrere Generationen beteiligt sind.

Übungen zum Benennen der zugrunde liegenden Ursachen

Benennungsübung 1

Fragen Sie sich selbst, ob und wann negative Altersbilder Einfluss darauf haben, wie Sie unangenehme Ereignisse oder Herausforderungen beurteilen. Wenn Sie oder jemand Älteres aus Ihrem Bekanntenkreis seine Schlüssel verlegt oder ein Datum oder einen Namen vergisst und Sie sich dabei ertappen, dass Sie denken: »Das ist das Alter«, erinnern Sie sich daran, dass hier Ihre negativen Altersbilder aus Ihnen sprechen und es sich mitnichten um eine objektive Bewertung des Alterungsprozesses handelt. Ist es nicht möglich, dass Sie beziehungsweise die oder der andere in Eile war, gestresst, Kummer hatte oder von irgendetwas abgelenkt war, als die Information aufgenommen oder abgerufen wurde? All diese emotionalen Zustände können eine vorübergehende Vergesslichkeit bewirken. Wenn Sie einen schmerzenden Rücken oder ein schlechtes Gehör auf das Alter schieben, registrieren Sie bitte auch die äußeren Umstände: Haben Sie etwas hochgehoben, das zu schwer war, oder war es im Hintergrund sehr laut? Denken Sie an zwei reale oder hypothetische Situationen mentaler oder physischer Art, in der Sie oder eine ältere Person das Geschehen auf »das Alter« geschoben haben. Und dann überlegen Sie sich eine

Erklärung, die mit dem Alter nichts zu tun hat und auf das Geschehen ebenso gut zutreffen könnte.

Benennungsübung 2: Cui bono?

Notieren Sie vier negative Altersstereotype. Nennen Sie ein Unternehmen oder eine Institution, die von der Verbreitung eines solchen Stereotyps profitieren würde. Wenn Sie beispielsweise »Gedächtnisverlust« geschrieben haben, kommen Sie womöglich auf Lumosity, ein Unternehmen, das Spiele zum »Gedächtnistraining« vertreibt und sich dabei in vielen Fällen die Angst zunutze macht, die sich aus jenem negativen Altersbild herleitet, demzufolge alles Erinnerungsvermögen unausweichlich dem Niedergang geweiht ist. Das Unternehmen wurde von der Federal Trade Commission (der amerikanischen Bundesbehörde für Verbraucherschutz und Kartellrecht) verklagt, weil es die Ängste älterer Verbraucher mit falschen Aussagen zu seinem Vorteil ausnutzt.[3]

Benennungsübung 3: Wäre es sexistisch, wenn es auf eine Frau gemünzt wäre?

Wenn Sie sich nicht sicher sind, ob eine Bemerkung oder eine Handlung gegenüber älteren Menschen altersfeindlich ist, versuchen Sie einmal, die Zielperson durch jemanden aus einer anderen marginalisierten Gruppe – Frauen beispielsweise – zu ersetzen. Wenn ein Arbeitnehmer zum Beispiel über die Notwendigkeit redet, ältere Arbeitnehmer zu entlassen, fragen Sie sich, wie dieselbe Aussage klingen würde, wenn es darin um die Entlassung von Frauen ginge. Wenn es sexistisch klingt, überlegen Sie, ob die Aussage im Zusammenhang mit älteren Arbeitnehmern nicht schlicht altersfeindlich ist.

Courage-Übungen

Courage-Übung 1: Negative Altersbilder demontieren

Sie können gegen negative Altersbilder vorgehen, indem Sie korrekte Informationen dagegenhalten. Dieses Buch hat einen Großteil der wissenschaftlichen Erkenntnisse vorgestellt, die negative Altersbilder widerlegen (eine Zusammenfassung finden Sie in Anhang 2: Material zum Entkräften negativer Altersstereotype). Schreiben Sie drei Mythen über das Älterwerden auf. Üben Sie, was Sie zu jemandem sagen könnten, der sie für wahr hält. Zum Beispiel: »Den Alten ist der Planet egal.« Es hat sich gezeigt, dass die über Fünfundsechzigjährigen mehr recyclen als jede andere Altersgruppe (und mit steigendem Alter steigen die Recyclingraten).[4]

Wenn Sie so sind wie ich, dann haben Sie vielleicht nicht immer einen flotten Einzeiler parat, wenn jemand etwas Altersfeindliches äußert. Es hilft daher, sich ein paar Sprüche zurechtzulegen oder später bei anderer Gelegenheit einen Kommentar von sich zu geben, der eine frühere diskriminierende Äußerung anficht.

Courage-Übung 2: Suchen Sie nach Möglichkeiten, politisch aktiv zu werden

Sie können sich um ein politisches Amt bewerben. Oder aber Sie schauen bei einer Wahl darauf, welche Kandidaten sich für eine Politik einsetzen, die auch das Wohlergehen älterer Menschen im Auge hat, und unterstützen deren Wahlkampf. Sie können auch Ihre gewählten Volksvertreter wissen lassen, wann Sie mit ihren Positionen zur Gesetzgebung in Bezug auf ältere Menschen übereinstimmen und wann nicht.

Courage-Übung 3: Altersfeindlichkeit in den Medien die Stirn bieten

Wenn Sie einen Artikel lesen, der negative Altersstereotype widerspiegelt, dann schreiben Sie an den Herausgeber oder veröffentlichen Sie einen Post dazu in den sozialen Medien. Ein Beispiel aus jüngerer Zeit ist eine Werbung, die E-Trade (die Online-Plattform für den Wertpapierhandel) 2018 beim Superbowl, dem im amerikanischen Fernsehen meistgesehenen Sportereignis, geschaltet hatte. Der Spot macht sich über alte Menschen lustig, die noch arbeiten: Man sieht einen älteren Paketboten, dem ein Stapel Päckchen aus der Hand fällt, einen älteren Feuerwehrmann, den es umwirft, als er den Schlauch statt auf das Feuer auf den Bürgersteig richtet. Der ältliche Zahnarzt und der Schiedsrichter, die dann folgen, sind nicht weniger tollpatschig und inkompetent. Nur für den Fall, dass das Alter der Arbeitenden noch nicht hinreichend deutlich geworden sein sollte, lautet der Text des Songs, der im Hintergrund dudelt: »I'm 85 and I Want to Go Home«, gesungen zur Melodie von Harry Belafontes *Day-O*.

Die Werbeagentur hatte es mit ihrer Kreation ganz offensichtlich darauf abgesehen, potenzielle jüngere Kunden zu ängstigen, damit sie auf einen frühen Renteneintritt hinarbeiteten und E-Trade beauftragten, in ihrem Namen mit Aktien zu handeln.[5] Obwohl diese negativen Suggestionen E-Trade im Folgejahr einen ordentlichen Gewinn einbrachten,[6] so traten sie doch auch Zorn und Gegenreaktionen los. Wir haben es hier übrigens mit einer »Flussaufwärtsursache« in Reinstform zu tun: Altersdiskriminierung, nicht motiviert durch Fakten, sondern durch gute altmodische Profitgier.

Ich hörte von dieser Werbung erstmals von meiner Tochter, die über ihr Facebook-Newsfeed Wind davon bekam und mir lauter Posts von Freunden und Fremden zeigte, die sich angewidert darüber äußerten, wie alte Menschen hier porträtiert wurden.

Halten Sie die Augen offen nach dem nächsten altersfeindlichen Beispiel und finden Sie Mittel und Wege, Ihrem Unmut Ausdruck zu verleihen, indem Sie eine Protestnachricht an das Unternehmen schreiben, dessen Produkt da beworben wird, oder auch eine Unterschriftenaktion initiieren, die das Unternehmen wissen lässt, dass Sie und die anderen Unterzeichner sich, so die Missstände nicht abgestellt werden, nach anderen, altersfreundlicheren Firmen umsehen werden.

ANHANG 2

Material zum Entkräften negativer Stereotype

Im Folgenden finden Sie Beispiele für die falschen und unheilvollen Altersstereotype, die von den verschiedensten gesellschaftlichen Akteuren verbreitet werden. Beigefügt ist diesen Stereotypen jeweils eine kleine Auswahl aus der beträchtlichen Menge an Beweisen des Gegenteils, die Ihnen vielleicht bei der Gegenargumentation behilflich sein können (die zugehörigen Quellen finden Sie in den Anmerkungen am Schluss).

1. **UNZUTREFFENDES ALTERSSTEREOTYP:** Wenn es heißt: »Was Hänschen nicht lernt, lernt Hans nimmermehr«, soll damit ausgesagt werden, dass alte Menschen unfähig sind dazuzulernen.

   FAKTENCHECK: Es gibt im fortgeschrittenen Alter eine Menge positive kognitive Veränderungen und viele Techniken, die lebenslanges Lernen möglich machen. Ältere Menschen können von denselben Gedächtnisstrategien profitieren wie jüngere Leute, um ihr Erinnerungsvermögen zu optimieren. Ja, unser Gehirn reagiert das ganze Leben hindurch auf neue Herausforderungen mit neuronalem Wachstum.[1,2,3,4]

2. **UNZUTREFFENDES ALTERSSTEREOTYP:** Alle älteren Menschen werden dement.

   FAKTENCHECK: Demenz ist kein normaler Teil des Alterns. Die meisten älteren Menschen entwickeln keine Demenz. Nur

3,6 Prozent aller amerikanischen Erwachsenen zwischen fünfundsechzig und fünfundsiebzig leiden unter Demenz. Darüber hinaus gibt es Hinweise darauf, dass die Demenzraten im Laufe der Zeit zurückgegangen sind.[5,6,7]

3. **UNZUTREFFENDES ALTERSSTEREOTYP:** Die Gesundheit von älteren Menschen ist allein eine Frage der Biologie.

   FAKTENCHECK: Unser Team hat festgestellt, dass die Kultur in Gestalt von Altersbildern einen machtvollen Einfluss auf die Gesundheit älterer Menschen haben kann. Positive Altersbilder wirken sich in vielen Fällen positiv auf ihre Gesundheit aus, verringern die Belastung für das Herz-Kreislauf-System und verbessern die Gedächtnisleistung. Negative Altersbilder hingegen können diese Gesundheitsaspekte negativ beeinflussen.[8,9,10,11] Wir haben zudem festgestellt, dass eine positive Haltung zum Alter den Einfluss von *APOEε2* verstärkt, einer genetischen Variante, die sich vielfach günstig auf die kognitiven Fähigkeiten im Alter auswirkt.[12]

4. **UNZUTREFFENDES ALTERSSTEREOTYP:** Ältere Menschen sind gebrechlich und sollten keinen Sport treiben.

   FAKTENCHECK: Die meisten älteren Menschen können sich ohne Verletzungsgefahr sportlich betätigen. Die Weltgesundheitsorganisation empfiehlt regelmäßige körperliche Ertüchtigung für ältere Personen, weil dies der psychischen Gesundheit ebenso förderlich ist wie dem Herz-Kreislauf-System und überdies Knochen und Muskeln stärkt.[13]

5. **UNZUTREFFENDES ALTERSSTEREOTYP:** Die meisten älteren Menschen leiden unter unbehandelbaren psychischen Störungen.

   FAKTENCHECK: Es stimmt nicht, dass die meisten älteren Menschen unter psychischen Problemen leiden. Studien zeigen vielmehr, dass Menschen im fortgeschrittenen Alter eher zum Glücklichsein tendieren und dass Depressionen, Ängste und der Substanzmissbrauch aller Art im Alter abnehmen.[14] Hinzu kommt, dass ältere Menschen gemeinhin auch von psychotherapeutischen Behandlungsregimen, auch einer Psychotherapie, profitieren.[15,16]

6. **UNZUTREFFENDES ALTERSSTEREOTYP:** Ältere Arbeitnehmer sind am Arbeitsplatz weniger effizient.
   FAKTENCHECK: Ältere Arbeitnehmer melden sich seltener krank, profitieren von ihrer Erfahrung, verfügen über eine hohe Arbeitsmoral und warten in vielen Fällen mit innovativen Ideen auf.[17,18,19] Arbeitsgruppen, an denen ältere Arbeitnehmer beteiligt sind, haben sich als leistungsstärker erwiesen.[20]
7. **UNZUTREFFENDES ALTERSSTEREOTYP:** Alte Menschen sind egoistisch und tragen nichts zur Gesellschaft bei.
   FAKTENCHECK: Ältere arbeiten oftmals oder engagieren sich ehrenamtlich in Positionen, die es ihnen erlauben, einen wichtigen Beitrag zur Gesellschaft leisten. Sie sind die Altersgruppe, die am engagiertesten recycelt und wohltätige Geschenke macht. Mit fortschreitendem Alter verstärken sich die altruistischen Züge, während die narzisstischen an Einfluss verlieren. Ältere denken häufig an das, was von ihnen bleiben wird, dazu gehört auch eine bessere Welt für kommende Generationen. Außerdem herrscht in den meisten Familien eine Einkommensumverteilung von oben nach unten, das heißt, es fließt mehr Geld von älteren Erwachsenen an ihre erwachsenen Kinder als umgekehrt.[21,22,23,24,25,26]
8. **UNZUTREFFENDES ALTERSSTEREOTYP:** Im Alter lassen die kognitiven Fähigkeiten unweigerlich nach.
   FAKTENCHECK: Eine Reihe kognitiver Fähigkeiten verbessert sich im Alter, unter anderem die Metakognition – das Denken über das Denken –, das Berücksichtigen unterschiedlicher Perspektiven, das Lösen zwischenmenschlicher Konflikte auf Einzel- und auf Gruppenebene und das semantische Gedächtnis. Andere Arten von kognitiven Fähigkeiten verändern sich eher nicht, das prozedurale Gedächtnis zum Beispiel, über das Routinetätigkeiten wie das Radfahren laufen.[27,28,29,30]

Außerdem habe ich zeigen können, dass das Stärken positiver Altersbilder Gedächtnisarten verbessern kann, von denen man annimmt, dass sie im späteren Leben nachlassen.[31,32,33,34,35]

9. **UNZUTREFFENDES ALTERSSTEREOTYP:** Alte Menschen sind schlechte Autofahrer.

   FAKTENCHECK: Die absolute Anzahl an Unfällen, an denen ältere Fahrer beteiligt sind, ist gering. Ältere schnallen sich bereitwilliger an und halten sich an Geschwindigkeitsregeln. Außerdem tippen sie beim Fahren seltener auf ihren Handys herum, fahren seltener unter Alkoholeinfluss und sind weniger häufig nachts unterwegs.[36,37,38]

10. **UNZUTREFFENDES ALTERSSTEREOTYP:** Alte Menschen haben keinen Sex.

    FAKTENCHECK: Die meisten älteren Menschen führen auch im Alter ein physisch und emotional erfüllendes Sexualleben. Einer Umfrage zufolge haben 72 Prozent aller älteren Erwachsenen eine Geliebte oder einen Geliebten, und die meisten darunter sind sexuell aktiv.[39,40]

11. **UNZUTREFFENDES ALTERSSTEREOTYP:** Ältere Menschen sind nicht mehr kreativ.

    FAKTENCHECK: Kreativität lässt mit zunehmendem Alter häufig nicht nach, oft nimmt sie später im Leben sogar zu. Vielen Künstlern, Henri Matisse unter anderem, wird bescheinigt, die innovativsten Werke im hohen Alter geschaffen zu haben. An der Spitze erfolgreicher Start-ups stehen häufiger über Fünfzigjährige als Leute aus der Altersgruppe dreißig plus. Ältere Menschen starten in vielen Fällen durchaus innovative Projekte und setzen diese zum Nutzen der Allgemeinheit um.[41,42,43,44]

12. **UNZUTREFFENDES ALTERSSTEREOTYP:** Ältere Menschen sind mit neuen Technologien überfordert.

    FAKTENCHECK: Ältere Menschen verfügen über die Fähigkeit, sich anzupassen, zu lernen und neue Technologien zu erfinden. Drei Viertel aller über Fünfzigjährigen verkehren routinemäßig auf sozialen Medien, 67 Prozent aller über Fünfundsechzigjährigen nutzen das Internet, 81 Prozent aller Menschen zwischen sechzig und siebzig verwenden Smartphones.[45,46] Und es gibt ältere Leute, die zu Pionieren eines Gebiets wurden, die MIT-Professorin Mildred Dresselhaus zum Beispiel, die mit über siebzig große Erfolge bei der Erforschung der zu jener Zeit erst seit wenigen Jahren bekannten Kohlenstoffnanoröhren erzielte und als eine der Wegbereiterinnen der Nanotechnologie-Forschung gelten kann.[47]

13. **UNZUTREFFENDES ALTERSSTEREOTYP:** Ältere Menschen profitieren nicht mehr von einem gesunden Lebensstil.

    FAKTENCHECK: Es ist nie zu spät, ein gesünderes Leben zu beginnen. Jemand, der im fortgeschrittenen Alter mit dem Rauchen aufhört, verzeichnet binnen Monaten deutliche Fortschritte in Bezug auf die Gesundheit seiner Lunge.[48] Genauso erholt sich das Herz-Kreislauf-System bei älteren Menschen, die es schaffen, ihr Übergewicht abzubauen.[49]

14. **UNZUTREFFENDES ALTERSSTEREOTYP:** Alte Menschen erholen sich nicht von Verletzungen.

    FAKTENCHECK: Die meisten älteren Menschen, die sich eine Verletzung zuziehen, erholen sich davon, wobei Menschen mit einem positiven Altersbild deutlich häufiger vollständig genesen.[50]

ANHANG 3

Ein Aufruf zur Beendigung von struktureller Altersfeindlichkeit

Das Wunder eines langen Lebens bietet eine so unglaubliche Chance für den Einzelnen und für die Gesellschaften, in denen wir leben. Dennoch liegt gegenwärtig so viel von diesem Potenzial brach, weil wir die Hindernisse nicht entsprechend angegangen sind, die ältere Menschen davon abhalten, ihr Leben im höheren Alter auf sinnvolle und produktive Weise zu führen.

-- Paul Irving, Direktor des Milken Institute's Center for the Future of Aging[1]

Die beste Art und Weise, mit negativen Altersstereotypen aufzuräumen, besteht darin, der strukturellen Altersfeindlichkeit ein Ende zu setzen. Da diese Form der Diskriminierung so tief in den Machtstrukturen der Gesellschaft verankert ist, erfordert eine gesellschaftliche Veränderung Ansätze auf verschiedensten Ebenen, und dies in zwei Richtungen: von oben nach unten, hier kommen Politik und Gesetzgebung ins Spiel, und von unten nach oben, das heißt über eine Bewegung, die diese Veränderungen einfordert. Im Folgenden finden Sie eine Teilauflistung der Dinge, die nötig sind, um zu mehr Altersgerechtigkeit zu gelangen. Ich ermutige Sie, darüber nachzudenken, ob es hier ein Feld oder eine Gegebenheit gibt, das oder die Sie beeinflussen könnten.

Ein Ende der Altersdiskriminierung in der Medizin

- Ein Ende der Diskriminierung im Hinblick auf die Ermöglichung von Behandlungen einer Vielzahl von Krankheiten, darunter auch Krebs und Herz-Kreislauf-Erkrankungen. Bei einer Analyse von Studien hat sich gezeigt, dass in 85 Prozent dieser Untersuchungen älteren Patienten Behandlungen oder Verfahren vorenthalten wurden, auch wenn die Chancen, davon zu profitieren, bei ihnen ebenso gut standen wie bei jüngeren Patienten.[2]
- Mehr Unterstützung für Vorsorge- und Rehabilitationsmaßnahmen bei älteren Patienten[3] durch eine bessere Struktur des Krankenversicherungswesens und höhere Erstattungen für ärztliche Leistungen.
- Eine verbesserte Kommunikation zwischen dem Gesundheitspersonal und älteren Patienten. Dazu gehören der Verzicht auf eine bevormundende Ansprache und ein Ende der Gepflogenheit, ältere Menschen nicht an wichtigen Entscheidungen zu ihrer medizinischen Versorgung teilhaben zu lassen. Um die gegenwärtig vorherrschende Praxis abzustellen, hat die Geriaterin Mary Tinetti einen guten Konversationsleitfaden verfasst, der Gesundheitsdienstleistern die Prioritäten älter Patienten nahebringen soll.[4]
- Die Einrichtung von geriatrischen Notfallabteilungen an allen Krankenhäusern. In den Vereinigten Staaten gibt es an vielen Kliniken pädiatrische Notfallambulanzen, aber nur an zwei Prozent der Häuser gibt es auch eine geriatrische Ambulanz. Diese Einrichtungen verzeichnen eine bessere Versorgung älterer Patienten und geringere Kosten.[5]
- Ein Ende der Ungleichbezahlung von Fachkräften im Gesundheitsbereich, die generell diejenigen benachteiligt, die sich vorwiegend um alte Menschen kümmern.[6]

- Eine Erhöhung der Anzahl an geriatrischen Abteilungen, damit Geriatrie an allen Medizin-Hochschulen gelehrt werden kann. Von den 145 medizinischen Hochschulen der Vereinigten Staaten verfügen nur fünf über eine geriatrische Abteilung, das entspricht etwa einem Geriater für 3000 Amerikaner im fortgeschrittenen Alter.[7]
- Eine geriatrische Ausbildung für alle Fachkräfte im Gesundheitswesen, damit jeder imstande ist, sich um ältere Patienten zu kümmern. Zur Ausbildung sollten ältere Patienten mit verschiedenen Krankheitsgraden gehören. In den Vereinigten Staaten muss an allen medizinischen Hochschulen Pädiatrie belegt werden, Geriatrie hingegen wird nur an weniger als zehn Prozent der Unis verlangt.[8] Genauso werden weniger als ein Prozent der Krankenschwestern und Krankenpfleger und weniger als zwei Prozent der Physiotherapeuten und -therapeutinnen speziell für die Arbeit mit älteren Patienten geschult.[9]
- In sämtlichen Lehrplänen für Fachkräfte im Gesundheitswesen sollte Altersdiskriminierung als Thema vorgesehen werden, unter anderem muss mit dem Mythos aufgeräumt werden, dass Bluthochdruck und Rückenschmerzen im späteren Leben unausweichlich dazugehören.[10]
- Bei allen Hausarztbesuchen sollte das Altersbild der Patienten abgefragt werden, und es sollten Vorschläge unterbreitet werden, wie man einer negativen Haltung zum Altern beikommen kann.
- Um Altersdiskriminierung im Rahmen von ordnungsgemäßen Untersuchungen und Überweisungen bei Fragen der psychischen Gesundheit, Geschlechtskrankheiten und Missbrauch von älteren Patienten zu überwinden, sollten Standardprotokolle für ältere Patienten etabliert und das medizinische Personal in der Anwendung solcher Protokolle ausgebildet werden.[11]

Ein Ende der Altersdiskriminierung im Bereich psychische Gesundheit

- Eine Neuausrichtung der Ausbildung auf dem Gebiet der psychischen Gesundheit, die den Umgang mit älteren Menschen in besonderer Weise berücksichtigt, beispielsweise die Erkenntnis, dass Depressionen kein natürlicher Aspekt des Alterns sind und dass ältere Menschen sehr häufig über Fähigkeiten verfügen, die sie in die Lage versetzen, von Psychotherapien zu profitieren.
- Ein Ende der schlechteren Bezahlung von Psychotherapeuten, die ältere Menschen betreuen.[12]
- Aufnahme von Informationen über die psychische Gesundheit älterer Menschen in die einschlägigen Standardwerke der psychiatrischen Diagnostik wie dem *Diagnostischen und Statistischen Manual Psychischer Störungen DSM*.
- Einrichtung von Generationen übergreifenden Psychotherapiegruppen, sodass Patienten verschiedenen Alters voneinander lernen können.
- Verringerung der Kluft zwischen Bedarf und Gewährung von psychotherapeutischen Leistungen, die in vielen Ländern im höheren Alter immer größer wird. Möglich ist das beispielsweise durch die Erweiterung des Spektrums an Behandlungsoptionen, beispielsweise ließe sich das in Kapitel 5 vorgestellte Modell der Freundschaftsbank auch in anderen Ländern etablieren.[13]

Ein Ende der systemimmanenten Altersdiskriminierung auf politischer Ebene

- Es bedarf einer Gesetzgebung, die älteren Menschen wirtschaftliche Sicherheit und eine ausreichende Ernährung garantiert. In den Vereinigten Staaten leben neun Prozent aller älteren Menschen in Armut, haben 16 Prozent der Älteren nicht genügend zu essen und sind 360 000 von ihnen obdachlos.[14]
- Es sollte auf Bundesebene einen Beauftragten und eine Behörde geben, die gegen Altersdiskriminierung vorgehen und quer durch alle Organisationseinheiten der Regierung eine antidiskriminatorische Politik vorantreiben.
- Ältere Menschen sollten ermuntert werden, für politische Ämter auf allen Ebenen zu kandidieren, um für eine altersgerechte und altersfreundliche Politik einzutreten und sich in politische Kampagnen von Leuten einzubringen, die ihre Interessen vertreten.
- Der Schutz der Rechte älterer Menschen sollte in allen Gesetzen verankert werden, in denen es um Bürgerrechte geht. Viele Gesetze dieser Art, darunter auch der amerikanische Civil Rights Act, ignorieren das Alter.[15]
- Die Zustände in Altenheimen und Langzeit-Pflegeeinrichtungen müssen per Gesetz verbessert werden, es muss für genügend Personal, eine angemessene Ausbildung und Bezahlung gesorgt sein.
- Altenheimen und Langzeit-Pflegeeinrichtungen sollte untersagt werden, ältere Bewohner in unangemessener Weise mit Medikamenten ruhigzustellen. Verschiedenen Berichten aus jüngerer Zeit zufolge verwenden etliche der amerikanischen Pflegeheime sedierende Medikamente, um Demenzsymptomen zu begegnen, obwohl die Arzneimittel-Zulassungsbehörde FDA viele davon nicht für diesen Zweck zugelassen hat und ihr Einsatz Müdigkeit, Stürze und kognitive Defizite bewirken kann.[16]

- Es müssen Mittel bereitgestellt werden zur Durchsetzung von Gesetzen und Programmen, die die unangemessene Behandlung älterer Menschen verhindern und beenden, denn diese wird, wie der Sozialepidemiologe E-Shien Chang festgestellt hat, durch Faktoren bedingt, die sich beeinflussen lassen.[17,18]
- Wählen sollte alten Menschen so leicht wie irgend möglich gemacht werden – entweder durch Beförderungsangebote oder durch (in den USA aktuell nicht leicht zugängliche) Briefwahl.
- Alle Länder sollten die vorgeschlagene UN-Konvention zum Schutz der Rechte älterer Menschen unterzeichnen. Verschiedene Länder, darunter die Vereinigten Staaten, haben dies bisher versäumt.[19]
- Es sollte Sorge dafür getragen werden, dass ältere Menschen auch als Schöffen bei Gericht in angemessener Weise vertreten sind, ihr Fehlen in solchen Positionen wird in den Vereinigten Staaten zunehmend zum Problem.[20]

Ein Ende der Altersdiskriminierung im Bildungswesen

- Schulbehörden müssen dazu gebracht werden, für Schüler vom Vorschulalter bis zum Ende der Highschool in Fächern wie Geschichte und Sozialkunde Lehrpläne zu entwickeln, in denen alte Menschen positiv dargestellt werden. Viele Lehrpläne enthalten inzwischen Diversitätsziele, aber Alter ist als ein solches Ziel bisher nicht vorgesehen.
- Lehrer sollten ermuntert werden, in ihren Klassen Filme, Lieder und Bücher zu verwenden und Events zu veranstalten, die positive Darstellungen von alten Menschen beinhalten. Für den englischsprachigen Raum gibt es dazu eine von der Bildungsaktivistin Sandra McGuire erstellte Liste von wichtigen Kinderbüchern.[21]

- Entwicklungspsychologie-Kurse an den Universitäten, die in den meisten Fällen nicht weiter gehen als bis ins junge Erwachsenenalter, sollten auch Altersthemen enthalten.
- Im Rahmen der Lehrerausbildung sollte eine besondere Aufmerksamkeit für Fragen der Altersdiskriminierung geweckt werden, damit klar wird, wie altersfeindliche Botschaften in der Schule weitervermittelt werden und was sich dagegen tun lässt.
- Programme, bei denen ältere Menschen an Schulen gehen und von ihrem Leben und ihren Leistungen berichten und sich als Mentoren einbringen können, sollten mehr Unterstützung erfahren. Letzteres wurde vom »Experience Corps« der Dekanin der Columbia School of Public Health, Linda Fried, initiiert, es sollte an allen Schulen stattfinden.[22]
- »Großelterntage«, bei denen Schüler älteren Anverwandten oder anderen älteren Menschen aus ihrem sozialen Umfeld eine Bühne geben, sollten gang und gäbe werden.
- Eine Ausweitung des Bildungsangebots für ältere Menschen ist bitter nötig – angefangen von Literaturprogrammen für diejenigen, die in jungen Jahren keine Chance auf Teilhabe am Bildungssystem hatten, bis hin zu Kursen an der Universität. Die Initiative Age Friendly Universe, die sich für Generationen übergreifendes Lernen einsetzt, sollte auf die 98 Prozent aller Universitäten weltweit ausgedehnt werden, die sich noch nicht solchen inklusiven Prinzipien verschrieben haben.[23]

Schluss mit der Altersdiskriminierung am Arbeitsplatz

- Ein Ende der Altersdiskriminierung bei der Einstellung von älteren Arbeitnehmern vermittels der Durchsetzung von Antidiskriminierungsgesetzen.
- Keine Entlassungen mehr aus Altersgründen, dazu gehört auch

kein erzwungener Ruhestand. Angestellte bei den Vereinten Nationen beispielsweise – auch jene, die sich mit Altersfragen befassen – müssen im Alter von fünfundsechzig Jahren in den Ruhestand gehen.[24]

- In Diversitäts-, Gleichberechtigungs- und Inklusionsprogramme sollte auch Alter Eingang finden. Das würde das Bewusstsein für die gegenwärtig von 60 Prozent aller Arbeitnehmer berichtete Altersdiskriminierung erhöhen, Mythen über ältere Arbeitnehmer ein Ende bereiten und den Beitrag älterer Arbeitnehmer ins rechte Licht setzen. Eine Umfrage unter Arbeitgebern aus siebenundsiebzig Ländern kam zu dem Ergebnis, dass nur acht Prozent von ihnen bei ihrer Diversitäts-, Gleichberechtigungs- und Inklusionspolitik Alter als Gesichtspunkt berücksichtigen.[25]
- Die Einrichtung von Whistleblower-Programmen, vermittels derer ältere Arbeitnehmer, die ihre Arbeit verlieren oder unfreiwillig in den Ruhestand gehen müssen, ihre Erfahrungen mit der Öffentlichkeit teilen können, ohne Benachteiligungen durch ihre Arbeitgeber fürchten zu müssen.
- Wo immer es möglich ist, sollten Mehrgenerationenteams gebildet werden. Solche Teams lassen Altersstereotype nachgewiesenermaßen bröckeln und erhöhen die Produktivität.[26]
- Es sollte ein System eingerichtet werden, das Unternehmen nach ihrer Altersfreundlichkeit bewertet und auszeichnet.

Schluss mit dem Ageismus von Anti-Aging- und Werbeindustrie

- Die negativen Altersstereotype, die von Unternehmen in ihrer Werbung präsentiert werden, sollten publik gemacht werden, dazu könnte es zum Beispiel eine Online-Clearingstelle geben, an die Einzelpersonen Beispiele für altersfeindliche Werbung melden können.

- Es sollte so lange Boykotte geben gegen Unternehmen, die ältere Menschen in ihrer Werbung herabwürdigen – darunter die vielen Beispiele der Anti-Aging-Industrie –, bis diese einwilligen, mit derlei verletzenden Botschaften aufzuhören.
- Die Werbung sollte verstärkt auf Inklusion und Diversität älterer Menschen Wert legen und diese auch in Rollen zeigen, in denen sie Vitalität ausstrahlen. Um der negativen und stereotypen Darstellung älterer Menschen etwas entgegenzusetzen, richtete das Center for Ageing Better des Vereinigten Königreichs vor Kurzem das erste Online-Archiv für kostenlos verfügbare positive und realistische Darstellungen älterer Menschen ein.[27]
- Ältere sollten auch in Werbeagenturen als Kreativdirektoren mit am Tisch sitzen. Das Durchschnittsalter der Angestellten in Werbeagenturen liegt bei achtunddreißig Jahren, obwohl die meisten Verbraucher über fünfzig sind.[28]
- Es sollte Auszeichnungen geben für Werbung, die alte Menschen in ihrer Handlungsmacht bestärkt.

Ein Ende des Ageismus in der Film- und Popkultur

- In der Filmindustrie sollte der Begriff Diversität auf ältere Schauspieler, Autoren und Regisseure ausgedehnt werden. Die Academy of Motion Picture Arts and Sciences, die die Oscars verleiht, spart in ihrem neuen Diversitätsreglement Alter als Kategorie aus.[29]
- Der allgegenwärtige Ageismus in Film und Fernsehen, in Wort und Tat, sowie das Fehlen nuanciert gezeichneter älterer Charaktere muss benannt und publik gemacht werden.[30] Lassen Sie Produzenten und Mitzuschauer wissen, dass so etwas nicht akzeptabel ist.
- Wir müssen berühmte Stars dafür gewinnen und dabei unterstützen, sich in Hollywood und der Gesellschaft insgesamt ge-

gen Altersdiskriminierung zu äußern. Eine Reihe von ihnen – Amy Schumer, Madonna und Robert De Niro – haben ihre Stimme bereits erhoben.[31] Es müssen mehr werden.

- Wir sollten einen landesweiten Feiertag einrichten, anlässlich dessen ältere Menschen auf lokaler Ebene geehrt werden. Japan verfügt über einen solchen Feiertag und könnte als Vorbild dienen.
- Ein paar der vielen Milliarden Menschen, die Computerspiele spielen, sollten dazu übergehen, Videospiele zu boykottieren, die offen altersfeindliche Inhalte haben,[32] und die Gaming-Industrie sollte dazu ermuntert werden, Videospiele zu produzieren, die Altern positiv darstellen.
- Wir sollten das Design und den Verkauf von Grußkarten unterstützen, die Alter nicht mit negativem Beigeschmack darstellen und die gegenwärtig kursierenden offen altersfeindlichen durch sie ersetzen. In Colorado und im Vereinigten Königreich haben örtliche Künstler und Aktivisten bereits begonnen, diese kommerziellen Spitzen gegen das Altern zu verdrängen.[33]
- Organisieren Sie »Über-fünfzig«-Kampagnen. Vorbild dafür können die jährlich erscheinenden »Unter-dreißig«-Listen von Forbes und dessen Ablegern sein, die für ihre Leistungen ausgezeichnete Personen unter dreißig Jahren aufführen.

Ein Ende der Altersfeindlichkeit in den sozialen Medien

- Üben Sie Druck auf die Politik aus, damit die digitale Altersdiskriminierung ein Ende hat, die Ältere von bestimmten Immobilien- und Jobangeboten ausschließt. Gegenwärtig sind die sozialen Netzwerke angehalten, solches Verhalten selbst zu überwachen, aber das war bisher wenig erfolgreich.[34]
- Fordern Sie als Nutzer, dass die sozialen Medien der Altersdis-

kriminierung, die sie ungeniert verbreiten, ein Ende bereiten. Die Community-Standards von Facebook sollten Ageismus genauso verbieten, wie sie Hassrede gegen andere gesellschaftliche Gruppen verbieten, und Twitter sollte seine Standards, die Ageismus verbieten, auch umsetzen.[35,36] Die Belege dafür, dass diese Standards noch nicht hinreichend umgesetzt werden, stammen aus einer Twitter-Analyse, der zufolge es sich bei 15 Prozent aller Tweets unter dem Hashtag #BoomerRemover um offen abfällige Aussagen handelt, die bis zum Wunsch gehen, die ältere Generation tot zu sehen.[37]

- Lassen Sie uns die Journalismus-Schulen ermuntern, strukturellen Ageismus als berichtenswerten Sachbestand zu lehren und Berichte über Ältere zu verfassen, in denen von deren Stärken die Rede ist.[38] Eins der Modelle, die dafür infrage kommen, ist die Age Boom Academy, die von der Columbia Journalism School und dem Robert N. Butler Columbia Aging Center an der Columbia School of Public Health betrieben wird.
- Die Verwendung altersfeindlicher Floskeln und Konzepte in Nachrichtenmeldungen – beispielsweise der in den Vereinigten Staaten verbreitete Begriff »Silber-Tsunami« für die alternde Baby-Boomer-Generation – muss aufhören. Als Ersatz sollte es Formulierungen geben, in denen sich die Vorstellung spiegelt, dass diese Generation »in unserer Gesellschaft eine potenzielle Quelle zum Nutzen aller sein kann, statt eine Gefahr darzustellen, die jedermann auszulöschen droht«.[39]
- Bitten wir Pressestellen in Radio, Fernsehen und Printmedien, Zeit und Platz für die Interessen ihrer älteren Zuschauer und Leser zur Verfügung zu stellen. Die Kolumne »The New Old Age« der Reporterin Paula Span von der *New York Times* ist ein Vorbild hierfür.
- Führen wir Journalismuspreise für herausragenden Journalismus gegen Altersfeindlichkeit und für eine altersfreundliche Gesellschaft ein.

Ein Ende der räumlichen Separation älterer Menschen

- Schluss mit der altersbedingten digitalen Trennlinie, die dafür sorgt, dass Senioren in ihrem Zuhause deutlich weniger häufig Zugang zum Internet haben als jüngere Menschen. Derzeit haben 42 Prozent aller Amerikaner über fünfundsechzig keinen Internetzugang, besonders betroffen sind in diesem Falle Menschen mit geringem Einkommen, Frauen, Alleinstehende, Einwanderer, Behinderte und die Angehörigen ethnischer Minderheiten.[40] Da ein Online-Zugang die Gesundheitsversorgung, Arbeitschancen und Teilhabe am sozialen Leben erleichtert, ist es unerlässlich, dass Regierungen allen älteren Menschen eine erschwingliche Internetversorgung und angemessene technische Unterstützung zuteilwerden lassen.
- Schluss mit einer Planung, die Wohnorte für ältere Menschen vom normalen Leben getrennt und abgesondert vorsieht.
- Wir sollten der Isolation älterer Menschen abhelfen, indem wir unsere Regierungen drängen, sowohl in der Stadt als auch auf dem Land für einen angemessenen, erschwinglichen und altersfreundlichen öffentlichen Nahverkehr zu sorgen.[41]
- Wir sollten darauf bestehen, dass staatlich geförderte Wohnanlagen alten Menschen so viel Raum zur Verfügung stellen, wie es ihrem Anteil an der Gesamtbevölkerung entspricht.
- Wir müssen den persönlichen Kontakt erleichtern, indem wir altersfreundliche öffentliche und private Räume schaffen – unter anderem Bibliotheken, Museen und Parks für jedermann.
- Der nachlässige Umgang mit alten Menschen im Falle von Naturkatastrophen, durch den die Betroffenen oftmals in gefährlichen Situationen sich selbst überlassen bleiben,[42] muss ein Ende haben, alte Menschen müssen in nationalen Katastrophenplänen angemessene Berücksichtigung finden.

Schluss mit dem Ageismus in der Wissenschaft

- Die Praxis, dass ältere Menschen von klinischen Studien ausgeschlossen bleiben, was sogar vorkommt, wenn es um Krankheiten wie Parkinson geht, für die sie in besonderem Maße prädestiniert sind, muss ein Ende haben.[43] Sie sollten mindestens zu einem Prozentsatz beteiligt werden, der ihrem Anteil an der Gesamtbevölkerung entspricht, um sicherzustellen, dass Medikamente und Therapien auch für ältere Menschen sicher und wirksam sind.
- Wir brauchen Umfragen, an denen auch ältere Teilnehmer beteiligt werden und die Aufschluss darüber geben, ob und, wenn ja, wie resilient Ältere sind und ob sie Krankheiten, Behandlungen und Genesungsprozesse anders als andere Altersgruppen erleben. Die meisten Umfragen erheben keine Daten von Personen über fünfundsechzig.[44] Eine Ausnahme stellen dabei die Health and Retirement Study und ihre Schwesterstudien, die Baltimore Longitudinal Study of Aging und die UK Biobank, dar.
- Schluss mit dem Begriff »Abhängigenquotient«, der in Wissenschaft und Politik häufig verwendet wird. Er suggeriert, dass alle Angehörigen einer Bevölkerung über fünfundsechzig von jüngeren Erwachsenen abhängen und keine produktiven Mitglieder ihrer Gesellschaft mehr sind.
- Wir brauchen eine bessere Förderung der Altersforschung, wobei nicht nur die biologischen, psychologischen und gesellschaftlichen Parameter der Altersgesundheit im Fokus stehen sollten, sondern auch Policy-Studien und Programme, die der erhöhten Langlebigkeit Rechnung tragen. In den Vereinigten Staaten fließen weniger als 0,1 Prozent des Bundeshaushalts und weniger als ein Prozent der Mittel, die von Stiftungen zur Verfügung gestellt werden, in die Altersforschung.[45]

- Wir müssen die landläufige Definition von Altern als »Vergreisung« – einen Prozess des fortschreitenden Verfalls – abändern und zu einer multidisziplinären und positiven Definition kommen: Altern als spätes Lebensstadium, das, auf Jahrzehnte an Erfahrungen gegründet, großes psychologisches, biologisches und gesellschaftliches Potenzial entfalten kann.

Dank

Ich möchte allen Menschen danken, die durch ihre Geschichten, ihr Wissen und ihre Inspiration Wichtiges zu diesem Buch beigetragen haben. Viele von ihnen haben mir in großzügiger Weise zahlreiche Stunden für Gespräche gewährt, darunter: Carl Bernstein, John Blanton, Bethany Brown, Madonna Buder, Robert Butler, Jennifer Carlo, Neil Charness, Dixon Chibanda, Kinneret Chiel, Jessica Coulson, Wilhelmina Delco, Thomas Dwyer, Carol Fairbank, Rachella Ferst, Judy Gaeth, Susan Gianinno, Stacey Gordon, Harold Gray, Angela Gutchess, Patrick Hamilton, Nancy Hill, Paul Irving, Maurine Kornfeld, Nina Kraus, Suzanne Kunkel, Jack Kupferman, Liz Lerman, Vladimir Liberman, Kathryn Lovinsky, Richard Marottoli, Deborah Miranda, Piano Noda, Helga Noice, Tony Noice, Daniel Plotkin, David Provolo, Nancy Riege, Elisha Schaefer, Bridget Sleap, David Smith, Wilhelmina Smith, Quinn Stephenson, Jemma Stovell, Kane Tanaka, Irene Trenholme, Christopher Van Dyck, Yumi Yamamoto, Robert Young, die Teilnehmer der Studie zum asymptomatischen Verlauf von Alzheimererkrankungen (Anti-Amyloid Treatment in Asymptomatic Alzheimer's Disease) und die Teilnehmerinnen des Wrinkle Salon.

Es braucht ein Dorf, um wissenschaftlich zu arbeiten. Ich hätte die auf diesen Seiten beschriebenen Studien nicht ohne das Fachwissen vieler anderer Leute durchführen können. Ich schätze mich glücklich, mit so herausragenden Kollegen zusammenarbeiten zu dürfen wie: Heather Allore, Kimberly Alvarez, Ori Ashman, Mahzarin Banaji, Avni Bavishi, Eugene Caracciolo, E-Shien Chang, Pil Chung, Mayur Desai, Lu Ding, Margie Donlon, Theodore Dreier,

Itiel Dror, Thomas Gill, Jeffrey Hausdorff, Rebecca Hencke, Sneha Kannoth, Stanislav Kasl, Julie Kosteas, Suzanne Kunkel, Rachel Lampert, Ellen Langer, Deepak Lakra, John Lee, Erica Leifheit-Limson, Sue Levkoff, Samantha Levy, Sarah Lowe, Richard Marottoli, Jeanine May, Scott Moffat, Joan Monin, Terry Murphy, Lindsey M. Myers, Kristina Navrazhina, Reuben Ng, Linda Niccolai, Robert Pietrzak, Corey Pilver, Natalia Provolo, Kathryn Remmes, Susan Resnick, Mark Schlesinger, Emma Smith, Mark Trentalange, Juan Troncoso, Sumiko Tsuhako, Peter Van Ness, Shi-Yi Wang, Jeanne Wie und Alan Zonderman. In besonderer Weise zu Dank verpflichtet bin ich dem biostatistischen Genie von Marty Slade sowie der epidemiologischen Brillanz des wissenschaftlichen Direktors des National Institute on Aging Luigi Ferrucci.

Ich möchte auch all denen danken, die an unseren Studien teilgenommen haben, sowie den Wissenschaftlern, die die Längsschnittstudien durchgeführt haben, auf denen ich aufbauen durfte: die Baltimore Longitudinal Study of Aging, die Ohio Longitudinal Study on Aging and Retirement, die Health and Retirement Study, das Precipitating Events Project und die National Health and Resilience in Veterans Study.

Ein Großteil der hier beschriebenen Forschung wäre nicht möglich gewesen ohne die großzügige finanzielle Unterstützung durch das National Institute on Aging, die Patrick and Catherine Weldon Donaghue Medical Research Foundation, die National Science Foundation, das Yale Program on Aging und die Brookdale Foundation.

Es gibt eine Menge Leute, bei denen ich mich bedanken möchte für ihre Hilfe bei der Realisierung dieses Buches. Zuallererst gilt mein Dank Elissa Epel, die befand, es sei an der Zeit, die Befunde meines Teams auch außerhalb der Seiten wissenschaftlicher Journale zu präsentieren.

Ein großes Dankeschön an alle Kollegen, Freunde und Familienangehörige, die sorgfältig Kapitelentwürfe durchgegangen sind und mit unbezahlbarem Feedback aufwarteten. Darunter: Jose Aravena, Andrew Bedford, E-Shien Chang, Benjamin Levy, Charles Levy, Elinor Levy, Samantha Levy, Lisa Link, Eileen Mydosh und Renee Tynan. Ich danke Natalia Provolo für ihr umsichtiges Lesen und sorgfältiges Überprüfen von Fakten und Zitaten. Auch weiß ich die Hilfe von Mao Shiotsu zu schätzen, der die Dinge in Japan koordinierte.

Ich bin dankbar für mein Team von Literaturagenten unter der kreativen Leitung von Doug Abrams, der jedes Stadium des Entstehungsprozesses hilfreich begleitet hat. Auch Lara Love, Ty Love und Jacob Albert gehörten dazu, die beim Aufbau des Buchs halfen und mich dabei begleiteten, den Schritt zu tun, für eine breitere Leserschaft zu schreiben. Darüber hinaus weiß ich den exzellenten redaktionellen Rat von Rachel Neumann sehr zu schätzen.

Und vielen Dank an meinen Herausgeber Mauro DiPreta für seine beständige Unterstützung und seine Expertise bei den vielen Schritten, derer es bedurfte, mein Exposé in ein Buch zu verwandeln. Auch möchte ich seinem fantastisch fachkundigen Team danken, darunter der Lektorin Laurie McGee, der Lektoratsassistentin Vedika Khanna, dem Chef der Marketingabteilung Tavia Kowalchuk und der Werbeleiterin Alison Coolidge.

Des Weiteren bin ich dem Social and Behavioral Sciences Department der Yale School of Public Health und dem Psychology Department der Yale University zu Dank verpflichtet, die mir ein fruchtbares Arbeitsumfeld zur Verfügung stellten, das wunderbare Kollegen und Studenten anzieht. Ich weiß zudem die Unterstützung von Dean Sten Vermund zu schätzen, der mich zu kreativen Wegen bei der Kommunikation wissenschaftlicher Erkenntnisse ermunterte und mir ein Sabbatjahr zugestand, das ich dem Schreiben widmen konnte.

Ich bin meiner Familie unglaublich verbunden für ihre liebevolle Unterstützung und dafür, dass sie mich ermutigte, mich aus meinem vertraut-gewohnten Umfeld herauszubewegen, um an diesem Buch zu arbeiten. Ich empfinde große Dankbarkeit gegenüber meinen Töchtern Talya und Shira, die mich über Popkultur-Trends auf dem Laufenden hielten und mir Inspiration waren, indem sie mir zeigten, dass es viele Wege gibt, für eine gerechtere Gesellschaft zu kämpfen. Ich danke Talya überdies für einen wichtigen Text über Sigmund Freud und Shira für die Lehrstunde über optische Täuschungen und darüber, was sie uns über das Funktionieren unseres Gehirns verraten.

Es heißt, man kann sich seine Eltern nicht aussuchen, aber wenn ich es hätte tun können, hätte ich genau die beiden gewählt, die mich zur Welt gebracht haben. Meine Mutter Elinor lebte mir vor, dass man Wissenschaftlerin sein und ein Labor leiten, beides mit einer wachsenden Familie vereinbaren und bei alledem seine Spiritualität bewahren kann. Sie unterwies mich in den biologischen Faktoren, die unsere Gesundheit beeinflussen. Ich danke auch meinem Vater Charles, der mir in nahezu allen Stadien des Schreibens mit Rat und Tat zur Seite stand. Mein Vater, der beste Soziologe, den ich kenne, lehrte mich, wie wertvoll es ist, soziale Dynamiken zu beobachten und über deren oft verborgene Ursachen nachzudenken.

Zutiefst dankbar bin ich auch meinem Mann Andy, dem idealen Partner beim Schreiben dieses Buchs. Er war eine stete Quelle der Gelassenheit, versorgte mich mit seinen Erkenntnissen über die Welt der Medizin und ermunterte mich, die Herausforderung anzunehmen, meine wissenschaftlichen Ergebnisse mit einer größeren Leserschaft zu teilen. Er kennt auch genau den richtigen Zeitpunkt für eine alberne Tanzeinlage.

Und schließlich danke ich Ihnen, dass Sie sich Zeit genommen haben, dieses Buch zu lesen und über die Schritte nachzudenken, derer es zur Emanzipation des Alters bedarf.

Anmerkungen

Einleitung

1 Tsugane, S. (2020). Why has Japan become the world's most long-lived country: Insights from a food and nutrition perspective. *European Journal of Clinical Nutrition*, 75, S. 921–928. https://doi.org/10.1038/s41430-020-0677-5.
2 Lock, M. (1995). *Encounters with aging: Mythologies of menopause in Japan and North America*. Berkeley: University of California Press.
3 Bribiescas, R. G. (2016). *How men age: What evolution reveals about male health and mortality*. Princeton, NJ: Princeton University Press; Bribiescas, R. G. (2019). Aging men. Morse College Fellows Presentation. Yale University.
4 Levy, B. (1996). Improving memory in old age through implicit self-stereotyping. *Journal of Personality and Social Psychology, 71,* S. 1092–1107; Levy, B. R., Pilver, C., Chung, P. H. & Slade, M. D. (2014). Subliminal strengthening: Improving older individuals' physical function over time with an implicit-age-stereotype intervention. *Psychological Science, 25,* S. 2127–2135; Levy, B. R., Slade, M. D., Kunkel, S. R. & Kasl, S. V. (2002). Longevity increased by positive self-perceptions of aging. *Journal of Personality and Social Psychology, 83,* S. 261–270; Levy, B. R., Slade, M. D., Murphy, T. E. & Gill, T. M. (2012). Association between positive age stereotypes and recovery from disability in older persons. *JAMA, 308,* S. 1972–1973; Levy, B. R. (2009). Stereotype embodiment: A psychosocial approach to aging. *Current Directions in Psychological Science, 18,* S. 332–336.
5 Ritchie, H. (23. Mai 2019). The world population is changing: For the first time there are more people over 64 than children younger than 5. Our World in Data. https://ourworldindata.org/population-aged-65-outnumber-children.
6 Levy, B. R., Slade, M. D., Kunkel, S. R. & Kasl, S. V. (2002). Longevity

increased by positive self-perceptions of aging. *Journal of Personality and Social Psychology, 83,* S. 261–270.

Kapitel 1

1 Levy, B. R., Slade, M., Chang, E. S., Kannoth, S. & Wang, S. H. (2020). Ageism amplifies cost and prevalence of health conditions. *The Gerontologist, 60,* S. 174–181.

2 Bargh, J. (2017). *Before you know it: The unconscious reasons we do what we do.* New York: Touchstone; Soon, C. S., Brass, M., Heinze, H. J. & Haynes, J. D. (2008). Unconscious determinants of free decisions in the human brain. *Nature Neuroscience, 11,* S. 543–545.

3 Banaji, M. R. & Greenwald, A. G. (2013). *Blindspot: Hidden biases of good people.* New York: Delacorte Press, S. 67.

4 Moss-Racusin, C. A., Dovidio, J. F., Brescoll, V. L., Graham, M. J. & Handelsman, J. (2012). Science faculty's subtle gender biases favor male students. *Proceedings of the National Academy of Sciences, 109,* S. 16474–16479.

5 Kang, S. K., DeCelles, K. A., Tilcsik, A. & Jun, S. (2016). Whitened resumes: Race and self-presentation in the labor market. *Administrative Science Quarterly, 61,* S. 469–502.

6 Bendick, M., Brown, L. E. & Wall, K. (1999). No foot in the door: An experimental study of employment discrimination against older workers. *Journal of Aging and Social Policy, 10,* S. 5–23; Fasbender, U. & Wang, M. (2017). Negative attitudes toward older workers and hiring decisions: Testing the moderating role of decision makers' core self-evaluations. *Frontiers in Psychology.* https://doi.org/10.3389/fpsyg.2016.02057; Kaufmann, M. C., Krings, F. & Sczesny, S. (2016). Looking too old? How an older age appearance reduces chances of being hired. *British Journal of Management, 27,* S. 727–739.

7 Rivers, C. & Barnett, R. C. (18. Oktober 2016). Older workers can be more reliable and productive than their younger counterparts. Vox. https://www.vox.com/2016/10/18/12427494/old-aging-high-tech; Borsch-Supan, A. (2013). Myths, scientific evidence and economic policy in an aging world. *The Journal of the Economics of Ageing, 1–2,* S. 3–15; Schmiedek, F., Lovden, M. & Lindenberger, U. (2010). Hundred days of cognitive training enhance broad cognitive abilities in adult-

hood: Findings from the COGITO study. *Frontiers in Aging Neuroscience, 2,* S. 27. https://doi.org/10.3389/fnagi.2010.00027.

8 Wyman, M. F., Shiovitz-Ezra, S. & Bengel, J. (2018). Ageism in the health care system: Providers, patients, and systems. In L. Ayalon & C. Tesch-Romer (Hrsg.), *Contemporary perspectives on ageism* (S. 193–212). Cham, Switzerland Springer International, S. 193–212; Hamel, M. B., Teno, J. M., Goldman, L., Lynn, J., Davis, R. B., Galanos, A. N., Desbiens, N., Connors, A. F., Jr., Wenger, N. & Phillips, R. S. (1999). Patient age and decisions to withhold life-sustaining treatments from seriously ill, hospitalized adults. SUPPORT Investigators. Study to understand prognoses and preferences for outcomes and risks of treatment. *Ann. Intern Med.* (19. Januar 1999). 130(2): S.116–125; Stewart, T. L., Chipperfield, J. G., Perry, R. P. & Weiner, B. (2012). Attributing illness to »old age«: Consequences of a self-directed stereotype for health and mortality. *Psychology and Health, 27,* S. 881–897.

9 Levy, B. R. (2009). Stereotype embodiment: A psychosocial approach to aging. *Current Directions in Psychological Science, 18,* S. 332–336; Levy, B. R., Slade, M. D., Pietrzak, R. H. & Ferrucci, L. (2020). When culture influences genes: Positive age beliefs amplify the cognitive-aging benefit of *APOE* ε2. *The Journals of Gerontology, Series B: Psychological Sciences and Social Sciences, 75,* e198–e203.

10 Chang, E., Kannoth, S., Levy, S., Wang, S., Lee, J. E. & Levy, B. R. (2020). Global reach of ageism on older persons' health: A systematic review. *PLOS ONE, 15* https://journals.plos.org/plosone/article?id=10.1371/journal.pone.0220857; Horton, S., Baker, J. & Deakin, J. M. (2007). Stereotypes of aging: Their effects on the health of seniors in North American society. *Educational Gerontology, 33,* S. 1021–1035; Meisner, B. A. (2012). A meta-analysis of positive and negative age stereotype priming effects on behavior among older adults. *The Journals of Gerontology, Series B: Psychological Sciences and Social Sciences, 67,* S. 13–17; Lamont, R. A., Swift, H. J. & Abrams, D. (2015). A review and meta-analysis of age-based stereotype threat: Negative stereotypes, not facts, do the damage. *Psychology and Aging, 30,* S. 180–193; Westerhof, G. J., Miche, M., Brothers, A. F., Barrett, A. E., Diehl, M., Montepare, J. M., Wurm, S. (2014). The influence of subjective aging on health and longevity: A meta-analysis of longitudinal data. *Psychology and Aging, 29,* S. 793–802. https://doi.org/10.1037/a0038016.

11 Levy, B. R. (2009). Stereotype embodiment: A psychosocial approach to aging. *Current Directions in Psychological Science, 18,* S. 332–336; Kwong See, S. T., Rasmussen, C. & Pertman, S. Q. (2012). Measuring children's age stereotyping using a modified Piagetian conservation task. *Educational Gerontology, 38,* S. 149–165; Flamion, A., Missotten, P., Jennotte, L., Hody, N. & Adam, S. (2020). Old age-related stereotypes of preschool children. *Frontiers in Psychology, 11,* S. 807. https://doi.org/10.3389/fpsyg.2020.00807.

12 Kwong See, S. T., Rasmussen, C. & Pertman, S. Q. (2012). Measuring children's age stereotyping using a modified Piagetian conservation task. *Educational Gerontology, 38,* S. 149–165; Flamion, A., Missotten, P., Jennotte, L., Hody, N. & Adam, S. (2020). Old age-related stereotypes of preschool children. *Frontiers in Psychology, 11,* S. 807. https://doi.org/10.3389/fpsyg.2020.00807.

13 Montepare, J. M. & Zebrowitz, L. A. (2002). A social-developmental view of ageism. In T. D. Nelson (Hrsg.), *Ageism: Stereotyping and prejudice against older persons* (S. 77–125). Cambridge, MA: The MIT Press.

14 Officer, A. & de la Fuente-Nunez, V. (2018). A global campaign to combat ageism. *Bulletin of the World Health Organization, 96,* S. 295–296.

15 Bigler, R. S. & Liben, L. S. (2007). Developmental intergroup theory: Explaining and reducing children's social stereotyping and prejudice. *Current Directions in Psychological Science, 16,* S. 162–166.

16 Levy, B. R., Pilver, C., Chung, P. H. & Slade, M. D. (2014). Subliminal strengthening: Improving older individuals' physical function over time with an implicit-age-stereotype intervention. *Psychological Science, 25,* S. 2127–2135; Hausdorff, J. M., Levy, B. & Wei, J. (1999). The power of ageism on physical function of older persons: Reversibility of age-related gait changes. *Journal of the American Geriatrics Society, 47,* S. 1346–1349; Levy, B. (2000). Handwriting as a reflection of aging self-stereotypes. *Journal of Geriatric Psychiatry, 33,* S. 81–94.

17 Levy, B. (1996). Improving memory in old age through implicit self-stereotyping. *Journal of Personality and Social Psychology, 71,* S. 1092–1107; Levy, B. R., Zonderman, A. B., Slade, M. D. & Ferrucci, L. (2012). Memory shaped by age stereotypes over time. *The Journals of Gerontology, Series B: Psychological Sciences and Social Sciences, 67,* S. 432–436.

18 Levy, B. R. (2009). Stereotype embodiment: A psychosocial approach to aging. *Current Directions in Psychological Science, 18,* S. 332–336.

19 Levy, B. R. & Myers, L. M. (2004). Preventive health behaviors influenced by self-perceptions of aging. *Preventive Medicine, 39,* S. 625–629; Levy, B. R. & Slade, M. D. (2019). Positive views of aging reduce risk of developing later-life obesity. *Preventive Medicine Report, 13,* S. 196–198.

20 Levy, B. R. & Bavishi, A. (2018). Survival-advantage mechanism: Inflammation as a mediator of positive self-perceptions of aging on longevity. *The Journals of Gerontology, Series B: Psychological Sciences and Social Sciences, 73,* S. 409–412; Levy, B. R., Moffat, S., Resnick, S. M., Slade, M. D. & Ferrucci, L. (2016). Buffer against cumulative stress: Positive age self-stereotypes predict lower cortisol across 30 years. *GeroPsych: The Journal of Gerontopsychology and Geriatric Psychiatry, 29,* S. 141–146.

21 Epel, E. S., Crosswell, A. D., Mayer, S. E., Prather, A. A., Slavich, G. M., Puterman, E. & Mendes, W. B. (2018). More than a feeling: A unified view of stress measurement for population science. *Frontiers in Neuroendocrinology, 49,* S. 146–169; McEwen, B. S. (2013). The brain on stress: Toward an integrative approach to brain, body, and behavior. *Perspectives on Psychological Science, 8,* S. 673–675.

22 Steele, C. (2014). Stereotype threat and African-American Student achievement. In D. B. Grusky (Hrsg.), *Social stratification: Class, race, and gender in sociological perspective.* New York: Taylor & Francis; Steele, C. M. & Aronson, J. (1995). Stereotype threat and the intellectual test performance of African Americans. *Journal of Personality and Social Psychology, 69,* S. 797–811.

23 Davies, P. G., Spencer, S. J. & Steele, C. M. (2005). Clearing the air: Identity safety moderates the effects of stereotype threat on women's leadership aspirations. *Journal of Personality and Social Psychology, 88,* S. 276–287.

24 Chopik, W. J. & Giasson, H. L. (2017). Age differences in explicit and implicit age attitudes across the life span. *The Gerontologist, 57,* S. 169–177; Montepare, J. M. & Lachman, M. E. (1989). »You're only as old as you feel«: Self-perceptions of age, fears of aging, and life satisfaction from adolescence to old age. *Psychology and Aging, 4,* S. 73–78.

25 Levy, B. R., Zonderman, A. B., Slade, M. D. & Ferrucci, L. (2011). Memory shaped by age stereotypes over time. *The Journals of Gerontology, Series B: Psychological Sciences and Social Sciences, 67,* S. 432–436; Levy, B. R., Slade, M. D. & Kasl, S. (2002). Longitudinal benefit of positive self-perceptions of aging on functioning health. *The Journals of*

Gerontology, Series B: Psychological Sciences and Social Sciences, 57, S. 409–417.

26 Desta, Y. (30. Juni 2020). Carl Reiner and Mel Brooks had comedy's most iconic friendship. *Vanity Fair*. https://www.vanityfair.com/hollywood/2020/06/carl-reiner-mel-brooks-friendship.

27 Nimrod, G. & Berdychevsky, L. (2018). Laughing off the stereotypes: Age and aging in seniors' online sex-related humor. *The Gerontologist, 58,* S. 960–969.

28 Levy, B. R. (2009). Stereotype embodiment: A psychosocial approach to aging. *Current Directions in Psychological Science, 18,* S. 332–336; Levy, B. R., Pilver, C., Chung, P. H. & Slade, M. D. (2014). Subliminal strengthening: Improving older individuals' physical function over time with an implicit-age-stereotype intervention. *Psychological Science, 25,* S. 2127–2135; Ng, R., Allore, H. G., Trentalange, M., Monin, J. K. & Levy, B. R. (2015). Increasing negativity of age stereotypes across 200 years: Evidence from a database of 400 million words. *PLOS ONE, 10*(2), e0117086.

29 Bodner, E., Palgi, Y. & Wyman, M. (2018). Ageism in mental health assessment and treatment of older adults. In L. Ayalon & C. Tesch-Romer (Hrsg.), *Contemporary perspectives on ageism*. New York: Springer; Laidlaw, K. & Pachana, N. A. (2009). Ageing, mental health, and demographic change: Challenges for psychotherapists. *Professional Psychology: Research and Practice, 40,* S. 601–608.

30 Graham, J. (30. Mai 2019). A doctor speaks out about ageism in medicine. Kaiser Health News. https://khn.org/news/navigating-aging-a-doctor-speaks-out-about-ageism-in-medicine.

31 Newport, F. (26. Januar 2015). Only a third of the oldest baby boomers in US still working. Gallup. https://news.gallup.com/poll/181292/third-oldest-baby-boomers-working.aspx.

32 Pelisson, A. & Hartmans, A. (2017). The average age of employees at all the top tech companies, in one chart. *Insider*. https://www.businessinsider.com/median-tech-employee-age-chart-2017–8.

33 Applewhite, A. (3. September 2016). You're how old? We'll be in touch. *The New York Times*. https://www.nytimes.com/2016/09/04/opinion/sunday/youre-how-old-well-be-in-touch.html.

34 Passarino, G., De Rango, F. & Montesanto, A. (2016). Human longevity: Genetics or lifestyle? It takes two to tango. *Immunity and Ageing, 13,* S. 12. https://doi.org/10.1186/s12979-016-0066-z; Vaupel, J. W., Carey,

J. R., Christensen, K., Johnson, T. E., Yashin, A. I., Holm, N. V., Curtsinger, J. W. (1998). Biodemographic trajectories of longevity. *Science, 280,* S. 855–860.

Kapitel 2

1 Safire, W. (10. Mai 1998). On language; great moments in moments. *New York Times Magazine.* https://www.nytimes.com/1998/05/10/magazine/on-language-great-moments-in-moments.html.
2 Maxwell, K. (2021). Senior moment. *Macmillan Dictionary.* https://www.macmillandictionary.com/us/buzzword/entries/senior-moment.html.
3 James, W. (1892). The stream of consciousness. In *Psychology* (Kapitel 11, S. 251). New York: World Publishing Company; Cherry, K. (2020). William James psychologist biography: The father of American psychology. Verywell Mind. Abgerufen am 14. Juni 2021 auf https://www.verywellmind.com/william-james-biography-1842-1910-2795545.
4 Ballesteros, S., Kraft, E., Santana, S. & Tziraki, C. (2015). Maintaining older brain functionality: A targeted review. *Neuroscience & Biobehavioral Reviews, 55,* S. 453–477.
5 American Psychological Association. (2021). Memory and aging. https://www.apa.org/pi/aging/memory-and-aging.pdf; Arkowitz, H. & Lilienfeld, S. O. (1. November 2012). Memory in old age can be bolstered: Researchers have found ways to lessen age-related forgetfulness. *Scientific American.* https://www.scientificamerican.com/article/memory-in-old-age-can-be-bolstered; Belleville, S., Gilbert, B., Fontaine, F., Gagnon, L., Menard, E. & Gauthier, S. (2006). Improvement of episodic memory in persons with mild cognitive impairment and healthy older adults: Evidence from a cognitive intervention program. *Dementia and Geriatric Cognitive Disorders, 22,* S. 486–499; Haj, M. E., Fasotti, L. & Allain, P. (2015). Destination memory for emotional information in older adults. *Experimental Aging Research, 41,* S. 204–219; Nyberg, L., Maitland, S. B., Ronnlund, M., Backman, L., Dixon, R. A., Wahlin, A. & Nilsson, L.-G. (2003). Selective adult age differences in an age-invariant multifactor model of declarative memory. *Psychology and Aging, 18,* S. 149–160; Pennebaker, J. W. & Stone, L. D. (2003). Words of wisdom: Language use over the life span. *Journal of Personality and Social Psychology, 85,* S. 291–301.

6 Levy, B. (1996). Improving memory in old age through implicit self-stereotyping. *Journal of Personality and Social Psychology, 71,* S. 1092–1107; Schaie, K. W. & Willis, S. L. (2010). The Seattle Longitudinal Study of Adult Cognitive Development. *International Society for the Study of Behavioural Development Bulletin, 57,* S. 24–29.
7 Levy, B. (1996). Improving memory in old age through implicit self-stereotyping. *Journal of Personality and Social Psychology, 71,* S. 1092–1107.
8 Levy, B. & Langer, E. (1994). Aging free from negative stereotypes: Successful memory in China and among the American Deaf. *Journal of Personality and Social Psychology, 66,* S. 989–997.
9 Padden, C. & Humphries, T. (1990). *Deaf in America: Voices from a culture.* Cambridge, MA: Harvard University Press.
10 Lei, X., Strauss, J., Tian, M. & Zhao, Y. (2015). Living arrangements of the elderly in China: Evidence from the CHARLS national baseline. *China Economic Journal, 8,* S. 191–214; Levy, B. & Langer, E. (1994). Aging free from negative stereotypes: Successful memory in China and among the American Deaf. *Journal of Personality and Social Psychology, 66,* S. 989–997; Nguyen, A. L. & Seal, D. W. (2014). Cross-cultural comparison of successful aging definitions between Chinese and Hmong elders in the United States. *Journal of Cross-Cultural Gerontology, 29,* S. 153–171.
11 Becker, G. (1980). *Growing old in silence.* Berkeley: University of California Press.
12 Ebenda.
13 Ebenda.
14 Levy, B. & Langer, E. (1994). Aging free from negative stereotypes: Successful memory in China and among the American Deaf. *Journal of Personality and Social Psychology, 66,* S. 989–997.
15 Palmore, E. B. (1988). *Facts on aging quiz: A handbook of uses and results.* New York: Springer.
16 Levy, B. R. (2009). Stereotype embodiment: A psychosocial approach to aging. *Current Directions in Psychological Science, 18,* S. 332–336; Levy, B. & Langer, E. (1994). Aging free from negative stereotypes: Successful memory in China and among the American Deaf. *Journal of Personality and Social Psychology, 66,* S. 989–997.
17 Parshley, L. (29. Mai 2018). This man memorized a 60,000-word poem-using deep encoding. *Nautilus.* Abgerufen am 14. Juni 2021,

unter https://nautil.us/blog/-this-man-memorized-a-60000_word-poem-using-deep-encoding.

18 Levy, B. & Langer, E. (1994). Aging free from negative stereotypes: Successful memory in China and among the American Deaf. *Journal of Personality and Social Psychology, 66,* S. 989–997; Padden, C. & Humphries, T. (1988). *Deaf in America: Voices from a culture.* Cambridge, MA: Harvard University Press.

19 Devine, P. G. (1989). Stereotypes and prejudice: Their automatic and controlled components. *Journal of Personality and Social Psychology, 56,* S. 5–18. Siehe auch: Bargh, J. A. & Pietromonaco, P. (1982). Automatic information processing and social perception: The influence of trait information presented outside of conscious awareness on impression formation. *Journal of Personality and Social Psychology, 43,* S. 437–449.

20 Levy, B. (1996). Improving memory in old age through implicit self-stereotyping. *Journal of Personality and Social Psychology, 71,* S. 1092–1107. Wir hatten in diesem Falle die Dauer des Effekts nicht bestimmt, weil wir nicht mit derart dramatischen Ergebnissen gerechnet hatten, unsere Langzeituntersuchungen haben jedoch später ergeben, dass verinnerlichte Altersstereotype über Jahre wirksam sein können.

21 Lee, K. E. & Lee, H. (2018). Priming effects of age stereotypes on memory of older adults in Korea. *Asian Journal of Social Psychology, 22,* S. 39–46.

22 Horton, S., Baker, J. & Deakin, J. M. (2007). Stereotypes of aging: Their effects on the health of seniors in North American society. *Educational Gerontology, 33,* S. 1021–1035; Meisner, B. A. (2012). A meta-analysis of positive and negative age stereotype priming effects on behavior among older adults. *The Journals of Gerontology, Series B: Psychological Sciences and Social Sciences, 67,* S. 13–17; Lamont, R. A., Swift, H. J. & Abrams, D. (2015). A review and meta-analysis of age-based stereotype threat: Negative stereotypes, not facts, do the damage. *Psychology and Aging, 30,* S. 180–193.

23 Levy, B. R., Zonderman, A. B., Slade, M. D. & Ferrucci, L. (2012). Memory shaped by age stereotypes over time. *The Journals of Gerontology, Series B: Psychological Sciences and Social Sciences, 67,* S. 432–436.

24 Levitin, D. J. (2020). *Successful aging: A neuroscientist explores the power and potential of our lives.* New York: Penguin Random House.

25 Cabeza, R., Anderson, N. D., Locantore, J. K. & McIntosh, A. R. (2002).

Aging gracefully: Compensatory brain activity in high-performing older adults. *Neuroimage, 17,* S. 1394–1402; Gutchess, A. (2014). Plasticity of the aging brain: New directions in cognitive neuroscience. *Science, 346,* S. 579–582.

26 Arora, D. (1991). *All that the rain promises and more: A hip pocket guide to Western mushrooms*. Berkeley, CA: Ten Speed Press.

27 Mead, M. (1975). *Culture and commitment: A study of the generation gap*. Garden City, NY: Natural History Press. Auf Deutsch erschienen als: *Der Konflikt der Generationen. Jugend ohne Vorbild*, Mead, 2. Auflage, Olten: Walter Verlag, 1971.

28 Ebenda, S. 29.

29 Klein, C. (23. September 2016). DNA study finds Aboriginal Australians world's oldest civilization. History. https://history.com/news/dna-study-finds-aboriginal-australians-worlds-oldest-civilization.

30 Archibald-Binge, E. & Geraghty, K. (24. April 2020). »We treat them like gold«: Aboriginal community rallies around elders. Tharawal Aboriginal Corporation. Abgerufen am 14. Juni 2021, unter https://tacams.com.au/2020/04/24/we-treat-them-like-gold-aboriginal-community-rallies-around-elders; Malcolm, L. & Willis, O. (8. Juli 2016). Songlines: The Indigenous memory code. *All in the mind.* ABC Radio. Abgerufen am 14. Juni 2021, unter https://www.abc.net.au/radionational/programs/allinthemind/songlines-indigenous-memory-code/7581788; Curran, G., Barwick, L., Turpin, M., Walsh, F. & Laughren, M. (2019). Central Australian Aboriginal songs and biocultural knowledge: Evidence from women's ceremonies relating to edible seed. *Journal of Ethnobiology, 39,* S. 354–370; Korff, J. (13. August 2020). Respect for elders and culture. Creative Spirits. https://www.creativespirits.info/aboriginalculture/people/respect-for-elders-and-culture.

31 Mead, M. (1970). *Culture and commitment: A study of the generation gap*. Garden City, NY: Natural History Press. *Der Konflikt der Generationen. Jugend ohne Vorbild*, Mead, 2. Auflage, Olten: Walter Verlag, 1971, S. 28.

Kapitel 3

1 Levy, B. R., Slade, M. D. & Kasl, S. (2002). Longitudinal benefit of positive self-perceptions of aging on functioning health. *The Journals of Gerontology, Series B: Psychological Sciences and Social Sciences, 57,* S. 409–417.
2 Sargent-Cox, K., Anstey, K. J. & Luszcz, M. A. (2012). The relationship between change in self-perceptions of aging and physical functioning in older adults. *Psychology and Aging, 27,* S. 750–760; Ayalon, L. (2016). Satisfaction with aging results in reduced risk for falling. *International Psychogeriatrics, 28,* S. 741–747.
3 Hausdorff, J. M., Levy, B. & Wei, J. (1999). The power of ageism on physical function of older persons: Reversibility of age-related gait changes. *Journal of the American Geriatrics Society, 47,* S. 1346–1349.
4 Levy, B. R., Pilver, C., Chung, P. H. & Slade, M. D. (2014). Subliminal strengthening: Improving older individuals' physical function over time with an implicit-age-stereotype intervention. *Psychological Science, 25,* S. 2127–2135.
5 McAuley, E. W., Wojcicki, T. R., Gothe, N. P., Mailey, E. L., Szabo, A. N., Fanning, J., … & Mullen, S. P. (2013). Effects of a DVD-delivered exercise intervention on physical function in older adults. *The Journals of Gerontology, Series A: Biological Sciences and Medical Sciences, 68,* S. 1076–1082.
6 Levy, B. R., Pilver, C., Chung, P. H. & Slade, M. D. (2014). Subliminal strengthening: Improving older individuals' physical function over time with an implicit-age-stereotype intervention. *Psychological Science, 25,* S. 2127–2135. Diesen Schneeballeffekt kennt man in der Sozialpsychologie auch aus anderen Situationen, man nennt dieses Phänomen auch »rekursiver Effekt«. Zu dieser Form von Selbstverstärkung kommt es, wenn eine Intervention die Geisteshaltung der Betreffenden verändert, wodurch sowohl eine innere Veränderung als auch eine veränderte Interaktion mit anderen Menschen bewirkt wird, die dann ihrerseits wieder die Veränderungen der Denkweise verstärkt. Wenn Sie mehr über diese Konzepte erfahren möchten, siehe: Walton, G. M. & Wilson, T. D. (2018). Wise interventions: Psychological remedies for social and personal problems. *Psychological Review, 125,* S. 617–655.
7 Levy, B. R., Slade, M., Chang, E. S., Kannoth, S. & Wang, S. H. (2020). Ageism amplifies cost and prevalence of health conditions. *The Geron-*

tologist, 60, S. 174–181; Ng, R., Allore, H. G., Trentalange, M., Monin, J. K. & Levy, B. R. (2015). Increasing negativity of age stereotypes across 200 years: Evidence from a database of 400 million words. *PLOS ONE, 10*(2), e0117086.

8 Rutemiller, B. (30. Juli 2018). 97-year-old Maurine Kornfeld to be inducted into international masters swimming hall of fame. *Swimming World.* https://www.swimmingworldmagazine.com/news/97-year-old-maurine-kornfeld-to-be-inducted-into-international-masters-swimming-hall-of-fame.

9 Reynolds, G. (18. September 2019). Taking up running after 50? It's never too late to shine. *The New York Times.* https://www.nytimes.com/2019/09/18/well/move/taking-up-running-after-50-its-never-too-late-to-shine.html; Piasecki, J., Ireland, A., Piasecki, M., Deere, K., Hannam, K., Tobias, J. & McPhee, J. S. (2019). Comparison of muscle function, bone mineral density, and body composition of early starting and later starting older Masters athletes. *Frontiers in Physiology, 10,* S. 1050.

10 Hardy, S. E. & Gill, T. M. (2004). Recovery from disability among community-dwelling older persons. *JAMA, 291,* S. 1596–1602.

11 Levy, B. R., Slade, M. D., Murphy, T. E. & Gill, T. M. (2012). Association between positive age stereotypes and recovery from disability in older persons. *JAMA, 308,* S. 1972–1973.

12 Glaister, D. (4. August 2008). Hollywood actor Morgan Freeman seriously hurt in crash. *The Guardian.* https://www.theguardian.com/film/2008/aug/04/morgan.freeman.seriously.hurt.in.crash.

13 Pringle, G. (22. Januar 2020). Q&A: Just getting started with Morgan Freeman. Senior Planet. https://seniorplanet.org/just-getting-started.

14 Durocher, K. (21. Februar 2016). Morgan Freeman opens up about aging in Hollywood and what he thinks it takes to be president. [Video]. YouTube. https://www.youtube.com/watch?v=5viYDBzpuoQ.

Kapitel 4

1 Maurer, K., Volk, S. & Gerbaldo, H. (1997). Auguste D and Alzheimer's disease. *Lancet, 349*, S. 1546–1549.
und https://www.alzheimer-forschung.de/alzheimer/wasistalzheimer/geschichte-der-alzheimer-krankheit/

2 Ebenda.
3 Samanez-Larkin, G. R. (2019). *The aging brain: Functional adaptation across the lifespan*. Washington, DC: American Psychological Association; Butler, R. N. (2008). *The longevity revolution: The benefits and challenges of living a long life*. New York: PublicAffairs.
4 Grant, W. B., Campbell, A., Itzhaki, R. F. & Savory, J. (2002). The significance of environmental factors in the etiology of Alzheimer's disease. *Journal of Alzheimer's Disease, 4,* S. 179–189.
5 In einer Studie mit sechsundzwanzig Ländern wurde gezeigt, dass Kontinentalchina und Indien über die positivste Einstellung zum Altern verfügen. Lockenhoff, C. E., De Fruyt, F., Terracciano, A., McCrae, R., De Bolle, M., … & Yik, M. (2009). Perceptions of aging across 26 cultures and their culture-level associates. *Psychology and Aging, 24,* S. 941–954; Chahda, N. K. (2012). Intergenerational relationships: An Indian perspective. University of Delhi. United Nations Department of Economic and Social Affairs Family. https://www.un.org/esa/socdev/family/docs/egm12/CHADHA-PAPER.pdf.
6 Cohen, L. (2000). *No aging in India*. Berkeley: University of California Press, S. 17.
7 Levy, B. R., Ferrucci, L., Zonderman, A. B., Slade, M. D., Troncoso, J. & Resnick, S. M. (2016). A culture–brain link: Negative age stereotypes predict Alzheimer's disease biomarkers. *Psychology and Aging, 31,* S. 82–88.
8 Bedrosian, T. A., Quayle, C., Novaresi, N. & Gage, F. H. (2018). Early life experience drives structural variation of neural genomes in mice. *Science, 359,* S. 1395–1399.
9 Weiler, N. (9. Januar 2017). Cultural differences may leave their mark on DNA. University of California San Francisco. https://www.ucsf.edu/news/2017/01/405466/cultural-differences-may-leave-their-mark-dna; Galanter, J. M., Gignoux, C. R., Oh, S. S., Torgerson, D., Pino-Yanes, M., Thakur, N., … & Zaitlen, N. (2017). Differential methylation between ethnic sub-groups reflects the effect of genetic ancestry and environmental exposures. *eLife, 6,* e20532. https://doi.org/10.7554/eLife.20532; Nishimura, K. K., Galanter, J. M., Roth, L. A., Oh, S. S., Thakur, N., Eng, C., … & Burchard, E. G. (2013). Early-life air pollution and asthma risk in minority children. The GALA II and SAGE II studies. *American Journal of Respiratory and Critical Care Medicine, 188,* S. 309–318.

10 Levy, B. R., Slade, M. D., Pietrzak, R. H. & Ferrucci, L. (2018). Positive age beliefs protect against dementia even among elders with high-risk gene. *PLOS ONE, 13,* e191004. https://doi.org/10.1371/journal.pone.0191004.

11 Sperling, R. A., Donohue, M. C., Raman, R., Chung-Kai, S., Yaari, R., … A4 Study Team. (2020). Association of factors with elevated amyloid burden in clinically normal older individuals. *JAMA Neurology, 77,* S. 735–745. Die Namen und Persönlichkeitsdetails der A4-tragenden Teilnehmer wurden geändert, um deren Privatsphäre zu schützen.

12 Justice, N. J. (2018). The relationship between stress and Alzheimer's disease. *Neurobiology of Stress, 8,* S. 127–133.

13 Brody, J. (23. Dezember 2019). Tackling inflammation to fight age-related ailments. *The New York Times.* https://www.nytimes.com/2019/12/23/well/live/inflammation-aging-age-heart-disease-cancer-alzheimers-dementia-diabetes-depression-health.html; Epel, E. S., Crosswell, A. D., Mayer, S. E., Prather, A. A., Slavich, G. M., Puterman, E. & Mendes,W. B. (2018). More than a feeling: A unified view of stress measurement for population science. *Frontiers in Neuroendocrinology, 49,* S. 146–169; McEwen, B. S. (2013). The brain on stress: Toward an integrative approach to brain, body, and behavior. *Perspectives on Psychological Science, 8,* S. 673–675.

14 Levy, B. R., Hausdorff, J. M., Hencke, R. & Wei, J. Y. (2000). Reducing cardiovascular stress with positive self-stereotypes of aging. *The Journals of Gerontology, Series B: Psychological Sciences and Social Sciences, 55,* S. 205–213.

15 Attie, B. & Goldwater, J. (Regisseure). (2003). *Maggie growls.* Independent Lens. PBS. pbs.org/independentlens/maggiegrowls/index.

16 Levy, B. R., Slade, M. D., Pietrzak, R. H. & Ferrucci, L. (2020). When culture influences genes: Positive age beliefs amplify the cognitive-aging benefit of *APOE* ε2. *The Journals of Gerontology, Series B: Psychological Sciences and Social Sciences, 75,* e198–e203.

17 Suri, S., Heise, V., Trachtenberg, A. J. & Mackay, C. E. (2013). The forgotten *APOE* allele: A review of the evidence and suggested mechanisms for the protective effect of *APOE* ε2. *Neuroscience and Biobehavioral Reviews, 37,* S. 2878–2886.

18 Levy, B. R., Slade, M. D., Pietrzak, R. H. & Ferrucci, L. (2020). When culture influences genes: Positive age beliefs amplify the cognitive-

aging benefit of *APOE* ε2. *The Journals of Gerontology, Series B: Psychological Sciences and Social Sciences, 75,* e198–e203.

19 Samanez-Larkin, G. R. (2019). *The aging brain: Functional adaptation across the lifespan*. Washington, DC: American Psychological Association.

20 Nottebohm, F. (2010). Discovering nerve cell replacement in the brains of adult birds. The Rockefeller University. http://centennial.rucares.org/index.php?page=Brain_Generates_Neurons.

21 Galvan, V. & Jin, K. (2007). Neurogenesis in the aging brain. *Clinical Interventions in Aging, 2,* S. 605–610.

22 Eriksson, P. S., Perfilieva, E., Bjork-Eriksson, T., Alborn, A. M., Nordborg, C., Peterson, D. A. & Gage, F. H. (1998). Neurogenesis in the adult human hippocampus. *Nature Medicine, 4,* S. 1313–1317; Porto, F. H., Fox, A. M., Tusch, E. S., Sorond, F., Mohammed, A. H. & Daffner, K. R. (2015). In vivo evidence for neuroplasticity in older adults. *Brain Research Bulletin, 114,* S. 56–61.

23 Muller, P., Rehfeld, K., Schmicker, M., Hokelmann, A., Dordevic, M., Lessmann, V., Brigadski, T., Kaufmann, J. & Muller, N. G. (2017). Evolution of neuroplasticity in response to physical activity in old age: The case for dancing. *Frontiers in Aging Neuroscience, 9,* S. 56. https://doi.org/10.3389/fnagi.2017.00056; Park, D. C. & Bischof, G. N. (2011). Neuroplasticity, aging, and cognitive function. In K. W. Schaie, S. Willis, B. G. Knight, B. Levy & D. C. Park (Hrsg.), *Handbook of the psychology of aging* (7. Auflage, S. 109–119). New York: Elsevier.

Kapitel 5

1 Levy, B. R., Hausdorff, J. M., Hencke, R. & Wei, J. Y. (2000). Reducing cardiovascular stress with positive self-stereotypes of aging. *The Journals of Gerontology, Series B: Psychological Sciences and Social Sciences, 55,* S. 205–213.

2 Levy, B. R., Moffat, S., Resnick, S. M., Slade, M. D. & Ferrucci, L. (2016). Buffer against cumulative stress: Positive age self-stereotypes predict lower cortisol across 30 years. *GeroPsych: The Journal of Gerontopsychology and Geriatric Psychiatry, 29,* S. 141–146.

3 Ebenda.

4 Levy, B. R., Chung, P. H., Slade, M. D., Van Ness, P. H. & Pietrzak, R.

H. (2019). Active coping shields against negative aging self-stereotypes contributing to psychiatric conditions. *Social Science and Medicine, 228,* S. 25–29.

5 Levy, B. R., Pilver, C. E. & Pietrzak, R. H. (2014). Lower prevalence of psychiatric conditions when negative age stereotypes are resisted. *Social Science and Medicine, 119,* S. 170–174.

6 American Psychological Association. (2014). Guidelines for psychological practice with older adults. *American Psychologist, 69,* S. 34–65; Hinrichsen, G. A. (2015). Attitudes about aging. In P. A. Lichtenberg, B. T. Mast, B. D. Carpenter & J. Loebach Wetherell (Hrsg.), *APA handbook of clinical geropsychology* (S. 363–377). Washington, DC: American Psychological Association; Robb, C., Chen, H. & Haley, W. E. (2002). Ageism in mental health and health care: A critical review. *Journal of Clinical Geropsychology, 8,* S. 1–12.

7 World Health Organization. (12. Dezember 2017). Mental health of older adults. https://www.who.int/news-room/fact-sheets/detail/mental-health-of-older-adults; Segal, D. L., Qualls, S. H. & Smyer, M. A. (2018). *Aging and mental health.* Hoboken, NJ: Wiley Blackwell.

8 Freud, S. (1976). On psychotherapy. In *The complete psychological works of Sigmund Freud.* New York: W. W. Norton, S. 264. Deutsches Zitat aus: Sigmund Freud, *Gesammelte Werke*, Fünfter Band, Frankfurt: S. Fischer Verlag, 1981, S. 21–22.

9 Woodward, K. M. (1991). *Aging and its discontents: Freud and other fictions.* Bloomington: Indiana University Press, S. 3. Deutsches Zitat aus: Ernest Jones, *Das Leben und Werk von Sigmund Freud*, Band 1, Bern: Hans Huber Verlag, 1960, S. 19.

10 Abend, S. M. (2016). *A brief introduction to Sigmund Freud's psychoanalysis and his enduring legacy.* Astoria, NY: International Psychoanalytic Books.

11 Ebenda.

12 Helmes, E. & Gee, S. (2003). Attitudes of Australian therapists toward older clients: Educational and training imperatives. *Educational Gerontology, 29,* S. 657–670.

13 Hinrichsen, G. A. (2015). Attitudes about aging. In P. A. Lichtenberg, B. T. Mast, B. D. Carpenter & J. Loebach Wetherell (Hrsg.), *APA handbook of clinical geropsychology* (S. 363–377). Washington, DC: American Psychological Association; Helmes, E. & Gee, S. (2003). Attitudes

of Australian therapists toward older clients: Educational and training imperatives. *Educational Gerontology, 29,* S. 657–670.

14 Cuijpers, P., Karyotaki, E., Eckshtain, D., Ng, M. Y., Corteselli, K. A., Noma, H., Quero, S. & Weisz, J. R. (2020). Psychotherapy for depression across different age groups: A systematic review and meta-analysis. *JAMA Psychiatry, 77,* S. 694–702.

15 Plotkin, D. (2014). Older adults and psychoanalytic treatment: It's about time. *Psychodynamic Psychiatry, 42,* S. 23–50; Chen, Y., Peng, Y. & Fang, P. (2016). Emotional intelligence mediates the relationship between age and subjective well-being. *International Journal of Aging & Human Development, 83,* S. 91–107; Funkhouser, A. T., Hirsbrunner, H., Cornu, C. & Bahro, M. (1999). Dreams and dreaming among the elderly: An overview. *Aging & Mental Health, 3* (1), S. 10–20; O'Rourke, N., Cappeliez, P. & Claxton, A. (2011). Functions of reminiscence and the psychological well-being of young and older adults over time. *Aging & Mental Health, 15,* S. 272–281.

16 American Psychological Association. (2020). APA resolution on ageism. Washington, DC: American Psychological Association. https://www.apa.org/about/policy/resolution-ageism.pdf.

17 Moye, J., Karel, M. J., Stamm, K. E., Qualls, S. H., Segal, D. L., Tazeau, Y. N. & DiGilio, D. A. (2019). Workforce analysis of psychological practice with older adults: Growing crisis requires urgent action. *Training and Education in Professional Psychology, 13,* S. 46–55.

18 Cuijpers, P., Sijbrandij, M., Koole, S. L., Andersson, G., Beekman, A. T. & Reynolds, C. F. (2014). Adding psychotherapy to antidepressant medication in depression and anxiety disorders: A meta-analysis. *World Psychiatry: Official Journal of the World Psychiatric Association, 13,* S. 56–67; Reynolds, C. F., Frank, E., Perel, J. M., Imber, S. D., Cornes, C., Miller, M. D., … & Kupfer, D. J. (1999). Nortriptyline and interpersonal psychotherapy as maintenance therapies for recurrent major depression: A randomized controlled trial in patients older than 59 years. *JAMA, 281,* S. 39–45; Sammons, M. T. & McGuinness, K. M. (2015). Combining psychotropic medications and psychotherapy generally leads to improved outcomes and therefore reduces the overall cost of care. Society for Prescribing Psychology. https://www.apadivisions.org/division-55/publications/tablet/2015/04/combininations.

19 Grand View Research. (März 2020). U.S. long term care market size, share, and trends analysis by service and segment forecasts. https://

www.grandviewresearch.com/industry-analysis/us-long-term-care-ltc-market.

20 Brown, B. (24. April 2018). Bethany Brown discusses human rights violations in US nursing homes. Yale Law School. https://law.yale.edu/yls-today/news/bethany-brown-discusses-human-rights-violations-us-nursing-homes; Human Rights Watch. (2018). »They want docile«: How nursing homes in the United States overmedicate people with dementia. https://www.hrw.org/report/2018/02/05/they-want-docile/how-nursing-homes-united-states-overmedicate-people-dementia#_ftn64; Ray, W. A., Federspiel, C. F. & Schaffner, W. (1980). A study of antipsychotic drug use in nursing homes: Epidemiologic evidence suggesting misuse. *American Journal of Public Health, 70,* S. 485–491.

21 Human Rights Watch. (2018). Vgl. 20, ebenda.

22 Hinrichsen, G. A. (2015). Attitudes about aging. In P. A. Lichtenberg, B. T. Mast, B. D. Carpenter & J. Loebach Wetherell (Hrsg.), *APA handbook of clinical geropsychology* (S. 363–377). Washington, DC: American Psychological Association; Park, M. & Unutzer, J. (2011). Geriatric depression in primary care. *The Psychiatric Clinics of North America, 34,* S. 469–487.

23 Axelrod, J., Balaban, S. & Simon, S. (27. Juli 2019). Isolated and struggling, many seniors are turning to suicide. NPR. https://www.npr.org/2019/07/27/745017374/isolated-and-struggling-many-seniors-are-turning-to-suicide; Conwell, Y., Van Orden, K. & Caine, E. D. (2011). Suicide in older adults. *The Psychiatric Clinics of North America, 34,* S. 451–468. https://doi.org/10.1016/j.psc.2011.02.002; Canetto, S. S. (2017). Suicide: Why are older men so vulnerable? *Men and Masculinities, 20,* S. 49–70.

24 Park, M. & Unutzer, J. (2011). Geriatric depression in primary care. *The Psychiatric Clinics of North America, 34,* S. 469–487; Span, P. (30. Oktober 2020). You're not too old to talk to someone. *The New York Times.* https://www.nytimes.com/2020/10/30/health/mental-health-psychotherapy-elderly.html.

25 Span, P. (30. Oktober 2020). You're not too old to talk to someone. *The New York Times.* https://www.nytimes.com/2020/10/30/health/mental-health-psychotherapy-elderly.html.

26 Coles, R. (31. Oktober 1970). I-The measure of man. *The New Yorker.* https://www.newyorker.com/magazine/1970/11/07/i-the-measure-of-man.

27 Erikson, E. (1993). *Gandhi's truth: On the origins of militant nonviolence.* New York: W. W. Norton. Auf Deutsch erschienen als: *Gandhis Wahrheit. Über die Ursprünge der militanten Gewaltlosigkeit*, Suhrkamp, Frankfurt am Main, 1978, S. 9.
28 Erikson, E. H., Erikson, J. M. & Kivnick, H. Q. (1989). *Vital involvement in old age.* New York: W. W. Norton.
29 Goleman, D. (14. Juni 1988). Erikson, in his own old age, expands his view of life. *The New York Times.* https://www.nytimes.com/1988/06/14/science/erikson-in-his-own-old-age-expands-his-view-of-life.html.
30 Ebenda.
31 Ebenda.
32 Cowan, R. & Thal, L. (2015). *Wise aging: Living with joy, resilience, & spirit.* Springfield, NJ: Behrman House.
33 Chibanda, D., Weiss, H. A., Verhey, R., Simms, V., Munjoma, R., Rusakaniko, S., … & Araya, R. (2016). Effect of a primary care–based psychological intervention on symptoms of common mental disorders in Zimbabwe: A randomized clinical trial. *JAMA, 316,* S. 2618–2626.

Kapitel 6

1 Atchley, R. C. (1999). *Continuity and adaptation in aging: Creating positive experiences.* Baltimore: Johns Hopkins University Press.
2 Levy, B. R., Slade, M. D., Kunkel, S. R. & Kasl, S. V. (2002). Longevity increased by positive self-perceptions of aging. *Journal of Personality and Social Psychology, 83,* S. 261–270. Diese Zahl beschreibt die Lebenszeitdifferenz zwischen Patienten mit positiven und negativen Altersbildern, es wurde jeweils der Zeitpunkt betrachtet, an dem 50 Prozent der jeweiligen Gruppe verstorben waren.
3 Ebenda, S. 268.
4 The image of aging in media and marketing. (4. September 2002). Anhörung vor dem US Senate Special Committee on Aging. https://www.govinfo.gov/content/pkg/CHRG-07shrg83476/html/CHRG-107shrg83476.htm.
5 Ebenda. Mündliche Stellungnahme von Doris Roberts.
6 Officer, A. & de la Fuente-Nunez, V. (2018). A global campaign to combat ageism. *Bulletin of the World Health Organization, 96,* S. 295–

296; Kotter-Gruhn, D., Kleinspehn-Ammerlahn, A., Gerstorf, D. & Smith, J. (2009). Self-perceptions of aging predict mortality and change with approaching death: 16-year longitudinal results from the Berlin Aging Study. *Psychology and Aging, 24,* S. 654–667; Sargent-Cox, K. A., Anstey, K. J. & Luszcz, M. A. (2014). Longitudinal change of self-perceptions of aging and mortality. *The Journals of Gerontology, Series B: Psychological Sciences and Social Sciences, 69,* S. 168–173; Zhang, X., Kamin, S. T., Liu, S., Fung, H. H. & Lang, F. R. (2018). Negative self-perception of aging and mortality in very old Chinese adults: The mediation role of healthy lifestyle. *The Journals of Gerontology, Series B: Psychological Sciences and Social Sciences, 75,* S. 1001–1009.

7 Passarino, G., De Rango, F. & Montesanto, A. (2016). Human longevity: Genetics or lifestyle? It takes two to tango. *Immunity and Ageing, 13,* S. 12. https://doi.org/10.1186/s12979-016-0066-z; Vaupel, J. W., Carey, J. R., Christensen, K., Johnson, T. E., Yashin, A. I., Holm, N. V., … & Curtsinger, J. W. (1998). Biodemographic trajectories of longevity. *Science, 280,* S. 855–860.

8 Levy, B. R., Slade, M. D., Pietrzak, R. H. & Ferrucci, L. (2020). When culture influences genes: Positive age beliefs amplify the cognitive-aging benefit of *APOE* ε2. *The Journals of Gerontology, Series B: Psychological Sciences and Social Sciences, 75,* e198–e203. https://doi.org/10.1093/geronb/gbaa126.

9 Hjelmborg, J., Iachine, I., Skytthe, A., Vaupel, J. W., McGue, M., Koskenvuo, M., Kaprio, J., Pedersen, N. L. & Christensen, K. (2006). Genetic influence on human lifespan and longevity. *Human Genetics, 119,* S. 312–321; Guillermo Martinez Corrales, G. & Nazif, A. (2020). Evolutionary conservation of transcription factors affecting longevity. *Trends in Genetics, 36,* S. 373–382.

10 Govindaraju, D., Atzmon, G. & Barzilai, N. (2015). Genetics, lifestyle, and longevity: Lessons from centenarians. *Applied & Translational Genomics, 4,* S. 23–32.

11 Kearney, H. (2019). *QueenSpotting: Meet the remarkable queen bee and discover the drama at the heart of the hive.* North Adams, MA: Storey Publishing.

12 Levy, B. R. (2009). Stereotype embodiment: A psychosocial approach to aging. *Current Directions in Psychological Science, 18,* S. 332–336.

13 Idler, E. L. & Kasl, S. V. (1992). Religion, disability, depression, and the timing of death. *American Journal of Sociology, 97,* S. 1052–1079.

14 Levy, B., Ashman, O. & Dror, I. (2000). To be or not to be: The effects of aging stereotypes on the will to live. *Omega: Journal of Death and Dying, 40,* S. 409–420.
15 Levy, B. R., Slade, M. D., Kunkel, S. R. & Kasl, S. V. (2002). Longevity increased by positive self-perceptions of aging. *Journal of Personality and Social Psychology, 83,* S. 261–270.
16 Levy, B. R. & Bavishi, A. (2018). Survival-advantage mechanism: Inflammation as a mediator of positive self-perceptions of aging on longevity. *The Journals of Gerontology, Series B: Psychological Sciences and Social Sciences, 73,* S. 409–412.
17 Harris, T. B., Ferrucci, L., Tracy, R. P., Corti, M. C., Wacholder, S., Ettinger, W. H. & Wallace, R. (1999). Associations of elevated interleukin-6 and C-reactive protein levels with mortality in the elderly. *The American Journal of Medicine, 106,* S. 506–512; Szewieczek, J., Francuz, T., Dulawa, J., Legierska, K., Hornik, B., Włodarczyk, I. & Batko-Szwaczka, A. (2015). Functional measures, inflammatory markers, and endothelin-1 as predictors of 360-day survival in centenarians. *Age, 37,* S. 85. https://doi.org/10.1007/s11357-015-9822-9.
18 Levy, B., Ashman, O., Dror, I. (2000). To be or not to be: The effects of aging stereotypes on the will to live. *Omega: Journal of Death and Dying, 40,* S. 409–420.
19 Levy, B. R., Provolo, N., Chang, E.-S. & Slade, M. D. (2021). Negative age stereotypes associated with older persons' rejection of COVID-19 hospitalization. *Journal of the American Geriatrics Society, 69,* S. 317–318.
20 Cole, T. R. (1993). *The journey of life: A cultural history of aging in America.* New York: Cambridge University Press.
21 Aronson, L. (2019). *Elderhood: Redefining aging, transforming medicine, reimagining life.* New York: Bloomsbury Publishing; Butler, R. N. (2011). *The longevity prescription: The 8 proven keys to a long, healthy life.* New York: Avery.
22 Butler, R. N. (2008). *The longevity revolution: The benefits and challenges of living a long life.* New York: PublicAffairs, S. xi.
23 Vaupel, J. W., Villavicencio, F. & Bergeron-Boucher, M. (2021). Demographic perspectives on the rise of longevity. *Proceedings of the National Academy of Sciences, 118 (9),* e2019536118. https://doi.org/10.1073/pnas.2019536118; Oeppen, J. & Vaupel, J. W. (2002). Broken limits to life expectancy. *Science, 296,* S. 1029–1031.

24 Şahin, D. B. & Heiland, F. W. (2016). Black-white mortality differentials at old-age: New evidence from the national longitudinal mortality study. *Applied demography and public health in the 21st century* (S. 141–162). New York: Springer.
25 McCoy, R. (2011). African American elders, cultural traditions, and family reunions. *Generations: American Society on Aging.* https://generations.asaging.org/african-american-elders-traditions-family-reunions.
26 Mitchell, G. W. (2014). The silver tsunami. *Physician Executive, 40,* S. 4–38.
27 Wilkerson, I. (2020). *Caste: The origins of our discontents.* New York: Random House; Hacker, J. S. & Pierson, P. (2020). *Let them eat tweets: How the right rules in an age of extreme inequality.* New York: W. W. Norton.
28 Zarroli, J. (9. Dezember 2020). Soaring stock market creates a club of centibillionaires. *All Things Considered.* https://www.npr.org/2020/12/09/944739703/soaring-stock-market-creates-a-club-of-centibillionaires.
29 Fried, L. (6. Mai 2021). Combating loneliness in aging: Toward a 21st century blueprint for societal connectedness. Age Boom Academy. The Robert N. Butler Columbia Aging Center. New York. Columbia University.
30 Elgar, F. J. (2010). Income inequality, trust, and population health in 33 countries. *American Journal of Public Health, 100,* S. 2311–2315.
31 Coughlin, J. (2017). *The longevity economy: Unlocking the world's fastestgrowing, most misunderstood market.* New York: PublicAffairs.
32 Dychtwald, K. (2014). Longevity market emerges. In P. Irving (Hrsg.), *The upside of aging: How long life is changing the world of health, work, innovation, policy, and purpose.* New York: Wiley. Angemerkt sollte jedoch sein, dass es in eben dieser Altersgruppe auch mehr Armut gibt als in jeder anderen. Das heißt: Unter der älteren Bevölkerung herrscht eine beträchtliche Ungleichverteilung, was den Wohlstand anbelangt.
33 Lee, R. (2020). Population aging and the historical development of intergenerational transfer systems. *Genus, 76,* S. 31. https://genus.springeropen.com/articles/10.1186/s41118-020-00100-8.
34 Azoulay, P., Jones, B. F., Kim, J. D. & Miranda, J. (2020). Age and high-growth entrepreneurship. *American Economic Review, 2,* S. 65–82. https://www.aeaweb.org/articles?id=10.1257/aeri.20180582.

35 Butler, R. N. (2008). *The longevity revolution: The benefits and challenges of living a long life*. New York: PublicAffairs; Roser, M., Ortiz-Ospina, E. & Ritchie, H. (2013). Life expectancy. Our World in Data. Abgerufen am 1. Juni 2021 unter https://ourworldindata.org/life-expectancy.
36 Willigen, J. & Lewis, D. (2006). Culture as the context of aging. In H. Yoon and J. Hendricks (Hrsg.), *Handbook of Asian aging*. Amityville, NY: Baywood, S. 133.
37 Fries, J. F. (2000). Compression of morbidity in the elderly. *Vaccine, 18*, S. 1584–1589.
38 Butler, R. N. (2011). *The longevity prescription: The 8 proven keys to a long, healthy life*. New York: Avery.
39 Levy, B. R. (2017). Age-stereotype paradox: A need and opportunity for social change. *The Gerontologist, 57*, S. 118–126; Kolata, G. (8. Juli 2016). A medical mystery of the best kind: Major diseases are in decline. *The New York Times*. https://www.nytimes.com/2016/07/10/upshot/a-medical-mystery-of-the-best-kind-major-diseases-are-in-decline.html; Schoeni, R. F., Freedman, V. A. & Martin, L. M. (2008). Why is late-life disability declining? *Milbank Quarterly, 86*, S. 47–89.
40 Butler, R. N. (2011). *The longevity prescription: The 8 proven keys to a long, healthy life*. New York: Avery.
41 Andersen, S. L., Sebastiani, P., Dworkis, D. A., Feldman, L. & Perls, T. T. (2012). Health span approximates life span among many supercentenarians: Compression of morbidity at the approximate limit of life span. *The Journals of Gerontology, Series A: Biological Sciences and Medical Sciences, 67*, S. 395–405.
42 Mahoney, D. & Restak, R. (1999). *The longevity strategy*. New York: Wiley.
43 Schoenhofen, E. A., Wyszynski, D. F., Andersen, S., Pennington, J., Young, R., Terry, D. F. & Perls, T. T. (2006). Characteristics of 32 supercentenarians. *Journal of the American Geriatrics Society, 54*, S. 1237–1240.
44 Brody, J. (21. Juni 2021). The secrets of »cognitive super-agers«. *The New York Times*. https://www.nytimes.com/2021/06/21/well/mind/aging-memory-centenarians.html; Beker, N., Ganz, A., Hulsman, M., Klausch, T., Schmand, B. A., Scheltens, P., Sikkes, S. A. & Holstege, H. (2021). Association of cognitive function trajectories in centenarians with postmortem neuropathology, physical health, and other risk

factors for cognitive decline. *JAMA Network Open, 4*(1): e2031654. doi:10.1001/jamanetworkopen.2020.31654.

45 Nuwer, R. (31. März 2015). Lessons of the world's most unique supercentenarians. BBC. https://www.bbc.com/future/article/20150331-the-most-unique-supercentenarians.

46 Bucholz, K. (5. Februar 2021). Where 100 is the new 80. Statista. https://www.statista.com/chart/14931/where-100-is-the-new-80; Santos-Lozano, A., Sanchis-Gomar, F., Pareja-Galeano, H., Fiuza-Luces, C., Emanuele, E., Lucia, A. & Garatachea, N. (2015). Where are supercentenarians located? A worldwide demographic study. *Rejuvenation Research, 18,* S. 14–19.

47 Sorezore nansai? Choju iwai no kisochishiki (How old? Basics of longevity celebrations). (7. März 2014). Gift Concierge. https://www.ringbell.co.jp/giftconcierge/2201.

48 Saikourei 116sai »imagatanoshii« Fukuoka no Tanaka san, Guiness nintei (116 Jahre alt, Frau Tanaka aus Fukuoka vom Guinness-Buch der Weltrekorde zum ältesten Menschen der Welt gekürt). (10. März 2019). *Nishinopponshinbun.* https://www.nishinippon.co.jp/item/n/492939.

49 World's oldest person marks 118th birthday in Fukuoka. (2. Januar 2021). *The Japan Times.* https://www.japantimes.co.jp/news/2021/01/02/national/worlds-oldest-person-marks-118th-birthday-fukuoka; Hanada, M. (2010). *Hana mo Arashi mo Hyaku Nanasai Tanaka Kane Choju Nihon Ichi heno Chosen* (107-jährige Blume im Sturm: Kane Tanaka und ihr Weg zur ältesten Japanerin). Fukuoka, Japan: Azusa Shoin.

50 Mizuno, Y. (1991). *Nihon no Bungaku to Oi* (Japans Literatur und das Alter). Shitensha, S. 2.

51 Ackerman, L. S. & Chopik, W. J. (2021). Cross-cultural comparisons in implicit and explicit age bias. *Personality and Social Psychology Bulletin, 47,* S. 953–968.

52 Markus, H. R. & Kitayama, S. (1991). Culture and the self: Implications for cognition, emotion, and motivation. *Psychological Review, 98,* S. 224–253.

53 Ebenda.

54 Ackerman, L. S. & Chopik, W. J. (2021). Cross-cultural comparisons in implicit and explicit age bias. *Personality and Social Psychology Bulletin, 47,* S. 953–968.

55 Levy, B. R. & Bavishi, A. (2018). Survival-advantage mechanism:

Inflammation as a mediator of positive self-perceptions of aging on longevity. *The Journals of Gerontology, Series B: Psychological Sciences and Social Sciences, 73,* S. 409–412; Levy, B. R., Slade, M. D., Kunkel, S. R. & Kasl, S. V. (2002). Longevity increased by positive self-perceptions of aging. *Journal of Personality and Social Psychology, 83,* S. 261–270.

56 Diese Gleichung basiert auf der, die der große Sozialpsychologe Kurt Lewin für das menschliche Verhalten als Funktion von Umwelt und Person aufgestellt hat: B = *f*(P, E). Lewin, K. (1936). *Principles of topological psychology.* New York: McGraw-Hill. Auf Deutsch erschienen als: *Grundzüge der topologischen Psychologie.* Bern 1969.

Kapitel 7

1 Doherty, M. J., Campbell, N. M., Tsuji, H. & Phillips, W. A. (2010). The Ebbinghaus illusion deceives adults but not young children. *Developmental Science, 13,* S. 714–721.

2 Schudel, M. (7. Juni 2016). Jerome S. Bruner, influential psychologist of perception, dies at 100. *Washington Post.* https://www.washingtonpost.com/national/jerome-s-bruner-influential-psychologist-of-perception-dies-at-100/2016/06/07/033e5870-2cc3-11e6-9b37-42985f6a265c_story.html.

3 Bruner, J. S. & Goodman, C. C. (1947). Value and need as organizing factors in perception. *The Journal of Abnormal and Social Psychology, 42,* S. 33–44.

4 Berns, G. S., Chappelow, J., Zink, C. F., Pagnoni, G., Martin-Skurski, M. E. & Richards, J. (2004). Neurobiological correlates of social conformity and independence during mental rotation. *Biological Psychiatry, 58,* S. 245–253.

5 Levy, B. (1996). Improving memory in old age through implicit self-stereotyping. *Journal of Personality and Social Psychology, 71,* S. 1092–1107.

6 Goycoolea, M. V., Goycoolea, H. G., Farfan, C. R., Rodriguez, L. G., Martinez, G. C. & Vidal, R. (1986). Effect of life in industrialized societies on hearing in natives of Easter Island. *The Laryngoscope, 96,* S. 1391–1396.

7 Holmes, E. R. & Holmes, L. D. (1995). *Other cultures, elder years.*

Thousand Oaks, CA: Sage; Pearson, J. D. (1992). Attitudes and perceptions concerning elderly Samoans in rural Western Samoa, American Samoa, and urban Honolulu. *Journal of Cross-Cultural Gerontology, 7,* S. 69–88; Thumala, D., Kennedy, B. K., Calvo, E., Gonzalez-Billault, C., Zitko, P., Lillo, P., … & Slachevsky, A. (2017). Aging and health policies in Chile: New agendas for research. *Health Systems and Reform, 3,* S. 253–260.

8 Levy, B. R., Slade, M. D. & Gill, T. (2006). Hearing decline predicted by elders' stereotypes. *The Journals of Gerontology, Series B: Psychological Sciences and Social Sciences, 61,* S. 82–87.

9 Chasteen, A. L., Pichora-Fuller, M. K., Dupuis, K., Smith, S. & Singh, G. (2015). Do negative views of aging influence memory and auditory performance through self-perceived abilities? *Psychology and Aging, 30,* S. 881–893.

10 Barber, S. J. & Lee, S. R. (2016). Stereotype threat lowers older adults' self-reported hearing abilities. *Gerontology, 62,* S. 81–85.

11 Corrigan, P. (2020). Music in an intergenerational key. Next Avenue. https://www.nextavenue.org/music-in-an-intergenerational-key; Hicks, A. (Regisseur). (2014). *Keep On Keepin' On.* [Video]. Angesehen auf https://www.amazon.com/Keep-Keepin-Clark-Terry/dp/B00S65TOTE.

12 Parbery-Clark, A., Strait, D. L., Anderson, S., Hittner, E. & Kraus, N. (2011). Musical experience and the aging auditory system: Implications for cognitive abilities and hearing speech in noise. *PLOS ONE, 6,* e18082. https://doi.org/10.1371/journal.pone.0018082; Leopold, W. (30. Januar 2012). Music training has biological impact on aging process. ScienceDaily. https://www.sciencedaily.com/releases/2012/01/120130172402.htm.

13 Kraus, N. & White-Schwoch, T. (2014). Music training: Lifelong investment to protect the brain from aging and hearing loss. *Acoustics Australia, 42,* S. 117–123.

14 Ebenda; Kraus, N. & Anderson, S. (2014). Music benefits across the lifespan: Enhanced processing of speech in noise. *Hearing Review, 21,* S. 18–21; Dr. Nina Kraus on why musical training helps us process the world around us. (31. Mai 2017). Sound Health. https://medium.com/the-kennedy-center/dr-nina-kraus-on-why-musical-training-helps-us-process-the-world-around-us-6962b42cdf44.

15 Anderson, S., White-Schwoch, T., Parbery-Clark, A. & Kraus, N. (2013). Reversal of age-related neural timing delays with training. *Proceedings of the National Academy of Sciences, 110,* S. 4357–4362.

16 Burnes, D., Sheppard, C., Henderson, C. R., Wassel, M., Cope, R., Barber, C. & Pillemer, K. (2019). Interventions to reduce ageism against older adults: A systematic review and meta-analysis. *American Journal of Public Health, 109,* e1–e9.
17 Lively, P. (5. Oktober 2013). So this is old age. *The Guardian.* https://www.theguardian.com/books/2013/oct/05/penelope-lively-old-age.
18 Erikson, J. M. (1988). *Wisdom and the senses.* New York: W. W. Norton, S. 45.
19 Schuster, C. & Carpenter, E. (1996). *Patterns that connect: Social symbolism in ancient and tribal art.* New York: Harry N. Abrams.
20 Simonton, D. K. (1997). Creative productivity: A predictive and explanatory model of career trajectories and landmarks. *Psychological Review, 104,* S. 66–89.
21 Galenson, D. W. (2010). Late bloomers in the arts and sciences: Answers and questions. National Bureau of Economic Research Working Paper No. w15838, SSRN. https://papers.ssrn.com/sol3/papers.cfm?abstract_id=1578676.
22 Charles, S. T. & Carstensen, L. L. (2010). Social and emotional aging. *Annual Review of Psychology, 61,* S. 383–409.
23 Steinhardt, A. (1998). *Indivisible by four: Pursuit of harmony.* New York: Farrar, Straus and Giroux.
24 Lindauer, M. S. (2003). *Aging, creativity, and art: A positive perspective on late-life development.* New York: Springer.
25 Shahn, B. (1985). *The shape of content.* Cambridge, MA: Harvard University Press.
26 Hathaway, M. (30. November 2016). Harmonious ambition: The resonance of Michelangelo. Virginia Polytechnic Institute and State University. https://vtechworks.lib.vt.edu/handle/10919/74440.
27 Gowing, L. (1966). *Turner: Imagination and reality.* New York: Museum of Modern Art.
28 Spence, J. (1986). *Putting myself in the picture: A political, personal, and photographic autobiography.* London: Camden Press.
29 Pennebaker, J. W. & Stone, L. D. (2003). Words of wisdom: Language use over the life span. *Journal of Personality and Social Psychology, 85,* S. 291–301.
30 Adams-Price, C. (2017). *Creativity and successful aging: Theoretical and empirical approaches.* New York: Springer.
31 Ebenda, S. 281, 283.

32 Baltes, P. B. (1997). On the incomplete architecture of human ontogeny: Selection, optimization, and compensation as foundation of developmental theory. *American Psychologist, 52,* S. 366–380; Henahan, D. (14. März 1976). This ageless hero, Rubinstein; He cannot go on like this forever (though some would not bet on that). In fact, there are now some troubling signs. *The New York Times.* https://www.nytimes.com/1976/03/14/archives/this-ageless-hero-rubinstein-he-cannot-go-on-like-this-forever.html.
33 Grandma Moses is dead at 101; Primitive artist »just wore out«. (14. Dezember 1961). *The New York Times.* https://www.nytimes.com/1961/12/14/archives/grandma-moses-is-dead-at-101-primitive-artist-just-wore-out-grandma.html.
34 Henri Matisse (1869–1954). Christies. https://www.christies.com/en/lot/lot-6108776.
35 Ebenda; Museum of Modern Art. (2014). Henri Matisse: The cut-outs. https://www.moma.org/calendar/exhibitions/1429; Murphy, J. (9. Juni 2020). Henri Matisse: His final years and exhibit. Biography. https://www.biography.com/news/henri-matisse-the-cut-outs-moma.
36 Gardner, H. E. (2011). *Creating minds: An anatomy of creativity seen through the lives of Freud, Einstein, Picasso, Stravinsky, Eliot, Graham, and Gandhi.* New York: Basic Books. Auf Deutsch erschienen als: *So genial wie Einstein. Schlüssel zum kreativen Denken.* Klett-Cotta, Stuttgart 1996.
37 Kozbelt, A. (2015). Swan song phenomenon. In S. K. Whitbourne (Hrsg.), *The encyclopedia of adulthood and aging.* Hoboken, NJ: Wiley.
38 Roth, H. (1997). *From bondage.* London: Picador, S. 188. Auf Deutsch erschienen als: *Die Entfesselung.* Ullstein, Berlin 2000.
39 Claytor, D. (2013, June 26). Retiring in your 30's … now what? *Diablo Ballet Blog.* https://diabloballet.wordpress.com/2013/06/26/retiring-in-your-30s-now-what.
40 Mehr über Thomas Dwyer finden Sie in Frankel, B. (2011). *What should I do with the rest of my life? True stories of finding success, passion, and new meaning in the second half of life.* New York: Avery.

Kapitel 8

1 Achenbaum, A. W. (2013). *Robert Butler, MD: Visionary of healthy aging.* New York: Columbia University Press; Bernstein, C. (7. März 1969). Age and race fears seen in housing opposition. *Washington Post.*

2 Butler, R. N. (1975). *Why survive? Being old in America.* New York: Harper & Row, S. 12.

3 Ober Allen, J., Solway, E., Kirch, M., Singer, D., Kullgren, J. & Malani, P. (Juli 2020). Everyday ageism and health. National Poll on Healthy Aging. University of Michigan. http://hdl.handle.net/2027.42/156038.

4 World Health Organization. (2021). *Global Report on Ageism.* Geneva: World Health Organization. https://www.who.int/teams/social-determinants-of-health/demographic-change-and-healthy-ageing/combatting-ageism/global-report-on-ageism.

5 International Longevity Center. Anti-Ageism Taskforce. (2006). *Ageism in America.* New York: International Longevity Center-USA.

6 Stratton, C., Andersen, L., Proulx, L. & Sirotich, E. (2021). When apathy is deadlier than COVID-19. *Nature Aging, 1,* S. 144–145.

7 Ng, R., Allore, H. G., Trentalange, M., Monin, J. K. & Levy, B. R. (2015). Increasing negativity of age stereotypes across 200 years: Evidence from a database of 400 million words. *PLOS ONE, 10,* e0117086.

8 Levy, B. R. (2009). Stereotype embodiment: A psychosocial approach to aging. *Current Directions in Psychological Science, 18,* S. 332–336.

9 Levy, B. R. & Banaji, M. R. (2004). Implicit ageism. In T. Nelson (Hrsg.), *Ageism: Stereotyping and prejudice against older persons* (S. 49–75). Cambridge, MA: MIT Press.

10 Estes, C., Harrington, C. & Pellow, D. (2001). The medical-industrial complex and the aging enterprise. In C. L. Estes, *Social policy & aging: A critical perspective* (S. 165–186). Thousand Oaks, CA: Sage; Beauty Packaging Staff. (2020). Anti-aging market forecasted to surpass $421.4 billion in revenue by 2030. Beauty Packaging. https://www.beautypackaging.com/contents/view_breaking-news/2020-09-23/anti-aging-market-forecasted-to-surpass-4214-billion-in-revenue-by-2030; Guttmann, A. (23. November 2020). Social network advertising revenues in the United States from 2017 to 2021. Statista. https://www.statista.com/statistics/271259/advertising-revenue-of-social-networks-in-the-us; Guttmann, A. (4. Februar 2021). Estimated aggregate revenue of U.S. advertising, public relations, and related service industry from

2004 to 2020. Statista. https://www.statista.com/statistics/183932/estimated-revenue-in-advertising-and-related-services-since-2000; Grand View Research. (März 2020). U.S. long term care market size, share, and trends analysis by service (home healthcare, hospice, nursing care, assisted living facilities), and segment forecasts. https://www.grandviewresearch.com/industry-analysis/us-long-term-care-ltc-market.

11 McGuire, S. L. (2016). Early children's literature and aging. *Creative Education, 7,* S. 2604–2612.

12 Gilbert, C. N. & Ricketts, K. G. (2008). Children's attitudes toward older adults and aging: A synthesis of research. *Educational Gerontology, 34*, S. 570–586.

13 Seefeldt, C., Jantz, R. K., Galper, A. & Serock, S. (1977). Using pictures to explore children's attitudes toward the elderly. *The Gerontologist, 17,* S. 506–512.

14 Middlecamp, M. & Gross, D. (2002). Intergenerational daycare and preschoolers' attitudes about aging. *Educational Gerontology, 28,* S. 271–288; Kwong See, S. T., Rasmussen, C. & Pertman, S. Q. (2012). Measuring children's age stereotyping using a modified Piagetian conservation task. *Educational Gerontology, 38,* 149–165; Seefeldt, C., Jantz, R., Galper, A. & Serock, K. (1977). Children's attitudes toward the elderly: Educational implications. *Educational Gerontology, 2,* S. 301–310.

15 Levy, B. R. (2009). Stereotype embodiment: A psychosocial approach to aging. *Current Directions in Psychological Science, 18,* S. 332–336.

16 Vitale-Aussem, J. (11. September 2018). »Dress like a 100-year old« day: A call to action. ChangingAging. https://changingaging.org/ageism/dress-like-a-100-year-old-day-a-call-to-action.

17 Levy, B. R., Zonderman, A. B., Slade, M. D. & Ferrucci, L. (2009). Age stereotypes held earlier in life predict cardiovascular events in later life. *Psychological Science, 20,* S. 296–298.

18 Ridder, M. (27. Januar 2021). Value of the global anti-aging market 2020–2026. Statista. Abgerufen am 13. Juli 2021 unter https://www.statista.com/statistics/509679/value-of-the-global-anti-aging-market.

19 Diller, V. (17. November 2011). Too young to look old? Dealing with fear of aging. *HuffPost*. https://www.huffpost.com/entry/aging-fear_b_812792; Kilkenny, K. (30. August 2017). How anti-aging cosmetics took over the beauty world. *Pacific Standard*. https://psmag.com/social-justice/how-anti-aging-cosmetics-took-over-the-beauty-world.

20 Blanchette, A. (28. Januar 2017). Botox is booming among millennials—some as young as 18. *Star Tribune*. https://www.startribune.com/botox-is-booming-among-millennials-some-as-young-as-18/412049303.
21 North, A. (15. Juni 2021). Free the wrinkle: The pandemic could help Americans finally embrace aging skin. Vox. https://www.vox.com/22526590/wrinkles-skin-botox-aging-pandemic-filler.
22 Schiffer, J. (8. April 2021). How barely-there Botox became the norm. *The New York Times*. https://www.nytimes.com/2021/04/08/style/self-care-how-barely-there-botox-became-the-norm.html.
23 *Market Insider. (2019, November 28). Every thirteenth man has a hair transplant according to Bookimed study. https://markets.busi nessinsider.com/news/stocks/every-13th-man-has-a-hair-transplant-according-to-bookimed-study-1028724168.*
24 *Vermont Country Store Catalogue*, 2015, S. 21.
25 Calasanti, T., Sorensen, A. & King, N. (2012). Anti-ageing advertisements and perceptions of ageing. In V. Ylanne (Hrsg.), *Representing ageing*. London: Palgrave Macmillan.
26 *Smithonian. (2016), Choose life: Grow young with HGH*. 47, S. 105.
27 Clayton, P., Banerjee, I., Murray, P. & Renehan, A. G. (2011). Growth hormone, the insulin-like growth factor axis, insulin, and cancer risk. *Nature Reviews Endocrinology, 7,* S. 11–24.
28 Cornell, E. M., Janetos, T. M. & Xu, S. (2019). Time for a makeover-cosmetics regulation in the United States. *Journal of Cosmetic Dermatology, 18,* S. 2040–2047. https://onlinelibrary.wiley.com/doi/full/10.1111/jocd.12886; Mehlman, M. J., Binstock, R. H., Juengst, E. T., Ponsaran, R. S. & Whitehouse, P. J. (2004). Anti-aging medicine: Can consumers be better protected? *The Gerontologist, 44,* S. 304–310.
29 Perls, T. T. (2004). Anti-aging quackery: Human growth hormone and tricks of the trade—More dangerous than ever. *The Journals of Gerontology, Series A: Biological Sciences and Medical Sciences, 59,* S. 682–691.
30 Lieberman, T. (14. März 2013). The enduring myth of the greedy geezer. *Columbia Journalism Review*. https://archives.cjr.org/united_states_project/the_enduring_myth_of_the_greHrsg.php.
31 Levy, B. R. & Schlesinger, M. (2005). When self-interest and age stereotypes collide: Elders' preferring reduced funds for programs benefiting themselves. *Journal of Aging and Social Policy, 17,* S. 25–39.

32 Frumkin, H., Fried, L. & Moody, R. (2012). Aging, climate change, and legacy thinking. *American Journal of Public Health, 102,* S. 1434–1438; Konrath, S., Fuhrel-Forbis, A., Lou, A. & Brown, S. (2012). Motives for volunteering are associated with mortality risk in older adults. *Healthy Psychology, 31,* S. 87–96; Benefactor Group. Sixty and over: Elders and philanthropic investments. https://benefactorgroup.com/sixty-and-over-elders-and-philanthropic-investments; Soergel, A. (18. November 2019). California, Texas caregivers offer billions in free care. *US News & World Report.* https://www.usnews.com/news/best-states/articles/2019-11-18/family-caregivers-in-us-provide-470-billion-of-unpaid-care.

33 Robinson, J. D. & Skill, T. (2009). The invisible generation: Portrayals of the elderly on prime-time television. *Communication Reports, 8,* S. 111–119. https://doi.org/10.1080/08934219509367617; Zebrowitz, L. A. & Montepare, J. M. (2000). »Too young, too old«: Stigmatizing adolescents and elders. In T. F. Heatherton, R. E. Kleck, M. R. Hebl & J. G. Hull (Hrsg.), *The social psychology of stigma* (S. 334–373). New York: Guilford Press.

34 Follows, S. (7. September 2015). How old are Hollywood screenwriters? Stephen Follows Film Data and Education. https://stephenfollows.com/how-old-are-hollywood-screenwriters.

35 Geena Davis Institute on Gender in Media. (2018). The reel truth: Women aren't seen or heard. https://seejane.org/research-informs-empowers/data.

36 Smith, S., Pieper, K. & Chouiti, M. (2018). Still rare, still ridiculed: Portrayals of senior characters on screen: Popular films from 2015 and 2016. USC Annenberg School for Communication and Journalism. http://assets.uscannenberg.org/docs/still-rare-still-ridiculed.pdf.

37 Sperling, N. (8. September 2020). Academy explains diversity rules for best picture Oscar. *The New York Times.* https://www.nytimes.com/2020/09/08/movies/oscars-diversity-rules-best-picture.html.

38 Ebenda.

39 Einen der Oscars bekam sie für ihre schauspielerische Leistung und einen für ihren Kampf um die vermehrte Beschäftigung von Frauen in Kinofilmen.

40 Vgl. 35, ebenda.

41 Newsdesk. Geena Davis disheartened by Hollywood attitudes to age and gender. (11. August 2020). *Film News.* https://www.film-news.

co.uk/news/UK/78030/Geena-Davis-disheartened-by-Hollywood-attitudes-to-age-and-gender.

42 Smith, N. (30. Oktober 2020). Geena Davis reacts to the «dismal« findings of her center's study on ageism in Hollywood: »It's a shame.« *People*. https://people.com/movies/geena-davis-reacts-to-the-dismal-findings-of-her-centers-study-on-ageism-in-hollywood.

43 Donlon, M. & Levy, B. R. (2005). Re-vision of older television characters: Stereotype-awareness intervention. *Journal of Social Issues, 61,* S. 307–319.

44 Gerbner, G., Gross, L., Signorielli, N. & Morgan, M. (1980). Aging with television: Images in television drama and conceptions of social reality. *Journal of Communication, 30,* S. 37–47; Harwood, J. & Anderson, K. (2002). The presence and portrayal of social groups on prime-time television. *Communication Reports, 15,* S. 81–97.

45 Safronova, V., Nikas, J. & Osipova, N. (5. September 2017). What it's truly like to be a fashion model. *The New York Times*. https://www.nytimes.com/2017/09/05/fashion/models-racism-sexual-harassment-body-issues-new-york-fashion-week.html.

46 *The New York Times* video accompanying article, Safronova, V., Nikas, J., Osipova, N. (5. September 2017). What it's truly like to be a fashion model. *The New York Times*. https://www.nytimes.com/2017/09/05/fashion/models-racism-sexual-harassment-body-issues-new-york-fashion-week.html.

47 Gillin, J. (4. Oktober 2017). The more outrageous, the better: How clickbait ads make money for fake news sites. PolitiFact. https://www.politifact.com/article/2017/oct/04/more-outrageous-better-how-clickbait-ads-make-money.

48 Zulli, D. (2018). Capitalizing on the look: Insights into the glance, attention economy, and Instagram. *Critical Studies in Media Communication, 35,* S. 137–150.

49 Levy, B. R., Chung, P. H., Bedford, T. & Navrazhina, K. (2014). Facebook as a site for negative age stereotypes. *Gerontologist, 54,* S. 172–176.

50 Facebook Community Standards. Objectionable content (zu Deutsch: unzulässiger Inhalt): Hate speech. Abgerufen am 14. März 2021 von https://www.facebook.com/communitystandards.

51 Jimenez-Sotomayor, M. R., Gomez-Moreno, C. & Soto-Perez-de-Celis, E. (2020). Coronavirus, ageism, and Twitter: An evaluation of tweets

about older adults and COVID-19. *Journal of the American Geriatrics Society, 68,* S. 1661–1665.
52 Oscar, N., Fox, P. A., Croucher, R., Wernick, R., Keune, J. & Hooker, K. (2017). Machine learning, sentiment analysis, and tweets: An examination of Alzheimer's disease stigma on Twitter. *The Journals of Gerontology, Series B: Psychological Sciences and Social Sciences, 72,* S. 742–751.
53 Gabbatt, A. (28. März 2019). Facebook charged with housing discrimination in targeted ads. *The Guardian.* https://www.theguardian.com/technology/2019/mar/28/facebook-ads-housing-discrimination-charges-us-government-hud.
54 The Associated Press (1. Juli 2020). Lawsuit accuses property managers of ageist ads. Finance & Commerce. https://finance-commerce.com/2020/07/lawsuit-accuses-property-managers-of-ageist-ads.
55 Terrell, K. (20. März 2019). Facebook reaches settlement in age discrimination lawsuits. AARP. https://www.aarp.org/work/working-at-50-plus/info-2019/facebook-settles-discrimination-lawsuits; Kofman, A. & Tobin, A. (13. Dezember 2019). Facebook ads can still discriminate against women and older workers, despite a civil rights settlement. ProPublica. https://www.propublica.org/article/facebook-ads-can-still-discriminate-against-women-and-older-workers-despite-a-civil-rights-settlement.
56 Pelisson, A. & Hartmans, A. (11. September 2017). The average age of employees at all the top tech companies, in one chart. *Insider*. https://www.businessinsider.com/median-tech-employee-age-chart-2017-8.
57 Freedman, M. & Stamp, T. (6. Juni 2018). The US isn't just getting older. It's getting more segregated by age. *Harvard Business Review.* https://hbr.org/2018/06/the-u-s-isnt-just-getting-older-its-getting-more-segregated-by-age.
58 Ruggles, S. & Brower, S. (2003). The measurement of family and household composition in the United States, 1850–1999. *Population and Development Review, 29,* S. 73–101.
59 Winkler, R. (2013). Segregated by age: Are we becoming more divided? *Population Research and Policy Review, 32,* S. 717–727.
60 Intergenerational Foundation. (2016). »Generations apart? The growth of age segregation in England and Wales.« https://www.if.org.uk/research-posts/generations-apart-the-growth-of-age-segregation-in-england-and-wales.

61 Hagestad, G. O. & Uhlenberg, P. (2005). The social separation of old and young: A root of ageism. *Journal of Social Issues, 61,* S. 343–360.
62 Kelley, O. (8. Oktober 2020). This man was fired due to ageism and being »too American«. Ladders. https://www.theladders.com/career-advice/this-man-was-fired-due-to-ageism-and-being-too-american.
63 Gosselin, P. (28. Dezember 2018). If you're over 50, chances are the decision to leave a job won't be yours. ProPublica. https://www.propublica.org/article/older-workers-united-states-pushed-out-of-work-forced-retirement.
64 FitzPatrick, C. S. (2014). Fact sheet: Age discrimination. AARP Office of Policy Integration. https://www.aarp.org/ppi/info-2015/age-discrimination.html.
65 Gosselin, P. (2017). Supreme Court won't take up R. J. Reynolds age discrimination case. ProPublica. https://www.propublica.org/article/supreme-court-rj-reynolds-age-discrimination-case.
66 Halbach, J. H. & Haverstock, P. M. (2009). Supreme Court sets higher burden for plaintiffs in age discrimination claims. Larkin Hoffman. https://www.larkinhoffman.com/media/supreme-court-sets-higher-burden-for-plaintiffs-in-age-discrimination-claims.
67 Age Smart Employer: Columbia Aging Center. (24. Mai 2021). The advantages of older workers. https://www.publichealth.columbia.edu/research/age-smart-employer/advantages-older-workers; Raymo, J. M., Warren, J. R., Sweeney, M. M., Hauser, R. M. & Ho, J. H. (2010). Later-life employment preferences and outcomes: The role of mid-life work experiences. *Research on Aging, 32,* S. 419–466.
68 Rosen, W. (16. Mai 2017). How the first broad-spectrum antibiotic emerged from Missouri dirt. *Popular Science.* https://www.popsci.com/how-first-broad-spectrum-antibiotic-emerged-from-dirt.
69 Butler, R. N. (2008). *The longevity revolution: The benefits and challenges of living a long life.* New York: PublicAffairs.
70 Chang, E., Kannoth, S., Levy, S., Wang, S., Lee, J. E. & Levy, B. R. (2020). Global reach of ageism on older persons' health: A systematic review. *PLOS ONE, 15,* e0220857. https://doi.org/10.1371/journal.pone.0220857.
71 Loch, C., Sting, F., Bauer, N. & Mauermann, H. (2010). The globe: How BMW is defusing the demographic time bomb. *Harvard Business Review.* https://hbr.org/2010/03/the-globe-how-bmw-is-defusing-the-demographic-time-bomb.

72 Conley, C. (2018). *Wisdom at work: The making of a modern elder*. New York: Currency, S. 117.
73 Levy, B. R. (2009). Stereotype embodiment: A psychosocial approach to aging. *Current Directions in Psychological Science, 18,* S. 332–336; Estes, C. L. & Binney, E. A. (1989). The biomedicalization of aging—dangers and dilemmas. *The Gerontologist, 29,* S. 587–596.
74 Estes, C., Harrington, C. & Pellow, D. (2001). The medical-industrial complex and the aging enterprise. In C. L. Estes, *Social policy & aging: A critical perspective* (S. 165–186). Thousand Oaks, CA: Sage.
75 Makris, U. E., Higashi, R. T., Marks, E. G., Fraenkel, L., Sale, J. E., Gill, T. M. & Reid, M. C. (2015). Ageism, negative attitudes, and competing co-morbidities—why older adults may not seek care for restricting back pain: A qualitative study. *BMC Geriatrics, 15,* S. 39.
76 Ebenda.
77 Aronson, L. (2019). *Elderhood: Redefining aging, transforming medicine, reimagining life*. New York: Bloomsbury.
78 . Centers for Disease Control and Prevention. (Mai 2020). HIV Surveillance Report, 2018 (aktualisiert). http://www.cdc.gov/hiv/library/reports/hiv-surveillance.html.
79 Butler, R. (1989). Dispelling ageism: The cross-cutting intervention. *The Annals of the American Academy of Political and Social Science, 503,* S. 138–147.
80 Meiboom, A. A., de Vries, H., Hertogh, C. M. & Scheele, F. (2015). Why medical students do not choose a career in geriatrics: A systematic review. *BMC Medical Education, 15,* S. 101.
81 Remmes, K. & Levy, B. R. (2005). Medical school training and ageism. In E. B. Palmore, L. Branch & D. Harris (Hrsg.), *Encyclopedia of ageism*. Philadelphia: Routledge.
82 Cayton, H. (2006). The alienating language of health care. *Journal of the Royal Society of Medicine, 99,* S. 484.
83 Achenbaum, A. W. (2013). *Robert Butler, MD: Visionary of healthy aging*. New York: Columbia University Press, S. 84.
84 Hudson, J., Waters, T., Holmes, M., Agris, S., Seymour, D., Thomas, L. & Oliver, E. J. (2019). Using virtual experiences of older age: Exploring pedagogical and psychological experiences of students. *VRAR, 18,* S. 61–72.
85 Es gibt Möglichkeiten, Empathie zu säen, ohne dass man dabei Gefahr läuft, negative Altersstereotype zu verstärken. Eine Studie hat beispiels-

weise gezeigt, dass letztere sich verringern, wenn man die Teilnehmer bittet, einen Aufsatz aus der Perspektive eines älteren Menschen zu schreiben. Galinsky, A. D. & Moskowitz, G. B. (2000). Perspective-taking: Decreasing stereotype expression, stereotype accessibility, and in-group favoritism. *Journal of Personality and Social Psychology, 78,* S. 708–724.

86 Meiboom, A. A., de Vries, H., Hertogh, C. M. & Scheele, F. (2015). Why medical students do not choose a career in geriatrics: A systematic review. *BMC Medical Education, 15,* S. 101.

87 Siu, A. & Beck, J. C. (1990). Physician satisfaction with career choices in geriatrics. *The Gerontologist, 30,* S. 529–534.

88 Wyman, M. F., Shiovitz-Ezra, S. & Bengel, J. (2018). Ageism in the health care system: Providers, patients, and systems. In L. Ayalon & C. Tesch-Romer (Hrsg.), *Contemporary perspectives on ageism* (S. 193–212). New York: Springer.

89 Chang, E., Kannoth, S., Levy, S., Wang, S., Lee, J. E. & Levy, B. R. (2020). Global reach of ageism on older persons' health: A systematic review. *PLOS ONE, 15*(1): e0220857. https://doi.org/10.1371/journal.pone.0220857.

90 Bei dieser Erhebung wurden die auf Altersdiskriminierung und negative Altersbilder zurückzuführenden Extrakosten errechnet, die über die eigentlichen Routinebehandlungskosten für die jeweilige Erkrankung hinausgingen. Levy, B. R., Slade, M., Chang, E. S., Kannoth, S. & Wang, S. H. (2020). Ageism amplifies cost and prevalence of health conditions. *The Gerontologist, 60,* S. 174–181.

91 Ebenda.

92 Kim, D. D. & Basu, A. (2016). Estimating the medical care costs of obesity in the United States: Systematic review, meta-analysis, and empirical analysis. *Value in Health, 19,* S. 602–613; Tsai, A. G., Williamson, D. F. & Glick, H. A. (2011). Direct medical cost of overweight and obesity in the USA: A quantitative systematic review. *Obesity Reviews, 12,* S. 50–61.

93 Cedars-Sinai. (18. Januar 2021). LeVar Burton Hosts Cedars-Sinai Celebration of Martin Luther King Jr. https://www.cedars-sinai.org/newsroom/levar-burton-hosts-cedars-sinai-celebration-of-martin-luther-king-jr.

94 Epel, E. S., Crosswell, A. D., Mayer, S. E., Prather, A. A., Slavich, G. M., Puterman, E. & Mendes, W. B. (2018). More than a feeling: A unified view of stress measurement for population science. *Frontiers in Neuro-*

endocrinology, 49, S. 146–169; McEwen, B. S. (2013). The brain on stress: Toward an integrative approach to brain, body, and behavior. *Perspectives on Psychological Science, 8,* S. 673–675.
95 Butler, R. N. (2008). *The longevity revolution: The benefits and challenges of living a long life.* New York: PublicAffairs; Butler, R. N. (1975). *Why survive? Being old in America.* New York: Harper & Row.
96 Bekiempis, V. (20. Februar 2021). »Alarming surge« in anti-Asian violence across US terrifies community members. *The Guardian.* https://www.theguardian.com/us-news/2021/feb/20/anti-asian-violence-us-bigotry.
97 Kim, J. & McCullough, R. (2019). When it comes to aging, intersectionality matters. Caring Across Generations. https://caringacross.org/when-it-comes-to-aging-intersectionality-matters; Creamer, J. (15. September 2020). Census data shows inequalities persist despite decline in poverty for all major race and Hispanic origin groups. *Lake County-News. h*ttps://www.lakeconews.com/news/66713-census-data-shows-inequalities-persist-despite-decline-in-poverty-for-all-major-race-and-hispanic-origin-groups.
98 Kaelber, L. A. (2012). The invisible elder: The plight of the elder Native American. *Marquette Elder's Advisor, 3,* S. 46–57; Ellis, R. (5. Februar 2021). COVID deadlier for Native Americans than other groups. WebMD. https://www.webmd.com/lung/news/20210204/covid-deadlier-for-native-americans-than-other-groups.

Kapitel 9

1 Marottoli, R. A. & Coughlin, J. F. (2011). Walking the tightrope: Developing a systems approach to balance safety and mobility for an aging society. *Journal of Aging & Social Policy, 23,* S. 372–383; Tortorello, M. (1. Juni 2017). How seniors are driving safer, driving longer. *Consumer Reports.* https://www.consumerreports.org/elderly-driving/how-seniors-are-driving-safer-driving-longer; Leefeldt, E. & Danise, A. (16. März 2021). Senior drivers are safer than previously thought. *Forbes.* https://www.forbes.com/advisor/car-insurance/seniors-driving-safer; American Occupational Therapy Association. Myths and realities about older drivers. https://www.aota.org/Practice/Productive-Aging/Driving/Clients/Concern/Myths.aspx.

2 Williams, K., Kemper, S. & Hummert, M. L. (2005). Enhancing communication with older adults: Overcoming elderspeak. *Journal of Psychosocial Nursing and Mental Health Services, 43,* S. 12–16.
3 Corwin, A. I. (2018). Overcoming elderspeak: A qualitative study of three alternatives. *The Gerontologist, 58,* S. 724–729.
4 Levy, B. R., Pilver, C., Chung, P. H. & Slade, M. D. (2014). Subliminal strengthening: Improving older individuals' physical function over time with an implicit-age-stereotype intervention. *Psychological Science, 25,* S. 2127–2135.
5 Ferro, S. (18. April 2018). The »Scully effect« is real: Female *X-Files* fans more likely to go into STEM. Mental Floss. https://www.mentalfloss.com/article/540530/scully-effect-female-x-files-viewers-stem-careers.
6 Levy, B. R., Pilver, C., Chung, P. H. & Slade, M. D. (2014). Subliminal strengthening: Improving older individuals' physical function over time with an implicit-age-stereotype intervention. *Psychological Science, 25,* S. 2127–2135.
7 Langer, E. J. (2009). *Counter clockwise: Mindful health and the power of possibility*. New York: Ballantine Books.
8 Dasgupta, N. & Greenwald, A. G. (2001). On the malleability of automatic attitudes: Combating automatic prejudice with images of admired and disliked individuals. *Journal of Personality and Social Psychology, 81,* S. 800–814.
9 Fung, H. H., Li, T., Zhang, X., Sit, I. M. I., Cheng, S. & Isaacowitz, D. M. (2015). Positive portrayals of old age do not always have positive consequences. *The Journals of Gerontology, Series B: Psychological Sciences and Social Sciences, 70,* S. 913–924.
10 Lowsky, D. J., Olshansky, S. J., Bhattacharya, J. & Goldman, D. P. (2014). Heterogeneity in healthy aging. *The Journals of Gerontology, Series A: Biological Sciences and Medical Sciences, 69,* S. 640–649.
11 Applewhite, A. (2016). *This chair rocks: A manifesto against ageism.* Networked Books.
12 Plaut, V. C., Thomas, K. M., Hurd, K. & Romano, C. A. (2018). Do color blindness and multiculturalism remedy or foster discrimination and racism? *Current Directions in Psychological Science, 27,* S. 200–206.
13 Krajeski, J. (19. September 2008). This is water. *The New Yorker.* https://www.newyorker.com/books/page-turner/this-is-water.
14 Zwirky, A. (14. Juni 2017). There's a name for that: The Baader-Meinhof phenomenon: When a thing you just found out about suddenly seems

to crop up everywhere. *Pacific Standard.* https://psmag.com/social-justice/theres-a-name-for-that-the-baader-meinhof-phenomenon-59670.

15 Burnes, D., Sheppard, C., Henderson, C. R., Wassel, M., Cope, R., Barber, C. & Pillemer, K. (2019). Interventions to reduce ageism against older adults: A systematic review and meta-analysis. *American Journal of Public Health, 109,* e1–e9. https://doi.org/10.2105/ajph.2019.305123.

16 Ross, L. (1977). The intuitive psychologist and his shortcomings: Distortions in the attribution process. In L. Berkowitz (Hrsg.), *Advances in experimental social psychology* (S. 173–220). New York: Academic Press.

17 Skurnik, I., Yoon, C., Park, D. C. & Schwarz, N. (2005). How warnings about false claims become recommendations. *Journal of Consumer Research, 31,* S. 713–724; Tucker, J., Klein, D. & Elliott, M. (2004). Social control of health behaviors: A comparison of young, middle-aged, and older adults. *The Journals of Gerontology, Series B: Psychological Sciences and Social Sciences, 59,* S. 147–150; Cotter, K. A. (2012). Health-related social control over physical activity: Interactions with age and sex. *Journal of Aging Research.* https://doi.org/10.1155/2012/321098.

18 National Academies of Sciences, Engineering, and Medicine. (2019). *Integrating social care into the delivery of health care: Moving upstream to improve the nation's health.* Washington, DC: The National Academies Press. https://doi.org/10.17226/25467.

19 Levy, B. R., Chung, P. H., Slade, M. D., Van Ness, P. H. & Pietrzak, R. H. (2019). Active coping shields against negative aging self-stereotypes contributing to psychiatric conditions. *Social Science and Medicine, 228,* S. 25–29.

20 Ashton, A. (22. Februar 2021). Anonymous asked: What are your thoughts on the phrase »for the young at heart«? *Yo, is this ageist?* https://yoisthisageist.com/post/643858583006707712/what-are-your-thoughts-on-the-phrase-for-the.

21 *Vogue.* (3. Mai 2019). Madonna on motherhood and fighting ageism: »I'm being punished for turning 60.« https://www.vogue.co.uk/article/madonna-on-ageing-and-motherhood.

22 De Souza, A. (23. September 2015). Ageism exists in Hollywood, says Robert De Niro. *The Straits Times.* https://www.straitstimes.com/lifestyle/entertainment/ageism-exists-in-hollywood-says-robert-de-niro-72.

23 Hsu, T. (23. September 2019). Older people are ignored and distorted in ageist marketing, report finds. *The New York Times.* https://www.nytimes.com/2019/09/23/business/ageism-advertising-aarp.html.

24 Dan, A. (13. September 2016). Is ageism the ugliest »ism« on Madison Ave? *Forbes*. https://www.forbes.com/sites/avidan/2016/09/13/is-ageism-the-ugliest-ism-on-madison-avenue/?sh=695108ae557c.
25 Ad Council. (3. März 2015). Love has no labels. Diversity and Inclusion. [Video]. https://www.youtube.com/watch?v=PnDgZuGIhHs.

Kapitel 10

1 Dychtwald, K . (31. Mai 2012). Remembering Maggie Kuhn: Gray Panthers founder on the 5 myths of aging. *HuffPost*. http://www.huffingtonpost.com/ken-dychtwald/the-myths-of-aging_b_1556481.html.
2 Douglas, S. (8. September 2020). The forgotten history of the radical »elders of the tribe«. *The New York Times*. https://www.nytimes.com/2020/09/08/opinion/sunday/gray-panthers-maggie-kuhn.html.
3 Fokart, B. (23. April 1995). Maggie Kuhn, 89; Iconoclastic founder of Gray Panthers. *Los Angeles Times*. https://www.latimes.com/archives/la-xpm-1995-04-23-mn-58042-story.html; La Jeunesse, M. (2. August 2019). Who was Maggie Kuhn, co-founder of the elder activist group the Gray Panthers? *Teen Vogue*. https://www.teenvogue.com/story/who-was-maggie-kuhn-co-founder-elder-activist-group-gray-panthers.
4 La Jeunesse, M. (2. August 2019). Vgl. 3, ebenda.
5 Butler, R. N. (1975). *Why survive? Being old in America*. New York: Harper & Row, S. 341.
6 Mapes, J. (10. Januar 2019). Senator Ron Wyden, who started career as senior advocate, is now 65. *The Oregonian*. https://www.oregonlive.com/mapes/2014/05/sen_ron_wyden_who_started_care_1.html.
7 Pew Research Center. (14. Mai 2019). Attitudes on same-sex marriage. https://www.pewforum.org/fact-sheet/changing-attitudes-on-gay-marriage; McCarthy, J. (2019). U.S. support for gay marriage stable at 63%. Gallup. https://news.gallup.com/poll/257705/support-gay-marriage-stable.aspx.
8 Morris, A. D. (1984). *The origins of the civil rights movement: Black communities organizing for change*. New York: Free Press; Levy, B. R. (2017). Age-stereotype paradox: A need and opportunity for social change. *The Gerontologist, 57*, S. 118–126.

9 McAdam, D. (1982). *Political process and the development of the Black insurgency, 1930–1970*. Chicago: The University of Chicago Press.
10 Morris, A. D. (1984). *The origins of the civil rights movement: Black communities organizing for change*. New York: Free Press.
11 Levy, B. R. (2017). Age-stereotype paradox: Opportunity for social change. *Gerontologist*, 57, S. 118–126.
12 Theatre of the Oppressed NYC. (24. April 2018). April 12 Recap: The Runaround. https://www.tonyc.nyc/therunaroundrecap.
13 Comedy Central. (22. April 2015). *Inside Amy Schumer*. Last F**kable Day. [Video]. YouTube. https://www.youtube.com/watch?v=XPpsI8mWKmg.
14 Bunis, D. (30. April 2018). The immense power of the older voter. AARP. https://www.aarp.org/politics-society/government-elections/info-2018/power-role-older-voters.html.
15 Thompson, L. E., Barnett, J. R. & Pearce, J. R. (2009). Scared straight? Fear-appeal anti-smoking campaigns, risk, self-efficacy, and addiction. *Health, Risk & Society, 11*, S. 181–196; van Reek, J. & Adriaanse, H. (1986). Anti-smoking information and changes of smoking behaviour in the Netherlands, UK, USA, Canada, and Australia. In D. S. Leathar, G. B. Hastings, K. O'Reilly & J. K. Davies (Hrsg.), *Health education and the media II* (S. 45–50). Oxford: Pergamon.
16 Best, W. (17. Dezember 2018). Gray is the new black: Baby boomers still outspend millennials. Visa. https://usa.visa.com/partner-with-us/visa-consulting-analytics/baby-boomers-still-outspend-millennials.html.
17 International Longevity Centre-UK. (5. Dezember 2019). »Neglected«: Opportunities of ageing could add 2% to UK GDP. Global Coalition on Aging. https://globalcoalitiononaging.com/2019/12/05/neglected-opportunities-of-ageing-could-add-2-to-uk-gdp.
18 Robinson, T., Callister, M., Magoffin, D. & Moore, J. (2007). The portrayal of older characters in Disney animated films. *Journal of Aging Studies, 21*, S. 203–213; Kessler, E., Rakoczy, K. & Staudinger, U. M. (2004). The portrayal of older people in prime time television series: The match with gerontological evidence. *Ageing and Society, 24*, S. 531–552.
19 Levy, B. R., Chung, P. H., Bedford, T. & Navrazhina, K. (2014). Facebook as a site for negative age stereotypes. *Gerontologist, 54*, S. 172–176.
20 Haasch, P. (16. September 2020). All the celebrities protesting Face-

book and Instagram by pausing social posts on Stop Hate for Profit Day. *Insider.* https://www.insider.com/celebrities-kim-kardashian-stop-hate-for-profit-instagram-facebook-boycott-protest-2020; Stop Hate for Profit. https://www.stophateforprofit.org; Frenkel, S. (20. Oktober 2020). Facebook bans content about Holocaust denial from its site. *The New York Times.* https://www.nytimes.com/2020/10/12/technology/facebook-bans-holocaust-denial-content.html.

21 Levy, B. R., Slade, M., Chang, E. S., Kannoth, S. & Wang, S. H. (2020). Ageism amplifies cost and prevalence of health conditions. *The Gerontologist, 60,* S. 174–181.

22 Li, Z. & Dalaker, J. (14. April 2021). Poverty among the population aged 65 and older. Congressional Research Service. https://fas.org/sgp/crs/misc/R45791.pdf.

23 Charlton, J. I. (2000). *Nothing about us without us: Disability oppression and empowerment.* Berkeley: University of California Press.

24 Calvario, L. (18. April 2019). Reese Witherspoon proudly embraces her fine lines and gray hair. *ET.* https://www.etonline.com/reese-witherspoon-proudly-embraces-her-fine-lines-and-gray-hair-123665.

25 Namen und Details der Beiträge wurden verändert, um die Privatsphäre der Teilnehmerinnen des Wrinkle Salon zu schützen.

26 Kendi, I. X. (2019). *How to be an antiracist.* New York: One World, S. 113–114.

27 Now This. (29. Mai 2019). At 67 years old, JoAni Johnson is the new face of Rihanna's FENTY fashion line. https://nowthisnews.com/videos/her/joani-johnson-is-the-new-face-of-rihannas-fenty-fashion-line; Hicklin, A. (15. September 2019). JoAni Johnson: The sexagenarian model defying convention. *The Guardian.* https://www.theguardian.com/fashion/2019/sep/15/joani-johnson-model-fenty-career-began-at-65-ageing-interview; Foussianes, C. (28. Mai 2019). Rihanna casts JoAni Johnson, a stunning 68-year-old model, in her Fenty campaign. *Town & Country.* https://www.townandcountrymag.com/style/fashion-trends/a27610015/rihanna-joani-johnson-fenty-older-model; Coley, P. (12. Januar 2020). JoAni Johnson: 67-year-old model personally picked by Rihanna for Fenty. *Spectacular Magazine.* https://spectacularmag.com/2020/01/12/joani-johnson-67-year-old-model-personally-picked-by-rihanna-for-fenty.

28 Lewis, D. C., Desiree, K. & Seponski, D. M. (2011). Awakening to the

desires of older women: Deconstructing ageism within fashion magazines. *Journal of Aging Studies, 25,* S. 101–109.

29 Ewing, A. S. (27. Mai 2019). Senior slay: JoAni Johnson, 68, proves ageless beauty, grace, and power. The Root. https://theglowup.theroot.com/senior-slay-joani-johnson-68-proves-ageless-beauty-1835048108.

30 World Health Organization. (2021). Combatting ageism. https://www.who.int/teams/social-determinants-of-health/demographic-change-and-healthy-ageing/combatting-ageism.

31 Centola, D., Becker, J., Brackbill, D. & Baronchelli, A. (2018). Experimental evidence for tipping points in social convention. *Science, 360,* S. 1116–1119.

32 Szmigiera, M. (30. März 2021). Distribution of the global population in 2020, by age group and world region. Statista. https://www.statista.com/statistics/875605/percentage-share-of-world-population-by-age-and-by-world-region.

Nachwort

1 Die Beschreibungen von Greensboro basieren auf etlichen Einzelgesprächen, die ich mit den Bewohnern dort geführt habe. Um ein Gefühl für die Verbundenheit zu vermitteln, die als liebenswürdiges Charakteristikum dieser Stadt so heraussticht, habe ich die Interviews zusammengefasst und in den Kontext des Lebens in Greensboro gesetzt.

2 Beach, B. & Bamford, S. M. (2014). *Isolation: The emerging crisis for older men. A report exploring experiences of social isolation and loneliness among older men in England.* London: International Longevity Center-UK.

3 Greensboro Historical Society. (1990). *The history of Greensboro: The first two hundred years.* Greensboro, VT: Greensboro Historical Society.

Anhang 1

1 Als Beispiel siehe: Levy, B. R., Pilver, C., Chung, P. H. & Slade, M. D. (2014). Subliminal strengthening: Improving older individuals' physical function over time with an implicit-age-stereotype intervention. *Psychological Science, 25,* S. 2127–2135.
2 Donlon, M. & Levy, B. R. (2005). Re-vision of older television characters: Stereotype-awareness intervention. *Journal of Social Issues, 61,* S. 307–319.
3 Simons, D. J., Boot, W. R., Charness, N., Gathercole, S. E., Chabris, C. F., Hambrick, D. Z., Elizabeth, A. L. & Stine-Morrow, E. A. (2016). Do »brain training« programs work? *Psychological Science in Public Interest, 17,* S. 103–186; Federal Trade Commission (5. Januar 2016). Lumosity to pay $2 million to settle FTC deceptive advertising charges for its »brain training« program. https://www.ftc.gov/news-events/news/press-releases/2016/01/lumosity-pay-2-million-settle-ftc-deceptive-advertising-charges-its-brain-training-program.
4 Leblanc, R. (12. März 2019). Recycling beliefs vary between generations. The Balance Small Business. https://www.thebalancesmb.com/who-recycles-more-young-or-old-2877918.
5 Hall, D. (4. Februar 2018). Anatomy of a Super Bowl ad: Behind the scenes with E-Trade's ode to retirement. *AdAge.* https://adage.com/article/special-report-super-bowl/anatomy-a-super-bowl-ad-scenes-e-trade/312230.
6 Thomas, P. (2019). E-Trade profits jump, new users added. *The Wall Street Journal.* https://www.wsj.com/articles/e-trade-profit-jumps-new-users-added-11555536789.

Anhang 2

1 Gutchess, A. (2014). Plasticity of the aging brain: New directions in cognitive neuroscience. *Science, 346,* S. 579–582.
2 Roring, R. W. & Charness, N. (2007). A multilevel model analysis of expertise in chess across the life span. *Psychology and Aging, 22,* S. 291–299.
3 Mireles, D. E. & Charness, N. (2002). Computational explorations of the influence of structured knowledge on age-related cognitive decline. *Psychology and Aging, 17,* S. 245–259.

4 Park, D. C., Lodi-Smith, J., Drew, L., Haber, S., Hebrank, A., Bischof, G. N. & Aamodt, W. (2014). The impact of sustained engagement on cognitive function in older adults: The Synapse Project. *Psychological Science, 25,* S. 103–112.

5 Langa, K. M., Larson, E. B., Crimmins, E. M., Faul, J. D., Levine, D. A., Kabeto, M. U. & Weir, D. R. (2017). A comparison of the prevalence of dementia in the United States in 2000 and 2012. *JAMA Internal Medicine, 177,* S. 51–58.

6 2021 Alzheimer's disease facts and figures. (2021). *Alzheimer's & Dementia, 17,* S. 391–460.

7 Wolters, F. J., Chibnik, L. B., Waziry, R., Anderson, R., Berr, C., Beiser, A., … & Hofman, A. (2020). Twenty-seven-year time trends in dementia incidence in Europe and the United States. *The Alzheimer Cohorts Consortium, 95,* e519–e531.

8 Levy, B. R., Hausdorff, J. M., Hencke, R. & Wei, J. Y. (2000). Reducing cardiovascular stress with positive self-stereotypes of aging. *The Journals of Gerontology, Series B: Psychological Sciences and Social Sciences, 55,* S. 205–213.

9 Levy, B. R., Slade, M. D., Kunkel, S. R. & Kasl, S. V. (2002). Longevity increased by positive self-perceptions of aging. *Journal of Personality and Social Psychology, 83,* S. 261–270.

10 Levy, B. R. & Myers, L. M. (2004). Preventive health behaviors influenced by self-perceptions of aging. *Preventive Medicine, 39,* S. 625–629.

11 Levy, B. R., Zonderman, A. B., Slade, M. D. & Ferrucci, L. (2012). Memory shaped by age stereotypes over time. *The Journals of Gerontology, Series B: Psychological Sciences and Social Sciences, 67,* S. 432–436.

12 Levy, B. R., Slade, M. D., Pietrzak, R. H. & Ferrucci, L. (2020). When culture influences genes: Positive age beliefs amplify the cognitive-aging benefit of *APOE ε2. The Journals of Gerontology, Series B: Psychological Sciences and Social Sciences, 75,* e198–e203.

13 Levy, B. R., Slade, M. D., Murphy, T. E. & Gill, T. M. (2012). Association between positive age stereotypes and recovery from disability in older persons. *JAMA, 308,* 1972–1973; World Health Organization. (2020). WHO guidelines on physical activity and sedentary behavior. Abgerufen am 13. Juli 2021 unter https://www.who.int/publications/i/item/9789240015128.

14 Thomas, M. L., Kaufmann, C. N., Palmer, B. W., Depp, C. A., Martin, A. S., Glorioso, D. K., Thompson, W. K. & Jeste, D. V. (2016). Paradoxi-

cal trend for improvement in mental health with aging: A community-based study of 1,546 adults aged 21–100 years. *The Journal of Clinical Psychiatry, 77,* e1019–e1025. https://doi.org/10.4088/JCP.16m10671; Fiske, A., Wetherell, J. L. & Gatz, M. (2009). Depression in older adults. *Annual Review of Clinical Psychology, 5,* S. 363–389; Villarroel, M. A. & Terlizzi, E. P. (2020). *Symptoms of depression among adults: United States, 2019.* National Center for Health Statistics Data Brief. https://www.cdc.gov/nchs/data/databriefs/db379-H.pdf.

15 Segal, D. L., Qualls, S. H. & Smyer, M. A. (2018). *Aging and mental health.* Hoboken, NJ: Wiley Blackwell.

16 Cuijpers, P., Karyotaki, E., Eckshtain, D., Ng, M. Y., Corteselli, K. A., Noma, H., Quero, S. & Weisz, J. R. (2020). Psychotherapy for depression across different age groups: A systematic review and meta-analysis. *JAMA Psychiatry, 77,* S. 694–702.

17 Age Smart Employer: Columbia Aging Center. (24. Mai 2021). The advantages of older workers. https://www.publichealth.columbia.edu/research/age-smart-employer/advantages-older-workers.

18 Borsch-Supan, A. (2013). Myths, scientific evidence, and economic policy in an aging world. *The Journal of the Economics of Ageing, 1–2,* S. 3–15.

19 Conley, C. (2018). *Wisdom at work: The making of a modern elder.* New York: Currency.

20 Ebenda. Loch, C., Sting, F., Bauer, N. & Mauermann, H. (2010). The globe: How BMW is defusing the demographic time bomb. *Harvard Business Review.* https://hbr.org/2010/03/the-globe-how-bmw-is-defusing-the-demographic-time-bomb; Conley, C. (2018). *Wisdom at work: The making of a modern elder.* New York: Currency.

21 Frumkin, H., Fried, L. & Moody, R. (2012). Aging, climate change, and legacy thinking. *American Journal of Public Health, 102,* S.1434–1438.

22 Konrath, S., Fuhrel-Forbis, A., Lou, A. & Brown, S. (2012) Motives for volunteering are associated with mortality risk in older adults. *Healthy Psychology, 31,* S. 87–96.

23 Benefactor. Sixty and over: Elders and philanthropic investments. https://benefactorgroup.com/sixty-and-over-elders-and-philanthropic-investments.

24 Marketing to seniors and boomers: Ten things you need to know. Coming of Age. https://www.comingofage.com/marketing-to-seniors-and-boomers.

25 LeBlanc, R. (12. März 2019). Recycling beliefs vary between generations. The Balance Small Business. https://www.thebalancesmb.com/who-recycles-more-young-or-old-2877918.

26 Mayr, U. & Freund, A. M. (2020). Do we become more prosocial as we age, and if so, why? *Current Directions in Psychological Science, 29,* S. 248–254; Lockwood, P. L., Abdurahman, A., Gabay, A. S., Drew, D., Tamm, M., Husain, M. & Apps, M. A. J. (2021). Aging increases prosocial motivation for effort. *Psychological Science, 32,* S. 668–681.

27 Betts, L. R., Taylor, C. P., Sekuler, A. B. & Bennett, P. J. (2005). Aging reduces center-surround antagonism in visual motion processing. *Neuron, 45,* S. 361–366.

28 Grossmann, I., Na, J., Varnum, M. E., Park, D. C., Kitayama, S. & Nisbett, R. E. (2010). Reasoning about social conflicts improves into old age. *Proceedings of the National Academy of Sciences, 107,* S. 7246–7250.

29 Pennebaker, J. W. & Stone, L. D. (2003). Words of wisdom: Language use over the life span. *Journal of Personality and Social Psychology, 85,* S. 291–301.

30 American Psychological Association. (2021). Memory and aging. https://www.apa.org/pi/aging/memory-and-aging.pdf; Nyberg, L., Maitland, S. B., Ronnlund, M., Backman, L., Dixon, R. A., Wahlin, A. & Nilsson, L.-G. (2003). Selective adult age differences in an age-invariant multifactor model of declarative memory. *Psychology and Aging, 18,* S. 149–160.

31 Arkowitz, H. & Lilienfeld, S. O. (1. November 2012). Memory in old age can be bolstered. *Scientific American.* https://www.scientificamerican.com/article/memory-in-old-age-can-be-bolstered.

32 Belleville, S., Gilbert, B., Fontaine, F., Gagnon, L., Menard, E. & Gauthier, S. (2006). Improvement of episodic memory in persons with mild cognitive impairment and healthy older adults: Evidence from a cognitive intervention program. *Dementia and Geriatric Cognitive Disorders, 22,* S. 486–499.

33 Zimmermann, N., Netto, T. M., Amodeo, M. T., Ska, B. & Fonseca, R. P. (2014). Working memory training and poetry-based stimulation programs: Are there differences in cognitive outcome in healthy older adults? *NeuroRehabilitation, 35,* S. 159–170.

34 Levy, B. R., Zonderman, A. B., Slade, M. D. & Ferrucci, L. (2012). Memory shaped by age stereotypes over time. *The Journals of Gerontology, Series B: Psychological Sciences and Social Sciences, 67,* S. 432–436.

35 Levy, B. R. & Leifheit-Limson, E. (2009). The stereotype-matching effect: Greater influence on functioning when age stereotypes correspond to outcomes. *Psychology and Aging, 24,* S. 230–233.
36 Marottoli, R. A. & Coughlin, J. F. (2011). Walking the tightrope: Developing a systems approach to balance safety and mobility for an aging society. *Journal of Aging & Social Policy, 23,* S. 372–383; Leefeldt, E. & Danise, A. (16. März 2021). Senior drivers are safer than previously thought. *Forbes.* https://mHrsg.fsu.edu/sites/default/files/news-publications/print/Senior%20Drivers%20Are%20Safer%20Than%20Previously%20Thought%20-20Forbes%20Advisor.pdf; American Occupational Therapy Association. Myths and realities about older drivers. https://www.aota.org/Practice/Productive-Aging/Driving/Clients/Concern/Myths.aspx.
37 Bergal, J. (15. Dezember 2016). Should older drivers face special restrictions? Pew Charitable Trusts. https://www.pewtrusts.org/en/research-and-analysis/blogs/stateline/2016/12/15/should-older-drivers-face-special-restrictions.
38 Tortorello, M. (1. Juni 2017). How seniors are driving safer, driving longer. *Consumer Reports.* https://www.consumerreports.org/elderly-driving/how-seniors-are-driving-safer-driving-longer.
39 Bunis, D. (3. Mai 2018). Two-thirds of older adults are interested in sex, poll says. AARP. https://www.aarp.org/health/healthy-living/info-2018/older-sex-sexual-health-survey.html.
40 Kalra, G., Subramanyam, A. & Pinto, C. (2011). Sexuality: Desire, activity, and intimacy in the elderly. *Indian Journal of Psychiatry, 53,* S. 300–306.
41 Azoulay, P., Jones, B. F., Kim, J. D. & Miranda, J. (April 2018). Age and high-growth entrepreneurship. National Bureau of Economic Research Working Paper No. w24489. Verfügbar unter: https://ssrn.com/abstract=3158929.
42 Rietzschel, E. F., Zacher, H. & Stroebe, W. (2016). A lifespan perspective on creativity and innovation at work. *Work, Aging and Retirement, 2,* S. 105–129.
43 American Psychological Association Office on Aging. (2017). Older adults' health and age-related changes: Reality versus myth. https://www.apa.org/pi/aging/resources/guides/myth-reality.pdf.
44 Swayne, M. (2019). Consider older adults as »leaders in innovation«. Futurity. https://www.futurity.org/leaders-in-innovation-aging-older-adults-2094222-2.

45 AARP. (Dezember 2019). 2020 Tech and the 50+ survey. https://www.aarp.org/content/dam/aarp/research/surveys_statistics/technology/2019/2020-tech-trends-survey.doi.10.26419-2Fres.00329.001.pdf.
46 Czaja, S. J., Boot, W. R., Charness, N. & Rogers, W. A. (2019). *Designing for older adults: Principles and creative human factors approaches*. Boca-Raton, FL: CRC Press.
47 Pontin, J. (13. August 2013). Seven over seventy. *MIT Technology Review*. https://www.technologyreview.com/2013/08/21/176715/seven-over-70-4.
48 National Institute on Aging. (2019, January 17). Quitting smoking for older adults. https://www.nia.nih.gov/health/quitting-smoking-older-adults; Yassine, H. N., Marchetti, C. M., Krishnan, R. K., Vrobel, T. R., Gonzalez, F. & Kirwan, J. P. (2009). Effects of exercise and caloric restriction on insulin resistance and cardiometabolic risk factors in older obese adults—a randomized clinical trial. *The Journals of Gerontology, Series A: Biomedical Sciences and Medical Sciences, 64*, S. 90–95.
49 Ebenda.
50 Hardy, S. E. & Gill, T. M. (2004). Recovery from disability among community-dwelling older persons. *JAMA, 291*, S. 1596–1602; Levy, B. R., Slade, M. D., Murphy, T. E. & Gill, T. M. (2012). Association between positive age stereotypes and recovery from disability in older persons. *JAMA, 308*, S. 1972–1973.

Anhang 3

1 Irving, P. (2014). *The upside of aging: How long life is changing the world of health, work, innovation, policy, and purpose*. Hoboken, NJ: Wiley, p. xxi.
2 Chang, E., Kannoth, K., Levy, S., Wang, S., Lee, J. E. & Levy, B. R. (2020). Global reach of ageism on older persons' health: A systematic review. *PLOS ONE*. https://doi.org/10.1371/journal.pone.0220857.
3 Young, P. L. & Olsen, L. (2010). *The healthcare imperative: Lowering costs and improving outcomes*. National Academy of Sciences. https://www.ncbi.nlm.nih.gov/books/NBK53906.
4 Tinetti, M. E., Costello, D. M., Naik, A. D., Davenport, C., Hernandez-Bigos, K., … Dindo, L. (2021). Outcome goals and health care preferen-

ces of older adults with multiple chronic conditions. *JAMA Network Open, 4*(3), e211271. https://doi.org/10.1001/jamanetworkopen.2021.1271; Tinetti, M. E., Naik, A. & Dindo, L. (2018). *Conversation guide and manual for identifying patients' health priorities.* Patient Priorities Care. https://patientprioritiescare.org/wp-content/uploads/2018/11/Conversation-Guide-and-Manual-for-Identifying-Patients27-Health-priorities.pdf.

5 Southerland, L. T., Lo, A. X., Biese, K., Arendts, G., Banerjee, J.,Hwang, U., … & Carpenter, C. R. (2020). Concepts in practice: Geriatric emergency departments. *Annals of Emergency Medicine, 75,* S. 162–170; Hwang, U., Dresden, S. M., Vargas-Torres, C., Kang, R., Garrido, M. M., Loo, G., … & Structural Enhancement Investigators. (2021). Association of a Geriatric Emergency Department Innovation Program with cost outcomes among Medicare beneficiaries. *JAMA Network Open, 4,* e2037334–e2037334.

6 Das jährliche Gehalt eines amerikanischen Geriaters liegt laut Salary.com bei 189.879 Dollar, das ist weniger als die Hälfte dessen, was ein durchschnittlicher orthopädischer Chirurg oder ein Kardiologe verdienen. Geriater verdienen weniger, weil sie ihren Hauptverdienst über den Krankenversicherer Medicare beziehen, der mit seinen Vergütungen grundsätzlich schon immer unter den Tarifen kommerzieller Anbieter lag. Hafner, K. (25. Januar 2016). As population ages, where are the geriatricians? *The New York Times.* https://www.nytimes.com/2016/01/26/health/where-are-the-geriatricians.html; Castellucci, M. (27. Februar 2018). Geriatrics still failing to attract new doctors. *Modern Healthcare.* https://www.modernhealthcare.com/article/20180227/NEWS/180229926/geriatrics-still-failing-to-attract-new-doctors.

7 Massachusetts Care Planning Council. (2013). About geriatric health care. https://www.caremassachusetts.org/services_members/09_about_geriatric_medical_care.htm; Hafner, K. (25. Januar 2016). As population ages, where are the geriatricians? *The New York Times.* https://www.nytimes.com/2016/01/26/health/where-are-the-geriatricians.html.

8 McGinnis, S. L. & Moore, J. (April–Juni 2006). The impact of the aging population on the health workforce in the United States—summary of key findings. *Cahiers de Sociologie et de Démographie Médicales, 46,* S. 193–220; Bardach, S. H. & Rowles, G. D. (2012). Geriatric education in the health professions: Are we making progress? *The Gerontologist, 52,* S. 607–618.

9 Fulmer, T., Reuben, D. B., Auerbach, J., Fick, D., Galambos, C. & Johnson, K. S. (2021). Actualizing better health and health care for older adults. *Health Affairs, 40,* S. 219–225; Institute of Medicine, Committee on the Future Health Care Workforce for Older Americans (2008). *Retooling for an aging America: Building the health care workforce.* Washington, DC: National Academies Press.

10 Seegert, L. (26. Juni 2019). Doctors are ageist—and it's harming older patients. NBC News. https://www.nbcnews.com/think/opinion/doctors-are-ageist-it-s-harming-older-patients-ncna1022286. Makris, U. E., Higashi, R. T., Marks, E. G., Fraenkel, L., Sale, J. E., Gill, T. M. & Reid, M. C. (2015). Ageism, negative attitudes, and competing co-morbidities—why older adults may not seek care for restricting back pain: A qualitative study. *BMC Geriatrics, 15,* S. 39. https://doi.org/10.1186/s12877-015-0042-z.

11 Bodner, E., Palgi, Y. & Wyman, M. (2018). Ageism in mental health assessment and treatment of older adults. In L. Ayalon & C. Tesch-Romer (Hrsg.), *Contemporary perspectives on ageism.* New York: Springer; Bouman, W. P. & Arcelus, J. (2001). Are psychiatrists guilty of »ageism« when it comes to taking a sexual history? *International Journal of Geriatric Psychiatry, 16,* S. 27–31; Lileston, R. (28. September 2017). STD rates keep rising for older adults. AARP. https://www.aarp.org/health/conditions-treatments/info-2017/std-exposure-rises-older-adults-fd.html.

12 Johnson, S. R. (8. Oktober 2016). Payment headaches hinder progress on mental health access. *Modern Healthcare.* https://www.modernhealthcare.com/article/20161008/MAGAZINE/310089981/payment-headaches-hinder-progress-on-mental-health-access.

13 Chibanda, D., Weiss, H. A., Verhey, R., Simms, V., Munjoma, R., Rusakaniko, S., … & Araya, R. (2016). Effect of a primary care–based psychological intervention on symptoms of common mental disorders in Zimbabwe: A randomized clinical trial. *JAMA, 316,* S. 2618–2626.

14 Aging in place. (Juni 2021). The facts behind senior hunger. https://aginginplace.org/the-facts-behind-senior-hunger; America's Health Ratings. (2021). Poverty 65+. https://www.americashealthrankings.org/explore/senior/measure/poverty_sr/state/ALL; Nagourney, A. (31. Mai 2016). Old and on the street: The graying of America's homeless. *The New York Times.* https://www.nytimes.com/2016/05/31/us/americas-aging-homeless-old-and-on-the-street.html.

15 U.S. Department of Labor. Legal highlight: The Civil Rights Act of 1964. https://www.dol.gov/agencies/oasam/civil-rights-center/statutes/civil-rights-act-of-1964.

16 Brown, B. (2018, April 24). Bethany Brown discusses human rights violations in US nursing homes. Yale Law School. https://law.yale.edu/yls-today/news/bethany-brown-discusses-human-rights-violations-us-nursing-homes; Human Rights Watch. (2018). »They want docile«: How nursing homes in the United States overmedicate people with dementia. https://www.hrw.org/report/2018/02/05/they-want-docile/how-nursing-homes-united-states-overmedicate-people-dementia#_ftn64; Ray, W. A., Federspiel, C. F. & Schaffner, W. (1980). A study of antipsychotic drug use in nursing homes: Epidemiologic evidence suggesting misuse. *American Journal of Public Health, 70,* S. 485–491; Thomas, K., Gebeloff, R. & Silver-Greenberg, J. (11. September 2021). Phony diagnoses hide high rates of drugging at nursing homes. *The New York Times.* https://www.nytimes.com/2021/09/11/health/nursing-homes-schizophrenia-antipsychotics.html.

17 Yon, Y., Mikton, C. R., Gassoumis, Z. D. & Wilber, K. H. (2017). Elder abuse prevalence in community settings: A systematic review and meta-analysis. *Lancet Global Health, 5*(2), e147–e156. https://doi.org/10.1016/s2214-109x(17)30006-2; World Health Organization. (15. Juni 2021). Elder abuse. https://www.who.int/news-room/fact-sheets/detail/elder-abuse.

18 Chang, E. S., Monin, J. K., Zelterman, D. & Levy, B. R. (2021). Impact of structural ageism on greater violence against older persons: A cross-national study of 56 countries. *BMJ Open, 11*(5), e042580. https://doi.org/10.1136/bmjopen-2020-042580.

19 Organization of American States Department of International Law. (15. Juni 2015). Inter-American Convention on Protecting the Human Rights of Older Persons. http://www.oas.org/en/sla/dil/inter_american_treaties_A-70_human_rights_older_persons_signatories.asp.

20 National Center for State Courts. (30. September 2020). Mandatory judicial retirement. https://www.ncsc.org/information-and-resources/trending-topics/trending-topics-landing-pg/mandatory-judicial-retirement; ElderLawAnswers. (12. März 2019). Called for jury duty? You may be excused based on your age. https://www.elderlawanswers.com/called-for-jury-duty-you-may-be-excused-based-on-your-age-15650.

21 McGuire, S. (2020). Growing up and growing older: Books for young

readers. Lincoln Memorial University. https://library.lmunet.edu/booklist.
22 AARP Foundation. (2021). Experience Corps: Research studies. https://www.aarp.org/experience-corps/our-impact/experience-corps-research-studies.
23 The Gerontological Society of America. Age-Friendly University (AFU) global network. https://www.geron.org/programs-services/education-center/age-friendly-university-afu-global-network.
24 Lieberman, A. (27. Februar 2018). UN increases retirement ages for staffers to 65 years. Devex. https://www.devex.com/news/un-increases-retirement-ages-for-staffers-to-65-years-92194.
25 Kita, J. (30. Dezember 2019). Workplace age discrimination still flourishes in America. AARP. https://www.aarp.org/work/working-at-50-plus/info-2019/age-discrimination-in-america.html.
26 PayChex. (2016). Potential benefits of multigenerational workforce. https://humanresources.report/Resources/Whitepapers/c79541ca-d201-4cd1-a334-50642d8e2de2_whitepaper-potential-benefits-of-a-multigenerational-workforce.pdf.
27 Centre for Ageing Better. (7. Januar 2021). Age-positive image library launched to tackle negative stereotypes of later life. https://www.ageing-better.org.uk/news/age-positive-image-library-launched.
28 Dan, A. (13. September 2016). Is ageism the ugliest »ism« on Madison Ave? *Forbes*. https://www.forbes.com/sites/avidan/2016/09/13/is-ageism-the-ugliest-ism-on-madison-avenue/?sh=695108ae557c.
29 Sperling, N. (8. September 2020). Academy explains diversity rules for best picture Oscar. *The New York Times*. https://www.nytimes.com/2020/09/08/movies/oscars-diversity-rules-best-picture.html.
30 Donlon, M. & Levy, B. R. (2005). Re-vision of older television characters: Stereotype-awareness intervention. *Journal of Social Issues, 61,* S. 307–319; Robinson, T., Callister, M., Magoffin, D. & Moore, J. (2007). The portrayal of older characters in Disney animated films. *Journal of Aging Studies, 21,* S. 203–213; Kessler, E., Rakoczy, K. & Staudinger, U. M. (2004). The portrayal of older people in primetime television series: The match with gerontological evidence. *Ageing and Society, 24,* S. 531–552.
31 Handy, B. (3. Mai 2016). Inside Amy Schumer: An oral history of Amy Schumer's »Last Fuckable Day« sketch. *Vanity Fair*. https://www.vanityfair.com/hollywood/2016/05/amy-schumer-last-fuckable-day; Comedy Central. (22. April 2015). *Inside Amy Schumer*—Last F**kable

Day. [Video]. YouTube. https://www.youtube.com/watch?v=XPpsI8m; *Vogue.* (3. Mai 2019). Madonna on motherhood and fighting ageism: »I'm being punished for turning 60.« https://www.vogue.co.uk/article/madonna-on-ageing-and-motherhood; de Souza, A. (23. September 2015). Ageism exists in Hollywood, says Robert De Niro. *The Straits Times.* https://www.straitstimes.com/lifestyle/entertainment/ageism-exists-in-hollywood-says-robert-de-niro-72.

32 Peterson, S. (4. April 2018). Ageism: The issue never gets old. Gamein-dustry.biz. https://www.gamesindustry.biz/articles/2018-04-04-ageism-in-games-the-issue-never-gets-old; Dunn, P. (22. April 2021). »Just Die Already« to launch on all platforms next month. GBATEMP. https://gbatemp.net/threads/just-die-already-to-launch-on-all-platforms-next-month.587365.

33 Changing the Narrative. (8. Februar 2021). Changing the Narrative's age-positive birthday card campaign includes artist from Aurora. Your Hub. https://yourhub.denverpost.com/blog/2021/02/changing-the-narratives-age-positive-birthday-card-campaign-includes-artist-from-aurora/273871; Changing the Narrative. (1. Oktober 2020). Anti-ageist birthday cards across cultures. https://changingthenarrativeco.org/2020/10/01/anti-ageist-birthday-cards-uk.

34 Gabbatt, A. (28. März 2019). Facebook charged with housing discrimination in targeted ads. *The Guardian.* https://www.theguardian.com/technology/2019/mar/28/facebook-ads-housing-discrimination-charges-us-government-hud; The Associated Press. (2. Juli 2020). Lawsuit accuses property managers of ageist ads. Finance & Commerce. https://finance-commerce.com/2020/07/lawsuit-accuses-property-managers-of-ageist-ads; Kofman, A. & Tobin, A. (13. Dezember 2019). Facebook ads can still discriminate against women and older workers, despite a civil rights settlement. ProPublica. https://www.propublica.org/article/facebook-ads-can-still-discriminate-against-women-and-older-workers-despite-a-civil-rights-settlement.

35 Jimenez-Sotomayor, M. R., Gomez-Moreno, C. & Soto-Perez-de-Celis, E. (2020). Coronavirus, ageism, and Twitter: An evaluation of tweets about older adults and COVID-19. *Journal of the American Geriatrics Society, 68,* S. 1661–1665.

36 Facebook Community Standards. Objectionable content: Hate speech. Abgerufen am 14. März 2021 unter https://www.facebook.com/communitystandards.

37 Sipocz, D., Freeman, J. D. & Elton, J. (2021). »A toxic trend?«: Generational conflict and connectivity in Twitter discourse under the #Boomer-Remover hashtag. *Gerontologist, 61*, S. 166–175.
38 Levy, B. R., Chang, E.-S., Lowe, S., Provolo, N. & Slade, M. D. (2021). Impact of media-based negative and positive age stereotypes on older individuals' mental health during the COVID-19 pandemic. *The Journals of Gerontology, Series B: Psychological Sciences and Social Sciences.* https://doi.org/10.1093/geronb/gbab085.
39 Leardi, J. (10. Juni 2015). Turning the tide on the »silver tsunami«. Changing Aging with Dr. Bill Thomas. https://changingaging.org/blog/turning-the-tide-on-the-silver-tsunami.
40 Older Adults Technology Services. (2021). Aging connected: Exposing the hidden connectivity crisis for older adults. https://oats.org/wp-content/uploads/2021/01/Aging-Connected-Exposing-the-Hidden-Connectivity-Crisis-for-Older-Adults.pdf.
41 National Aging and Disability Transportation Center. (2021). Older adults and transportation. https://www.nadtc.org/about/transportation-aging-disability/unique-issues-related-to-older-adults-and-transportation.
42 The Anti-Ageism Taskforce at the International Longevity Center. (2006). *Ageism in America*. New York: International Longevity Center-USA, S. 41.
43 Nanna, M. G., Chen, S. T., Nelson, A. J., Navar, A. M. & Peterson, E. D. (2020). Representation of older adults in cardiovascular disease trials since the inclusion across the lifespan policy. *JAMA Internal Medicine, 180*, S. 1531–1533; Gopalakrishna, P. (30. September 2020). New research shows older adults are still often excluded from clinical trials. STAT. https://www.statnews.com/2020/09/30/age-disparities-clinical-trials-covid19.
44 Albone, R., Beales, S. & Mihnovits, A. (Januar 2014). Older people count: Making data fit for purpose. Global AgeWatch. https://www.helpage.org/silo/files/older-people-count-making-data-fit-for-purpose.pdf.
45 Center on Budget and Policy Priorities. (29. April 2020). Policy basics: Where do our federal tax dollars go? https://www.cbpp.org/research/federal-budget/where-do-our-federal-tax-dollars-go.

Register

Unsere Leseempfehlung

224 Seiten
Auch als Hörbuch und E-Book erhältlich

Dass Sabine Bode älter wird, merkt sie daran, dass sie an der Käsetheke »junge Frau« genannt wird oder die Friseurin fragt: »Na, wollen wir's mal ein bisschen frecher machen?« Aber das macht nichts, denn Älterwerden ist gut. Man hat keine Hemmungen mehr und strotzt vor Selbstbewusstsein. Unverblümt nimmt die Komikerin Familie und Freunde, die Werbung und den eigenen Körper aufs Korn und zaubert dem Mittelalterweib von heute ein herzliches Lachen ins Gesicht. Es gibt so viel, was frau ab 50 einfach nicht (mehr) braucht und muss! Vor allem darf sie sie selbst sein und pfeift auf Selbstoptimierung.

GOLDMANN

goldmann-verlag.de